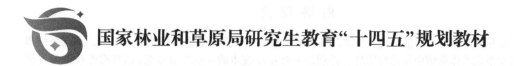

国家林业和草原局研究生教育"十四五"规划教材

高级数据库技术

聂耿青 主编

内 容 简 介

本教材站在云计算与大数据时代的角度，重新审视与组织数据库系统的相关知识结构，重点介绍当今主流数据库系统的体系结构与运行原理，特别是对数据库技术的一些高级专题（如数据库模型与存储引擎、并发控制与锁机制、索引与优化、分布式与云原生、安全性与可靠性等）进行理论与实践相结合的阐述；同时也系统地介绍了数据库应用系统的实现过程，包括数据库设计、开发与运维等。经典案例与项目实践的讲解贯穿全书。

本教材可作为高校计算机及相关专业研究生或本科高年级有关数据库课程的教材，也可作为数据库工程师、DBA及数据库开发爱好者的提升自学材料。

图书在版编目（CIP）数据

高级数据库技术 / 聂耿青主编. — 北京：中国林业出版社，2024.12. — （国家林业和草原局研究生教育"十四五"规划教材）. — ISBN 978-7-5219-2944-7

Ⅰ. TP311.13

中国国家版本馆CIP数据核字第2024B2339D号

责任编辑：曹　阳
责任校对：倪禾田　梁翔云
封面设计：睿思视界视觉设计

出版发行：中国林业出版社
　　　　（100009，北京市西城区刘海胡同7号，电话83223120　83143611）
电子邮箱：jiaocaipublic@163.com
网　址：https://www.cfph.net
印　刷：北京盛通印刷股份有限公司
版　次：2024年12月第1版
印　次：2024年12月第1次印刷
开　本：787mm×1092mm　1/16
印　张：18.5
字　数：440千字
定　价：69.00元

《高级数据库技术》
编写人员

主　编：聂耿青

副主编：王春玲

编　者：（按姓氏笔画排序）

　　　　王春玲（北京林业大学）

　　　　李小英（用友集团股份有限公司）

　　　　周　芳（北京科技大学）

　　　　聂耿青（北京林业大学）

　　　　彭　燕（北京信息科技大学）

前　言

国内外许多经典的数据库教材经过不断再版，内容不断充实，书变得越来越厚。由于这类书的初版时间较早，每次再版大多是以"打补丁"的方式增加新内容。

编写本教材的一个重要原因是大数据时代的数据库技术架构、运行数据库的硬件环境及其应用环境都发生了很大变化，有必要在新时代重新构思整个数据库的知识体系，用浅显易懂的方式讲清楚当今主流数据库的运行原理、核心技术及其算法，同时将其落地到最佳实践。

经过近半个世纪的积累，数据库技术非常多且复杂，有些技术曾经非常经典但已经过时或不再是主流，而近十年新技术、新思路有非常大的发展，从硬件到存储架构再到数据库管理系统都日新月异，因此，本教材的编写思路遵循"二八原理"，精选20%最重要的数据库技术与知识，解决80%数据库工作中遇到的问题。通过精心选择（或构造）的案例，用深入浅出的语言将这20%的精华技术讲透，这包含两层意思：一是认真挑选教材内容，并将它们构成一个知识体系；二是以最好理解的语言或图表帮助读者领悟到本质，并能举一反三。

本教材最适合有数据库经验或基础的研究生或工程师阅读。目标读者主要包括：一是有一定数据库基础的计算机相关专业研究生或本科高年级学生；二是有一定数据库开发管理经验的数据库开发人员（或数据库管理员）。相信读者可以通过本书中浅显易懂的文字及图表，理解数据库内部结构与原理，掌握数据库最新技术，快速提升自己的能力。

从理论到实践，要想理解主流数据库的设计理念和核心算法，明白数据库及其相关工具的适用场景，就需要"知其然，并知其所以然"，既知道怎么解决问题，也知道为什么这么做是对的。

数据库是理论与实践相结合的一门学科，大部分数据库理论都能落地到实践中，通过实践操作能更好地理解理论，因此案例教学往往会有很好的教学效果。最佳实践及其讲解是所有人都可以受益的，可以说，不同的人从案例中可以"仁者见仁，智者见智"。因此，本教材先言简意赅地描述某个数据库关键概念或原理，再举例说明其经典实现技术或实际应用场景。本教材的一大特色就是每章都有案例或项目实践讲解。精心设计或选择的案例把抽象的东西具体化、模型化或特例化，这有利于加深读者的理解，起到举一反三的作用。

本教材包括两个部分：第 1 部分为大数据时代的数据库系统，重点介绍大数据时代主流数据库系统的体系结构与运行原理，并对数据库技术的一些高级专题，如并发与锁机制、优化、分布式、云原生等，进行理论与实践相结合的阐述。该部分共 7 章，分别为：数据库概述、数据库模型与逻辑数据结构、存储引擎与存储结构、关系数据库系统结构、关系数据库运行原理、分布式数据库、云原生数据库。第 2 部分为数据库应用，主要介绍数据库应用系统的开发与运维过程，该部分共 4 章，分别为：数据库设计、关系数据库实现、数据库安全性、数据库可靠性。

第 1 部分主要由聂耿青执笔编写，李小英、彭燕与周芳参与了部分内容的讨论、资料收集与编写工作；第 2 部分主要由王春玲执笔编写，聂耿青在后期统稿时增删了部分内容。全书由聂耿青统稿。

本教材有配套的学习及教学管理网站(niepub.com)、微信小程序与订阅号(在微信里搜索"niepub")，提供所有教学案例的 SQL 脚本、例子源代码、配套的实验任务书、实验指导书、授课讲义及线上教学视频等。

本教材的编写得到了北京林业大学信息学院原院长陈志泊教授、北京林业大学信息学院许福院长和崔晓晖副院长的大力支持与帮助，也获得清华大学 AIR 首席研究员聂再清教授的建议和指导。在此，一并表示诚挚的感谢！

由于编者水平所限，书中不当之处在所难免，欢迎各位读者批评指正。

聂耿青
2024 年 11 月

目 录

前言

第1部分　大数据时代的数据库系统

第1章　数据库概述 3
　1.1　数据库及数据库系统 3
　　1.1.1　数据库系统的概念 3
　　1.1.2　数据库系统的环境构成 4
　　1.1.3　数据库领域的核心问题 5
　　1.1.4　数据库技术的两大创意 6
　1.2　数据库系统的发展历史与趋势 6
　　1.2.1　数据库系统的4个发展阶段 7
　　1.2.2　经典案例：阿里巴巴集团数据库架构的演变 10
　　1.2.3　大数据时代数据库系统的特点与趋势 11
　　1.2.4　经典案例：Google公司4篇著名论文对现代数据库技术的影响 16
　1.3　关系数据库的发展与主导地位 18
　　1.3.1　关系数据模型的提出与RDBMS的诞生 18
　　1.3.2　关系数据库的发展 18
　　1.3.3　经典案例：Oracle数据库与MySQL数据库的版本演变 19
　1.4　主流DBMS的现状分析 21
　　1.4.1　当前主流数据库引擎的排名与趋势 21
　　1.4.2　国内主流数据库现状分析 23
　思考题 24

第2章　数据库模型与逻辑数据结构 25
　2.1　数据模型与数据库系统内部结构概览 25
　　2.1.1　数据模型及其三层建模方法 25
　　2.1.2　数据库系统的三级模式 27
　　2.1.3　数据模型与数据库系统组件的逻辑关系 28
　2.2　数据的结构化程度及其逻辑结构 29

2.2.1　数据的结构化分类 ……………………………………………………… 29
　　　2.2.2　常见的3种逻辑结构 ……………………………………………………… 29
　2.3　数据库模型分类及其逻辑数据结构 ………………………………………………… 30
　　　2.3.1　数据库模型的分类 ………………………………………………………… 30
　　　2.3.2　关系模型及其逻辑数据结构 ……………………………………………… 32
　　　2.3.3　文档模型及其逻辑数据结构 ……………………………………………… 34
　　　2.3.4　图模型及其逻辑数据结构 ………………………………………………… 37
　思考题 ………………………………………………………………………………………… 39

第3章　存储引擎与存储结构 …………………………………………………………… 40
　3.1　存储引擎在DBMS中的作用 ………………………………………………………… 40
　3.2　存储引擎的分类 ………………………………………………………………………… 41
　　　3.2.1　DBMS及其存储引擎的分类 ……………………………………………… 41
　　　3.2.2　关系数据库的存储模型与引擎 …………………………………………… 45
　　　3.2.3　非关系数据库的存储模型与引擎 ………………………………………… 49
　3.3　数据存储结构 …………………………………………………………………………… 50
　　　3.3.1　基于日志结构的不可变存储结构 ………………………………………… 52
　　　3.3.2　基于B树索引的可变存储结构 …………………………………………… 57
　思考题 ………………………………………………………………………………………… 60

第4章　关系数据库系统结构 …………………………………………………………… 61
　4.1　系统结构概述 …………………………………………………………………………… 61
　　　4.1.1　实例结构 …………………………………………………………………… 62
　　　4.1.2　存储结构 …………………………………………………………………… 63
　4.2　经典案例：Oracle数据库系统结构 ………………………………………………… 63
　　　4.2.1　Oracle数据库的实例结构 ………………………………………………… 63
　　　4.2.2　Oracle数据库的存储结构 ………………………………………………… 65
　　　4.2.3　Oracle数据库服务器的启动与关闭 ……………………………………… 71
　4.3　经典案例：MySQL数据库系统结构 ………………………………………………… 72
　　　4.3.1　数据库实例 ………………………………………………………………… 73
　　　4.3.2　InnoDB存储引擎及其存储结构 ………………………………………… 74
　思考题 ………………………………………………………………………………………… 92

第5章　关系数据库运行原理 …………………………………………………………… 93
　5.1　SQL语句的执行原理 ………………………………………………………………… 93
　　　5.1.1　SQL语句的解析 …………………………………………………………… 94
　　　5.1.2　查询计划的执行 …………………………………………………………… 94
　　　5.1.3　SQL并发执行的资源共享 ………………………………………………… 97
　　　5.1.4　表连接 ……………………………………………………………………… 98
　5.2　索引与SQL优化原理 ………………………………………………………………… 102
　　　5.2.1　索引 ………………………………………………………………………… 102

5.2.2　SQL 查询编译与优化原理 ………………………………………… 109
　5.3　事务与并发控制 ………………………………………………………………… 118
　　　5.3.1　事务与日志 …………………………………………………………… 118
　　　5.3.2　数据库并发控制 ……………………………………………………… 122
　　　5.3.3　事务隔离级别 ………………………………………………………… 132
　　　5.3.4　经典案例：MySQL 数据库的锁机制 ……………………………… 135
　思考题 …………………………………………………………………………………… 140

第 6 章　分布式数据库 …………………………………………………………………… 141

　6.1　分布式技术 ……………………………………………………………………… 141
　　　6.1.1　并发、并行与分布式计算 …………………………………………… 141
　　　6.1.2　分布式与集群 ………………………………………………………… 143
　　　6.1.3　分布式计算与分布式存储 …………………………………………… 144
　　　6.1.4　分布式系统 …………………………………………………………… 144
　　　6.1.5　分布式系统设计的权衡 ……………………………………………… 146
　　　6.1.6　分布式共识与 Paxos 协议 …………………………………………… 149
　6.2　分布式数据库概述 ……………………………………………………………… 156
　　　6.2.1　大数据时代对分布式数据库的需求 ………………………………… 156
　　　6.2.2　数据库的存储架构 …………………………………………………… 156
　　　6.2.3　数据复制 ……………………………………………………………… 157
　　　6.2.4　数据分区与分片 ……………………………………………………… 158
　　　6.2.5　分布式数据库、并行数据库与数据库集群 ………………………… 161
　　　6.2.6　经典案例：Oracle RAC 集群与 MySQL 数据库集群 …………… 163
　6.3　分布式事务处理 ………………………………………………………………… 166
　　　6.3.1　分布式事务处理解决方案 …………………………………………… 167
　　　6.3.2　两阶段提交协议 ……………………………………………………… 169
　　　6.3.3　三阶段提交协议 ……………………………………………………… 170
　　　6.3.4　TCC 模式 ……………………………………………………………… 172
　　　6.3.5　可靠事件模式 ………………………………………………………… 173
　　　6.3.6　经典案例：传统 RDBMS 通过 2PC 实现分布式事务处理 ……… 175
　6.4　DDBMS 及其国产化 …………………………………………………………… 176
　　　6.4.1　DDBMS 的发展与分类 ……………………………………………… 176
　　　6.4.2　DDBMS 的国产化 …………………………………………………… 180
　　　6.4.3　经典案例：OceanBase 分布式数据库 ……………………………… 181
　　　6.4.4　经典案例：TDSQL 分布式数据库 ………………………………… 189
　思考题 …………………………………………………………………………………… 194

第 7 章　云原生数据库 …………………………………………………………………… 195

　7.1　云计算与云数据库 ……………………………………………………………… 195
　　　7.1.1　云计算及其分类 ……………………………………………………… 195

7.1.2　云数据库及其特点 …………………………………………………… 196
7.1.3　经典案例：AWS 云数据库发展的关键节点 ………………………… 197
7.2　云原生数据库架构 …………………………………………………………… 198
7.2.1　本地部署或云托管的传统数据库 ……………………………………… 198
7.2.2　云原生技术 ……………………………………………………………… 198
7.2.3　云原生数据库架构及其特征 …………………………………………… 199
7.3　经典案例：PolarDB 云原生数据库 ………………………………………… 201
7.3.1　基于共享存储(Share Storage)的系统架构 …………………………… 202
7.3.2　分区锁系统(Partitioned Lock System) ……………………………… 204
7.3.3　无服务器架构 …………………………………………………………… 205
思考题 ………………………………………………………………………………… 208

第 2 部分　数据库应用

第 8 章　数据库设计 ………………………………………………………………… 211
8.1　数据库设计概述 ……………………………………………………………… 211
8.1.1　数据库应用开发过程 …………………………………………………… 211
8.1.2　数据库模式、元数据与数据字典 ……………………………………… 212
8.1.3　数据库设计 ……………………………………………………………… 212
8.1.4　数据库设计与应用系统设计的协调 …………………………………… 213
8.2　数据库概念设计 ……………………………………………………………… 214
8.2.1　数据库应用的需求分析 ………………………………………………… 214
8.2.2　概念数据建模 …………………………………………………………… 214
8.2.3　实体联系图(E-R 图)：一种数据建模方法 …………………………… 215
8.2.4　数据库设计辅助工具 …………………………………………………… 217
8.2.5　项目实践讲解(一)：数据库课程网站(niepub.com)的数据库概念设计
………………………………………………………………………………… 218
8.3　关系数据库的逻辑设计 ……………………………………………………… 220
8.3.1　关系数据库的规范化理论 ……………………………………………… 220
8.3.2　关系代数理论 …………………………………………………………… 229
8.3.3　把概念数据模型转换为关系模型 ……………………………………… 233
8.3.4　项目实践讲解(二)：数据库课程网站(niepub.com)的数据库逻辑设计
………………………………………………………………………………… 235
8.4　关系数据库的物理设计 ……………………………………………………… 236
8.4.1　物理设计的目标与重要性 ……………………………………………… 236
8.4.2　数据容量与使用频率分析 ……………………………………………… 236
8.4.3　字段设计及其数据类型选择 …………………………………………… 237
8.4.4　物理记录设计与数据块大小选择 ……………………………………… 237

　　　　8.4.5　反向规范化与性能目标 ················· 238
　　　　8.4.6　数据存储方式的设计与选择 ············· 238
　　　　8.4.7　索引设计原则 ······················· 239
　　　　8.4.8　数据库体系结构的选择与匹配 ············ 241
　　　　8.4.9　项目实践讲解（三）：数据库课程网站（niepub.com）的数据库物理设计
　　　　　　　　　　　　　　　　　　　　　　　　 ·············· 241
　　思考题 ······································· 245

第 9 章　关系数据库实现　246
　9.1　SQL 与过程化 SQL 介绍 ·························· 246
　　　9.1.1　结构化查询语言 SQL ····················· 246
　　　9.1.2　SQL 语法比较 ·························· 247
　　　9.1.3　过程化 SQL：存储对象编程 ················ 250
　9.2　数据库访问接口 ································ 251
　　　9.2.1　Python 的数据库访问接口 ·················· 251
　　　9.2.2　Java 的数据库访问接口 ···················· 252
　　　9.2.3　微软开发平台的数据库访问接口 ·············· 254
　9.3　项目实践讲解（四）：数据库课程网站（niepub.com）的数据库应用实现 ······ 256
　　思考题 ······································ 260

第 10 章　数据库安全性　261
　10.1　数据库安全的目标与控制策略 ······················· 261
　10.2　数据库加密 ································· 262
　　　10.2.1　数据库的加密要求 ······················ 262
　　　10.2.2　数据库的加密方式 ······················ 262
　　　10.2.3　影响数据库加密的关键因素 ················· 263
　　　10.2.4　数据加密对 DBMS 的影响 ·················· 264
　10.3　数据库审计 ································· 264
　　　10.3.1　数据库审计原理 ······················· 264
　　　10.3.2　启动审计的方法 ······················· 265
　　　10.3.3　审计结果分析 ························ 265
　10.4　数据库用户与权限管理 ·························· 266
　　　10.4.1　数据库用户管理 ······················· 266
　　　10.4.2　角色与权限的管理 ······················ 266
　　　10.4.3　经典案例：MySQL 用户与权限管理 ············ 267
　　思考题 ······································ 270

第 11 章　数据库可靠性　271
　11.1　数据库故障及其恢复机制 ························· 271
　　　11.1.1　数据库故障产生的原因及其分类 ··············· 271
　　　11.1.2　故障恢复实现原理 ······················ 272

11.1.3　故障类型及其恢复机制 …………………………………………… 273
　11.2　数据冗余技术 ……………………………………………………………… 274
　　　11.2.1　数据库备份及其分类 ………………………………………………… 274
　　　11.2.2　数据库镜像与复制 …………………………………………………… 274
　　　11.2.3　数据库主从复制 ……………………………………………………… 275
　　　11.2.4　数据灾备 ……………………………………………………………… 276
　11.3　经典案例：MySQL 数据库的备份与主从复制 …………………………… 277
　　　11.3.1　MySQL 数据库的备份方法 ………………………………………… 277
　　　11.3.2　MySQL InnoDB 副本集主从复制方案 …………………………… 277
　11.4　经典案例：Oracle 数据库的备份与恢复 ………………………………… 278
　11.5　项目实践讲解（五）：数据库课程网站（niepub.com）的数据库可靠性实现
　　　　………………………………………………………………………………… 279
　思考题 ……………………………………………………………………………… 281
参考文献 ……………………………………………………………………………… 282
参考网站 ……………………………………………………………………………… 283
配套数字资源 ………………………………………………………………………… 284

第1部分

大数据时代的数据库系统

在大数据时代，数据库新技术可谓是层出不穷，在这个百花齐放、百家争鸣的时代，如何把握数据库的关键技术与发展趋势，以及如何把 MySQL、Oracle 等主流数据库的技术架构与原理讲清楚，并通过剖析这些流行的数据库管理系统案例，让读者举一反三，明白这些关键数据库技术的运行原理，并能知道如何应用于实践。这是本书第 1 部分编写的重要目标之一。

随着分布式数据库及云原生数据库技术的快速演进，传统数据库也许只是未来数据库的一个越来越小的子集。因此，本部分着力讲清楚分布式数据库与云原生数据库等当前流行的数据库技术的理论体系、运行机制与关键算法。

第 1 章 数据库概述

本章主要介绍数据库系统的有关概念及其环境构成，数据库领域的 3 个核心问题，数据库系统的 4 个发展阶段，大数据时代的发展趋势，关系数据库的发展与主导地位，国内外主流数据库系统的现状分析。

本章主要内容及学习重点包括：

①数据库及数据库系统　数据库系统的概念，数据库系统的环境构成，数据库领域的核心问题与数据库技术的两大创意。

②数据库系统的发展历史与趋势　数据库系统的 4 个发展阶段，大数据时代数据库系统的特点与趋势，并以经典案例予以说明。

③关系数据库的发展与主导地位　关系数据模型的提出与 RDBMS 的诞生，关系数据库的发展及经典案例分析。

④主流数据库管理系统的现状分析　当前主流数据库引擎的排名与趋势，国内主流数据库现状分析。

1.1　数据库及数据库系统

本节从数据库系统的概念、环境构成、核心问题与两大创意 4 个方面介绍数据库系统。

1.1.1　数据库系统的概念

数据库(Database)，是描述或模拟真实世界某些方面的内在关联数据集合。数据库管理系统(Database Management System，DBMS)则是专门对这些数据集合进行组织存储与检索的软件系统。由数据库及其管理系统组成的系统被称为数据库系统(Database System，DBS)，是数据密集型应用系统的核心组件(图1-1)。

从中文含义看，数据库可以简单理解为存储数据的库房。数据库系统跟现实的货物库房很相似，只是存储的东西是电子数据。普通货物库房的管理，需关注以下 4 个重点：一是如何存放货物可以既省空间又方便查找；二是如何高效地查找货物并获取需要的货物；三是大型库房通常有临时收发货的缓存区(装卸区)与永久货场(货架)两类存放地，哪些货物、什么时候转存到临时缓冲区以便快速出入库是仓库设计的一个重要方面；四是为了更好地实现前三项任务，大型仓库需要有一套库房管理系统的软件。

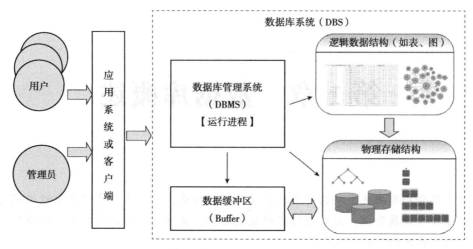

图 1-1　数据库、DBMS 及 DBS 关系示意

而数据库系统，作为存储电子数据的仓库，也相类似，有 4 个核心问题需要解决：一是数据存储问题。通常会按照特定数据模型(关系表、图、键值集等)组织数据的逻辑结构，并基于页(固定大小的数据块)或排序字符串表(SSTable)等物理结构存储。二是数据的高效检索与获取。其实现算法通常有哈希、B+树、LSM 树等。三是数据存放地。包括磁盘和内存，通常数据临时存放在内存缓冲区以便快速获取使用与修改，永久存储在磁盘。四是 DBMS 的设计与使用。DBMS 专门负责按照特定数据模型来存储数据，并按用户需求检索与获取数据。基于磁盘的数据库系统通常总是将数据从磁盘搬到内存缓冲区进行操作，并将修改或新增的数据批量永久保存在磁盘。

1.1.2　数据库系统的环境构成

数据库系统环境由用户、工具与接口(含应用软件)、数据与元数据 3 个层面构成，如图 1-2 所示。

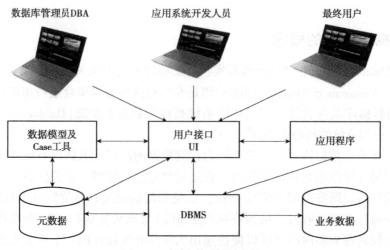

图 1-2　数据库环境的构成

①用户　通常分为3类，即数据库管理员((Database Administrator，DBA)、应用系统开发人员和应用系统最终用户。

②工具与接口(含应用软件)　包括基于DBMS的应用程序、用户接口、数据模型及SQL脚本生成工具等。

③数据与元数据　数据库从业务逻辑角度看，主要是DBMS软件及被其管理的数据库元数据知识库(数据字典)与业务数据本身，其中业务数据是数据库管理的目标对象。

用户总是通过用户接口访问数据库，而数据库里的业务数据必须通过DBMS才能访问，以确保授权安全与访问效率。

1.1.3　数据库领域的核心问题

数据库领域，总是有三大核心问题需要我们去学习和研究：

①DBMS的实现　如何设计和实现一个DBMS来高效地组织和管理数据？

②数据库应用设计　如何针对特定应用的需求设计一个合理的数据库结构？

③数据库存取　应用程序如何有效地存取数据库中的数据？如何选择数据模型与引擎？如何优化数据库存取效率？

上述3个问题，也是后续章节讨论的重点。

1.1.3.1　关于DBMS的实现

后续有关章节通过对主流数据库系统架构的讲解，弄清楚DBMS的运行原理，其中，包括对一些流行的集中式关系数据库管理系统的剖析，对分布式数据库管理系统架构的剖析。

1.1.3.2　数据库应用开发过程

通常是指数据密集型应用系统的开发生命周期(Software Development Life Cycle，SDLC)，包括4个步骤：

①需求分析与概念设计　目标是概念数据建模，具体包括应用项目的启动、规划、需求调研与分析，最终形成概念数据模型，常用分析方法是实体关系图(ER/EER)。

②数据库逻辑设计与物理设计　逻辑设计，如面向关系数据库管理系统生成的关系模型与规范化过程；物理设计，主要关注数据库应用的性能。

③数据库实现　包括API调用、面向关系数据库管理系统的SQL及存储对象编程、业务逻辑的实现、用户接口设计、调试与测试等。

④数据库上线与运维　包括生产环境的准备(如DBMS软件的安装与配置等)、数据初始化、系统上线、性能调优、备份与恢复、用户与权限分配等。

1.1.3.3　数据库存取的系统挑战

数据库存取的主要系统挑战和关键点包括：

①访问接口(Access Interface)　如SQL、JDBC/ODBC等。

②性能(Performance)与可扩展性(Scalability)　吞吐量、时延、存储、索引与查询优化。

③可靠性(Reliability)与可维护性(Maintainability)　硬件故障、BUGs、用户输入错误等，备份与故障恢复(Fault Recovery)。

④并发(Concurrency)　实现多个用户同时访问，关键点包括锁机制与事务管理等。

⑤安全(Security)与数据隐私(Privacy)。

在数据库领域，需要研究和学习的三大核心问题总结见表 1-1。

表 1-1 数据库领域的三大核心问题

主题	主要内容	关键研究方法
DBMS 的实现	体系结构、运行原理、部署架构	剖析 DBMS 软件
数据库应用	概念设计→逻辑设计→物理设计→实现→上线→运维	应用系统生命周期
数据库存取	访问接口、性能、可靠性、并发、安全等	数据存取核心技术

1.1.4 数据库技术的两大创意

数据库系统作为数据密集型应用系统的核心组件，是信息领域的关键技术之一，其两大关键创意可以归纳为：

(1) 采用声明式接口(Declarative Interfaces)

如关系数据库采用的 SQL 语言，统一了接口标准，提高应用系统的开发效率。例如：

① SQL(关系数据库管理系统) 数据分离、SQL 及其优化。

② NoSQL 常用映射与归集(MapReduce)等。

(2) 事务(Transactions)

把应用操作打包成原子请求，即要么整个业务操作成功，要么整个业务全部失败，回退到起点。有了事务这个创意就可以较好地解决并发、故障恢复、分布式存储与一致性等一系列难题。例如：

① SQL(关系数据库管理系统) 事务(Transaction)的开始(Start)，提交(Commit)或回滚(Rollback)。

② NoSQL 原子方式的 JOB 等。

1.2 数据库系统的发展历史与趋势

数据库技术从 20 世纪 60 年代诞生至今，与之匹配的硬件及网络环境发生了巨变，比如数据库服务器的处理器与存储硬件技术一直在飞速发展，主流内存容量从 KB 级到 MB 级再到 GB 级，内存技术从易失性内存(RAM)到非易失性内存(NVM)，磁盘技术从机械盘到固态盘(SSD)，共享存储从磁盘阵列到存储局域网(SAN)再到远程直接数据存取(RDMA)网络。主流网速也从 Kbps 级到 Mbps 级再到 Gbps 级。

同时，需要数据库系统处理的数据对象的复杂性与规模也发生了巨变，最初主要是一些结构化的专业数据(如档案管理)，到后来的交易信息及企事业单位内部的各种信息数据，再到互联网上的各种结构化与非结构化的海量数据及物联网时代有更大规模的数据需要处理。

数据库技术架构及其实现路线经历了几次大的螺旋式升级，可以归纳为 4 个阶段：第一阶段，数据库的起步 10 年(1960—1970 年)；第二阶段，传统关系数据库"霸屏"的 30 年(1970—2000 年)；第三阶段，面向大数据的探索 10 年(2000—2010 年)；第四阶段，面向大数据的云数据库时代到来(2010 年至今)。在当前所处的云数据库新时代，分布式、

NewSQL 与云原生等成为关键技术，而且数据存储模型多样化（SQL、NoSQL 和 NewSQL 并存），同时由于应用需求的多样性，单机（SMP）数据库系统（Shared-Everything）、基于存算一体的分布式 MPP 数据库（Shared-Nothing）、存算分离的云原生数据库（Shared-Storage）将三分天下，各自占领不同的应用场景，但云原生数据库所占份额将越来越高。

传统数据库运行的一个重要机制是实现数据在磁盘和内存间的传输和交换。如何根据硬件状况将最近或即将要读写的数据从磁盘搬到内存，以及何时将修改过的日志与数据（脏数据）保存到磁盘，是数据库存储引擎的主要工作。由于硬件存储技术的进步，数据库存储模型及存储引擎技术也就有了发展和改进的基础和需求，甚至传统的面向磁盘的数据库系统（Disk-Oriented DBMS）都可能会因为 NVM 和 RDMA 等技术的普及以及内存介质容量不断升级等因素，大量转向内存数据库系统（In-Memory DBMS）或者内置内存数据库技术，以提高性能。

特别是最近十九年，数据库的很多传统观念、原理和理论体系都发生了变化：从行式数据库（如关系数据库）到列式数据库（如某些 NoSQL）再到行列混合数据库（部分 NewSQL 采用），从 OLTP 到 OLAP 再到 HTAP，从数据仓库到数据湖，从单机数据库到分布式数据库再到云数据库，数据存储的物理结构从传统基于页（数据块）的 B+树索引模式到基于排序字符串表（SSTable）的 LSM 树索引模式。

1.2.1 数据库系统的 4 个发展阶段

了解数据库技术的发展历史，可以以史为鉴，更好地理解数据库系统的发展趋势。20 世纪 70 年代有关系模型与网络（CODASYL）模型之争，90 年代面向对象数据库与关系数据库从相互竞争到融合成对象关系数据库（ORDBMS），21 世纪初又上演 SQL 与 NoSQL 的竞争并综合二者之长发展出 NewSQL。数据库系统的 4 个发展阶段见表 1-2。

表 1-2 数据库系统的 4 个发展阶段比较

阶段特点	数据库的萌芽起步期	关系数据库的完全主导期	面向大数据的探索期	云数据库走向成熟
持续时间	10 年 （1960—1970 年）	30 年 （1970—2000 年）	10 年 （2000—2010 年）	10+年 （2010 年至今）
主流数据模型	层次模型、网状模型	关系模型、面向对象、XML 等	关系、键值、文档、图、宽列等	关系、键值、文档、图、宽列等
关键技术	集成存储	SQL、开源	分布式、存算分离	NewSQL、云原生
主流硬件环境	大型机时代内存与硬盘小且慢	大型机、小型机及 X86 服务器并存（内存/网络带宽在 MB 级别，磁盘阵列容量在 GB 级）	虚拟机、X86 服务器硬件性能大大提升且价格低廉，出现成千上万台的大规模机器	云服务器（服务器内存及网络带宽在 GB 级，硬盘容量在 TB 级别，固态硬盘开始流行）
数据需求	某些专业领域的结构化数据的存储与检索	企事业单位信息化的全面普及，涉及 OLTP 及 OLAP	互联网平台汇集海量数据的存储与检索	成为所有企事业单位和个人都可使用的数据库云平台

1.2.1.1 第一阶段 数据库系统的起步阶段

这个阶段发生在20世纪六七十年代，主要采用层次数据库模型与网状数据模型。

①1961年，通用电气公司(General Electric Company)的C. W. Bachman设计了历史上第一个DBMS——集成数据存储(Integrated DataStore, IDS)。

②1968年，IBM设计了层次数据库系统IMS，使用层次数据模型。

③1969年，CODASYL(Conference on Data Systems Languages)的DBTG发表了网状数据模型报告，发布了CODASYL系统，该系统采用网状数据模型，奠定了网状数据库技术。

1.2.1.2 第二阶段 传统关系数据库时代

这个阶段(1970—2000年)，关系数据库从理论到实践并逐步走向成熟，关系数据库时代的重要事件有：

①1970年，IBM的E. F. Codd其在论文 *A Ralational Model of Data for Large Shared Data Banks* 中提出的数据库系统关系模型，奠定了关系数据库理论基础，开创了数据库关系方法和关系数据理论的研究。

②1974年，IBM的Boyce和Chamberlin设计了SQL语言。

③1973—1976年，E. F. Codd设计了System R，M. Stonebraker设计了Ingres。

④1976年，IBM的Jim Gray提出了一致性、锁粒度等设计，奠定了事务处理的基础。

⑤1977年，Larry Ellison创建了Oracle公司。1979年该公司发布了Oracle2.0。1986年Oracle上市，关系数据库系统在小型机开始流行，后来在微机时代占据主流。

⑥1983年，IBM的Charlie Bachman、Edgar Codd、Jim Gray发布了DB2数据库，预示着关系数据库系统最终会赢得大型机数据库市场。20世纪80年代中期，关系模型彻底胜出，SQL语言成为事实标准。

⑦1987年，Sybase发布了Sybase 1.0，到1994年，Sybase已发布了11个版本(Sybase ASE 11.0)。

⑧1990年，M. Stonebraker发表了《第三代数据库系统宣言》，提出对象关系数据模型。80年代末面向对象数据库热潮兴起，但到90年代初面向对象思想融合进主流关系数据库系统中。

⑨1991年，Microsoft提供Access数据库。1996年，该公司发布Microsoft SQL Server 6.5。

⑩1996年是开源年，MySQL正式发布，Postgres95改名为PostgreSQL。随着互联网时代的来临，开源数据库MySQL、PostgreSQL的出现，商业数据库公司垄断数据库市场的现象被打破，以MySQL为代表的开源数据库开始迅速发展。

⑪1998年，W3C发布半结构化数据模型标准(XML1.0)。

1.2.1.3 第三阶段 面向大数据的NoSQL数据库阶段

21世纪后的第一个10年(2000—2010年)，由于互联网技术产生海量的数据，传统的关系数据库技术在处理数据时显得力不从心，且价格昂贵。以Google为主导的互联网企业创新了数据库技术，特别是NoSQL与分布式数据库等技术，让数据科学进入大数据时代。这一阶段的时代关键词有：NoSQL、数据仓库(DW)与大数据(BigData)。这一阶段的重要事件有：

①2003 年，Google 的 Sanjay Ghemawat 等发表 The Google File System，开启了分布式文件系统（HDFS）。

②2004 年，Goolge 的 Jeffrey Dean 等发表 MapReduce：Simplified Data Processing on Large Clusters，为 Hadoop/Spark 大数据计算平台的诞生奠定了基础。

③2005 年，M. Stonebraker 等开发完成了 C-Store、Column-based DBMS。

④2006 年，Google 的 Fay Chang 等发表 Bigtable：A Distributed Storage System for Structured Data，NoSQL 数据存储技术（HBase）开始发展。

⑤2007 年，NoSQL 在互联网及大数据领域大行其道，Google 的 BigTable、Amazon 的 Dynamo、Facebook 的 Cassandra（基于 BigTable 和 Dynamo）和 PowerSet 的 Hbase（基于 BigTable），以及 MongoDB、Redis 等备受追捧。

至此，NoSQL 数据库技术成为这个时代的宠儿。NoSQL 数据库有如下特点：

①NoSQL 通常是指非关系型的、分布式的，且一般不保证 ACID 的数据储存系统。

②其专注于高可用性和高可靠性，放弃了强事务和传统关系模型。

③遵循 CAP（一致性、可用性、分区容差）理论，符合 BASE（基本上、可用、软状态、最终一致）规则。

④NoSQL 通常无 Schema，采用自定义 API 代替 SQL 等。

1.2.1.4　第四阶段　面向大数据的云数据库时代

这个阶段（2010 年至今）的时代特点是融合传统关系数据库与 NoSQL 及分布式技术，涌现出众多 NewSQL 数据库系统。同时，云计算成为时代发展的主流，云原生数据库、无服务器（Serverless）、数据库即服务（DBaaS）等思想与技术成为云时代数据库系统越来越重要的特征。这一阶段的时代关键词有：云原生数据库、NewSQL、自我驱动（Self-Driving DBMS）、智能化管理（AI）与向量数据库等。

数据的井喷式增长对数据库系统提出了水平扩展、大集群规模、高并发等新诉求。随着公有云的蓬勃发展，以云为载体兼具高可扩展性、高并发性、高可用性的分布式数据库技术已经日益成熟，如 Google Spanner、Snowflake、AWS Aurora、PolarDB 等云数据库系统与服务逐渐走进我们的视野。云数据库时代的重要事件有：

①2012 年，Google 的 James C. 等发表了论文 Spanner：Google's Globally-Distributed Database。

②2014 年，由 Spencer Kimball 发布了第一个 CockroachDB 迭代版本并开源（按 Spanner Google 白皮书上技术构建的数据库）；在 AWS re：Invent 大会上，AWS 推出了 Amazon Aurora；Microsoft 发布了 Azure DocumentDB，支持对任意文档的 SQL 查询。

③2015 年，阿里巴巴发布了 OceanBase；腾讯针对金融联机交易场景开发了高一致性数据库集群产品 TDSQL。

④2017 年，PingCap 受 Spanner/F1 论文启发，结合传统关系数据库管理系统（MySQL）和 NoSQL 特性，发布了 TiDB 1.0 并开源。2017 阿里云发布云原生关系数据库 PolarDB。腾讯云发布分布式云数据库 CynosDB，兼容 MySQL 和 PostgreSQL。Google 发表第二篇有关 Spanner 的论文 Spanner：Becoming a SQL System，描述了查询执行的切分、瞬态故障情况下查询重新执行、驱动查询作路由和索引查找的范围查询，以及改进的基于块的列存等分布

式查询优化技术。这篇论文预示着 Google 要从 Nosql 转到 SQL 阵营来，SQL 即将成为一切数据访问的基础。同年，CMU Peloton 发表论文 *Self-Driving Database Management Systems*，提出自治数据库。

⑤2018—2020 年，Oracle 发布了 Oracle Database 18c/19c（自治的云数据库版本），该版本集成了人工智能和自适应的机器学习技术。

⑥2019 年，Zilliz 开源了向量数据库 Milvus，该数据库专注于非结构化数据的处理，其目标是存储、索引和管理由深度神经网络和其他机器学习（ML）模型生成的海量嵌入向量。

⑦2020—2021 年，openGauss、OceanBase、PolarDB 等国产数据库先后相继开源。

1.2.2　经典案例：阿里巴巴集团数据库架构的演变

在大型企业，特别是互联网企业的信息化演变过程中，作为数据核心的数据库系统是其演进升级的关键。大型企业的数据库架构演进通常都经历 3 个阶段：

①单机集中式数据库阶段　一般采用小型机（或大型机）等当时性能优异的服务器，数据库通常采用主从结构或高可用集群，所有业务数据都集中存储在一个数据库系统中。

②异地多活的分布式数据库阶段　一般是自建成百上千个 X86 物理服务器，并分布在多个数据中心（以便于容灾和就近访问），采用分布式数据库架构，通过分表分库等方式实现业务数据的分布式存储。

③云原生数据库阶段　业务数据逐步上云甚至全面云化，这个阶段目前尚处于进行中。

下面以阿里巴巴集团的电商与支付宝业务为例，说明企业数据库架构的演进趋势。阿里巴巴集团数据库架构演进的关键节点阶梯图如图 1-3 所示。

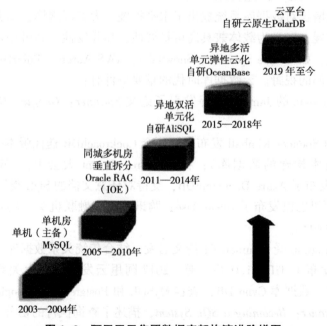

图 1-3　阿里巴巴集团数据库架构演进阶梯图

(1)单机(主备)集中式数据库时代

淘宝初创时(2003—2004年),由几台 PC 服务器运行 MySQL 数据库的主备架构,但很快达到瓶颈,转向 Oracle 数据库。2005—2010年,电商业务主要采用经典的 IOE 架构,IBM 的小型机+Oracle 数据库+EMC 存储,双机房,数据库采用 Oracle 数据库的 RAC 集群+DataGuard 主备模式。

(2)异地多活的分布式数据库时代

从 2008 年开始,数据库跑业务开始吃力,且有成本压力。于是从 2009 年到 2011 年,阿里巴巴集团开始将不重要的业务迁移到基于 MySQL 的分布式数据库系统——AliSQL 分布式架构,其分布式的 MySQL 主备节点组达到上百个。从 2011 年开始,阿里巴巴集团将一些核心应用(如商品库存)去 IOE,将部分数据库迁移到 1300 台 PCServer 上;2012 年,开始尝试 NoSQL,自研基于 Paxos 协议的 OceanBase 数据库,经过 100 多个 DBA 和 1500 多位成员的技术团队的共同努力,终于在 2014 年将支付宝等核心业务完全迁移到了 OceanBase 数据库上了。

OceanBase 的存储策略:动态数据的数据量较小,侧重 TPS 和 QPS,采用集中式的方法;静态数据的数据量很大,侧重存储容量,采用分布式的方法将数据分布到多台普通 PC 服务器的磁盘或者 SSD。

(3)弹性上云到云原生数据库时代

随着阿里云技术的逐步成熟,阿里巴巴集团又开始把核心业务搬到云上。从 2015 年开始,"双十一"期间的部分单元化交易应用开始通过弹性使用云资源,实现成本节约的目标;从 2019 年开始,核心交易系统全面上云,通过神龙服务器+容器和 K8s 上云,数据库接入自研的云原生数据库 PolarDB。2019 年"双十一"峰值时,集群的规模超过百万容器,单容器集群节点数量过万,数据库的峰值超过 54 万笔/秒,对应 8700 万查询/秒。

图 1-4 显示和说明了阿里巴巴集团的淘宝及支付宝业务数据库架构升级切换的关键时间节点。

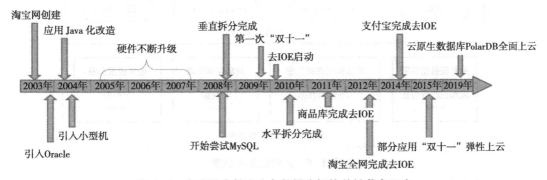

图 1-4　淘宝及支付宝业务数据库切换关键节点示意

1.2.3　大数据时代数据库系统的特点与趋势

20 世纪 90 年代末,互联网企业收集和需要存储的数据越来越多,且数据类型越来越多样,为了满足互联网企业的大数据需求,数据库系统进入大数据时代。

如果说蓝色巨人 IBM 是关系数据库的引路人,那么互联网巨头 Google 就是大数据时代数据库技术的弄潮儿。为了解决互联网产生的 PB 级海量数据的存储问题,Google 开创了分布式技术并将其运用得炉火纯青,其发展的有关分布式系统的 3 篇著名论文(GFS、MapReduce 和 BigTable)①奠定了 NoSQL 数据库的基础。此后,NoSQL 数据库如雨后春笋发展起来,2012 年,Google 又发表了有关 Spanner 的论文,随后各互联网公司(包括国内的阿里巴巴与腾讯等)争先恐后地开发出了 NewSQL 数据库。

大数据时代数据库系统的特点如下:

① 分布式数据库与云原生数据库的流行是大数据时代数据库系统的重要特点。为满足海量数据需求及大量并行用户的访问,必须通过分布式、云原生等技术实现数据库系统的任意横向扩展,只通过传统的垂直扩展方式是无法满足大数据时代对数据容量和访问频率的快速增长需求的。

② 存储模型的多样化和复合化。多种数据类型并存,大量结构化、半结构化、非结构化业务数据的存储需求催生了大数据时代数据库存储模型的多样化。从传统的关系数据库模型,到 NoSQL 数据库模型、向量数据库模型,再到多模数据库,体现了大数据时代数据库的复合化。

大数据时代数据库系统的发展方向与趋势可以归纳总结为以下 8 个方面。

1.2.3.1 多模(Multi-model)数据管理

同一个数据库支持多个存储引擎,能够存储和处理多种类型的数据,同时满足应用程序对于结构化、半结构化、非结构化数据的统一管理需求,如图 1-5 所示。

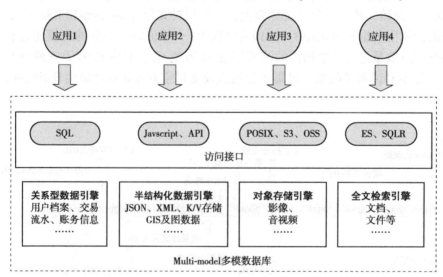

图 1-5 多模数据库示意

1.2.3.2 混合事务与分析处理(HTAP)

数据库系统一般可以按照负载类型分成操作型数据库(Operational Support System)和决策型数据库(Decision Support System)。操作型数据库主要用于应对日常流水类业务,属于

---

① 详见 1.2.4 的经典案例介绍。

高并发的事务处理(OLTP)；决策型数据库主要应对企业报表类、数据可视化等统计类业务，属于高吞吐量的数据分析业务(OLAP)。

HTAP 是同时混合处理 OLTP 和 OLAP 这两类业务的系统。关于 HTAP，2014 年 Garnter 公司给出了如下的说明：混合事务/分析处理(HTAP)是一种新兴的应用体系结构，它打破了事务处理和分析之间的"墙"，支持更多的信息和"实时业务"的决策。当然，HTAP 也不是万能的，一些业务特点很强的应用场景还是更适合采用针对 OLTP 或 OLAP 进行专门优化的数据库系统。

1.2.3.3 分布式数据库

分布式数据库系统(DDBS)通常使用多台计算机(节点)，每台计算机可以分别部署在不同的地点，每台计算机中都可以有 DBMS 的一份完整拷贝副本，或者部分拷贝副本，并具有自己局部的数据库。位于不同地点的多台计算机通过网络互相连接，共同组成一个完整的、全局的、逻辑上集中、物理上分布的大型数据库。

1.2.3.4 NoSQL 数据库

NoSQL(Not Only SQL)指的是非关系型的数据库，用于超大规模数据的存储，旨在满足分布式体系结构的可扩展性需求和/或无模式数据管理需求。

由于企业数据的规模越来越大，类型越来越多，根据 2019 年 Database Trends 的数据，44.3% 的企业会同时使用多种数据库，其中，75.6% 的企业会混合使用 SQL(RDBMS)与 NoSQL 数据库，比较流行的多数据库组合[1]如下：

①MySQL+MongoDB，占比 34.15%。

②MySQL+PostgreSQL，占比 9.76%。

③MongoDB+PostgreSQL，占比 7.32%。

④MongoDB+Redis，占比 7.32%。

NoSQL 数据库的存储类型、特点及其 DBMS 实现方案示例见表 1-3。

表 1-3　NoSQL 数据库系统的存储类型及其特点

存储类型	DBMS 举例	特点
键值存储	Redis	具有高并发读写性能，只能通过 Key 查询
宽列存储	Cassandra	适合存储和压缩结构化和半结构化数据，擅于列或多列查询
对象存储	db4o	通过面向对象的方式和语法存取数据
文档数据库	MongoDB	类 JSON 格式、文档型数据的存储和检索
XML 数据库	BaseX	高效存储 XML 数据，支持 XML 语法 XQuery、Xpath
图数据库	Neo4J	图数据(多对多关系)的最佳存储环境

1.2.3.5 NewSQL 数据库

NewSQL 即基于分布式架构的关系数据库管理系统，其特点是自动的水平伸缩、一致性的分布式事务处理、多副本复制，但物理存储层可能采用 K/V 键值存储。NewSQL 数据

---

[1] 数据来源：2019 Database Trends-SQL vs. NoSQL, Top Databases, Single vs. Multiple Database Use。

库开始于 Google Spanner/F1 及其论文，已商用的 NewSQL 数据库国内外皆有不少，如 Spanner/F1、OceanBase（国产、开源）、TiDB（国产、开源）等。

NewSQL 数据库具有可扩展性、自动分片、容错性、一致性复制和数据广域分布等特点，具有提供多行事务、外部一致性、跨数据中心的透明故障转移等优势。

RDBMS、NoSQL 与 NewSQL 3 类数据库的部分特性比较见表 1-4。

表 1-4 RDBMS 与 NoSQL、NewSQL 的比较

项目	类型		
	RDBMS	NoSQL	NewSQL
模式	预定义模式	无预定义模式	预定义模式
查询语言	SQL	无查询语言标准	SQL
一致性	严格一致性	最终一致性	严格一致性
事务	支持	不支持	支持
理论	ACID	CAP，BASE	CAP，ACID
扩展	纵向扩展	横向扩展（分布式）	横向扩展（分布式）

1.2.3.6 云数据库与云原生数据库

云数据库是指部署在云计算环境中的数据库。云数据库通常会专门针对云计算环境进行优化，并实现按需付费、按需扩展，具有高可用性及存储整合等优势。云数据库能够快速创建新的数据库实例，并支持读写分离、只读实例、故障自动切换、系统监控与消息通知等数据库高级功能。

云原生的本质就是通过云计算资源池化、平台规模化等技术，利用容器化部署、微服务、存算分离、无服务器（Serverless）、多租户、智能化调度与运维管控等多种技术手段来充分发挥云计算所具有的高弹性、高可用性、灵活部署、简化运维、易拓展等优势。

云原生数据库通常是基于"共享所有+共享存储"（Shared Everything+Shared Storage）的存储计算分离架构来实现资源池化的高效管理，同时兼具高弹性、高可用性水平拓展的特性。

经典的云数据库系统有 AWS Aurora（兼容 PostgreSQL & MySQL）、Google Cloud SQL、Azure Database for PostgreSQL、Oracle Cloud、阿里云 PolarDB、腾讯云 TDSQL-C 等。

1.2.3.7 向量数据库

向量数据库就是用来存储、检索、分析向量的数据库。向量数据是指由多个数值组成的数据，这些数值通常表示某种特征或属性，例如一张图片可以表示为一个由像素值组成的向量，一个文本可以表示为一个由单词频率组成的向量等。向量数据库的关键技术是对向量数据进行高效的检索与分析，包括：

①向量检索 如人脸检索、车辆检索、商品图片检索等图片检索。

②向量分析 如人脸撞库，如何通过对周边人像的比对分析出问题等。

向量数据库相对其他数据库的特点，主要有以下 3 个方面：

①数据规模巨大 在向量数据库需求中，一张表的数据很可能达到千亿级别，而且转换为向量存储的特征数据量通常也比较大，例如图片像素点向量。因此，向量数据库一般

都使用可线性扩展的分布式系统，通常在云平台上运行。

②数据类型与存储方式　向量数据库可以高效存储和管理向量数据，特别是高维向量（嵌入），通常采用基于向量索引的存储方式，将向量数据映射到高维空间中，并在这个空间中构建索引结构，以支持高效的相似度查询。向量数据库不像其他数据库那样，采用关系模型或 NoSQL 数据库模型进行存储管理。

③查询方式　向量数据库的查询方式通常是基于向量相似度的查询，即根据向量之间的相似度来检索数据；而其他数据库通常是精确查找，如点查或范围查。因为向量数据库处理的是从非结构化数据转换而来的嵌入向量，对向量数据的查询通常是近似查找，即查询得到的结果是与输入条件最相似的，通过计算两个向量的相似性来分析它们之间的相关性，这样的查询对计算能力要求非常高。例如，相量数据库可立即从海量数据库中返回最相似的图像。

向量数据库的实现方式有多种，比较常见的是基于向量索引的方法。这种方式是将向量数据映射到一个高维空间中，并在这个空间中构建索引结构，以支持高效的相似度查询。常见的向量索引结构包括 KD 树、球树、LSH 等。

向量数据库在设计上非常适合处理高维向量(如嵌入)，这也使其成为人工智能(AI)基础设施中的重要组成部分，在人工智能、机器学习、大数据等领域有着广泛的应用。向量数据库可以帮助用户快速地检索和分析大规模的向量数据，从而提高数据处理的效率和准确性。

在人工智能领域，向量数据库通常用于存储和查询各种类型的向量数据，例如，图像特征向量、文本向量、音频向量等。将这些向量数据存储在向量数据库，可以方便地进行各种类型的相似度搜索和推荐系统的构建。

例如，在图像搜索中，可以将每张图片转换为一个由像素值组成的向量，并将这些向量存储在向量数据库中。当用户输入一张图片进行搜索时，图片被转换为一个向量，并在向量数据库中进行相似度搜索，以便找到与输入图片最相似的图片。

在电商推荐系统中，向量数据库也可以用于存储商品图片的向量值，并且通过相似度搜索来推荐相似的商品给用户。

在自然语言处理 NLP 场景下，嵌入式高维向量格式可表示单词或句子的语义和句法，并可作为输入数据被馈送至深度学习模型当中。每个维度代表句子的特定特征或属性，例如字数、句子中的关键字或情绪倾向等。为自然语言生成嵌入的过程，往往是由预训练语言模型(如 OpenAI GPT 或 BERT)来完成的。嵌入向量的长度不受限制，可以根据具体用例和用于生成嵌入的模型而有所变化。嵌入的质量越高，语言建模、情感分析、机器翻译和问答系统等自然语言处理(NLP)任务的性能表现也就越好。大语言模型(LLM)就是高度依赖嵌入的先进 AI 用例之一。这些模型往往包含数十亿个参数，嵌入则广泛作用于这些模型的训练和微调过程中，使其获得执行各种自然语言处理(NLP)任务的能力。

总之，向量数据库既可应用于图像搜索、音乐推荐、文本分类等领域，也可以应用于语音识别、自然语言处理、智能推荐等系统。

1.2.3.8　其他重要的数据库发展方向

除上述的数据库外，还有其他重要的数据库，主要有：

①数据安全 容灾与双活(或多活)。
②自治数据库 集成人工智能技术实现智能优化。
③内存及缓存数据库 存储数据在内存中,以提高应用程序和数据库性能。
④开源数据库 源代码一起分发的数据库,其开源许可证通常对用户使用有些限制,例如要求用户也共享其对开源数据库的改进与功能管理等代码,从而确保公共代码对所有人保持开放。许多开源数据库是在混合模式下发布的,即有两个版本(社区版与商业版),其中更简单通用的代码被称为"社区版",社区版可以自由发布,通常免费下载。
⑤区块链数据库 区块链(Blockchain),即分布式账本(Distributed Ledger Technology,DLT),基于区块链的数据具有信息不可篡改、匿名性、数据开放性与自治性、去中心化等特点。区块链数据库(Blockchain Database)兼有区块链系统和数据库系统两个系统的优势,可以提高区块链数据的可扩展性与性能。

综合来看,大数据时代数据存储的发展经历了几次标志性的事件,这几次大事件后续影响了整个数据科学领域的发展方向,使得大规模分布式数据存储与处理技术成为当代数据库系统的主流技术(表1-5)。

表1-5 大数据时代数据库系统的部分大事件列表

细节	事件					
	GFS	MapReduce	BigTable	Spanner/F1	Aurora	OceanBase
所属公司	Google	Google	Google	Google	Amazon AWS	阿里巴巴
完成年份	2003	2004	2006	2012	2014	2014
重要论文*	论文1	论文2	论文3	论文4	论文5	论文6
内容与意义	分布式文件系统	分布式计算	NoSQL数据库	NewSQL数据库	云原生数据库	支付宝上线OceanBase
后续或类似系统	Hadoop	Spark	HBase	TiDB、CockroachDB	Azure DB、PolarDB	关键任务法IOE

*重要论文依次为:
论文1:*The Google File System*,2003;
论文2:*MapReduce:Simplified data processing on large clusters*,2004;
论文3:*Bigtable:A Distributed Storage System for Structured Data*,2006;
论文4:*Spanner:Google's Globally-Distributed Database*,2012;
论文5:*Amazon Aurora:Design Considerations for High Throughput Cloud Native Relational Databases*,2017;
论文6:*OceanBase分布式存储引擎*,2014。

1.2.4 经典案例:Google公司4篇著名论文对现代数据库技术的影响

现代分布式存储与处理的经典应用开始于Google公司的GFS文件系统、MapReduce和BigTable 3个应用项目,这是大规模分布式系统的跨时代应用。Spanner/F1应用项目则是分布式关系数据库(NewSQL)的一个起点。因此,Google公司4篇公开发表的论文对现代分布式数据库系统，特别是 NoSQL 与 NewSQL 数据库的产生与发展有非常重要的影响和引领作用。

(1) The Google File System

GFS 文件系统是一个面向大规模数据密集型应用的、可伸缩的分布式文件系统。GFS 包括几百甚至几千台普通的廉价设备组装的存储机器，同时被相当数量的客户机访问。同时 GFS 假定：组件失效是常态事件，而不是意外事件；存储的文件都非常巨大，几个 GB 的文件非常普遍。

GFS 中的绝大部分文件的修改是采用在文件尾部追加数据，而不是覆盖原有数据的方式。在实际操作中，对文件的随机写入几乎不存在。一旦写完之后，对文件的操作就只有读取，而且通常是按顺序读取。因此，GFS 有特定的使用场景，如数据分析程序扫描的超大的数据集；由一台机器生成、另外一台机器处理的中间数据，这些中间数据的处理可能是同时进行的，也可能是后续才处理的。对于这种针对海量文件的访问模式，客户端对数据块缓存是没有意义的，数据的这种追加操作方式主要是考虑性能优化和原子性保证等因素。

(2) MapReduce: Simplified data processing on large clusters

MapReduce 作为一种编程模型和分布式计算框架，通过用户定义 Map (映射) 函数来处理 Key/Value 键值对，并产生一系列中间 Key/Value 键值对。另外，还要定义一个 Reduce (归约) 函数用来合并有着相同中间 Key 值的中间 Value。

一个典型的 MapReduce 计算可能需要在上千台机器中处理 TB 数量级的数据，已经有成千上万的 MapReduce 程序被实现并且每天有上千个 MapReduce 任务运行在 Google 的集群上。

(3) Bigtable: A Distributed Storage System for Structured Data

BigTable 描述了一个分布式的结构化数据存储系统的设计与实现，它是建立在 GFS 和 MapReduce 之上的。BigTable 被设计成可以扩展到 PB 的数据和上千个机器的系统，具有广泛应用性、可扩展性、高性能和高可用性等特点。

BigTable 不支持完整的关系型数据模型，相反它为客户提供了一个简单数据模型，即一个稀疏的、分布的、永久的多维排序图，例如，采用行键 (Row Key)、列键 (Column Key) 和时间戳 (Timestamp) 对图进行索引，图中的每个值都是未经解释的字节数组。

BigTable 使用行和列名称对数据进行索引，这些名称可以是任意字符串。客户可能经常把不同格式的结构化数据和非结构化数据都序列化成字符串。另外，BigTable 模式参数允许用户动态地决定是从磁盘获得数据还是从内存获得数据。

(4) Spanner: Google's Globally-Distributed Database

此论文介绍了 Google 公司的全球分布式数据库 (Golbally-Distributed Database) Spanner，其扩展性达到了全球级，即可以扩展到数百个数据中心、数百万台机器、上万亿行数据。除了高可扩展性外，它不仅能通过同步复制和多版本控制 MVCC 来满足外部一致性，而且支持跨数据中心的事务，是大规模分布式技术与传统关系数据库技术的完美融合。

Spanner 作为一个数据库，其原理是把数据分片存储在许多 Paxos 状态机上，这些机器位于遍布全球的数据中心内，其复制技术可以服务于全球可用性和地理局部性。客户端会自动在副本之间进行失败恢复。随着数据的变化和服务器的变化，Spanner 会自动把数据进行重新分片，从而有效应对负载变化和处理失败。

因此，Spanner 的主要工作就是管理跨越多个数据中心的数据副本，Spanner 支持通用事务，提供了基于 SQL 的查询语言。

1.3 关系数据库的发展与主导地位

1.3.1 关系数据模型的提出与 RDBMS 的诞生

美国 IBM 公司的研究人员 Edger F. Codd 在 1970 年 6 月发布著名的《大型共享数据库数据的关系模型》(A Relational Model of Data for Large Shared Data Banks)。该论文首先提出数据库系统的关系模型——将现实世界实体的数据信息表述为关系表，即每行带有唯一标识符的二维表，数据(实体属性)即为满足一定条件的二维表中的元素，关系模型即为关系表的集合。

基于关系模型的关系表采用关系代数与关系演算的方式操作。关系操作是集合操作方式，一次一集合(Set-at-a-time)。常用的关系操作包括增加(Insert)、删除(Delete)、修改(Update)和查询(Query)操作。查询操作相对复杂，通常会包括选择(Select)、投影(Project)、连接(Join)、除(Divide)、并(Union)、交(Intersection)、差(Difference)等关系操作或演算。

IBM 公司在 1974 年首先推出了基于关系模型的数据库管理系统 System R，发表了一系列关于关系数据库的论文。加州大学伯克利分校的两位教授 Michael Stonebraker 和 Eugene Wong 在此基础上启动了 Ingres(Interactive Graphics and Retrieval System)关系数据库管理系统的研发，因 Ingres 的代码使用 BSD 许可证，在 20 世纪 80 年代，在 Ingres 基础上又发展出 Informix、Sybase 及 Postgres 等关系数据库管理系统(Relational Database Management System，RDBMS)。Postgres 演化成当今仍流行的开源数据库 PostgreSQL。基于 Sybase 源代码改造产生的 MS SQL Server 数据库也是当今较流行的 RDBMS。

1977 年 6 月，Larry Ellison 与 Bob Miner、Ed Oates 在硅谷创办公司，在 Edger F. Codd 论文的启发下，开始策划构建可商用的 RDBMS。1979 年夏季，RSI 公司(ORACLE 的前身)发布了可用于 DEC 公司的 PDP-11 计算机上的商用 ORACLE 产品，这个数据库产品整合了比较完整的 SQL 实现，其中包括子查询、连接及其他特性。

1.3.2 关系数据库的发展

在 20 世纪 70 年代诞生了多款 RDBMS 后，关系数据库技术进入快速发展阶段，并逐步成为数据库系统的主流技术。20 世纪八九十年代直到本世纪初，各种 RDBMS 蓬勃发展，传统的关系数据库技术在近三十年的漫长发展里日臻完善，到达其鼎盛期，其中既有能满足大型企业需求的引擎型关系数据库系统，也有仅在 PC 机上运行的文件型关系数据库软件。

1.3.2.1 文件型关系数据库的发展脉络

dBase 数据库是第一个在个人电脑上被广泛使用的单机版关系数据库系统。它于 1980 年首次出现在 CP/M 的软件，而后被移植到 Apple Ⅱ 与 IBM PC 的 DOS 上。1984 年，用 C

语言对第一版进行重写，发布了 dBase Ⅲ，逐渐成为当时 PC 机数据库市场的主流，而后其他公司推出功能相近甚至是强化的产品，如 Clipper 或 FoxPro。

在 20 世纪 90 年代初期，由微软公司开发的基于 Windows 操作系统的 Access 数据库软件发布，后来历经多次升级改版，尤其是微软将 Access 与 Office 软件高度集成后，逐步成为 Windows 环境下文件型关系数据库的霸主。

文件型关系数据库有一个重要的应用场景就是嵌入式系统。2000 年 1 月，美国的 D. Richard Hipp 有了创建一个简单的嵌入式 SQL 数据库的想法，他希望这个文件型数据库尽量简洁，甚至不需要安装和管理支持。2000 年 8 月，SQLite 1.0 版发布。2004 年，SQLite 从 2.0 升级到 3.0，这个版本重点强化了国际化，程序体积保持 240KB 左右。SQLite 作为开源的关系数据库管理软件，占用内存小，运行稳定，开发容易，维护简单，逐步在嵌入式领域得到广泛推广和应用。因此，SQLite 逐步发展成了嵌入式数据库的主流产品。

1.3.2.2 引擎型关系数据库的发展脉络

引擎型关系数据库，即由在内存中驻留运行的多个后台服务程序(守护进程)分工协作完成数据库的存取。大型数据库服务器都是引擎型的，引擎型数据库始终是关系数据库的主流，最初它们主要运行在 Unix 服务器(大型机及小型机时代)，X86 PC 服务器成为主流后，Linux 操作系统成为引擎型关系数据库的主要运行平台(Windows 上运行的 MS SQL Server 除外)。

(1) Unix 服务器时代

由于大型企事业单位的关系数据库中存储的都是单位的核心数据资产，对安全性、可靠性和性能的要求高，因此在分布式数据库技术没有大规模采纳之前，通常使用 IBM、HP 及 Sun 等公司的 Unix 服务器(大型机或小型机)。当时主流的 RDBMS 包括 Oracle、Sybase、Informx、DB2 等。

(2) Linux/Windows 服务器时代

随着 X86 服务器的性能越来越好，X86 数据库服务器逐渐成为主流，特别是分布式数据库技术的成熟，以及互联网企业海量数据的需求，大型企事业单位开始采用众多廉价 Linux 服务器集群替换原有的 Unix 单机数据库服务器。最流行的 RDBMS 逐渐演变为：

①在商业数据库市场，Oracle 数据库成为霸主。
②在 Windows 服务器市场上，MS SQL Server 成为主流。
③在开源数据库市场，特别是海量存储的互联网企业，大量使用 MySQL 数据库。

1.3.3 经典案例：Oracle 数据库与 MySQL 数据库的版本演变

1.3.3.1 Oracle 数据库技术的发展与版本演进

- 1977 年，Oracle 公司成立，最初是一家专门开发数据库的公司。
- 1984 年，Oracle4 率先将关系数据库移植到 PC 机。
- 1985 年，Oracle5 率先推出了分布式数据库、客户/服务器结构等崭新的概念。
- 1988 年，Oracle6 首创行锁定模式以及对称多处理计算机的支持。
- 1992 年，Oracle7 开始提供联机备份、联机恢复，以及并行服务器选件，实现了存盘共享。

- 1997 年，Oracle8 主要增加了对象技术，成为关系—对象数据库系统。ORACLE 产品覆盖了大、中、小型机等几十种机型，Oracle 数据库成为当时世界上使用最广泛的关系数据系统。
- 1998 年，Oracle8i 全面支持 Internet（网络文件共享）、Java 界面，支持在服务器上存储和执行 Java 代码、多媒体数据，支持 Web 繁忙站点不断增长的负载需求，面向 Web 信息管理的数据库。
- 2000 年，Oracle9i 实现了行级锁、实体化视图、spfile 动态修改初始化参数、真实应用集群 RAC（Real Application Clusters）、Oracle DataGuard 快速恢复各种故障、闪回查询、Diagnostics Pack 定位诊断。
- 2004 年，Oracle10g 基于 web 的企业管理器（EM）框架，RAC 集群加强（集群就绪服务 WEBSERVER），更自动化的存储管理选项，支持访问 XML 数据 W3C XML 查询标准，自动任务管理功能如性能调优，磁盘和内存管理等。
- 2007 年，Oracle11g 信息生命周期管理（Information Lifecycle Management）理念提高系统性能与安全性，全新的 DataGuard 采用全新的数据压缩技术，增加了 RFID Tag、DICOM 医学图像、3D 空间等数据类型的支持。
- 2013 年，Oracle12c 为适应云计算时代而开发出来的云数据库（Cloud），多租户数据库模式、内置内存服务器选项、自动优化数据存储和压缩、高可用性架构与深度安全防御策略。
- 2018 年，Oracle18c 开启自治数据库：集成了人工智能和自适应的机器学习技术，实现全面自动化：自主驱动日常数据库维护，消除人为错误，无须手动性能调优，HTAP 模式（OLTP 与 OLAP 混合模式）。
- 2019—2021 年，Oracle19c 和 Oracle21c 支持原生区块链表、持久化内存和全自动化的管理。

Oracle 数据库在发展过程中的关键版本及其特点如图 1-6 所示。

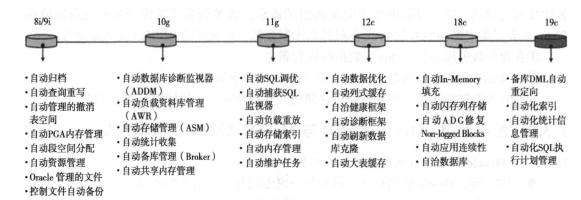

图 1-6 Oracle 数据库版本在互联网时代的演进示意

1.3.3.2 MySQL 数据库的发展与版本演进

- 1996 年前后，发布第一个版本 MYSQL 1.0，支持 SQL，不支持事务。
- 2000 年前后，InnoDB 引擎插件发布。

- 2003 年 12 月，MySQL 5.0 版本发布，提供了视图、存储过程等功能。
- 2008 年 1 月，Sun 公司收购 MySQL，2008 年 11 月，MySQL 5.1 发布，它提供了分区、事件管理、基于行的复制和基于磁盘的 NDB 集群系统。
- 2009 年 4 月，Oracle 收购 Sun 公司，拥有 MySQL。
- 2010 年 12 月，MySQL 5.5 发布，InnoDB 作为默认存储引擎。
- 2011 年 4 月，MySQL 5.6 对复制模式、优化器等做了大变更，2013 年，5.6 版本正式发布 GA 稳定版（General Availability）。
- 2013 年 4 月，MySQL 5.7，改进了 InnoDB 与优化器，具有更快的性能、原生 JSON 支持等，2015 年 10 月份发布 GA 稳定版。
- 2016 年 9 月，抛弃之前的 MYSQL 6、7 两个分支，直接进入 MySQL 8 版本。
- 2018 年 4 月，发布 MySQL 8，性能大幅提升，账户安全、优化器索引、窗口函数、InnoDB 及 JSON 等都得到增强。

MySQL 数据库在发展过程中的关键版本及其特点如图 1-7 所示。

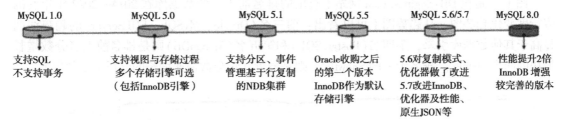

图 1-7 MySQL 数据库版本在互联网时代的演进示意

1.4 主流 DBMS 的现状分析

了解当前流行的 DBMS，把握 DBMS 的发展趋势，对于数据库系统的学习与研究至关重要。当前数据库系统市场可谓是百家争鸣、百花齐放，每年会有许多新的 DBMS 诞生，一些经典的 DBMS 依然活跃，如 Oracle、MySQL 等，也不乏后起之秀在数据库市场快速成为主流产品，如 MongoDB、Snowflake 等。

1.4.1 当前主流数据库引擎的排名与趋势

1.4.1.1 当前数据库流行度排名

根据 DB-Engines.com 网站的数据库排名分析，当前最流行的十大数据库系统是比较稳定的（图 1-8①）。事实上，流行度排名前五的数据库近几年都没有变化，还是以 RDBMS 为主。其中，Oracle 和 MS SQL Server 是使用最多的商业数据库管理系统，而 MySQL 与 PostgreSQL 是使用最广的开源数据库管理系统，文档型数据库 MongoDB 是使用最广的 NoSQL 数据库。排名第六的 Redis 是使用最广的缓存数据库。

---

① 图 1-8、图 1-9 与图 1-10 都截取自 2023 年 8 月的 db-enginges 网站，最新数据请访问 https://db-engines.com/en/ranking 获取。

Rank Aug 2023	Rank Jul 2023	Rank Aug 2022	DBMS	Database Model	Score Aug 2023	Score Jul 2023	Score Aug 2022
1.	1.	1.	Oracle	Relational, Multi-model	1242.10	-13.91	-18.70
2.	2.	2.	MySQL	Relational, Multi-model	1130.45	-19.89	-72.40
3.	3.	3.	Microsoft SQL Server	Relational, Multi-model	920.81	-0.78	-24.14
4.	4.	4.	PostgreSQL	Relational, Multi-model	620.38	+2.55	+2.38
5.	5.	5.	MongoDB	Document, Multi-model	434.49	-1.00	-43.17
6.	6.	6.	Redis	Key-value, Multi-model	162.97	-0.80	-13.43
7.	↑8.	↑8.	Elasticsearch	Search engine, Multi-model	139.92	+0.33	-15.16
8.	↓7.	↓7.	IBM Db2	Relational, Multi-model	139.24	-0.58	-17.99
9.	9.	9.	Microsoft Access	Relational	130.34	-0.38	-16.16
10.	10.	10.	SQLite	Relational	129.92	-0.27	-8.95
11.	11.	↑13.	Snowflake	Relational	120.62	+2.94	+17.50

图 1-8 在 DB-Engines 上的数据库流行度排名(Top11)

1.4.1.2 数据库流行度变化趋势排名

图 1-9 是在 DB-Engines.com 网站上查出的排名前十一的数据库在 2014—2022 年年底的流行度变化趋势图。从趋势图上可以看出：前三名(Oracle、MySQL、SQLServer)的趋势线明显高于其他数据库引擎，第四名(PostgreSQL)和第五名(MongoDB)则是排名前五名分数增长最快的两个数据库。排名十一的 Snowflake 则是最近几年分数快速增长的分析型云数据库。

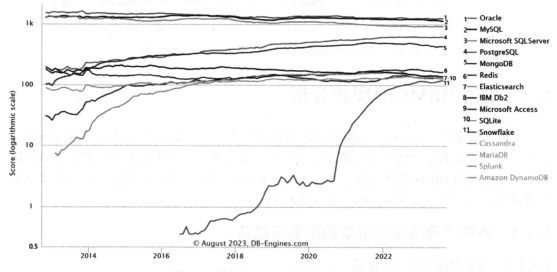

图 1-9 数据库 Top11 的流行度变化趋势

1.4.1.3 主流云数据库的发展趋势

云数据库技术在近十年开始蓬勃发展，图 1-10 选取了部分典型的云数据库服务，并将其流行度变化趋势展示了出来。其中，Amazon 的 DynamoDB 与 Redshift 分别是最早提供 NoSQL 数据库和 OLAP 数据库的公有云服务，微软的 Azure SQL 数据库提供 MS SQL Server 的公有云服务，Amazon Aurora 则是较早的公有云 NewSQL 云原生数据库(兼 MySQL 和 PostgreSQL)。Google Cloud 的 Datastore 和 Spanner 等公有云数据库服务，以及分析型云数据库的后起之秀 Snowflake，都是非常流行的云数据库服务。

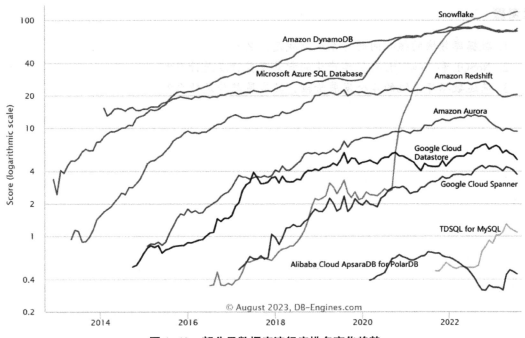

图 1-10　部分云数据库流行度排名变化趋势

在国内，阿里云也较早提供了数据库公有云服务，最开始是在 OLAP 领域提供 Alibaba Cloud AnalyticDB for PostgreSQL/MySQL 的公有云服务，而后研发的 PolarDB 则是面向 HTAP 的混合类型云原生数据库。阿里云提供的各种云数据库服务一直占据国内云数据库的最大市场份额。腾讯云的 TDSQL 则是后起之秀，已经是占据国内第二大市场份额的云厂商。

1.4.2　国内主流数据库现状分析[①]

2023 年 6 月，IDC 发布的《2022 年下半年中国关系数据库软件市场跟踪报告》显示，2022 年中国关系数据库软件市场规模为 34.3 亿美元，同比增长 23.9%。其中，公有云关系数据库规模 20.8 亿美元，占比 60.6%；本地部署关系数据库规模 14.6 亿美元，占比 39.4%。

关系数据库厂商在公有云模式市场的排名与占比：公有云关系数据库市场集中度高，2022 下半年，前五名厂商份额共计 86.5%，前十名厂商份额共计 96.1%。前十名厂商依次为阿里云、腾讯、AWS、华为、中国电信天翼云、百度、Oracle、微软、金山云、中国移动。

关系数据库厂商在本地部署模式市场的排名与占比：2022 年下半年，中国关系数据库本地部署市场中，前五名厂商份额共计 53.6%，前十名厂商份额总计 75.3%。前十名厂商依次为 Oracle、华为、微软、达梦、SAP、IBM、腾讯、人大金仓、阿里云、南大通用。

---

① 1.4.2 的部分内容摘自 https://www.yuncan.com/news/news-industry/2310.html

思考题

1. 数据库领域的核心问题与系统挑战是什么？
2. NoSQL 和 NewSQL 数据库产生的背景及其特点是什么？
3. 简述数据库系统的 4 个发展阶段，其发展趋势是什么？

第 2 章　数据库模型与逻辑数据结构

了解和掌握一个事物，需要看透事物的本质，从源头搞明白事情的真相。因此，学习 DBMS 的数据模型、基本组成、体系结构与运行原理，有助于我们从本质上理解数据库，让我们知其然且知其所以然。

本章主要介绍数据结构化、数据模型与数据库系统组件的逻辑关系、数据库模型的分类及其逻辑结构等，重点内容如下：

①数据模型与数据库系统内部结构概览　数据模型及其三层建模方法、数据库系统的三级模式、数据模型与数据库系统组件的逻辑关系。

②数据的结构化程度及其逻辑结构　数据的结构化分类与常见的 3 种逻辑结构。

③数据库模型分类及其逻辑数据结构　数据库模型的分类、3 种重要的数据库模型及其逻辑数据结构。

2.1　数据模型与数据库系统内部结构概览

数据库系统的核心组件（DBMS、存储引擎）、数据库模型与存储模型、逻辑及物理存储结构、三级模式及数据库应用的三层数据模型等概念的相互依存关系，如图 2-1 所示。存储引擎作为 DBMS 的关键组件，负责将基于数据库模型的逻辑数据转换为基于存储模型的物理数据：从逻辑角度看，存储引擎需要实现数据库模型以满足业务数据需求；从物理存储角度看，存储引擎是基于特定的存储模型去实现数据的存取，以获得足够的性能（包括响应时间、并发数与吞吐量等）和安全性。

2.1.1　数据模型及其三层建模方法

数据模型是为了在数据库应用需求分析与设计时隐藏某个层次数据的复杂性，对此层次的数据进行抽象归类而形成的数据模式，属于数据库应用范畴的概念。

数据模型包括数据结构、数据操作和数据约束 3 个方面的内容。

①数据结构　主要指数据的类型、内容、性质以及数据间的联系等。数据结构是数据模型的基础，数据操作与约束都建立在数据结构之上。

②数据操作　指对具体数据结构的操作类型和操作方式。

③数据约束　即数据结构内部数据间的语法、词义联系、它们之间的制约和依存关系，以及数据动态变化的规则，以保证数据的正确、有效与兼容性。

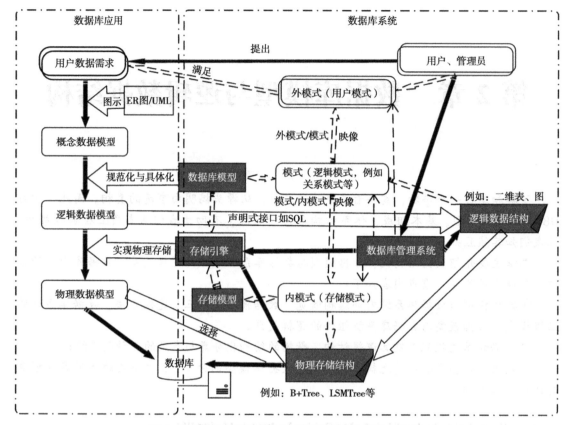

图 2-1 数据库应用与数据库系统有关构件关系示意

如图 2-1 所示，数据库应用设计通常会在概念层、逻辑层及物理层 3 个层次建模，并形成相应的数据结构。

2.1.1.1 概念数据模型（Concept Data Model，CDM）

数据库应用开发人员观测和收集现实世界数据，例如，人员组织档案、货物资金信息、传感器收集的数据等，然后对其数据结构和操作方法进行建模，根据不同的建模方法可以产生不同的概念数据结构，如实体关系图（E-R 图）或 UML 图等。

由此可见，概念数据模型是最终用户对数据存储的看法，反映了最终用户的综合信息需求，它以数据类及其集合的方式描述业务数据需求。

2.1.1.2 逻辑数据模型（Logical Data Model，LDM）

逻辑数据模型是概念数据模型的延伸与补充，通常会按照数据库系统的某种数据模式及其规范化方法对概念数据模型的逻辑结构与逻辑关系做进一步具体化。用某种特定数据模式规范化后形成的数据结构，我们称为数据逻辑结构，这个层次的数据模型叫作逻辑数据模型，例如，关系模型就是用关系模式和范式理论进行规范化的逻辑数据模型。

2.1.1.3 物理数据模型（Physical Data Model，PDM）

数据库设计最终要用一个具体的 DBMS 实现对上述逻辑数据的物理存储，即在内存、磁盘或通过分布式网络以某种特定的数据格式来保存上述的逻辑结构数据，如二维表（关系）、KV 键值对、JSON 或 XML 文档、图数据等，并且支持对相关数据的检索、查询、增加、修改、删除等操作。DBMS 用于相应数据的存储模型，称为物理数据模型，该模型描述了数据在物理存储介质上的具体组织结构，与具体的 DBMS 相关，甚至还与具体的操作系统及硬件有关，且大部分功能都是由 DBMS 自动完成的。因此，同一个逻辑数据模型在不同的 DBMS 下有不同的物理数据模型。

DBMS 在内存、硬盘或分布式网络存储中保存的具体数据结构，称为数据存储结构（也称物理存储结构）。在 DBMS 中负责管理数据物理存储功能的组件(子系统)，称为存储引擎，也称数据库引擎。存储引擎及数据的物理存储结构将在第 3 章重点介绍。

2.1.2 数据库系统的三级模式

在数据库系统中，我们把对数据结构及其特征的描述称为模式(Schema)，因此模式是用于规范数据的，是上述数据模型中数据"型"(Type)的刻画，即数据库系统中存储数据的逻辑结构与特征的刻画与描述。我们通常从用户模式、逻辑模式和存储模式 3 个层次去研究和理解数据库系统的数据模式，其中逻辑模式是核心和起点。

2.1.2.1 逻辑模式

逻辑模式也称作"模式"或"概念模式"，是数据库中全体数据的逻辑结构和特征的描述，即数据库所有数据从逻辑角度呈现的视图，是数据库系统模式结构的核心层。逻辑模式不涉及数据的物理存储细节，也与具体的数据库应用程序及其开发工具无关。逻辑数据模型在数据库系统中实现的结果即为逻辑模式。

逻辑模式会以某一种数据库模型为基础，即按照某类数据库存储模型的原则和理论来构建，如关系数据库模型等。

定义逻辑模式时，要综合考虑用户的所有业务需求，并将这些需求有机地结合成一个逻辑整体，不仅需要定义数据的逻辑结构，例如数据记录由哪些数据项构成，数据项的名字、类型、取值范围等，而且需要定义数据之间的联系，定义与数据有关的安全性、完整性要求等。有些 DBMS（如 RDBMS）会提供模式数据定义语言(模式 DDL)来规范模式的定义。

有些数据库模型的模式具有灵活性，如 JSON 格式的文档数据库的数据是自包含文档，没有单独的逻辑模式定义。

2.1.2.2 用户模式

用户模式，也称作"外模式"(External Schema)或"子模式"，是指从最终用户或开发人员角度需要看见和使用的局部数据的逻辑结构和特征描述，是数据库特定用户的数据视图，即与特定应用有关的数据的逻辑表示。概念数据模型(CDM)在数据库系统中主要表现为用户模式。

一方面，用户模式通常是逻辑模式的子集，同一个逻辑模式可以有多个用户模式，分别对应不同用户的数据视图，因为不同用户在数据使用需求、数据保密要求等方面存在差异。另一方面，同一用户模式也可以为多个应用系统所使用。

通过用户模式来满足数据库用户的数据需求，有利于提高数据库的安全性：每个用户只能看见和访问所对应的用户模式中的数据，数据库中的其余数据对该用户是不可见的。

2.1.2.3 存储模式

存储模式(Internal Schema)是对数据在数据库内部的物理存储方式与组织方式的描述，

即数据库在物理存储器上的具体实现与表述。例如，记录的存储方式是堆存储还是聚簇（Cluster）存储，是列式存储还是行式存储，索引是 B+树索引还是 Hash 索引，数据是否需要压缩存储或加密存储，数据的存储记录结构是定长结构还是变长结构，存储记录是否可以跨物理页存储等。物理数据模型（PDM）在数据库系统中实现为存储模式。

数据库存储模型是存储模式的理论基础，存储模型决定了存储模式的大方向（图 2-1）。

2.1.2.4　数据库模式的二级映像与数据的相对独立性

综上所述，数据库系统的三级模式是数据库系统内数据的 3 个层次的抽象，为了在数据库系统内部实现这 3 个抽象层次的映像（Map）和转换，DBMS 在这三级模式之间提供了两层映像："外模式/模式映像"和"模式/外模式映像"（图 2-1）。这两层映像分别保证了数据库系统中数据的相对逻辑独立性和物理独立性。

（1）外模式/模式映像

外模式/模式映像是指用户模式与逻辑模式之间的映像关系，这里说的模式即逻辑模式，描述的是数据的全局逻辑结构。外模式即用户模式，描述的是数据的局部逻辑结构。同一个模式可以有多个外模式，针对每一个外模式，数据库系统都会有一个外模式/模式映像，它定义该外模式和模式之间的对应关系。这些映像定义包含在各个外模式的描述中。

当业务数据需求改变导致逻辑模式改变时，数据库管理员可以通过对各个外模式/模式映像作相应改变，从而使面向用户的外模式保持不变。如果应用程序是根据数据的外模式开发的，那么即使业务数需求导致逻辑模式发生变化，应用程序也不用修改，从而保证了用户视角层面的数据与程序的逻辑独立性，简称为数据的逻辑独立性。

（2）模式/内模式映像

模式/内模式映像是指模式（逻辑模式）与内模式（存储模式）之间的映像关系。数据库通常只有一个模式，也只有一个内模式，所以模式/内模式映像也是唯一的，它通常包含在逻辑模式的描述中，定义了全局数据的逻辑结构与存储结构之间的对应关系。例如，记录和字段在数据库内部是如何表示和存储的。当数据库的存储结构改变时（如改用另一种存储引擎），数据库管理员可以对模式/内模式映像作相应调整，从而使逻辑模式保持不变，这样外模式及其应用程序也可不必因此做调整，即保证了数据与程序的物理独立性。我们称这种特性为数据的物理独立性。

2.1.3　数据模型与数据库系统组件的逻辑关系

如图 2-1 所示，数据库应用设计的三层数据模型之间存在的层次递进关系。

①概念数据模型→逻辑数据模型　概念数据模型根据有关数据库模型的要求进行规范化和具体细化，以形成逻辑数据模型。

②逻辑数据模型→物理数据模型　逻辑数据模型在确定的 DBMS 与相应存储引擎下进一步具体化存储结构，进而转化为物理数据模型，实现物理存储。逻辑数据模型在不同的数据库存储引擎下会产生不同的物理数据模型，应用开发者通常会选择与其规范化数据库模型相匹配的存储引擎与存储模型（图 2-1），例如，针对关系数据模型一般会选用关系数据库行式引擎或列式引擎，也可以选用 KV 存储引擎；JSON 格式的文档型数据模型适合使用文档数据库类型的存储引擎，也可以使用 RDBMS 来存储文档型数据。

三层数据模型最终可以从两个角度去看：一个是从应用和需求的角度看，最终会产生逻辑数据模型；另一个是从实现和存储的角度看，即物理数据模型。与之相对应的，数据库系统范畴也有与数据模型对应的三级模式，并最终产生两个层次的存储结构：逻辑数据结构（Logical Dataset）和物理存储结构（Physical Storage Data Structures），具体细节如图 2-1 所示。

数据库应用范畴的数据模型（Data Models）是对现实世界数据特征进行层层递进的抽象，它们是数据库系统理论与实践的需求基础。数据模型与数据库系统核心组件及有关概念的关系如图 2-1 所示，其中，数据库模型、逻辑数据结构、DBMS、存储引擎、物理存储结构等，是数据库系统范畴的重要概念。

2.2 数据的结构化程度及其逻辑结构

2.2.1 数据的结构化分类

需要在计算机系统中存储的数据包括结构化数据、半结构化数据和非结构化数据。

①结构化数据　也称作行数据，通常由二维表结构来进行逻辑表达和实现，严格地遵循数据格式与长度规范，其基本数据单元（字段）有名（Field Name）和值（Value）。结构化数据主要用关系数据库系统进行存储和管理。

②半结构数据　是结构化数据的一种特殊形式，其基本数据单元也都有名（Key Name）有值，但通常不符合关系数据库模型结构。其数据格式或每行数据的属性数不固定，通常采用自描述的结构来表达数据。常见的半结构化数据有 JSON 以及 XML 等。

③非结构化数据　数据结构不规则或不完整，不一定同时具有域名（Field name）和值，没有预定义的数据模型，如 PDF、图片、图像、音频或视频信息等。

2.2.2 常见的 3 种逻辑结构

非结构化数据通常采用文件或向量数据库形式存储，不是非向量数据库系统的主要存储对象。非向量数据库系统主要存储结构化数据和半结构化数据。

从逻辑上看，现实世界的结构化/半结构化数据的逻辑结构主要有三大类：线性结构、树状结构和图状结构，如图 2-2 所示。

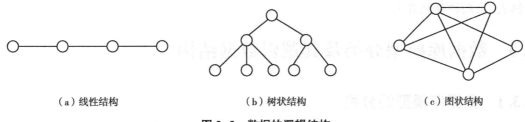

　　（a）线性结构　　　　　　　（b）树状结构　　　　　　　（c）图状结构

图 2-2　数据的逻辑结构

①线性结构　两个数据节点之间的关系是一对一的，整个数据结构的起始节点和末端节点都是唯一的。

②树状结构　数据结构的起始节点唯一，但末端节点不唯一。树状结构的起始节点即为根节点，末端节点在树状结构中称为叶子节点。树状结构的每个节点通常都有一个或多个后继节点，图2-2(b)中根节点下的左子节点有3个后继节点，右子节点有2个后继节点。

③图状结构　没有清晰的起始节点和末端节点，所有节点都可能有多个前驱节点和多个后继节点，也就是说节点形成了一个多对多的网状结构。从图论的角度来看，节点的网状关系组成了一个"图"。图状结构也被称作网状结构，例如，人际关系网络就是一个典型的图状结构。如图2-2(c)所示，图状结构的节点之间是相互连接的。

数据逻辑结构分为线性结构和非线性结构两大类，非线性结构主要包括集合、树状和图状等结构。图2-3用树状结构描述了数据的逻辑结构分类。

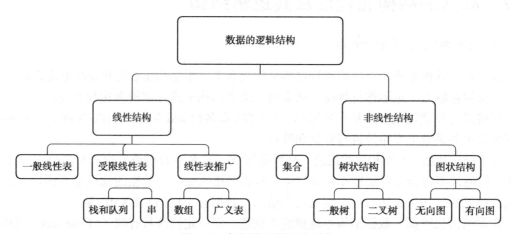

图2-3　数据的逻辑结构示意

树状结构又分为一般树和二叉树，也包括堆、二叉排序树、平衡二叉树、哈夫曼树等结构。从存储结构角度看，二叉树有顺序存储结构和链式存储结构两种。

图状结构分为有向图结构和无向图结构。从存储结构的角度看，图有两种存储结构：邻接矩阵(一个数组保存顶点集，一个数组保存边集)和邻接表(单链表形式的链式存储结构)。

线性结构主要包括一般线性表、受限线性表(栈和队列)、线性表推广(如数组、广义表)等。从存储结构角度看，线性表又有顺序存储(顺序表)和链式存储(单链、双链、循环链表等)两种存储方式。

2.3　数据库模型分类及其逻辑数据结构

2.3.1　数据库模型的分类

数据库系统与应用在不同层次叠加了多层数据模型，例如从数据库应用设计角度，通过对现实世界对象(包括数据结构及其操作方法)的多层建模来完成数据库应用项目的需求分析与设计。

在数据库系统内部，如何存储这些数据结构呢？从两个层次考虑：

首先，采用数据库模型（如 JSON 或 XML 文档、关系表或图数据等）来规范与表达其逻辑结构。

其次，通过数据库存储引擎所管理的内存、磁盘或网络的字节格式与其物理存储结构来表示上述 JSON 或 XML 文档、关系表或图数据，并实现多种方式的查询、检索和数据处理等。

数据库模型，也称作通用数据模型（本书为了区别于数据库应用范畴的数据模型，就统一规范为"数据库模型"），是对数据库系统逻辑模式的模型化（图 2-1），即数据库的逻辑组织方式（逻辑模型）。最常用的数据库模型就是基于关系模式（二维表）的关系模型，从 20 世纪 70 年代诞生一直流行至今。数据库模型还包括基于键值对 KV 模式的键值数据库、基于类似 JSON 文档模式的文档数据库或基于 XML 模式的 XML 数据库、基于图模式的图数据库以及 RDF 数据库、时态数据库、向量数据库等。

数据库模型是基于数据逻辑结构的特点而设计的。为了管理和存储树状结构的数据，20 世纪六七十年代人们提出了层次数据库模型；而在大数据时代人们又提出了文档数据库模型。同样地，为了管理和存储图状结构的数据，20 世纪六七十年代人们提出了网络数据库模型，而现在受到关注的图数据库模型也是为了更好地存储图状结构数据。

非结构化数据，包括所有格式的办公文档、文本、图片、XML、HTML、各类报表、图像和音频/视频等信息资源。对于这些非结构化数据，特别是作为大语言模型训练输入的嵌入数据，则通常采用向量数据模型、四面体数据模型等数据库模型。

数据库模型的主要类别与演进历史如图 2-4 所示。

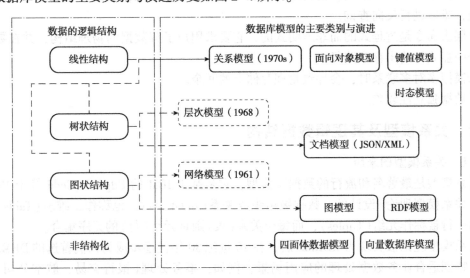

图 2-4　数据库模型的主要类别与演进示意

图 2-4 中所示的网络数据库模型和层次数据库模型是 20 世纪 60 年代最早提出的数据库模型，它们实现了相关的 DBMS。随着 20 世纪 70 年代关系模型理论的提出并实现为 RDBMS，网络数据库及层次数据库系统逐渐退出了主流数据库的行列，现在只是有些遗留系统仍在使用，在这里仅做简单介绍：

(1) 网络数据库模型

网络数据库是处理以记录类型为节点的网络数据模型的数据库。网络数据库模型用连接指令或指针来确定数据间的显式连接关系，是具有多对多类型的数据组织方式。网络数据库模型将数据组织成有向图结构。其基本特征是节点数据间没有明确的从属关系，一个节点可与其他多个节点建立联系。有向图结构比层次结构具有更大的灵活性和更强的数据建模能力。

网络数据库模型的优点是可以描述现实生活中极为常见的多对多的关系，其数据存储效率高于层次数据库模型。但其结构相对复杂进而导致如下问题：

①网络结构的复杂性增加了用户查询和定位的困难。它要求用户熟悉数据的逻辑结构，知道自身所处的位置。

②网络数据操作命令是过程式的而非声明式的。

③不直接支持对于层次结构的表达。

(2) 层次数据库模型

层次数据库模型是将数据组织成有向有序的树结构。层次数据库模型由处于不同层次的各个节点组成。除根节点外，其余各节点有且仅有一个上一层节点作为其"双亲"，而位于其下的较低一层的若干个节点作为其"子女"。结构中节点代表数据记录，连线描述位于不同节点数据间的从属关系(限定为一对多的关系)。

层次数据库模型反映了现实世界中实体间的层次关系，层次结构是众多空间对象的自然表达形式，并在一定程度上支持数据的重构。但它在应用时存在以下问题：

①层次结构的严格限制，使得对低层次对象的处理效率低，数据更新的插入和删除操作复杂，难以进行反向查询。

②层次命令是过程式的而非声明式的，它要求用户了解数据的物理结构，并在数据操纵命令中显式地给出存取路径。

③模拟多对多联系时，会导致物理存储上的冗余。

④数据独立性较差。

2.3.2 关系模型及其逻辑数据结构

2.3.2.1 关系模型的来历

关系模型是最著名和流行的数据库模型，它是基于 IBM 的 Edgar F. Codd 等于 1970 年提出的关系模型理论①设计的，数据被组织成关系(Relations)，也称作二维表(Table)，表中的每一行被称作元组(Tuples)，而每个关系(表)则是元组(行)的无序集合。

关系模型理论被实现为 RDBMS 后，在 20 世纪 80 年代逐步成为人们首选的 DBMS，它一开始特别适合业务数据处理的应用场景，例如，事务处理(银行交易、航空公司订票、进销存管理等)和批处理(工资单、财务报表等)。

关系模型的数据结构，从存储的逻辑结构看，是以关系模型理论构建的二维表集合，即将现实世界的实体及其关系统一抽象为相互关联的二维表关系结构。

---

① 发表题为《大型共享数据银行数据的关系模型》(*A Relation Model of Data for Large Shared Data Banks*)的论文。

2.3.2.2 关系模型的逻辑结构及其 SQL 实现

图 2-5 为案例数据库 dbcourse[①] 中 4 个关联表的关系模型示意图。

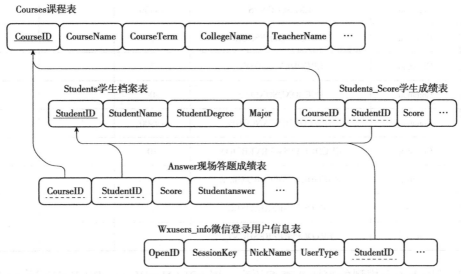

注：实线下划线字段为主键（Primary Key），虚线下划线字段为外键（Foreign Key）

图 2-5 关系模型示意

按关系模型来组织、管理和存储数据，在 RDBMS 中通过声明式查询语言 SQL 来实现数据的存储、检索和查询。

从逻辑角度看，关系数据库系统中存储的数据就是由若干相互关联的关系构成的集合，上述例子中的课程表、学生成绩表、现场答题成绩表和登录用户信息表这几个关系通过主外键相互关联，图 2-5 所示的关系模式即是对关系元数据的描述（有哪些属性，各个属性之间的依赖关系如何），即关系数据的结构及其联系。

属性（Attribute），例如 Courses 课程表中的属性包括 CourseID、CourseName、CourseTerm 等。

能够唯一标识一个关系元组的属性或属性组合称为候选键，包含在任意一个候选键中的属性称为主属性。如果候选键由关系中的所有属性组成，则称为全键。当一个关系中有多个候选键时，可以从中选择一个候选键作为主键（Primary Key）。

关系实例则是由若干元组（数据库记录）的集合构成的，由行（记录）和列（字段）组成的二维表是关系模型的核心和基本单元。

关系实例示例：表 2-1 描述了案例数据库 dbcourse 中最小的表（系统参数表 nieprofiles）的字段结构及其所有数据行记录，其中，id 是主键，type 表示系统参数类型，keyname 即参数名称，value 即参数的值，status 和 memo 是预留的可选字段（暂时未使用，值为 Null）。

[①] 案例数据库 dbcourse 的表结构描述文档、创建表及生成例子数据记录等 SQL 脚本可以从"数据库课程"教学网站（https：//www.niepub.com）查看和下载。

表 2-1　系统参数表(nieprofiles)的行列数据示例

id	type	keyname	value	status	memo
1	Common	EXPSECONDS	14400		
2	Common	ERCODEREFRESHSEC	2		
3	Common	ERCODEVALIDSEC	7		
4	Common	QSECONDSONLINE	300		
5	Common	QSECONDSSCANCODE	10800		
6	Common	ERCODEANSWERVERSION	10		
7	Common	ERCODEANSWERBOXSIZE	10		
8	Common	ERLOGINREFRESHSEC	2		
9	Common	ERLOGINREFRESHCNT	5		

SQL 是用于关系模型的声明式查询语言,用 SQL(MySQL InnoDB DBMS 环境)创建上述系统参数表 nieprofiles 的脚本如下:

```
CREATE TABLE nieprofiles
(
  id INT NOT NULL AUTO_INCREMENT PRIMARY KEY,
  type varchar(16)NOT NULL default 'Common',
  keyname varchar(30)NOT NULL,
  value varchar(50)NOT NULL,
  status varchar(16),
  memo varchar(255),
  CONSTRAINT nieprofiles_unique unique(type,keyname)
)engine=InnoDB;
```

2.3.3　文档模型及其逻辑数据结构

2.3.3.1　文档模型的逻辑数据结构

数据对象之间存在大量一对多关系的树状结构数据集合,例如求职简历,除了求职者姓名等唯一性信息外,还可能包括一些不定数的项目内容:一个人可以有多个职位、多个联系方式、多段教育经历、多个项目经历和多段工作经历等。针对这种不定数一对多的树状结构,我们除了用关系模型的多表连接方式(简历基本表、项目经历表、联系方式表等)表达外,还可以采用基于 JSON 或 XML 模式组织的文档模型来表述。

文档模型的逻辑数据结构,是一个自包含的文档(Document),通常采用 XML 或 JSON 格式来表示,相对 XML,JSON 表示法更简单明了。

示例：JSON 文档格式表示的简历信息

```
{
    "ID":1,
    "Name":"Peter",…;
    "Positions":[
            {"JobTitle":"Engineer","Organization":"JD.com"},
            {"JobTitle":"Manager","Organization":"Baidu"}
    ],
    "Education":[
{"SchoolName":"Beijing Forestry University","Degree":"B.S.,CS"},
{"SchoolName":"Beijing University","Degree":"M.S.,CS"}
    ],
    "Contact":{"Mobile":"123456789","Email":"Peter@ 123.abc"}
}
```

可以看出，求职者基本信息与其多个职位、教育经历、联系信息等形成一对多关系，即树状结构，JSON 表示法能有效地展示此结构，如图 2-6 所示。

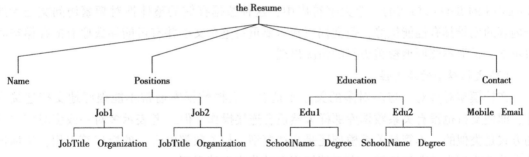

图 2-6　JSON 格式"简历"信息的解析

用 JSON 模式表示的树状结构文档数据具有模式灵活性，不同简历的节点（如 Positions、Education、Contact）项目数可以不同，而且所有相关信息都放在一个地方，一次查询一次读取就够了。

基于文档模型构建的数据库，我们称为文档数据库，常用的文档数据库如 MongoDB、CouchDB 等。

回到上述示例，在 MongoDB 文档数据库中，每一份简历对应的 JSON 格式文档，我们称为 Document（相当于关系表的记录行），由若干 Document（比如若干简历信息文档）构成 Collection（集合，相当于关系模型中的一个二维表），如图 2-7 所示。

2.3.3.2　文档模型的特点

（1）文档模型的模式灵活性

基于 JSON 格式的文档模型通常不会对文档中的数据强制执行模式验证，而 XML 格式的数据通常支持可选的模式验证功能。

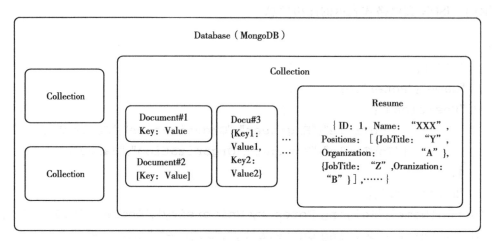

图 2-7　MongoDB 文档模型逻辑数据结构示意

现实世界的数据集合的数据项有时并不都具有相同的结构或数据类型，例如，数据结构是由外部系统确定的，而且随时可能改变；不同类型的数据对象希望保存在同一数据项中。在这些情况下，无模式的文档模型是更自然的数据库模型。

（2）数据存储的整体性

文档模型中的整个文档通常存储在编码为 JSON、XML 格式或其二进制变体（如 MongoDB 的 BSON）格式的一个大字符串中，这种数据存储的整体性对频繁访问文档大部分内容的场景具有性能优势，但文档更新需要重写整个文档并有可能导致原有的存储空间放不下，进而不能原地覆盖更新的情况出现。

（3）文档模型的适用性

文档模型对多对一与多对多的关系不适合，文档数据库通常不能很好地支持连接操作，即使支持也没有关系数据库那样天然适合连接操作。但二者表示多对一或多对多关系的方式是类似的：不管是关系模型还是文档模型，相关项都由唯一的标识符引用，该标识符在关系模型中被称作外键，在文档模型中被称为文档引用。

因此，如果数据库应用数据具有类似文档的一对多关系树状结构，那么使用文档结构更为合适；反之，如果应用数据有大量的多对多关系，那么文档模型则不适用，只能通过反向规范化来减少数据连接的需求，或者通过应用程序向数据库发出多个请求，获取多次数据，并在应用代码层面模拟连接操作。

这与 20 世纪六七十年代兴起的层次模型类似。层次模型也可以很好地支持一对多关系，但对多对多关系的支持有些困难，且不支持连接操作，最后层次模型逐渐被网络模型和关系模型所替代。

2.3.3.3　文档模型与关系模型的融合

多模数据库是数据库发展的一个重要方向，部分主流数据库管理系统已经或正在同时支持关系模型和文档模型，以便利用二者的优势，相互补充：既能很好地处理文档类数据，又能执行关系查询和表连接操作，以满足客户的多样化需求。例如，大多数 RDBMS 都支持 JSON 或 XML 文档，包括对 JSON 或 XML 文档的修改、索引和查询等。

2.3.4 图模型及其逻辑数据结构

2.3.4.1 适合图状结构的图模型

文档模型不适用于多对多关系，关系模型虽然能处理简单的多对多关系，但如果数据关联非常复杂，那么关系模型的处理也捉襟见肘。相较之下，图模型则是更好的选择。图模型适合高度关联的数据结构，例如，社交网络、导航系统中的路网结构、通过超链接相互关联的网页结构等。

实现图状结构数据的构建和查询的数据库图模型有多种，比较流行的是属性图模型（Property Graph）和三元存储模型（Triple-store）。最流行的开源图数据库 Neo4j 采用的是属性图模型，查询语言为 Cypher。多模数据库 AllegroGraph 采用的是三元存储模型，查询语言为 SPARQL。下面主要介绍属性图模型。

图状结构通常由两种对象组成：顶点和边。

①顶点　即相同类型的实体，也称节点。例如，社交网络中的人、路网中的交叉口、相互关联的网络结构中具体的一个网页。在属性图模型中，每个顶点包括唯一的标识符、出边集合、入边集合和属性集合（键值对）。

②边　表示顶点之间的关系，也称作弧。例如，社交网络中哪些人有关联（如两人是朋友或谁评论了谁的帖子等）。在属性图模型中，每个边包括唯一的标识符、边起始顶点、边结束顶点、描述顶点间关系类型的标签、属性集合（键值对）。

2.3.4.2 图模型与 Cypher 查询语言

下面以人际关系社交网络的一个简化模型为例，来说明图模型的逻辑数据结构与图状结构的多对多关系。顶点用方框表示，边用箭头或连线表示，在图 2-8 中，"人"或"城市"等顶点之间存在大量多对多的关系（边）。

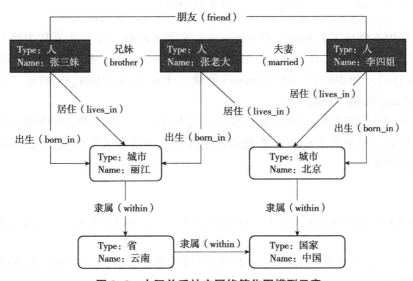

图 2-8　人际关系社交网络简化图模型示意

从图 2-8 的示意图可以看出图模型的一些特点：

①顶点之间可以任意连接，即事物之间的关联通常没有模式限制。

②给定一个顶点，可以高效地得到它所有的入边和出边。

③通过对不同类型的关系(边)使用不同的标签，例如，"城市"顶点的边就有3种类型的边标签：born_in 出生、lives_in 居住、within 隶属，进而可以用简洁的数据模型灵活地存储多种类型的关联信息。

一方面，这些特性为数据建模提供了灵活性。虽然这种图状结构数据也可以通过关系模式来存储，即由两个关系表组成，一个表用于顶点信息的存储，另一个表用于边信息的存储，但图2-8中显示了一些传统关系模式难以表达的结构，例如，不同城市的隶属关系模式不固定，有些隶属省，有些隶属直辖市。

另一方面，上述图模型也非常容易扩展和演化，以适应数据结构的不断变化，具有模式的灵活性，例如，根据需要可以增加顶点"人"与"城市"之间的另一种关联(如 work_in 工作地等)。

Cypher 是用于属性图模型的一种声明式查询语言，开源图数据库 Neo4j 采用 Cypher 查询语言。

示例：采用 Cypher 查询语言实现图2-8中的部分数据。

```
CREATE
(China:Location {Name:'中国',Type:'国家'}),
(YunNan:Location {Name:'云南',Type:'省'}),
(LiJiang:Location {Name:'丽江',Type:'城市'}),
(ZhangSanMei:Person {Name:'张三妹' }),
(LiJiang)-[:WITHIN]->(YunNan)-[:WITHIN]->(China),
(ZhangSanMei)-[:BORN_IN]->(LiJiang),
(ZhangSanMei)-[:LIVES_IN]->(LiJiang)
```

上述示例脚本创建了 LiJiang、ZhangSanMei 等顶点名称，并定义了其类型与名称等属性，同时对上述两个顶点名称使用箭头符号(-->)创建了顶点之间的边，如(ZhangSanMei)-[：BORN_IN]->(LiJiang)创建一个标签为 BORN_IN 的边，其中 LiJiang 为头节点，ZhangSanMei 为尾节点。

Cypher 查询语言与 SQL 一样也是一种声明式查询语言，可以很方便高效地查询图模型有关数据。例如，采用如下 Cypher 查询语句可以查找出所有云南出生、北京居住的人(即在北京的云南老乡)：

```
MATCH
(Person)-[:BORN_IN]->()-[:WITHIN*0..]->(YunNan:Location {Name:'云南'}),
(Person)-[:LIVES_IN]->()-[:WITHIN*0..]->(Beijing:Location {Name:'北京'}),
RETURN Person.Name
```

其中，Cypher查询语法( )-[：WITHIN * 0..]->( )，表示沿一个WITHIN边，遍历零次或多次。

思考题

1. 请说一说你对数据库模型分类及其对应数据的逻辑结构的思考。
2. 数据库系统的内部结构对数据三层建模有什么影响？

第3章 存储引擎与存储结构

本章我们将从数据库实现的角度讨论如何在数据库系统的物理存储介质中存储数据，以及采用什么样的物理存储结构。

数据库系统主要包括网络传输模块、查询处理器、操作执行器和存储引擎等。其中，存储引擎负责在内存和磁盘上存储、检索和管理数据。存储引擎在传统商业数据库中通常是与 DBMS 紧密集成在一起的，但新一代或开源数据库系统通常将存储引擎作为一个可插拔的独立组件来开发，从而可以在其 DBMS 中切换不同的存储引擎，例如 MySQL 有多个存储引擎，包括 Innodb（默认）、MyISAM、RocksDB 等。

本章主要内容及学习重点包括：

①存储引擎在 DBMS 中的作用 数据库系统架构及其与存储引擎的关系。

②存储引擎的分类 DBMS 及其存储引擎的分类、关系数据库的存储模型与引擎、非关系数据库的存储模型与引擎。

③数据存储结构 基于日志结构的不可变存储结构、基于 B 树索引的可变存储结构。

3.1 存储引擎在 DBMS 中的作用

尽管 DBMS 的设计理念千差万别，但大多数 DBMS 的架构是类似的，都是基于网络服务器模型的 C/S 架构，即数据库系统实例（Instance）或其集群节点（Node）实例作为服务器（Server），应用程序实例或客户端（Client）通过网络传输子系统访问数据库实例或集群中的节点实例。如图 3-1 所示。

网络传输子系统收到查询请求后，转交给查询处理器，查询解析器对查询语句或命令进行语法解析、解释或验证（包括访问控制检查）。

解析通过后的查询进一步传到查询优化器，根据数据库对象（如表行数、索引基数）的统计信息和数据分布信息（数据存储的集群节点、传输成本等），尝试确定查询执行的路径，通常以执行计划（或叫查询计划）形式呈现。

通常 DBMS 会从多个执行计划中选择出最优的执行计划交给执行引擎来处理，如果是分布式数据库系统，可能还涉及远程执行（向集群中的其他节点写入或读取数据）。

无论是直接来自客户端应用程序的查询，还是来自其他集群节点的查询，最终都是由对应节点的存储引擎来执行数据的存储与检索。

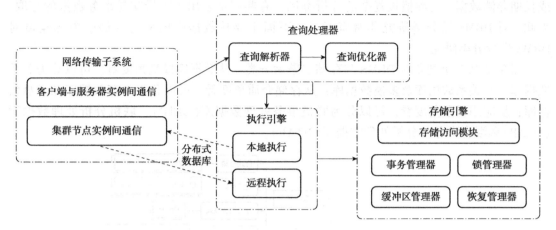

图 3-1　数据库架构与存储引擎示意

存储引擎通常是指 DBMS 中用于存储、处理和保护数据的核心服务机制及有关组件，例如，如何存储和索引数据、控制访问权限和处理底层事务等。DBMS 与存储引擎的设计有两种思路：

①内置型　与 DBMS 紧密集成（一对一或一对多），即 DBMS 内置一个或多个存储引擎，DBMS 与存储引擎合二为一，如 Oracle Database。

②插件型　开放式分离设计（一对多），即 DBMS 同时支持多个存储引擎插件，MySQL、MongoDB 等开源数据库管理系统多属于这种情况，MySQL 数据库支持多种存储引擎插件，如 InnoDB、MyISAM、Memory 等。

如图 3-1 所示，存储引擎通常包括以下组件：

①存储访问模块　主要负责物理存储结构的组织、管理与访问，例如，管理磁盘上的数据访问、在物理存储上组织数据的结构（堆文件、B 树或 LSM 树结构等）。

②事务管理器　负责调度事务，并确保数据库的逻辑一致性。

③锁管理器　为正在运行的事务锁定有关的数据库对象，确保并发操作不会破坏数据的完整性；事务管理器与锁管理器共同完成并发控制（在保证数据逻辑一致性和物理完整性的同时，确保高效地执行并发操作）。

④缓冲区管理器　负责将数据页（块）缓存到内存中。

⑤恢复管理器　负责维护重做日志并在数据库故障时还原系统状态。

因此，存储引擎相当于 DBMS 的一个子系统，针对不同的数据库模型，其存储引擎的设计思路也会有所不同。

3.2　存储引擎的分类

下面按照数据库模型及其物理存储的实现方式来分类讲解 DBMS 及其存储引擎。

3.2.1　DBMS 及其存储引擎的分类

数据库系统有不同的需求目的，有些只是用于临时数据的存取，而大部分是需要永久或长期存储数据;有些擅长复杂的分析查询,有些则主要用于大量交易事务数据的存取。因此,对 DBMS 做分类研究非常有意义。下面主要从数据库模型与存储引擎的角度对 DBMS 进行分类研究。

图 3-2 从 3 个视角对 DBMS 与存储引擎做分类:从数据库模型角度看,可以分为关系数据库、非关系数据库及多模数据库;从存储介质角度看,可以分为内存数据库和磁盘数据库;从应用场景角度看,可以分为联机事务处理数据库(OLTP)、联机分析处理数据库(OLAP)和混合事务与分析处理数据库(HTAP)。

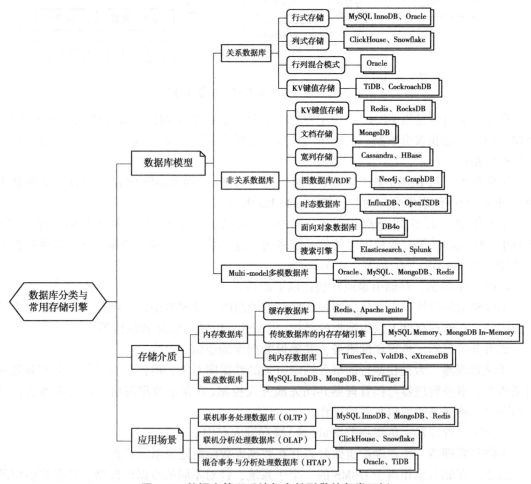

图 3-2 数据库管理系统与存储引擎的归类示例

3.2.1.1 关系数据库与非关系数据库

关系数据库基于二维表的关系模型,将现实世界的实体及其关系统一抽象为相互关联的二维表关系结构(逻辑存储结构),即按关系模型来组织、管理和存储数据,这是最经典、最流行的 RDBMS。

随着全球化和信息化的发展,特别是互联网、人工智能、物联网等技术产生和依赖海量数据,这类应用对大规模数据存储及多样化数据存储的迫切需求,催生了非关系数据库模型及以此为基础的 DBMS,其数据库系统不再基于二维表及关系模型设计,而是基于

Key/Value 或 Json 等存储结构设计。

常用的非关系数据库模型包括键值(Key-Value)存储、宽列式存储、文档存储、图存储、对象存储、XML 存储等，其对应的 DBMS 通常具有非关系、分布式、开源并且横向可扩展等特点。

采用非关系数据库模型的 DBMS，例如众多的 NoSQL 数据库系统，其 NoSQL 可以理解为 Not Only SQL，通常不支持标准的声明性查询语言(如 SQL 等)，也没有预定义的逻辑模式。

非关系数据库模型通常是为了优化一些特殊用途数据的存储与查询，特别是一些非关键任务领域的海量数据的存储与检索，例如，为存储大量随时间不断变化的数据而专门设计的时序数据库管理系统(Time Series DBMS)，又称时态数据库(Temporal Database)；为海量数据的分析、结构化检索、全文检索和实时处理而专门设计的搜索引擎数据检索系统(Search Engines)等。

常用的非关系数据库管理系统的典型示例：
- 以键值存储为主的 Redis；
- 以文档存储为主的 MongoDB；
- 基于宽列(Wide column)存储的 Cassandra；
- 基于图(节点及其关系)存储的 Neo4j；
- 基于图和 RDF 存储的 GraphDB；
- 时序数据库 InfluxDB；
- 面向对象数据库的 Db4o；
- 面向搜索引擎和文档存储的 Elasticsearch。

在现实中，更多时候是各种数据类型需要混合存储在一起，以方便集中处理与分析，特别是为满足微服务、计算资源加速云化的时代需要，一些 DBMS 会同时支持多种数据库存储模型，即多模(Multi-model)数据库，有些多模数据库既支持关系数据库模型，也支持非关系数据库模型。

多模数据库的实现策略通常是一个 DBMS 包括或支持多个存储引擎，以同时满足应用程序对于结构化、半结构化、非结构化数据的统一管理需求。

当前流行的 DBMS 大多数都是多模数据库管理系统，例如：

①Oracle 数据库　以关系数据库为主，同时支持文档数据库、空间数据库、图数据库和 RDF 存储等。

②MySQL 数据库　以关系数据库为主，同时支持文档数据库、空间数据库等。

③MongoDB　以文档存储为主，同时支持空间数据库、搜索引擎及时序数据库。

④Redis　以键值对存储为主，同时支持文档存储、图数据库、空间数据库、搜索引擎及时序数据库。

3.2.1.2 内存数据库与磁盘数据库

内存数据库将数据存放在内存，但使用磁盘进行数据恢复和日志记录；而磁盘数据库则将大部分数据保存在磁盘上，但使用内存缓存部分磁盘中的数据，或将内存作为数据的临时存储地，最终数据都会更新到磁盘。

内存数据库，也称主内存数据库(Main Memery DBMS)，其主要存储介质是内存。内存数据库在数据结构及数据的组织和优化方面的技术都与磁盘数据库系统有所不同，基于内存的存储引擎编程比基于磁盘的编程简单，因为在操作系统内存管理模块的基础上很容易分配和释放任意大小的内存块。

内存数据库最大的优势是性能，一方面，在内存中可以通过指针快速访问数据，随机内存访问比随机磁盘访问要快得多；另一方面，基于内存的数据库实现，可选的数据结构多，可以采用一些在磁盘上难以实现的数据结构优化方法。

内存数据库最大的制约因素是内存的易失性与成本，因为内存中的数据不是持久化的，系统缺陷或硬件故障甚至断电都可能导致数据丢失，因此数据存储的持久性需要做特殊处理和保障，例如不间断电源及其他额外硬件资源、在磁盘上维护备份、预写日志机制等。

随着非易失性存储器(NVM)技术的发展，内存数据库发展受限的情况正在好转，NVM 存储技术大大减少了读写时延的不对称，进一步提高了读写性能，并允许字节级可寻址访问。

磁盘数据库使用的存储结构通常使用类似 B 树或 LSM 树等的形式，并针对磁盘访问进行了优化，而且总是以固定大小的数据块(页)为基本单位，将磁盘数据缓存到内存进行操作处理。由于磁盘数据库是最常用的数据库类型，因此本书后面章节，如没有特殊说明，通常都是默认为磁盘数据库，因此基于磁盘的数据库技术是本书研究的重点。

3.2.1.3 联机事务处理与联机分析处理

①联机事务处理(OLTP)数据库　擅长处理大量并发用户的事务或请求，事务处理时间短且多，是固定的预定义操作；要求实时性高、稳定性强、确保数据及时更新成功。公司中常见的业务系统如 ERP、CRM、OA 等系统都属于 OLTP。OLTP 数据库技术是本书研究的重点。

②联机分析处理(OLAP)数据库　擅长处理复杂的聚合与关联分析等，能处理复杂的长时间运行的即席(Ad-hoc)查询(用户灵活选择查询条件，非预定义)。OLAP 又分为关系型联机分析处理(ROLAP)和多维联机分析处理(MOLAP)两种。

OLAP 分析的数据通常来源于 OLTP，当 OLTP 系统数据积累到一定程度，我们需要对过去发生的事情做一个总结分析时，就需要把过去一段时间内产生的业务数据拿出来进行统计分析或商业智能(BI)处理，甚至 AI 训练，为业务决策提供支持，也是 OLAP 的任务。

③混合事务和分析处理(HTAP)数据库　均衡并同时适用 OLTP 和 OLAP 两种业务处理。

3.2.1.4 各类别 DBMS 的流行度分析

不同类型的 DBMS 受欢迎程度有非常大的差距，图 3-3 是 DB-ENGINES 网站按数据库模型来分类的 DBMS 流行度占比图[①](2023 年 8 月)。从图 3-3 中各类 DBMS 流行度占比来看，目前最受欢迎的数据库仍然是 RDBMS，占 71.9%；排名第二的是文档型数据库，占 10.3%；而后是键值对存储 DBMS，占 5.5%，搜索引擎占 4.4%，宽列式存储数据库占 2.8%，图数据库占 1.7%，时序数据库占 1.2%，空间数据库与 RDF 存储各占 0.5%。

---

① 图 3-3 及图 3-4 两图来源于 https://db-engines.com/en/ranking_categories，读者可以通过此链接获取最新数据。

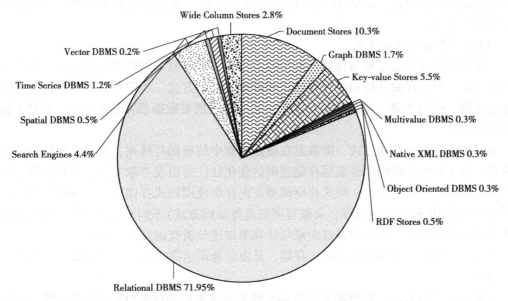

图 3-3 主要类别数据库管理系统的流行度排名

从各类 DBMS 流行度的变化趋势来看，近十年来 NoSQL 数据库越来越流行，而 RDBMS 的流行度占比则总是维持在 70% 以上的高位，基本稳定但略有下降。图 3-4 显示了流行度得分增长最快的前五类 DBMS。随着人工智能和知识图谱等技术的兴起，图数据库管理系统（Graph DBMS）和时序数据库管理系统流行度增长最快，其他增长较快的 3 种 DBMS 依次是文档存储（Document Stores）、键值存储（Key-value Stores）、RDF 存储（RDF Stores）。

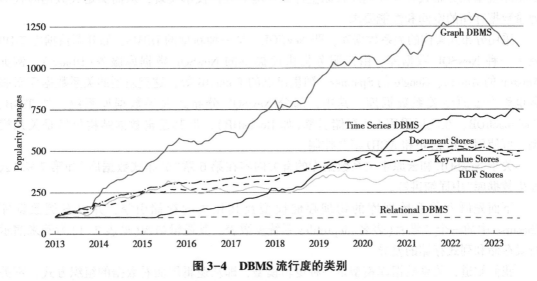

图 3-4 DBMS 流行度的类别

3.2.2 关系数据库的存储模型与引擎

RDBMS 是经久不衰的主流数据库，其诞生后不久便成为时代宠儿，之后便一直占据数据库市场的主流。虽然不断面临新的数据库模型和新技术的挑战，但其自身也在不断改进并融合新技术，因此，RDBMS 至今仍保持霸主地位。当前关系数据库的发展趋势主要为以下两个方向。

(1) 物理存储模型多样化

二维表的物理存储模型与存储引擎呈现多样化，即由原来的行式存储方式，逐步发展为行式存储、列式存储及行列混合存储等多种物理存储方式。所谓列式存储，即二维表的数据是按列(字段)为基本单位进行存储的，每一列的所有数据都存储在一起，有利于数据的分析和统计。

数据在磁盘上的存储方式，即数据在磁盘存储中的布局与排列，也称为存储模型或存储格式。由于这种存储格式等底层存储逻辑的变化往往会引发存取方法、执行引擎、算法实现等多方面的适配性变化，列式存储模型在内存中使用列式存储布局，导致其数据的存取方式(即数据从磁盘读到内存，又被写回磁盘等处理方式)不同于行式存储，优化了数据仓库系统的存储效率，也使得通过向量化计算来加速分析查询变为可能。

因此，是采用行式存储还是列式存储，是由业务需求决定的，不同存储方式有不同的应用场景。

从图 3-2 可以看出，传统的关系数据库模型通常采用的存储引擎是行式存储，例如常见的 MySQL、Oracle 和 SQL Server 等。随着分析型数据越来越多，在大数据时代，一些 OLAP 分析型数据库场景或 DBaaS 数据库服务开始采用列式存储引擎，例如 Snowflake、ClickHouse、Vertica、BigQuery，列式存储方式特别适合统计、聚类等数据分析业务。

(2) 关系数据库技术与分布式技术相结合

关系数据库模型的另一个发展趋势就是关系数据库技术与分布式技术的结合，将关系数据库模型在分布式计算环境及云原生计算环境下进行技术实现，从而满足大数据时代对海量数据存储的空间和性能要求。

采用分布式架构的关系数据库，即 NewSQL，是一种新型的 DBMS，如开源数据库 TiDB 就是一种 NewSQL 数据库。由云服务提供商提供的 NewSQL 数据库服务(DBaaS)，例如 Amazon 的 Aurora、Google 的 Spanner、阿里巴巴的 PolarDB 等，这类新型的关系数据库云服务也称为云原生关系数据库。其中，部分 NewSQL 分布式关系数据库系统，如 TiDB、CockroachDB，在底层采用 KV 存储引擎(如 RocksDB)，但其逻辑数据结构仍然是关系模型，可使用 SQL 语句和 ACID 事务控制。

关于 NewSQL 和云原生关系数据库的有关内容在第 6 章"分布式数据库"和第 7 章"云原生数据库"中详细讲解。

下面先研究关系数据库的物理存储模型及其相关的存储引擎，并以案例数据库 dbcourse 中的一个二维表(表名 nieprofiles 系统参数表，其逻辑结构(见表 2-1)为例来演示行式存储和列式存储的差异。

我们知道，关系数据库模型是一种逻辑模型，即从逻辑层面看数据的组织方式，不关心数据在底层的物理存储问题，也就是说，它只是定义了一个数据该如何被组织、被表现的接口。

下面讨论的存储模型，将重点转移到如何在存储介质上存储数据的问题。由于一个关系被组织成一张表，最天然的存储方式就是按照多维数组的方式存储数据，这种存储模型称为 N-array 存储模型(也称 NSM，N-ary Storage Model)。传统的 N-array 存储模型按照数据写入的方式，将数据一行一行地存储下来，形成一个行优先的表。这种存储模型对数据的插入、删除、更新友好，是 OLTP 工作负载的理想选择。

20 世纪 80 年代，有人提出了一种称为 DSM(Decomposition Storage Model)的存储模型，在这种模型中，数据以属性(也就是列)的方式进行存储，每一行数据有一个代理主键，每个列单独存有代理主键和该列的值。DSM 存储模型是最早的列式存储模型。

后来又发展出混合型存储模型 HSM(Hybrid Storage Model)，其兼顾行列存储的优点。

在 NewSQL 时代，一些分布式关系数据库在底层采用键值存储模型，但其在逻辑层面仍然是关系数据库模型。

如图 3-2 所示，关系数据库的物理存储模型及其存储引擎可分为 4 类：

①行式存储　　如 MySQL InnoDB、Oracle。
②列式存储　　如 ClickHouse、Snowflake。
③行列混合存储　　如 Oracle。
④键值存储　　如 TiDB、CockroachDB。

3.2.2.1　行式存储

从物理存储的角度看，行式(Row-based)存储法是以关系模型的数据行(记录)为逻辑存储的基本单位进行存储的，除非遇到溢出页或超大数据字段，尽量按行连续存储。因此，面向行的数据布局，是将关系表中的记录逐行在物理介质中存储的。

在 OLTP 业务中，有大量需要按行访问数据的情况，行式存储最有效，因为磁盘等持久性介质上的数据通常是按块访问的，行式存储格式中的某个数据块(最小访问单位)往往包含了某些行所有列的数据。

传统的 RDBMS 通常都采用行式存储方式，如 MySQL、Oracle、MS SQL Server 等。

第 2 章 2.3.2 中的表 2-1 所描述的二维表(表名 nieprofiles)的行式存储结构如图 3-5 所示。每一行都作为一个整体单元，逐行存储在某个数据文件(表空间)的某个数据页中，具体存储细节与选用的数据库管理系统软件有关，详见本章后面的典型案例讲解。

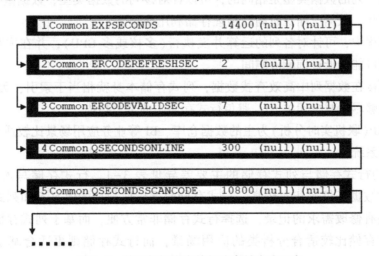

图 3-5　关系数据库表的行式存储方式示意

行式存储的特点与应用场景包括：

①因为同一条记录的数据被作为一个存储单元来存储，所以非常适合单条记录写入与读取，即更适合随机的增删改查操作或频繁的 DML 操作。

②如果需要查询或读取记录的所有字段值，行式存储方式也更适合；相反，如果只涉及少数字段的查询操作，在行式数据库中通常是通过索引来提升查询效率。

③业务以 OLTP 为主的应用场景比较适合使用传统的行式关系数据库管理系统。

3.2.2.2 列式存储

列式存储将数据通过列进行分区，同一列的值被连续地存储在磁盘上，非常适合按列取数和计算聚合等分析型工作负载。因此，新型面向 OLAP 的 RDBMS 喜欢采用列式存储方式，例如适用 OLAP 或数据仓库业务的 Clickhouse、云数据仓库平台 Snowflake 等。

第 2 章 2.3.2 节中的表 2-1 所描述的二维表（表名 nieprofiles）的列式存储结构如图 3-6 所示。每一列的数据都作为一个整体单元逐列存储，具体存储细节与选用的数据库管理系统软件有关，详见本章后面的典型案例讲解。

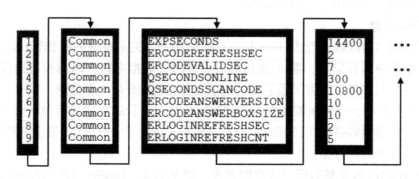

图 3-6 关系数据库表的列式存储方式示意

列式存储方式的特点与应用场景包括：

①因为同一列的数据类型是相同的，可以针对该列的数据类型、数据量大小等因素动态选择压缩算法。数据压缩比越高，物理存储利用率越高。

②查询过程中，可针对各列的运算并发执行（多核或多 CPU），并在内存中聚合完整记录集，最大可能降低查询响应时间。

③可以直接在数据列中高效查找数据，列式存储本身就相当于索引，无须另建索引，查询过程中能够尽量减少无关 IO，避免行式存储中的全表扫描。

④以 OLAP（联机实时分析）为主的数据仓库、BI 等业务应用场景比较适合使用列式存储数据库管理系统。

RDBMS 的行式存储与列式存储的主要差异见表 3-1。行式存储写入效率非常高，而列式存储的数据压缩率相对较高；行式存储数据读取扫描的效率不如列式存储的效率高；对于一些有修改需求的记录，选择行式存储非常方便，而基于列式存储的修改却比较困难；列式存储比较适合分析类的应用场景，而行式存储则更适合基于事务的应用场景。

表 3-1　行式存储与列式存储的比较

特点	行式存储	列式存储
记录写入效率	高	低
数据压缩率	低	高
读取扫描效率	低	高
记录修改与更新	方便	困难
适用场景	OLTP(事务处理类应用)	OLAP(分析类应用)

3.2.2.3　行列混合存储

由于行式存储和列式存储各有利弊，各自适用不同的应用场景，混合型存储(Hybrid Storage Model)也有一定的需求，例如，将近期新增的数据存储在行式存储结构(NSM)中，以满足热点业务数据的可修改性，并确保 OLTP 业务的及时响应。当这些业务数据逐渐成为历史数据(不再活跃的冷数据，很少有需要被修改)，就可以将这些历史数据迁移到列式存储结构(DSM)中，以获得高效的 OLAP 数据分析。

混合存储模型的实现，从物理存储引擎上看，通常有两个独立的数据库存储引擎，但从逻辑上看却是一个统一的逻辑数据库，即二者的查询结果会组合为一个逻辑结果，如果事务处理同时跨两个执行引擎，则需要采用同步技术，如 2PC 等。

破碎镜像法(Fractured Mirrors)是实现混合存储的方式之一(Oracle 数据库采用)，有点类似数据库的读写分离，建有两个数据库，以行式存储为主，所有的信息都先写入到行式存储，再自动更新到列式存储的镜像数据库，因为更新有延迟，如果 OLAP 在行式存储引擎中查询不到，则需要去列式存储引擎查询。

3.2.2.4　键值存储

新型分布式关系数据库，也称为 NewSQL，其存储引擎采用的存储模型不仅可以是传统的行式存储模型、适合 OLAP 的列式存储模型，还可以是键值存储模型。

下面以 NewSQL 数据库 TiDB 为例介绍新型关系数据库的键值存储引擎。

TiDB 的存储引擎 TiKV 是基于 RocksDB 单点存储引擎研发的分布式键值存储引擎，RocksDB 作为 TiKV 的核心存储引擎，用于存储 Raft 日志以及用户数据。每个 TiKV 实例中有两个 RocksDB 实例，一个用于存储 Raft 日志(通常被称为 raftdb)，另一个用于存储用户数据以及 MVCC 信息(通常被称为 kvdb)。

2.3.2 中的表 2-1 所描述的二维表(表名 nieprofiles)的键值存储如图 3-7 所示(示意图仅显示表中的"Value"列数据)。键值存储机制把关系表中的每个单元数据映射成基于 Key 键的键值对(Key-Value Pairs)，并按照键的区间划分，将键的一个区间([StartKey, EndKey])对应一个称为 Region 的存储单元，保存在多个分布式节点上。

3.2.3　非关系数据库的存储模型与引擎

非关系数据库，也称为 NoSQL，其种类繁多，但大多数非关系数据库都没有强制的逻辑模式，即无须事先定义数据的存储结构，如文档数据库、键值数据库或宽列数据库等。

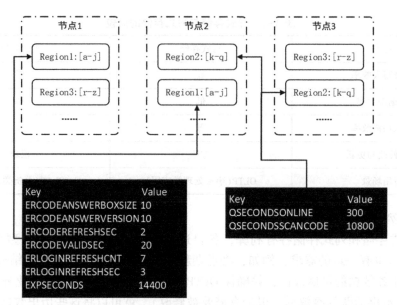

图 3-7 分布式关系数据库表的键值存储方式示意

NoSQL 存储模型通常是基于键值对的聚合模型（KV 键值、BSON、列簇、图形等）。

如图 3-2 所示，常用的非关系数据库存储模型主要有：

- 键值存储（Key-value Stores），如 Redis；
- 文档存储（Document Stores），如 MongoDB；
- 宽列式存储（Wide Column Stores），如 Cassandra；
- 搜索引擎，如 Elasticsearch；
- 图数据库管理系统，如 Neo4J；
- 时序数据库管理系统，如 InfluxDB；
- 空间数据库管理系统（Spatial DBMS），如 PostGIS；
- 面向对象数据库管理系统（Object oriented DBMS），如 Db4o；
- RDF 存储（RDF Stores），如 GraphDB。

3.3 数据存储结构

（1）存储介质

数据库不仅要管理大量数据的存储，而且对数据在存储介质中存取及检索有速度上的要求，因此在研究存储结构之前，先简单介绍一下各类存储介质的特点。

由于数据库服务器往往应用在高并发或高吞吐量的业务场景，而不同的存储介质，其吞吐量和存储延迟是不同的，而并发度又与吞吐量及存储延迟密切相关：并发度＝吞吐量×存储延迟。

①吞吐量（Throughput） 系统在单位时间内处理 IO 请求的数量（如每秒写入磁盘的字节数 MB/s）或事务数（TPS）。在无并发时吞吐量与延迟成反比。吞吐量反映的是顺序读写性能。

②并发度(Input Output Operations Per Second)　反映的是随机读写性能。

③存储延迟(Storage Latency)　即响应时间,完成一个IO请求所需要的时间,通常以毫秒(ms)或纳秒(ns)来计量。

计算机系统的存储介质通常可分为3个层次:

①CPU缓存(Cache)　又分一级缓存(L1)和二级缓存(L2)。

②内存(Memory)　又分为动态随机存取内存(Dynamic Random Access Memory,DRAM)和非易失内存(Non Volatile Memory,NVM)。NVM是一种快速且持久化的存储介质,正越来越多地应用于数据库服务器环境中。

③永久保存的磁盘介质(DISK)　又分为机械盘HDD与固态盘SSD两种:

- 单个机械盘通常只有一个写入源(WAL),所有的写请求都由一个线程串行提交,HDD写的最佳场景是顺序化和串行化,使用顺序操作的LSM树结构更能发挥HDD机械盘的优势。
- 固态盘SSD的优势是其多通道并发,随机写性能相对更好,因此传统的B+树结构相对LSM树来说更能发挥SSD固态盘的性能优势。

不同的存储介质在存储延迟、吞吐量、存储成本及随机读写性能等方面都有很大的差异。表3-2对CPU缓存、内存、固态盘及机械磁盘等不同存储介质进行了粗略的比较。

表3-2　不同存储介质的比较

类别	存储延迟	吞吐量	每秒读写次数 IOPS	每GB价格	随机读	随机写
CPU缓存 (KB-MBs)	0.5~10 ns	>1000 GB/s	亿级	很贵	友好	友好
(动态)内存 DRAM(GBs)	80~100 ns	100 GB/s	千万级	30~150元	友好	友好
非易失内存 NVM(TBs)	<1 us	10 GB/s	千万级	贵	友好	友好
固态盘SSD (NAND TBs)	10 us~2 ms	2 GB/s	35000次	0.5~10元	友好	整块写入,写入放大
磁盘(TBs) SAS/SATA	10~50 ms	130 MB/s	<500次	<3元	磁盘寻道	磁盘寻道

(2) 存储方式与存储结构

不管是传统的关系数据库还是NoSQL数据库或是新型NewSQL分布式关系数据库,其存储引擎的设计都是基于其选择的数据存储及其更新方式,根据数据更新方式可以将数据库的数据存储分为两种存储方式:

①原地更新(Update-in-place)的存储方式　其存储结构为可变(Mutable)数据结构,常见于传统关系数据库,如MySQL、Oracle等,表的存储采用堆(Heap)或B树索引来组织数据。优点是更新记录时对原有记录进行覆盖写,有较好的数据局部性,对数据扫描比较

友好；缺点是将数据的新值直接覆盖旧值的更新操作方式会带来随机写问题，大量随机写的同时往往会伴有大量的并发操作，需要做好并发控制，通常运用锁机制。

②日志更新(Log-structure Storage)的存储方式　其存储结构为不可变(Immutable)数据结构，如 LevelDB、RocksDB、HBase、BigTable、OceanBase 等数据库，其存储引擎采用的 LSM 树结构就是这种不可变数据结构。优点是将新值按时间顺序追加到文件末尾（带有版本号），一般为顺序写，因此写性能更好，这种日志更新方式不需要加锁，不会引入并发问题，能够保证高效写入，且没有存储空间的碎片；缺点是读路径变长，例如在 LSM 树结构中，扫描数据时需要读取 Memtable、L0 层及其余层的数据，且有时需要合并处理，而且会产生冗余数据，因此在读性能和空间利用率上也无法与原地更新方式相比。

与之相对应，数据库的存储引擎也主要分为两种类型：

①基于日志更新模式的存储引擎　通常采用如 LSM 树结构等不可变数据结构进行数据存储。

②基于原地更新模式的存储引擎　通常采用以 B 树或其变种 B+树为索引的可变数据结构进行数据存储。

3.3.1　基于日志结构的不可变存储结构

数据库的首要功能是存储数据，其次是检索数据，围绕着这两个基本功能，各类数据库都运用了很多技术手段对其进行优化，其中对数据查询检索最常用的优化技术当属数据库索引技术。索引是一种数据结构，它在牺牲少量数据存储（写）性能的情况下，可以大幅提升数据查询（读）性能。索引有很多种类型，除了广泛地应用在关系数据库中的 B/B+树索引外，哈希索引算是一种简单高效的索引，但是由于它自身的限制，在数据库系统中并不被广泛使用。随着 NoSQL 数据库的兴起，LSM 树也逐渐流行，LSM 树并不是一种传统意义上的索引，而是一种数据存储的设计思想，主要应用于写多读少的场景。

3.3.1.1　哈希存储

哈希存储引擎是哈希表的持久化实现，支持增、删、改以及随机读取操作，但不支持顺序扫描，最适合实现 Key-Value 键值存储模型。对于键值对的插入以及查询，哈希表的时间复杂度函数是常数级别 $O(1)$，通常会比树的操作 $O(n)$ 快。如果不需要有序地遍历数据，哈希表就非常适合。代表数据库有：Redis、Memcache 等缓存数据库及键值存储系统 Bitcask 等。

哈希存储采用的是一种最简单自然的处理思路，即在磁盘上采用日志追加式的顺序存储以实现快速写操作，并在内存中生成及维护一个额外的哈希索引以实现快速检索和查询。图 3-8 是以键值对数据的检索与追加为例说明顺序存储和哈希映射的示意。

①检索数据　在内存中维护一个哈希索引（哈希表），记录每个 Key 对应的记录在数据文件中的地址偏移量（也称为字节位移，byte offset），在查询数据时，先在索引中查到 Key，再根据其地址偏移指针在数据文件中的相应位置读取到值(Value)。

②追加数据　即写操作，先往数据文件上追加数据记录（日志写模式），再更新哈希索引。

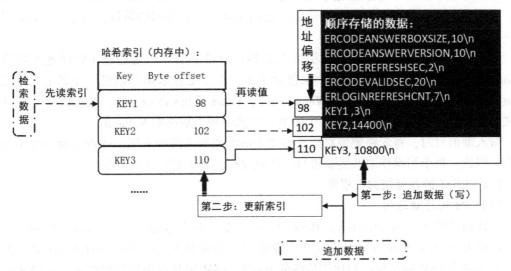

图 3-8 顺序存储与哈希映射示意

实现一个基于哈希存储的数据库存储引擎要比上述示意图更复杂,下面以 Bitcask 存储引擎为例来说明。

Bitcask 是一个基于哈希表结构的键值存储引擎,它仅支持追加操作(Append-only),所有的写操作只追加,不修改老的数据。每个文件有一定的大小限制,当文件增加到相应大小,就会产生一个新文件,老的文件只读不写。在任意时刻,只有一个文件是可写的,用于数据追加,称为活跃文件,而其他已经达到大小限制的文件,称为老数据文件,如图 3-9 所示。分布式数据库 Riak 就是采用的 BitCask 存储模型。

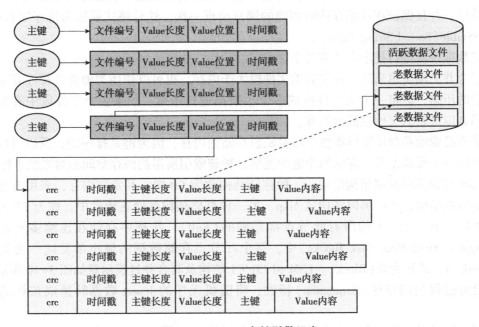

图 3-9 Bitcask 存储引擎示意

Bitcask 数据文件中的数据记录是一条一条写入操作，记录包含 Key、Value、主键长度、Value 长度、时间戳以及 crc 校验值。删除操作不会删除旧的条目，而是将 Value 设定为一个特殊的标识值。

在内存中采用基于哈希表的索引数据结构，哈希表的作用是通过主键快速地定位到 Value 的位置。哈希表结构中的每一项包含了 3 个用于定位数据的信息，分别是文件编号（file_id）、Value 在文件中的位置（Value_pos）、Value 长度（value_sz）。通过读取 file_id 对应文件的 value_pos 开始的 value_sz 个字节，这就得到了最终的 Value 值。

写入键值对时，首先将键值对记录追加到活跃数据文件的末尾，接着更新内存中的哈希表，因此，每个写操作总共需要进行一次顺序磁盘写入和一次内存操作。

3.3.1.2 LSM 树存储结构与引擎

（1）LSM 树存储结构

LSM 树全称为"Log Structured Merge Tree"，是一种基于磁盘存储的数据结构。1996 年，Patrick O'Neil 等在信息系统期刊上发表了一篇题名为 *Log Structured Merge Tree* 的论文，首次提出 LSM 树结构。相比于传统的 B+树，LSM 树具有更好的写性能，它将离散的随机写请求转换成批量的顺序写操作，无论是在内存 RAM 还是硬盘（HDD 或 SSD）中，LSM 树的写性能相对 B+树都更加优秀。

LSM 的原理：数据的修改增量将保存在内存中，达到指定大小限制之后批量把数据保存到磁盘中，在磁盘中数据又定期做合并（Merge）操作，以优化读性能。在 LSM 树结构中查询读取数据时，先看这些数据是否在内存中，如果未能在内存中命中，则需要访问磁盘文件。一般 LSM 树有多层，当磁盘中的"小树"合并成为一个"大树"的时候，可以重新排序，尽量使数据块连续，以优化读性能。

LSM 树结构相比哈希存储结构要复杂一些，LSM 树将数据文件段中的数据按键（Key）进行排序，并且保证在压缩存储时相同的键只出现一次，这种格式就称为排序字符串表，简称 SStable（Sorted String Table）。

将数据按键进行排序存储有两个优点。

①合并更加简单高效，即使数据文件段大于内存，也可以使用类似合并排序算法进行数据段的压缩，即将一个大文件拆成多个小数据进行压缩。如果多个文件段中有相同的键，那么以最新的文件段的键为准。

②不必像哈希存储那样将整个哈希映射存储到内存，因为键是排序的，所以可以在内存中维持一个稀疏索引，存储每个键的范围，稀疏索引所需的内存空间相对来说小得多。

LSM 树由两种存储结构组成：一种存储结构称为 C0 树，其常驻内存，采用方便键值查找的数据结构，如红黑树结构或 Map。另一种存储结构存储在硬盘中，称为 C1 树，其结构类似 B 树，且 C1 的所有叶节点都是满的（Full），按顺序存储在连续多页磁盘块（Contiguous Multi-Page Disk Blocks）中，每个叶节点存储数据的最小单元统一为页大小（Page-size），或称为块（Block）。LSM 树 C0/C1 结构及其合并过程示意如图 3-10 所示。

合并过程利用顺序（Sequential）特性，将随机无序的 Insert 数据转换成按键的顺序存储。

插入记录时，首先在日志文件中插入操作日志（WAL），然后将新记录插入内存的 C0

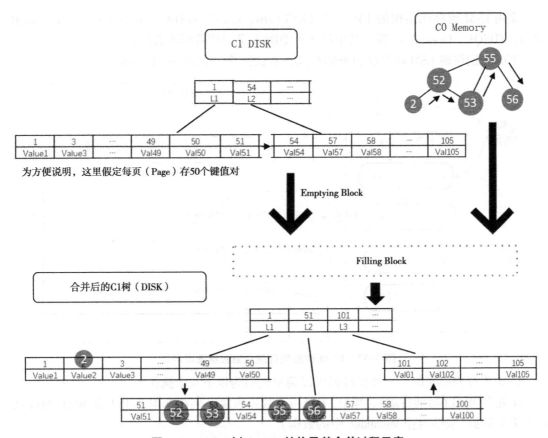

图 3-10　LSM 树 C0/C1 结构及其合并过程示意

结构中，不涉及磁盘 IO 操作；只有当 C0 大小达到某一阈值时或者每隔一段时间，将 C0 中的记录滚动合并到磁盘 C1 中；对于多个存储结构的情况，当 C1 体量达到某一阈值时，再向 C2 合并，依此类推。

具体的合并过程会使用两个内存块（Emptying Block 和 Filling Block）进行操作：首先，从 C1 中读取未合并叶节点，放置到内存的 Emptying Block 中；然后，将内存 C0 结构中的节点从小到大依次与 Emptying Block 进行合并排序，合并结果保存到 Filling Block 中，并将 C0 对应的节点删除。不断执行第 2 步操作，合并排序结果不断填入 Filling Block 中，当其满了，则将其追加到磁盘的新位置上，注意是追加而不是改变原来的节点。合并期间如果 Emptying Block 使用完了，就再从 C1 中读取未合并的叶节点。当 C0 和 C1 所有叶节点都按以上方式完成合并，即完成一次合并操作。

删除记录则主要是通过标记来实现的。在内存中将要删除的记录标记一下，后续执行合并操作时再将相应的记录完全删除。

(2) 基于 LSM 树结构的存储引擎

LSM 树存储引擎是部分 NoSQL 数据库的核心设计理念，采用先在内存更新再合并到磁盘的机制，尽可能地减少磁盘写次数；数据存储按键顺序写磁盘，尽可能减少随机写，写速度大幅提高，支持有序增删改查。由于数据读需合并磁盘历史数据及内存的最新数据，随机读效率相对较低。

采用 LSM 树存储结构的 DBMS 有 LEVELDB、CASSANDRA、CockroachDB、RocksDB、TiDB、TDSQL、OceanBase 等，其中后 3 种 DBMS 是国产数据库管理系统。

下面分别讲解 LSM 树存储引擎的写操作和读操作，如图 3-11 所示。

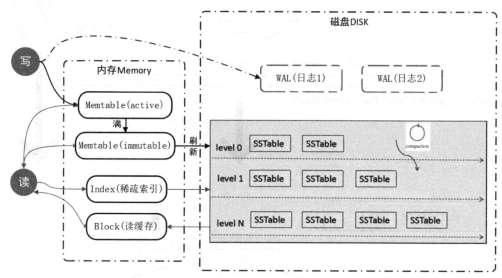

图 3-11　LSM 树结构存储引擎数据读写示意

LSM 树存储引擎的写入数据过程可以简单地归为以下 4 个操作。

①先写 WAL(写前日志)，WAL 主要用于故障恢复，例如断电。由于有 WAL 的存在，不会丢失数据(包括内存 Memtable 中的数据)。

②再写入 MemTable 中，如果 MemTable 满了，则数据被迁移到 Immutable Memtable 中。

③后台进程或线程发现有 Immutable Memtable，就写入 SStable，SStable 的键都是有序的。

④当 level0 的 SSTable 满了，就把数据迁移到 level1，并且和 level1 的数据进行归并排序，依此类推。

总之，基于 LSM 树结构的数据库存储引擎，数据总是先被写到内存增量表(MemTable)中，MemTable 写满后被转到不可变内存区(Immutable Memtable)，当增量数据达到一定阈值时，由后台进程刷新到磁盘的基线数据区(SSTable)。

SSTable(Sorted String Table)是一种拥有持久化的、有序且不可变的键值存储结构，它的 Key 和 Value 都是任意的字节数组，并且提供了按指定 Key 查找或指定 Key 范围迭代遍历的功能。SSTable 内部包含了一系列可配置大小的 Block 块，典型的大小是 64 KB，这些 Block 块的索引存储在 SSTable 的尾部。当一个 SSTable 被打开的时候，首先其索引(Index)会被加载到内存，然后在内存索引中根据 Key 查到该 Key 对应的磁盘的偏移地址(Offset)之后，再去磁盘把对应的块数据读取出来。如果内存足够大的话，可以将更多的 SSTable 映射到内存中，以提供更快的查找速度。

SSTable 由后台进程不断地排序合并，产生多个层次(Level)的 SSTable，其文件随着层次的加深也逐步变大。但 LSM 树引擎会启用压缩(Compaction)功能，并且这种压缩不是将整个 SSTable 一起压缩，而是根据本地特点(Locality)将数据分组，每个组分别压缩，这样的好处是，当读取数据时，不需要解压缩整个文件，而是解压缩部分组就可以读取到有关数据。如图3-11所示，leve0的SSTable达到数据量的阀值之后，会经过排序合并形成level1的SSTable，level1的SSTable达到阀值之后，会经过排序合并成为level2的SSTable，依此类推。

另外，关于数据删除，当时只进行删除标记，在合并SSTable时才会被真正删除；关于数据修改，当时也只是简单地插入新数据，合并数据时，才会将旧值删除，因数据读取时，新数据总是比旧数据读取优先级高，因此总是读到最新值。

LSM树引擎的读操作：按照Memtable(C0)、SSTable(C1)的两级架构，读操作首先扫描MemTable当中的数据，找不到后再扫描SSTable文件当中的数据。

为了改善随机读的效率，采用稀疏索引设计，如图3-11所示，在每一个SSTable数据块的尾部有记录数据位置的索引信息。这些位置索引信息首先被读入内存中，形成一个稀疏索引，这样检索的时候如果从MemTable中没有检索到数据，就会先通过这个稀疏索引定位到SSTable的具体位置，然后定位到具体地址，读取有关数据，从而大大提高随机读取的效率。

3.3.2 基于B树索引的可变存储结构

关系数据库中的堆组织表与索引组织表是两种常见的基于B树索引的可变存储结构，下面分别介绍。

3.3.2.1 堆组织表及其B树索引

堆组织表(Heap organized table，HOT)是经典的关系表组织方式。虽然Oracle DBMS支持多种类型的数据表存储，例如堆组织表、索引组织表、索引聚簇表等，但其默认表存储就是采用堆组织表结构。

堆组织表即是以堆结构方式管理数据，整个表(Table)即一个无序行集合，在磁盘或内存区，以一种随机的方式(先来后到、见缝插针)存放数据记录，而不是以某种特定顺序来放置，因此除非是行数很小的表，否则通常是要对其主键创建B树索引来实现对大表的快速检索和查询。堆组织表及其主键B树索引存储结构示例如图3-12所示。

堆组织表的数据行(记录Record)是按照其插入(Insert)顺序依次保存在数据块(页)中，比如在Oracle数据库中每个数据块是8 KB(MySQL等数据库称为数据页，缺省为16 KB)，通常可以保存几十或几百条记录(具体视记录的大小及其字段多少而定)，但考虑到未来因某些字段修改需要额外空间的需求，通常每个数据块都留有余地，不写满，如预留10%空间(详见第4章4.2.2.2)。在图3-12的示例数据表中，假定每个数据块最多可以保存360条记录。

由于数据记录缺省是按照插入的先后顺序依次保存的，记录行不一定会按照主键的顺序由小到大写入数据块，图3-12底部列出的4个数据块示例就是如此。

因此，堆组织表的检索与查询在数据表记录较多时全表扫描可能会很慢，必须借助主键的B树索引来实现数据行的快速定位。

B树索引的结构如图3-12的上半部分所示，其所有的索引条目都是排序过的(缺省是升序排列，也可以在创建索引时指定为降序排列)。

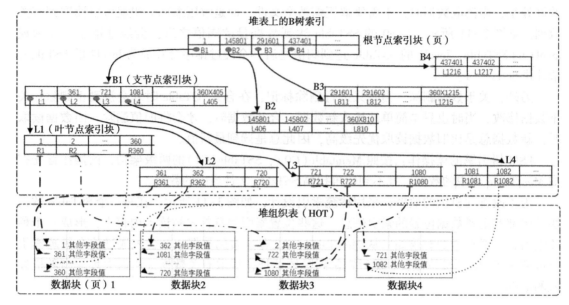

图 3-12　堆组织表及其 B 树索引数据块结构示例

整个 B 树索引包括两种索引块：一种索引块专门用于检索下一层索引块的地址，包括分支节点和根节点的索引块；另一种索引块专门用于保存数据记录行的地址指针，即叶节点索引块。

(1) 分支节点及根节点索引块

这些索引块里保存的索引条目也包括两部分内容：一是主键值，即此节点下面链接的下一层索引块中所包含的最小键值；二是此键值对应的下一层索引块的地址，即指向下面的一个索引块的地址。

每个索引条目占用十几个字节，因此一个索引块(假定 8KB)能存放几百条索引条目(图 3-12 假定存储 360 个索引条目)。其中最上层的索引块为根节点(Root Node)。一个 B 树索引只有一个根节点，位于 B 树的最顶端，是一个单独的索引块，保存分支节点第一层的所有索引块的地址信息。

除根节点和叶节点外的所有中间层索引块为分支节点(Branch Node)，也称子节点(Child Node)，图 3-12 中的 B1、B2、B3 及 B4 都是分支节点索引块，其索引条目保存有其下一级节点的最小的键值前缀(Minimum Key Prefix)及其指向包含所查找键值的子块(Child Block)的地址指针。

(2) 叶节点索引块

图 3-12 中最底层的索引块(L1、L2、L3 与 L4)为叶节点(Leaf Node)索引块。叶节点索引块保存的索引条目包括两个部分内容：一是此索引的键值，即数据行的键值，对于单列索引来说是一个值，而对于多列索引来说则是多个值组合在一起；二是此主键值所对应的记录行的有关地址信息，即指向堆组织表的某个数据块中的某行记录，例如，Oracle 数据库中保存的是其键值对应数据行的 ROWID 信息，其中包含数据文件号、页号(数据块地址)及槽号(此数据行在数据块中的顺序位置)等信息。

3.3.2.2 基于B+树结构的索引组织表

除堆组织表外，另一种重要的可变存储结构就是基于 B+树的索引组织表（Index Organized table，IOT），它是 MySQL InnoDB 等数据库存储引擎中表（Table）的缺省存储结构。Oracle 数据库也支持索引组织表。

索引组织表以主键排序的方式将表的数据存储在 B/B+树索引结构中，索引结构中的每个叶子数据块都存储主键列值及所有非主键列值。这样的主键索引也称聚集索引（Clustered Index），或称为聚簇索引。其实聚集索引就是索引组织表本身，是索引组织表的另一种叫法。聚集索引的键值顺序决定了表数据行的物理存储顺序，即数据记录行是按照主键值的大小顺序在物理数据页（块）上顺次保存的，相邻数据页双向链表相连（可快速遍历数据），如图3-13 所示。

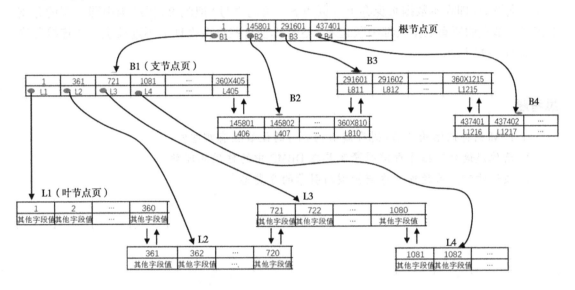

图 3-13 索引组织表数据页结构示例

索引组织表存储的每张表都有主键（Primary Key），表都是按主键顺序存放的，表的所有数据都存储在这个主键的聚集索引上，即其叶节点数据页存储有表中每行记录的全部数据，因此索引组织表通过主键查询数据非常快。

除主键索引外，对索引组织表其他列所建的索引都称为二级索引（Secondary Index），也称辅助索引，其叶节点索引页（块）存储的索引条目都包含有相应数据行的主键值，通过主键值再在索引组织结构的聚集索引中检索出其对应的数据行记录信息。

如图 3-13 所示，整个索引组织表就是一个基于 B+树的聚集索引树，共包括 3 个层次：

①根节点　位于最上层。一个索引组织表只有一个根节点数据页，位于 B+树的最顶端，保存它下面第一层的分支节点数据页的所有地址信息。

②叶节点　位于最底层。索引组织表所有数据行（也称为记录 Record）都直接存储在叶节点数据页上，而且数据行都是按照主键值的大小顺序存储的。

③分支节点 除根节点和叶节点外的所有中间层数据页的统称，其存储的数据为叶节点或下一层支节点的索引条目，主要包括其下一级节点的最小的键值前缀（Minimum Key Prefix）及其指向包含对应键值的下属数据页（子块，Child Block）的地址指针。因此，分支节点会根据表记录行的多少自动分层，数据少时可以没有分支节点或只有一层分支节点，但随着数据行的增加，根节点保存的分支节点数有限（如 MySQL InnoDB 的根节点最多保存一千多个下属数据页地址），数据行太多（比如超过几十万或几百万行），分支节点就需要分层。通常一个索引组织表的分支节点最多分 3 层，3 层分支节点下属的叶节点数会达到 10 亿级别，记录数可以达到千亿级别。

综上所述，索引组织表其实就是一个 B+树存储结构，所有数据是以数据页（块）为基本单位进行存储的。为这些数据页分配的存储空间可能是不连续的，B+树结构通过建立一个双向链表（即在本数据页保存上一页和下一页的页号）把此 B+树结构中同一层的分支节点或叶节点的所有数据页都串联起来，这样即使这些页在物理上不连续也一样连接起来了，如图 3-13 所示。

思考题

1. LSM 树存储结构与 B+树存储结构各自的优缺点有哪些？
2. 请你谈谈对数据库存储引擎及其在 DBMS 中的作用的理解。
3. 谈谈你对关系数据库存储模型与引擎的分类思考。

第 4 章 关系数据库系统结构

本章以 RDBMS 为例,从内存与磁盘介质两个角度分别介绍数据库系统的实例结构与存储结构,并以使用最广的商业数据库 Oracle 与开源数据库 MySQL 为例,详细介绍了这两个经典数据库的系统结构、DBMS 的设计思想与内部结构特点。本章主要内容及学习重点包括:

①系统结构概述 数据库在内存里主要表现为实例结构(包括进程结构、内存结构等);从永久保存的磁盘介质角度看,数据库又表现为存储结构,具体又分为逻辑结构与物理结构。

②经典案例介绍 详解 Oracle 数据库的系统结构,分别介绍 Oracle 数据库的实例结构与存储结构、Oracle 数据库服务器的启动与关闭。

③经典案例介绍 详解 MySQL 数据库系统结构,分别对 MySQL 数据库的通用服务组件结构、可插拔的存储引擎结构、InnoDB 存储引擎及其存储结构作详细介绍。

4.1 系统结构概述

不同的 DBMS,因其设计思路和使用场景的不同,对应的数据库系统结构也千差万别,但数据库系统还是有许多共性的。下面以最流行的 RDBMS 为例,将其通用数据库系统结构(System Architecture)抽象为图 4-1。通用数据库的核心组件包括查询解析器、查询优化器、事务管理器、并发控制器、缓冲区管理器、文件管理器、恢复管理器等。

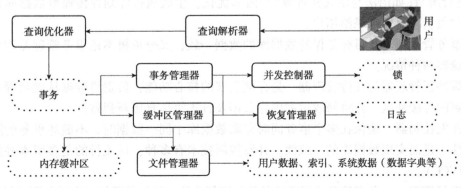

图 4-1 数据库系统结构示意

根据系统结构所在质介的不同,可以将数据库系统结构分为实例结构和存储结构两大类。其中,实例结构是指运行在内存中的结构,其核心是进程或线程结构;而存储结构指在磁盘介质中的部分结构。在 Linux/Unix 操作系统环境下大多采用多进程结构(如 Oracle、PostgreSQL),也有一些 DBMS,特别是在 Windows 环境下,采用多线程结构(如 MySQL、MS SQL Server、Windows 版本的 Oracle 等)。

4.1.1 实例结构

实例结构只存在于运行中的节点服务器内存中,如果数据库服务器所有节点实例关闭,那么实例结构将无法观察。实例结构反映了数据库的计算结构,包括内存结构和程序(进程或线程)结构。

内存结构主要是指数据库内存缓冲区的结构,主要包括:

①数据读写缓冲区(Data Buffer & Cache) 当存储引擎访问数据页(Page 或 Block)时,首先检查页内容是否已存在于缓存中。如果存在,则直接修改数据或返回缓存页;如果未被缓存,则首先将有关内容从磁盘载入内存缓冲区中。

②重做日志缓冲区(Redo Log Buffer) 数据库引擎总是先将重做日志信息写入重做日志缓冲区,然后按一定的规则或频率将其刷新到磁盘的重做日志文件中。

③数据字典高速缓存(Data Dictionary Cache) 第一次访问有关数据字典时,是直接从磁盘上的系统表空间或其他文件中检索这些数据字典信息(如表名、列名及其数据类型等)并存入数据字典高速缓存中的。第二次访问缓存中的数据字典,就不用再去磁盘读取了,直接读取数据字典高速缓存即可。

④闩与锁(Latch & Lock) Latch 是内存资源锁,是轻量级面向线程的锁,常用于快速、短时间地锁定资源,防止多个并发进程同时修改访问某个共享资源;而 Lock 的对象是事务,通常在事务 Commit 或 Rollback 后释放(不同事务隔离级别释放的时间可能不同),锁定的是数据库对象,如表、页、行等,数据库通常有专门的 Lock Manager 负责处理。

进程或线程结构主要包括查询解析及查询计划程序、事务管理、缓冲区管理、并发控制等程序结构。

①查询解析器与查询优化器 是数据库服务器的通用组件,针对用户的请求(如 SQL 查询)进行解析(如语法与语义检查等)与内部优化,生成执行计划并传输给数据库存储引擎,同时负责将返回结果给用户。

②事务管理器 其目标是保持数据库的数据一致,又分单机本地事务管理器和分布式事务管理器两种情况。

③缓冲区管理器与文件管理器 是存储引擎的核心功能,负责将数据从硬盘等存储设备缓存到内存缓冲区,并将修改过的内存数据及日志等信息更新到磁盘。

④并发控制器 确保在多个事务同时存取数据库中同一数据时,不破坏事务的隔离性和一致性,进而实现数据库的一致性。并发控制技术有多种,最流行的是多版本并发控制技术(MVCC)。

⑤恢复管理器 负责管理数据库的备份与恢复功能,比如将重做日志缓存刷新保存到硬盘的日志文件中。数据库故障的恢复处理等是恢复管理器(Recovery Manager)的核心功能。

4.1.2 存储结构

这里说的存储结构是指数据库存储的逻辑及物理结构,这些结构永久保存于存储介质(如硬盘或磁盘阵列等)中,即使数据库已关闭,数据库的存储及其结构依然完好无损。

①逻辑结构 包括表空间、段、数据页(块)等数据库对象的逻辑存储结构。

②物理结构 包括文件结构(如数据文件、日志文件等)和操作系统级数据页等。

4.2 经典案例:Oracle 数据库系统结构

Oracle 数据库作为最流行的商业数据库系统,在生产环境中多数采用 Linux 或 Unix 操作系统,使用多进程结构(Windows 版本则是使用多线程结构),其系统结构示意如图 4-2 所示。

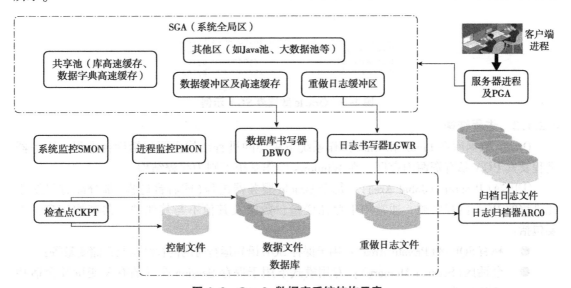

图 4-2 Oracle 数据库系统结构示意

Oracle 数据库的系统结构既可以是单实例节点,也可以是多实例集群。

一个 Oracle 数据库服务器系统通常由一个或多个数据库实例(Instance)+一个或多个 Oracle 数据库存储(文件集合)组成,具体可分为 3 种情况:

①单实例服务器 一对一(一个实例+一个数据库)。

②RAC 集群服务器 多对一(多个实例节点+一个数据库存储)。

③分布式服务器 一(或多)对多(有多个数据库存储分布在不同地点,但只有一个本地数据库,其他为远程数据库)。

4.2.1 Oracle 数据库的实例结构

实例结构存在于单机或 RAC 集群每一个节点的服务器中,主要包括共享内存(SGA)、用于数据库管理的后台进程及其私有内存区(PGA)、专门为用户进程服务的服务器进程及其 PGA。

4.2.1.1 系统全局区 SGA

系统全局区(System Global Area)是用于存储数据库信息的内存共享区,为所有数据库进程所共享,主要包括:

- 数据库缓冲区(Database Buffer Cache)用于数据块读写操作的缓存;
- 重做日志缓冲区(Redo Log Buffer);
- 共享池(Shared Pool),主要包括库高速缓存(Library Cache,用于缓存能共享的 SQL 和 PL/SQL 语句及其执行结果等)和数据字典高速缓存(Data dictionary Cache,由服务器进程读取有关表、索引等数据对象的数据字典信息);
- 其他缓冲池,如大缓冲池(Large Pool)、Java 池、流数据池(Streams Pool)等。

SGA 示例如图 4-3 所示,此数据库服务器例子中的 SGA 共分配使用内存 1.5 GB,其中数据库缓冲区(Database Buffers)1 GB,重做日志缓冲区(Redo Buffers)7.5 MB,其他缓冲区池又分为固定部分(8 MB)和可变部分(400 MB)。

```
SQL> show sga

Total System Global Area  1610608648 bytes
Fixed Size                   8896520 bytes
Variable Size              419430400 bytes
Database Buffers          1174405120 bytes
Redo Buffers                 7876608 bytes
```

图 4-3 Oracle 数据库 SGA 示例

4.2.1.2 进程结构

Oracle 数据库在 Linux 和 Unix 操作系统下采用的进程结构主要包括后台进程、服务器进程及其 PGA 私有资源内存区,在 Windows 操作系统下则为线程结构。

①PGA(Program Global Area) 每个 Oracle 服务器进程(或后台进程)都分配有只属于此进程的 PGA 内存资源,通常用于存储变量、数组及其他不与其他进程共享的信息,主要包括:

- 私有 SQL 区(Private Area):用于保存 SQL 语句运行时的内存结构及存储变量等;
- 会话区(Session Memory):专用模式下用于保存 Session 会话的有关变量及会话相关信息等。

②服务器进程(Server Process) 其主要工作是根据客户端用户请求,如接收和处理应用发送来的 SQL 语句,来存取数据库业务。

③后台进程(Background Process) 数据库启动后就一直在服务器后台运行的数据库维护进程。不同的进程有不同的目标任务,比如:

- 数据库写进程(DBWn):主要负责将缓冲区的数据块写入磁盘;
- 日志书写进程(LGWR):主要负责将在线重做日志写入日志文件;
- 系统监控进程(SMON):主要负责空间管理、实例恢复、释放资源等;
- 进程监控进程(PMON):主要负责清理失效的服务器进程的残留资源,重启调度器等;
- 检查点进程(CKPT):主要负责决定和调度在何时将数据库缓存中脏数据(修改过的)写回磁盘的数据文件中。

Oracle 数据库进程列表示例如图 4-4 所示。

```
[oracle@niegq nie]$ ps -ef|grep xe_
oracle    53074     1  0 May31 ?        00:00:12 xe_pmon_NIE
oracle    53076     1  0 May31 ?        00:00:05 xe_clmn_NIE
oracle    53078     1  0 May31 ?        00:00:42 xe_psp0_NIE
oracle    53081     1  2 May31 ?        00:47:20 xe_vktm_NIE
oracle    53085     1  0 May31 ?        00:00:11 xe_gen0_NIE
oracle    53088     1  0 May31 ?        00:00:05 xe_mman_NIE
oracle    53092     1  0 May31 ?        00:01:00 xe_gen1_NIE
oracle    53095     1  0 May31 ?        00:00:10 xe_diag_NIE
oracle    53097     1  0 May31 ?        00:00:06 xe_ofsd_NIE
oracle    53100     1  0 May31 ?        00:02:27 xe_dbrm_NIE
oracle    53102     1  0 May31 ?        00:10:16 xe_vkrm_NIE
oracle    53104     1  0 May31 ?        00:00:11 xe_svcb_NIE
oracle    53106     1  0 May31 ?        00:00:24 xe_pman_NIE
oracle    53109     1  0 May31 ?        00:01:45 xe_dia0_NIE
oracle    53111     1  0 May31 ?        00:00:14 xe_dbw0_NIE
oracle    53113     1  0 May31 ?        00:00:11 xe_lgwr_NIE
oracle    53115     1  0 May31 ?        00:01:00 xe_ckpt_NIE
oracle    53117     1  0 May31 ?        00:00:05 xe_lg00_NIE
oracle    53119     1  0 May31 ?        00:00:05 xe_smon_NIE
oracle    53121     1  0 May31 ?        00:00:03 xe_lg01_NIE
oracle    53123     1  0 May31 ?        00:00:20 xe_smco_NIE
oracle    53125     1  0 May31 ?        00:00:03 xe_reco_NIE
oracle    53128     1  0 May31 ?        00:00:06 xe_w000_NIE
```

图 4-4　Oracle 数据库进程列表示例

4.2.2　Oracle 数据库的存储结构

存储结构，主要包括数据的文件结构和逻辑结构等。Oracle 数据库的存储结构可以从两个层次去看：一是物理结构，如数据文件、OS 块等；二是逻辑结构，如表空间、段、区间、数据块、用户模式等，如图 4-5 所示。

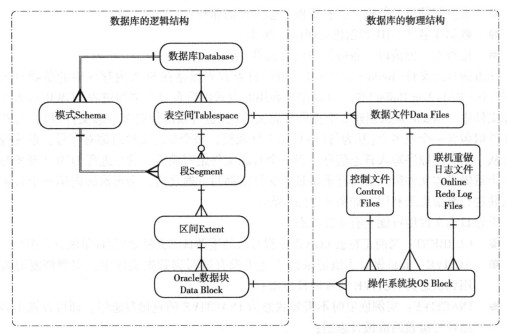

图 4-5　Oracle 数据库存储结构示意

4.2.2.1 数据库存储的文件结构

数据库存储的核心文件主要是 3 类：数据文件（*.dbf）、控制文件（*.ctl）和联机重做日志文件（redo*.log），这 3 类文件完整地保存了数据库的所有数据，包括业务数据和数据字典信息，如图 4-6 所示。

```
/opt/oracle/oradata/NIE
[oracle@niegq NIE]$ ls -l
total 2183944
-rw-r-----. 1 oracle oinstall  18726912 Jun 18 14:28 control01.ctl      控制文件
-rw-r-----. 1 oracle oinstall  18726912 Jun 18 14:28 control02.ctl
drwxr-x---. 2 oracle oinstall        99 Feb 26  2020 NIEPDB1
drwxr-x---. 2 oracle oinstall      4096 Feb 26  2020 pdbseed
-rw-r-----. 1 oracle oinstall 209715712 Jun 18 14:27 redo01.log
-rw-r-----. 1 oracle oinstall 209715712 Mar  3 22:49 redo02.log         联机重做日志
-rw-r-----. 1 oracle oinstall 209715712 Mar 29 12:41 redo03.log
-rw-r-----. 1 oracle oinstall 608182272 Jun 18 14:25 sysaux01.dbf
-rw-r-----. 1 oracle oinstall 880812032 Jun 18 14:27 system01.dbf
-rw-r-----. 1 oracle oinstall  34611200 Jun  1 22:00 temp01.dbf
drwxr-x---. 2 oracle oinstall      4096 Feb 27  2020 TESTPDB
-rw-r-----. 1 oracle oinstall  73408512 Jun 18 14:27 undotbs01.dbf
-rw-r-----. 1 oracle oinstall   5251072 Mar 29 12:47 users01.dbf        数据文件
[oracle@niegq NIE]$ ls -l NIEPDB1/
total 906032
-rw-r-----. 1 oracle oinstall 419438592 Jun  1 22:20 sysaux01.dbf
-rw-r-----. 1 oracle oinstall 272637952 Jun 18 14:27 system01.dbf
-rw-r-----. 1 oracle oinstall 136323072 Apr  1 13:57 temp01.dbf
-rw-r-----. 1 oracle oinstall 104865792 Jun 18 14:27 undotbs01.dbf
-rw-r-----. 1 oracle oinstall   5251072 Mar 29 16:33 users01.dbf
[oracle@niegq NIE]$
```

图 4-6　Oracle 数据库存储的核心文件示例

其中：

①控制文件（Control Files）　与数据库一一对应，在 RAC 集群中为多个实例所共享，为防止丢失或损坏，允许多路备份，通常是 2 份，最多可有 8 个备份。

控制文件保存有数据库的物理结构信息，具体包括：

- 表空间信息及数据文件和重做日志文件的路径；
- 数据库名字、ID 和创建时间戳、SCN；
- 检查点、回滚段、备份及归档信息等。

②重做日志文件（Redo Log Files）　重做日志首先保存在 SGA 内存区中的重做日志高速缓存区（Redo Log Buffer）中，再以循环利用的方式由后台日志书写进程 LGWR 写入重做日志文件中。Oracle 默认创建 3 个重做日志文件组（也可以添加更多日志文件组），每个日志文件组包含一个或多个（互为备份）日志文件成员，每个日志文件组都有序号，系统按照序号从小到大的顺序写入日志信息。当一个日志文件组写满后，后台进程 LGWR 开始写入下一个重做日志文件组。当所有重做日志文件组都写一遍之后，会再次转向第一个日志文件组并进行覆盖重新利用，如图 4-7（a）所示。

重做日志文件组可能会有 4 种状态：

- CURRENT：当前正在被 LGWR 进程写入的重做日志文件组（简称重做日志组）；
- ACTIVE：此重做日志组记录的改变还没有被写到数据文件中，实例恢复时需要用到状态为 ACTIVE 的重做日志组；
- INACTIVE：实例恢复时不需要状态为 INACTIVE 的重做日志组，即可以被 LGWR 循环写覆盖的重做日志组；
- UNUSED：表示该重做日志组是新建的，还未被使用。

③数据文件(Datafiles) Oracle数据库从逻辑上看是由多个表空间组成的,而一个表空间包括一个或多个数据文件,某一数据文件则只能属于一个表空间。因此,从物理上看,数据库表、索引等数据库对象是存储在数据文件里的,这些数据库对象总是存储在一个表空间中,但可以是跨数据文件。

数据文件中的数据由服务器进程(Server Process)负责读取到SGA的数据库缓冲区,而修改后的数据则总是由数据库写进程根据检查点(CKPT)指令适时写入数据文件(从逻辑上看总是属于某个表空间)中,如图4-7(b)所示。

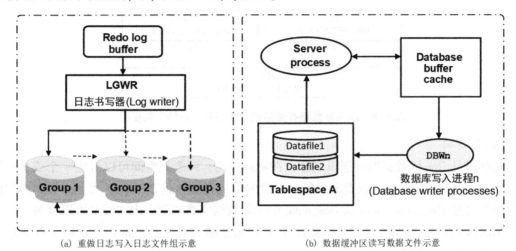

(a) 重做日志写入日志文件组示意 (b) 数据缓冲区读写数据文件示意

图 4-7 Oracle 重做日志文件与数据文件操作示意

除了上述3类核心文件外,Oracle数据库的其他相关文件还包括:

①归档日志文件(Archivefiles) 归档日志与联机日志相对,由归档进程在联机重做日志文件组被覆盖重用前将其归档复制出来永久保存。Oracle数据库只有归档(Archivelog)模式才将重做日志做归档保存。

当数据库在归档模式下运行时,后台归档进程 ARCn 会自动执行归档操作,根据需要启动多个归档进程,以确保已充满的重做日志组能够及时归档处理。归档未完成的重做日志组,日志书写器进程将不会重用并覆盖此重做日志组,直到它被存档完成。

②初始化参数文件(spfile[SID].ora) 与Oracle数据库实例一一对应,实例(Instance)启动时首先寻找初始化参数文件并读取其中的参数数据。其主要内容包括实例名及其相应的数据库名、控制文件名及其位置信息、系统全局区的配置参数以及回滚段、进程数、数据块大小等配置信息。

③报警日志(Alert_[SID].log) 是Oracle数据库故障分析的重要日志文件,主要内容包括数据库启动、关闭及数据库的重要事件的日志记录、数据库故障等信息记录等。

④口令文件(orapw[SID]) 也称密码文件,主要作用是对DBA远程登录权限的身份认证,只有口令文件中登记的DBA用户才可以远程管理数据库(同时要求参数 remote_login_passwordfile=none | exclusive | shared 不为 none 时)。

4.2.2.2 数据库存储的逻辑结构

Oracle数据库的数据存储结构(Storage Structure)的核心是从逻辑上看,整个数据库是由表空间(Tablespace)构成的,而表空间上存储有段(Segment),段又是由区间(Extent)构成的,区间是由数据块(Data Block)构成的,数据块又包含若干 OS 块(缺省为 8 个 OS 块,即 8 KB)。数据库存储结构有关信息的数据字典如图 4-8 所示。

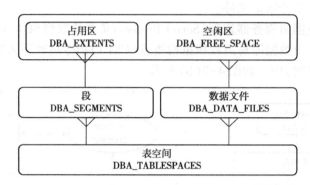

图 4-8 Oracle 数据存储结构有关信息的数据字典视图

(1) 表空间

表空间是 Oracle 数据库的逻辑划分,在物理层面,一个表空间可以对应一个或多个数据文件(data-files),所有的数据库对象都以段的形式存放在指定的表空间上,有关表空间的信息可通过 dba_tablespaces 或 dba_data_files 等数据字典查到。表空间又可以分为:

①永久表空间(缺省)　存放数据库中永久化存储的对象,包括表、视图、存储过程等,又可以进一步分为:

- system 系统表空间:存放 sys 用户的表视图等数据字典;
- sysaux 系统辅助表空间:从 10g 开始引入,作为 system 表空间的辅助表空间;
- 面向普通用户的非系统表空间:用户可以针对不同业务创建不同的表空间,通常在生产环境,表和索引也会分别存放在不同的表空间中。

②临时表空间(Temporary Tablespace)　数据库操作过程中临时存放的数据(不永久保存),操作完成之后其内容会被自动释放清空。

③撤销表空间(UNDO Tablespace)　保存事务修改数据的旧值,也就是被修改前的数据。

(2) 段

段与数据库对象(表、索引等)相对应;按段给数据库对象分配空间,如数据段、索引段、LOB 段、回滚段、临时段、溢出段等。段总是存在于一个表空间中,由多个区间构成。

(3) 区间

区间是给段分配空间的基本单位,存储引擎总是一个区间一个区间地把空间分配给段。在 Oracle 数据库中,区间的大小不是固定不变的,随着对应段的不断变大,每次分配的区间也逐步变大,由最初的 64 KB,到最大 128 MB。如图 4-9 所示,段 SDO_CS_SRS 分配了多个区间:前 16 个区间(EXTENT_ID:0-15)大小是 64 KB(8 个数据块),从 Extent_ID 为 16 开始,区间的大小增长到 1 MB(128 个数据块),依此类推。

	OWNER	SEGMENT_NAME	PARTITION_NAME	SEGMENT_TYPE	TABLESPACE_NAME	EXTENT_ID	FILE_ID	BLOCK_ID	BYTES	BLOCKS	RELATIVE_FNO
1	MDSYS	SDO_CS_SRS	(null)	TABLE	SYSAUX	0	10	21592	65536	8	4
2	MDSYS	SDO_CS_SRS	(null)	TABLE	SYSAUX	1	10	21656	65536	8	4
3	MDSYS	SDO_CS_SRS	(null)	TABLE	SYSAUX	2	10	21664	65536	8	4
4	MDSYS	SDO_CS_SRS	(null)	TABLE	SYSAUX	3	10	21672	65536	8	4
5	MDSYS	SDO_CS_SRS	(null)	TABLE	SYSAUX	4	10	21680	65536	8	4
6	MDSYS	SDO_CS_SRS	(null)	TABLE	SYSAUX	5	10	21688	65536	8	4
7	MDSYS	SDO_CS_SRS	(null)	TABLE	SYSAUX	6	10	21696	65536	8	4
8	MDSYS	SDO_CS_SRS	(null)	TABLE	SYSAUX	7	10	21704	65536	8	4
9	MDSYS	SDO_CS_SRS	(null)	TABLE	SYSAUX	8	10	21712	65536	8	4
10	MDSYS	SDO_CS_SRS	(null)	TABLE	SYSAUX	9	10	21720	65536	8	4
11	MDSYS	SDO_CS_SRS	(null)	TABLE	SYSAUX	10	10	21728	65536	8	4
12	MDSYS	SDO_CS_SRS	(null)	TABLE	SYSAUX	11	10	21736	65536	8	4
13	MDSYS	SDO_CS_SRS	(null)	TABLE	SYSAUX	12	10	21744	65536	8	4
14	MDSYS	SDO_CS_SRS	(null)	TABLE	SYSAUX	13	10	21752	65536	8	4
15	MDSYS	SDO_CS_SRS	(null)	TABLE	SYSAUX	14	10	21760	65536	8	4
16	MDSYS	SDO_CS_SRS	(null)	TABLE	SYSAUX	15	10	21768	65536	8	4
17	MDSYS	SDO_CS_SRS	(null)	TABLE	SYSAUX	16	10	21888	1048576	128	4
18	MDSYS	SDO_CS_SRS	(null)	TABLE	SYSAUX	17	10	22016	1048576	128	4
19	MDSYS	SDO_CS_SRS	(null)	TABLE	SYSAUX	18	10	22144	1048576	128	4
20	MDSYS	SDO_CS_SRS	(null)	TABLE	SYSAUX	19	10	22272	1048576	128	4
21	MDSYS	SDO_CS_SRS	(null)	TABLE	SYSAUX	20	10	22400	1048576	128	4
22	MDSYS	SDO_CS_SRS	(null)	TABLE	SYSAUX	21	10	22528	1048576	128	4
23	MDSYS	SDO_CS_SRS	(null)	TABLE	SYSAUX	22	10	22656	1048576	128	4

图 4-9　Oracle 数据段的区间分配示例

(4) 数据块

数据块是 Oracle 数据块管理存储空间的最小逻辑单位，由初始化参数 DB_BLOCK_SIZE 指定其大小，缺省为 8 个 OS 块(OS Block：1024 or 512 bytes)。在 MySQL 或 MS SQL Server 数据库中，数据块对应的概念称为数据页(Data Page)。

在 Oracle 数据库中，不管数据库存储的数据是表、索引或其他数据库对象，其基本存储单元数据块的内部结构是类似的，数据块结构如图 4-10 所示。

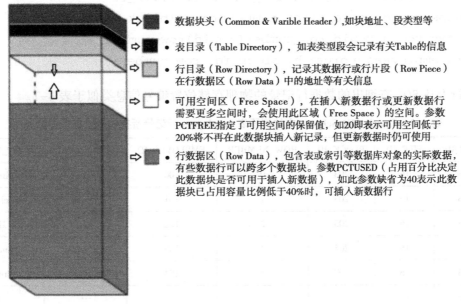

图 4-10　Oracle 数据块的内部结构示意

由图 4-10 可知，Oracle 数据块是由目录区、数据存储区及可用空间区 3 部分组成，考虑到数据行更新等需求，OLTP 系统中的数据块通常都不会写满，即可用空间区总是大于零(PCTFREE>0)，一些 OLAP 数据仓库系统因数据没有更新需求可以将 PCTFREE 参数设为零，即允许写满数据块。

关于数据块使用规则的两个参数：

①Pctfree　是指一个数据块需要预留的空间百分比，表示数据块在什么情况下可以插入记录。参数默认值是 10，表示当数据块的可用空间低于 10% 后，就不可以被插入记录了，剩余的可用空间只能用于更新，也就是说在 Pctfree 减少到 10% 之前，该数据块是一直可以被插入的。

②Pctused　是指当数据块里的数据低于这个百分比时，又可以重新插入记录。一般其默认值是 40%，表示当数据块的数据占用空间低于 40% 后，就又可以插入记录了。

举例说明：假设一个数据块可以存放 100 条数据记录，PCTFREE 是 10，PCTUSED 是 40，那么一开始数据块中没有记录，可以不断插入数据，当存放到 90 个记录时，剩余可用空间低于 10%，就不能存放新的数据了，剩余的空间是预留给 UPDATE 用的。假定随后又陆续删除了一些数据记录，直到所存总记录数低于 40 个以后又可以再次插入新数据。另外，如果表空间上启用了 ASSM，则只能指定 PCTFREE，否则需要同时指定 PCTFREE 和 PCTUSED。

测试实验：在 Oracle 的例子用户 Hr Schema 中，可以通过如下 SQL 查询 employees 表的各行记录所在的物理位置，包括数据文件 ID(file_id)、数据块 ID(block_id)、块内行号(row_number)等。

```
select dbms_rowid.rowid_object(rowid)object_id
, dbms_rowid.rowid_relative_fno(rowid)file_id
, dbms_rowid.rowid_block_number(rowid)block_id
, dbms_rowid.rowid_row_number(rowid)row_number
from employees e order by block_id, row_number;
```

运行上述 SQL 查询出的数据行记录的物理存储位置编号信息类似于表 4-1。

表 4-1　Oracle HR Schema 中的例子表 employees 行记录所在物理位置有关信息

OBJECT_ID	FILE_ID	BLOCK_ID	ROW_NUMBER	EMPLOYEE_ID	FIRST_NAME	LAST_NAME
73393	16	203	0	100	Steven	King
73393	16	203	1	101	Neena	Kochhar
73393	16	203	2	102	Lex	De Haan
73393	16	203	3	103	Alexander	Hunold
73393	16	203	4	104	Bruce	Ernst
73393	…	…	…	…	…	…
73393	16	203	97	197	Kevin	Feeney
73393	16	204	0	198	Donald	OConnell
73393	16	207	0	199	Douglas	Grant
73393	16	207	1	200	Jennifer	Whalen

(续)

OBJECT_ID	FILE_ID	BLOCK_ID	ROW_NUMBER	EMPLOYEE_ID	FIRST_NAME	LAST_NAME
73393	16	207	2	201	Michael	Hartstein
73393	16	207	3	202	Pat	Fay
73393	…	…	…	…	…	…
73393	16	207	7	206	William	Gietz

从表 4-1 可以看出，表 employees 共 107 行记录(206-100+1)，全部保存在 16 号数据文件中，主要占用 3 个数据块：块 203 上保存有 97+1 行记录，块 204 上只有 1 行记录，块 207 上保存有 7+1 行记录。

4.2.3 Oracle 数据库服务器的启动与关闭

Oracle 数据库服务器启动(Startup)的关键是 Oracle 数据库实例(Instance)的启动，启动实例的过程首先是根据初始化参数的设置分配内存的系统全局区，然后是启动实例的后台进程。启动实例后，再由实例装载(Mount)和打开(Open)数据库，之后就可以允许客户端访问数据库中的数据了。

Oracle 数据库服务器的启动与关闭过程如图 4-11 所示。Oracle 数据库的启动与关闭都需要经历 3 个阶段。

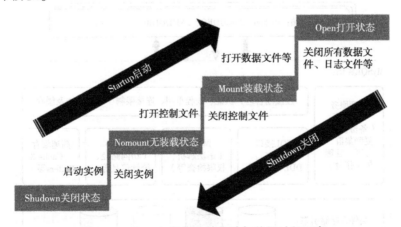

图 4-11 Oracle 数据库的启动与关闭过程示意

(1) Oracle 数据库启动过程

① 启动实例　Oracle 打开参数文件并根据其初始化参数分配系统全局区并启动后台进程。命令 "startup nomount" 可以只单独启动实例。

② 装载数据库　打开控制文件，并从控制文件中获取数据库的结构信息，如数据文件与重做日志文件的存储位置信息等。命令 "alter database mount" 可以单独执行这一步骤。

③ 打开数据库　根据控制文件中获得的信息，验证并打开数据文件和重做日志文件，检查数据一致性，如有必要会自动进行前滚、回滚等恢复操作。命令 "alter database open" 可以单独执行这一步骤。

(2) 关闭已启动并打开的数据库

① 关闭数据库　首先将 SGA 中的数据写入联机重做日志文件与数据文件，然后关闭数据文件及重做日志文件。

② 卸装数据库　关闭控制文件，进入 nomount 状态，即实例与具体的数据库脱钩。

③ 关闭实例　停止实例的后台进程并释放系统全局区内存区，数据库关闭后用户就不能正常访问数据库了。

4.3 经典案例：MySQL 数据库系统结构

MySQL 数据库作为最流行的开源数据库系统，使用多线程结构，即一个 MySQL 实例只对应一个 mysqld 进程。在 MySQL 中创建的数据库有点类似在 Oracle 数据库创建用户时对应的模式，即在 MySQL DBMS 中可以根据业务需要随时创建任意多个数据库，MySQL 本身也自带多个系统数据库，如 mysql、information_schema、performance_schema 等。

MySQL 数据库服务器按部署方式又分为单机服务器、主从复制服务器与集群服务器。集群服务器的实例节点与数据库存储节点通常都不止一个，各节点协同工作，能提供更好的性能，如高并发与大吞吐量等。关于 MySQL 集群，将在 6.2.6 详细介绍。

MySQL 数据库服务器的通用系统结构如图 4-12 所示。MySQL 服务器包括数据库实例与数据库存储（物理文件层）两层架构，客户端应用总是通过实例节点来访问数据库。

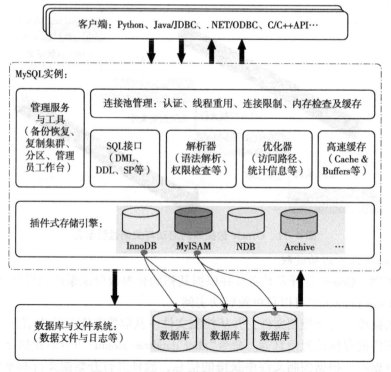

图 4-12　MySQL 数据库系统结构示意

下面分别介绍 MySQL 数据库实例与数据库存储的内部结构。

4.3.1 数据库实例

数据库实例存在于服务器节点的内存中,包括数据库服务器进程/线程及各类内存缓冲区,具体又分为数据库通用服务组件及根据业务需要选择使用的各类存储引擎,如图 4-12 所示。

4.3.1.1 数据库通用服务

数据库通用服务主要包括连接池管理、SQL 接口及其解析器与优化器、高速缓存以及企业级管理服务与工具等,其核心功能(连接层与 SQL 执行层)集成在 mysqld 进程中。

①连接池管理 是客户端连接数据库的入口,负责监听和管理客户端的连接以及线程处理等,如管理用户的连接、身份认证等。连接池管理主要采用 TCP/IP 连接方式,本地连接也可以采用套接字(Unix Socket)连结方式。每一个连接到 MySQL 服务器的请求都会分配或在连接池中重新启用一个连接线程,此线程负责与客户端的通信、接受客户端发送的命令并且返回服务器处理的结果。

②SQL 接口 负责处理连接层转发过来的 SQL 语句,如 DML 或 DDL 语句,还包括对内置函数、存储过程、触发器与视图等访问。

③解析器 对 SQL 语句进行解析(语义与语法的分析和检查)、对象访问权限检查等。

④优化器 主要是对 SQL 语句进行优化,CBO 优化器需要考虑访问路径、统计信息、表连接方式等,生成执行计划。

⑤高速缓存 即数据读写缓冲区,由各种 Cache 或 Buffers 组成,如索引缓存、对象权限缓存等。对于已经访问过的磁盘数据,通过高速缓存,下次访问时可以直接读取内存中的数据,减少对磁盘访问。

⑥管理服务与工具 MySQL 提供的系统管理与控制工具,如备份与恢复工具、复制分区、集群等。

4.3.1.2 数据库存储引擎

插件式存储引擎是 MySQL 数据库系统设计的一大创新与特点,它专门负责磁盘文件、内存缓冲区与网络三者之间的数据交换,特别是对内存、存储及其索引进行管理,最常用的是 MySQL 默认的存储引擎 InnoDB。

每个存储引擎都有其特色与应用场景,用户随时可以根据业务需要或者应用场景不同的数据表选择不同的存储引擎,也就是说存储引擎可以在表级别设置,不特别指定引擎就使用默认的存储引擎。MySQL 常用的存储引擎包括:

①InnoDB(默认的存储引擎) 是基于 ACID 的事务安全型存储引擎,支持事务的提交、回滚及故障恢复功能。InnoDB 具有行级锁、一致性非锁定读等特点,采用 B+树聚集索引存储表数据,并支持外键(Foreign Key)参照完整性约束。

②MyISAM 这种类型的表占用很少的磁盘空间,但不支持事务,表级锁限制了它的并发读/写性能,通常用于只读或者以读为主的 Web 应用和数据仓库业务。

③Memory 将所有数据存储在内存(RAM)中,默认采用哈希索引(也支持 B 树索引),通常用于快速查找数据,但不支持事务与外键,只支持固定大小的行、表级锁,数据库重启数据会丢失。

④Archive 这种压缩格式的无索引表主要用于存储和检索大量的、很少使用的历史、归档或者安全审计数据。

⑤NDB(即 NDB CLUSTER) 是一种分布式集群数据库引擎,主要用于对服务可用性要求极高的应用场景。支持事务、隔离级别只支持 RC(Read Committed),但不支持临时表、Fulltext 全文索引等功能。

⑥Federated 提供访问远程数据库的功能,可以将多个 MySQL 物理服务器组合成一个逻辑数据库,相当于对远程数据库建立数据库链接,以便实现远程查询或分布式查询。

4.3.2 InnoDB 存储引擎及其存储结构

InnoDB 作为 MySQL 的默认存储引擎,其数据表的组织方式为索引组织表,即表的记录(行数据)直接存储在主键的聚集索引(Clustered Index)中,主键索引和表数据存储在同一 B+树索引的节点数据页中,二者合二为一,详见 3.3.2.2。

因此,InnoDB 存储引擎中的每张数据表都有主键,如果一个表没有主键及不为 Null 的唯一索引,InnoDB 会自动增加一个 6 字节(48 位)的整数列(行 ID,隐藏列),并创建聚集索引。

4.3.2.1 InnoDB 存储引擎概述

InnoDB 采用日志先行策略,数据修改先在内存中完成,并且将事务操作记录成重做日志(Redo Log),再通过重做日志来保证数据的一致性。

InnoDB 中数据管理的最小单位为数据页,默认每页大小为 16 KB,可以存储行数据或索引数据。InnoDB 引擎在内存中的缓存池是一个页链表结构,很少访问的页会通过缓存池的 LRU 算法淘汰出去。缓冲池页链表具体又分为两部分:新页段 New Sublist(默认占 5/8 缓存池)和旧页段 Old Sublist(默认占 3/8 缓存池),其中新读取的页会加入到旧页段的头部,而旧页段中的页如果被访问,则会移到新页段的头部。

InnoDB 引擎的存储结构首先分为在内存中的结构(包括缓冲区结构及线程结构)和在磁盘里的结构(包括文件结构及其逻辑结构)。InnoDB 引擎的主要任务就是实现其内存结构与磁盘结构之间的数据交换,如图 4-13 所示。

4.3.2.2 InnoDB 的内存缓冲区结构

内存缓冲区主要指数据缓冲池(Buffer Pool)及日志缓冲区(Log Buffer),按其功能又可细分为 Buffer Pool、Change Buffer、Adaptive Hash Index 以及 Log Buffer 4 部分。但从存储空间上看,Change Buffer 和 Adaptive Hash Index 占用的内存都属于 Buffer Pool,只有 Log Buffer 占用的内存与 Buffer Pool 是相互独立的,如图 4-13 所示。

Buffer Pool 的目标是直接从内存中处理经常使用的数据,主要缓存数据页和索引页等页缓存(Page Cache)、写缓冲(Change Buffer,默认占 25%)及自适应哈希索引等,通常 MySQL 服务器 80% 的物理内存会分配给 Buffer Pool。

更改缓冲区(Change Buffer)是一种特殊的缓存结构,也称 Insert Buffer,用于基于辅助索引(非聚集索引)的 DML(Insert、Update、Delete)操作。当这些 DML 操作对应的辅助索引页不在 Buffer Pool 时,就会先把有关的辅助索引修改操作缓存到 Change Buffer 中,然后再以一定的时间间隔将这部分缓存合并到辅助索引页(被读到缓冲池的某 B+树叶节点)中,并定期将辅助索引页数据刷新到系统表空间磁盘文件对应的 Change Buffer 区,如图 4-14 所示。

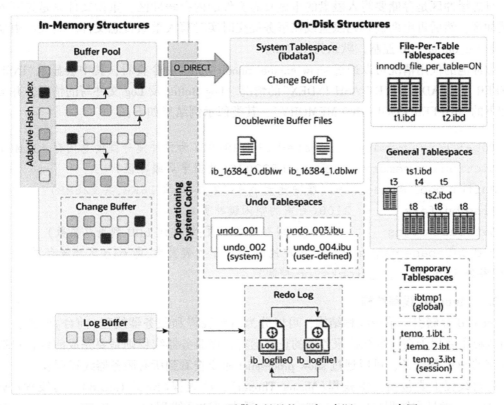

图 4-13　MySQL8 InnoDB 引擎存储结构示意(来源 MySQL 官网)

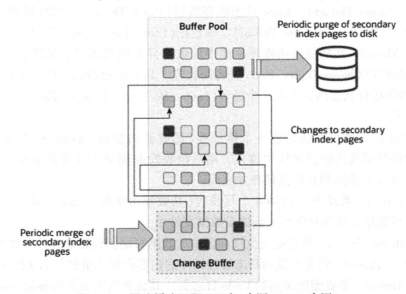

图 4-14　更改缓冲区原理示意(来源 MySQL 官网)

InnoDB 引擎会监控对索引页的查询,如果发现建立哈希索引可以带来性能上的提升,就会自动建立哈希索引,因此称为自适应哈希索引(Adaptive Hash Index)。InnoDB 引擎不支持手动创建哈希索引。

日志缓冲区是存储要写入磁盘的重做日志文件的内存缓冲区,重做文件总是先写入日志缓冲区,然后再定期刷新到磁盘或在事务提交时实时写入重做日志文件。其大小由变量 innodb_log_buffer_size 控制,默认为 16 MB。

缓冲池的使用情况可以通过 show engine innodb status 命令查看,其中会显示"INSERT BUFFER AND ADAPTIVE HASH INDEX"的情况、Log Buffer 及 Log 文件写的情况,并会列出如下的"BUFFER POOL AND MEMORY",其类似示例结果如下:

```
Total large memory allocated 137428992(为缓冲池分配的总内存131MB)
Dictionary memory allocated 822030(数据字典缓冲区)
Buffer pool size    8192(缓冲池大小8192页,每页16KB,共128MB)
Free buffers        2100(可用的空闲缓冲页)
Database pages       6082(已缓存的数据页:缓冲池 LRU 列表总页数)
Old database pages 2244(缓冲池旧 LRU 子列表页数,即 old 区域缓存页,缺省为
37%,参数 innodb_old_blocks_pc 控制)
```

4.3.2.3 InnoDB 线程结构

InnoDB 存储引擎采用线程结构,可以分为后台线程和服务器线程(前台)两类,其中后台线程主要用于在后台维持服务器的正常运行,而服务器线程则是要完成前台客户端用户提交的 SQL 等任务,可以通过 show processlist 命令查看到所有服务器线程列表。

后台线程主要包括:主线程(Master Thread)、读线程(Read Thread)、写线程(Write Thread)、重做日志线程(Redo Log Thread)、插入缓冲区线程(Insert Buffer Thread)、页刷新线程(Page Cleaner Thread)、Undo 日志清理线程(Purge Thread)、调度线程(Checkpoint Thread)、错误监控(Error Monitor Thread)、锁监控(Lock Monitor Thread)等。

①Master Thread 其功能包括将缓冲池中的数据异步刷到磁盘,保障数据的一致性,如合并更改缓冲区(Change Buffer)Undo 页的回收等。其功能随着版本的升级会有所调整。具体会根据内部运行状态的需要在 4 个循环(Loop、Background Loop、Flush Loop、Suspend Loop)中切换运行。

②Read Thread 系统默认启动 4 个读线程(其数量由参数 innodb_read_io_threads 控制),其负责将数据页从磁盘文件中读入,用户线程发起读请求并将其放至读请求队列,Read Threads 从读请求队列获取读任务并完成。

③Write Thread 系统默认启动 4 个写线程(其数量由参数 innodb_write_io_threads 控制),其负责将数据页从缓冲区写入到磁盘数据文件中。

④Insert Buffer Thread 负责把更改缓冲区中的数据页刷新到磁盘有关文件中。

⑤Redo Log Thread 负责把重做日志缓冲区中的内容刷新到重做日志文件中。

⑥Purge Thread 负责删除无用的 Undo 日志页,其线程启用数量由参数 innodb_purge_thread 控制。数据库执行 DML 语句时会生成 Undo 日志,事务被提交后,通过 Purge Thread 回收已经使用过且无意义的 Undo 日志页,同时还对已经标记为可删除但还未清理的聚集索引和二级索引数据进行清除。

⑦Page Cleaner Thread 负责脏页刷新等,可以有多个线程,8.0 之前的老版本其功能

是在 Master Thread 中完成。

通过 show engine innodb status 命令，可以列出正在运行的部分 I/O 操作线程：Insert Buffer 线程、Log 线程、Read 线程(多个)、Write 线程(多个)等。示例如下：

```
I/O thread 0 state:waiting for completed aio requests(insert buffer thread)
    I/O thread 1 state:waiting for completed aio requests(log thread)
    I/O thread 2 state:waiting for completed aio requests(read thread)
    I/O thread 3 state:waiting for completed aio requests(read thread)
    I/O thread 4 state:waiting for completed aio requests(read thread)
    I/O thread 5 state:waiting for completed aio requests(read thread)
    I/O thread 6 state:waiting for completed aio requests(write thread)
    I/O thread 7 state:waiting for completed aio requests(write thread)
    I/O thread 8 state:waiting for completed aio requests(write thread)
    I/O thread 9 state:waiting for completed aio requests(write thread)
```

4.3.2.4 InnoDB 的数据库文件结构

MySQL DBMS 除了数据库管理软件自身的程序可执行文件及其运行日志文件外，其与数据相关的文件通常都放在数据目录(Datadir)的根目录结构中，可以通过 sql 命令"show global variables like '%datadir%';"获取其数据目录。在此数据目录中包括如下重要文件及子目录：

- ibdata1：系统表空间，存放有元数据等；
- mysql.ibd：系统预置的数据库 mysql 对应的表空间文件；
- 数据库名/表名.ibd：用户自建的数据库(为子目录名)及用户创建的表对应的表空间文件；
- ib_logfile0、ib_logfile1 等：重做日志事务前置日志(WAL)文件；
- binlog.序号(binlog.index)：二进制日志，类似 Oracle 归档日志 log_bin=ON，sync_binlog=1；
- undo_序号：undo log；
- ibtmp1：临时表空间；
- ib_buffer_pool：缓冲池状态保存文件；
- #ib_XXXXX_X.dblwr：双写缓冲区(Doublewrite Buffer)文件。

其中，用于存储数据的最关键文件是所有的表空间文件及重做日志文件，从物理上看，数据库其实是由两类磁盘文件(Files、Logs)组成，即表空间(Tablespace)数据文件和重做日志文件，分别用于存储数据与日志信息。

(1) 重做日志文件

默认情况下，InnoDB 存储引擎自动创建一个重做日志文件组，每个组下面至少有两个文件，如默认的 ib_logfile0 和 ib_logfile1。引擎以循环方式适时将 Log Buffer 写入重做日志文件，具体写入方式和时机由参数 innodb_flush_log_at_trx_commit 控制。

①参数默认值为 1　表示每次事务提交(Commit)都会将 Log Buffer 写入操作系统缓存,并按照系统配置的刷盘方法(如 fsync)将数据写入磁盘。

②参数值为 0　表示每隔 1 秒将 Log Buffer 写入 OS 内核缓冲区并调用刷盘方法将数据写入磁盘。

③参数值为 2　表示每次事务提交都将 Log Buffer 写入内核缓冲区,但是每隔 1 秒才调用刷盘方法将 OS 内核缓冲区的数据写入磁盘。

参数设置为 1 刷盘频率高,但是安全性高,是 OLTP 关键任务业务场景的缺省刷盘方式。若参数设置为 0 和 2,则最多可能丢失 1 秒的事务数据,往往用于对 IO 性能敏感但对数据丢失不敏感或有修复机制的特殊情况(如数据初始化阶段)。

(2)表空间及数据文件

表空间等数据文件又可进一步分为:

①系统表空间(System Tablespace)文件　默认文件名为 ibdata1,初始大小 12 MB(可以扩展)。系统表空间里主要包括了 4 部分(图 4-13):

- InnoDB 数据字典(Data Dictionary):由内部系统表组成,主要包含数据对象(如表、索引和表列)的元数据信息;
- 更改缓冲区(Change Buffer):和数据页一样,也是物理页的一个组成部分,其数据结构也是一颗 B+树,放在系统表空间(默认 ibdata1)中;Change Buffer 也是通过 Checkpoint 机制写入系统表空间的。

②双写缓冲区(Doublewrite Buffer)文件　命名为#ib_*.dblwr,MySQL 老版本双写缓冲区混存在系统表空间 ibdata1 中。InnoDB 为了防止重做日志也没有写全或损坏导致其恢复数据出现问题而设计实现了 Double Write 技术。Double Write 是由两部分组成,一部分是内存中的 Double Write Buffer,大小为 2 MB;另一部分是此双写缓冲区专用文件(或系统表空间文件中的连续 128 个数据页),其大小也是 2 MB。当数据缓冲池中脏数据页刷新时,先将其拷贝到内存的双写缓冲区中,再将其同步到此双写缓冲区文件中(MySQL 的老版本则是同步到系统表空间对应的 128 个连续数据页中),然后再将这些脏数据页刷新到对应表的数据文件中。

双写缓冲区的意义:因 InnoDB 将数据写入磁盘是以页(16 KB)为单位进行操作的,而操作系统写文件是以 4 KB(块)作为单位的,因此每写一个 InnoDB 的页到磁盘上需要操作系统写 4 个块,为了防止此过程出现断电或系统崩溃等极端情况而导致部分页写入(Partial Page Write)问题,而专门设计此双写机制,即先使用 Memcopy 将脏数据复制到内存中的 Double Write Buffer(2 MB),再调用 fsync 函数,同步到磁盘上的双写缓冲区文件中。

③回滚日志(Undo Log)表空间文件　文件以 undo_开头,MySQL 老版本 Undo Logs 混存在系统表空间 ibdata1 中。存储的是逻辑日志,即每个事务对聚集索引数据行的最近修改信息,用来保证在必要时实现回滚。如果另一个事务需要在一致性读操作中查看原始数据,也可从回滚日志记录中检索到修改前的数据。一些 MVCC 机制也依赖回滚日志来实现。

④通用表空间(General Tablespaces)文件　和系统表空间 ibdata 类似,属于共享表空间类型,一般是指我们自己使用 CREATE tablespace 语法创建的共享 InnoDB 表空间。

⑤撤销表空间(Undo Tables)文件 即专用于存储撤销段(回滚日志)的表空间。回滚日志可以存储在系统表空间中，也可以存储在一个或多个独立的回滚表空间中。

⑥临时表空间(Temporary Tablespace)文件 用户创建的临时表和磁盘上的内部临时表等会存储在临时表空间中。

⑦单表表空间文件(File-Per-Table Tablespaces) 每个数据库都对应产生一个同名目录，每个数据表都会在相应的数据库名目录下自动生成一个名字为"表名.ibd"的文件，如图4-15所示。

图4-15 单表文件及其目录结构示例

4.3.2.5 InnoDB的逻辑存储结构

从逻辑上看，数据库就像是一个容器，存储了各种数据库对象，如数据表、视图(View)、存储过程(Stored Procedure)以及触发器(Trigger)等。从物理上看，这些数据其实都存储在表空间(Tablespace)文件中，但从逻辑结构看，表空间又是由段(Segment)、区(Extent)、页(Page)等逻辑单元组成的。

(1) 表空间的逻辑结构

InnoDB的页，是表空间的最小逻辑单元，相当于Oracle数据库中的数据块(Data Block)。页的缺省大小为16KB，而区则是物理上连续的一些相邻页的集合，缺省是64个页(1MB大小)，是表空间分配的基本单位。对于百万行以上的大表，可能需要分配成千上万的区。为便于管理，每256个区划分为一组(Group)，如图4-16所示。

段则是针对具体的数据库对象(如表、索引、回滚段等)而言的，例如一个IOT表就是一个聚集索引。一个索引在存储空间上总是包括两个段：叶节点段(Leaf Node Segment)和非叶节点段(Non-leaf Node Segment，也称内节点段)。每个段又是单独以区为单位申请存储空间的，因此段是表空间存储的核心。如图4-16所示，表空间里可以存储不同类型的段，除了上述的叶节点段、内节点段，还有回滚段等。

段存储的数据库对象(如表)可大可小。对于较小的表，给其每个节点段都分配一个区太浪费。因此，采用碎片区(Fragment Extent)的概念，所谓碎片区就是它的数据页可以混合存储不同段的数据，通常对于一个MySQL8 InnoDB的数据库表来说：

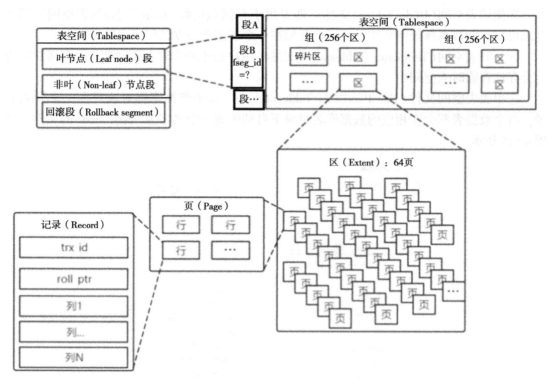

图 4-16　表空间的逻辑结构示意

- 用 DDL 创建表时就自动创建了一个初始碎片区，缺省会生成一个表空间文件（"表名.ibd"），并在此碎片区上分配至少 5 个页的空间，前 4 个为系统页，第 5 个(页号为 4)通常为初始索引页；
- 刚开始插入记录行时，其索引(包括聚集索引与可选的辅助索引)对应的叶节点段或内节点段(指除根节点外的其他非叶节点段)也总是从初始碎片区以页为单位申请存储空间；
- 当一个段在初始碎片区占用了 32 个页之后，就会单独以区为单位另行分配存储空间。

对于大容量的数据库对象，其表空间可能会被划分为很多组(每 256 个区为一组)，每组最前面的 2~4 个页为系统页，专门用于保存表空间、组、段等结构的元数据信息。

具体来说，一个表空间的第 1 组的第 1 个区的前 3 个页以及其他组的第 1 区的前 2 个页都是有固定用途的，里面存放了一些描述性的元数据，例如：第 1 组第 1 区第 0 页为 FSP_HDR 页类型，而其他组第 1 区第 0 页为 XDES 页类型，这个第 0 页存放了表空间或这一组数据区的一些属性；每组第 1 区第 1 页为 IBUF_BITMAP 系统页，存放的就是 Insert/Change Buffer 的信息；第 1 组第 1 区第 2 页为 INODE 系统页，存放的是节点段有关的信息。

剩下的页类型，则根据其段的用途和类型的不同而有所不同。如果段存储的是数据表(IOT)，则从第 1 组第 1 区第 4 页开始为索引页类型，依次存储 B+树的根节点、分支节点及叶子节点等数据。

如图 4-17 所示，一个数据库表对应的表空间通常会存在以下几种不同类型的数据页（除了 Index 和 Allocated 外，其他页也称为系统页）：

①FSP_HDR（第 0 组第 0 页）　每一个表空间的第一个页总是为 FSP_HDR（File Space Header）页，页号为【0】，这个页保存了 FSP Header 结构，如这个表空间的大小、没有被使用的 Extents、Fragment、Inode 使用情况等。

②XDES（除第 0 组外的其他组的第 0 页）　区描述符（Extent Descriptor）页，最先出现的 XDES 页应该是第 1 组第 0 页，其页号为【16384】（256 * 64），主要保存组内 256 个区中页的使用及剩余情况，例如空闲区列表（Free List Node）、有空闲页的碎片区列表（free_frag list node）、已写满的碎片区列表（full_frag list node）等。

③IBUF_BITMAP（每组的第 1 页）　这个页就是更改缓存区（Change Buffer）的 bitmap 页，页号为【1】或【16385】或……，主要用于跟踪随后的每个页的更改缓存区信息，其中使用 4 个 bit 来描述每个页的更改缓存区信息。

④INODE（第 0 组第 2 页）　该页用来管理表空间存储的节点段（File Segments Inode）的有关信息，页号为【2】，其中包括此节点段拥有的页总数、碎片页页号列表、已写满的区数及其对应的页号范围列表、未写满的区数及其相应的页号范围列表等信息。

⑤预留未使用页　对于数据库表聚集索引及辅助索引对应的段，从页号【4】开始就是索引页（这里说的是 MySQL 8 对应的 InnoDB 版本，页号【3】为预留未使用，而老版本则是从页号【3】开始是索引页），后面还会穿插有预留的未使用页等，如图 4-17 所示。

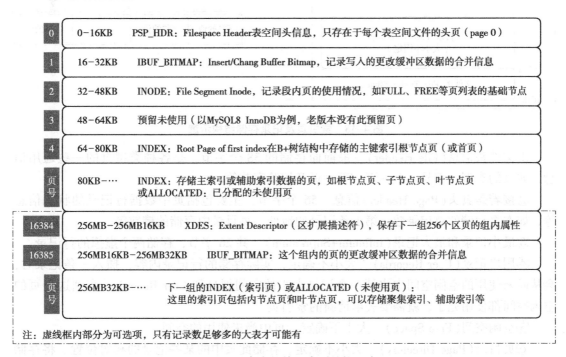

图 4-17　表空间的页类型结构示意

（2）索引页结构及表记录的存储结构

虽然段对应的数据库对象有多种类型，但数据库表总是数据库的主要存储对象，在

InnoDB 存储引擎下的表往往是采用单表文件存储，其对应的段包含的页，除了前 3 页及预留的未使用页外，都是索引页，如图 4-17 所示。

InnoDB 的索引页就是专门存放数据库表记录及其 B+树索引的，通常按一定的行格式存储，如图 4-18 所示，一个 InnoDB 表对象的基本存储单元是索引页(16 KB)，其存储结构可以分为 7 个部分。

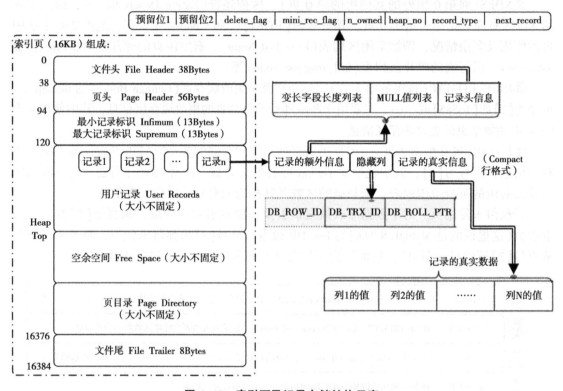

图 4-18　索引页及记录存储结构示意

①文件头信息(File Header)　最前面存储的 38 个字节，是各种类型页的一些通用信息，如页的类型、编号、上一页、下一页及校验字节等。

②接着是页头(Page Header)信息　56 个字节，主要包括页中数据行记录的状态信息等，如本页存储的总记录数、第 1 条记录的地址、页目录中存储的槽数等。

③最小记录和最大记录(Infimum+Supremum)　共 26 字节，存储两个虚拟的行记录。

④用户记录(User Records)　大小不确定，实际存储的行记录内容，插入一条记录时，会从尚未使用的空闲空间中申请一个记录大小的空间划分到 User Records，直到这个页的空闲空间都使用完了，就需要去申请新的索引页。

⑤空闲空间(Free Space)　大小不确定，页中尚未使用的空间。

⑥页目录(Page Directory)　大小不确定，存储此页中的某些记录的相对位置。将存储的所有记录分成多个组，每组最后一条记录的头信息中的 n_owned 属性保存该组的记录数，并将每组最后一条记录的地址偏移量依次存储到页目录中，并称这些地址偏移量为槽(Slot)，因此页目录是由槽组成的，如图 4-19 所示。

⑦文件尾(File Trailer)　8字节，用于校验页是否完整。File Trailer 对所有类型的页都是通用的，前4个字节代表页的校验和(Cheeksum)值，后4个字节代表页面在最后修改时对应的日志序列位置(LSN)。

图4-18的右半部分展示了索引页中的一条用户记录的结构(以 Compact 行格式记录为例)，共分为3个部分：

①记录的额外信息　包括变长字段的长度列表、Null 值字段列表、记录头信息。在记录头信息中，deleted_flag 标识该记录是否已被删除，record_type 表示当前记录的类型，即 0 表示普通的表记录，1 表示非叶节点的目录记录，2 和 3 分别表示 Infimum 和 Supremum 这两个系统记录；next_record 表示下一条记录的相对位置，即地址偏移量，下1记录第1个字段的开始处，通过 next_record 将页内的所有用户记录按照主键值大小连接成一个单向链表，其起点是 Infimum，终点是 Supremum，如图4-19所示。

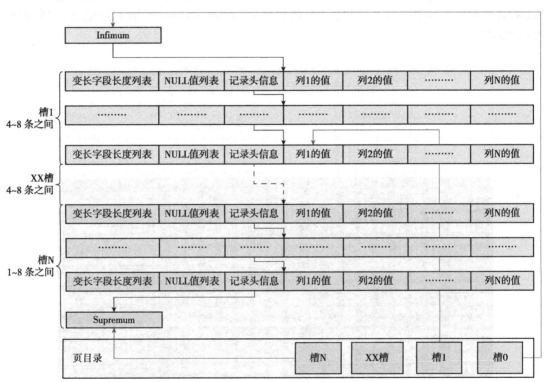

图4-19　页目录与组记录地址槽结构示意

②隐藏列　主要包括行号(db_row_id，可选，无显式主键时需要)、事务号(db_trx_id)、回滚指针(db_roll_ptr)等隐藏列。

③记录的真实信息　存储表记录行的数据信息。

关于页内记录的单向链表及页目录的相关槽地址，其原理如图4-19所示。为便于快速检索到索引页内的记录，将页内存储的记录每4~8条分成一组，最后一组可以小于4条，每组记录都对应页目录的一个槽地址。页目录中的第1个槽总是指向 Infimum，最后1个槽总是指向 Supremum，其他槽则依次顺序指向各个记录组的最后一条记录("记录的真实信息"部分的地址偏移量)。

4.3.2.6 数据库表存储结构分析示例

下面以示例数据库 dbcourse[①] 中的有关数据库表为例来分析 InnoDB 数据库表的存储结构，以下分析假定使用的数据库存储引擎为 MySQL8 InnoDB。

数据库表的行记录与索引页"用户记录"区的对照分析：以示例数据库 dbcourse 中的 answers（现场答题表）为例，表 answers 的主要字段结构（部分）及其索引页中用户记录（User Records）二进制字节数据存储示例如图 4-20 所示。

answers 表采用单一表空间文件（默认 innodb_file_per_table 为真，每个表都对应一个 idb 文件），在数据库 dbcourse 所属目录（/var/lib/mysql/dbcourse）下运行 Linux 命令"hexdump -C answers.ibd | more"，不断往下翻页，通常在第 4 或 5 页可以看到字符串"infimum……supremum"（如图 4-20 的下半部分所示），即表示从这部分二进制数据为索引页的 Infimum 和 Supremum 这两个虚拟行记录（26 字节）。这之后即为用户记录（User Records）数据区，其中的第 1 行数据（黑色粗框内）与表 answers 的第 1 行记录（黑色细框内）内容相同。

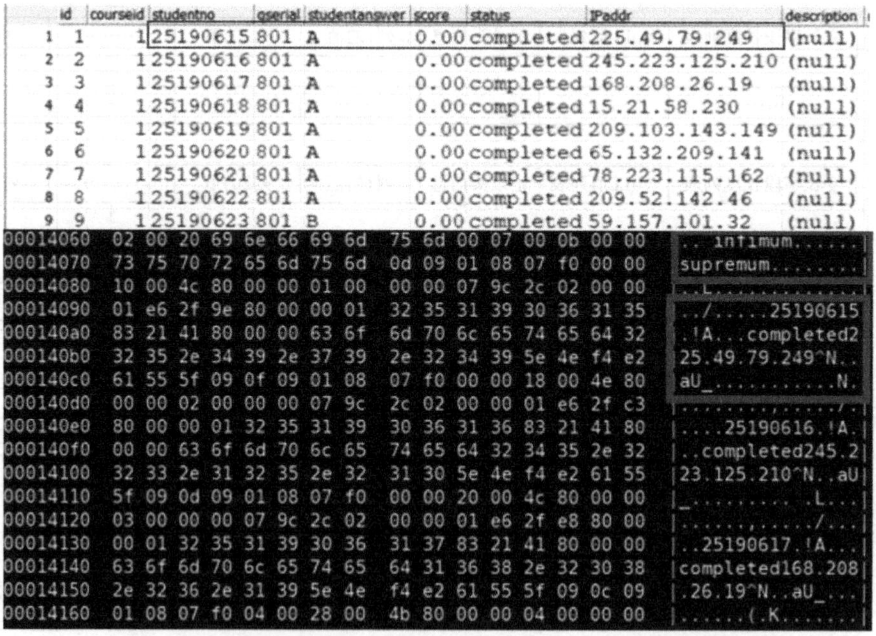

图 4-20 数据库示例表 answers 及其索引页用户记录对照示例

表空间可视化工具 innodb_ruby 是一个第三方开源的表空间存储结构分析工具，下面的示例是采用 innodb_ruby 的 MySQL8 对应版本进行分析的。

关于工具"innodb_ruby"的安装与使用，请参考"数据库课程网站"的"实验教学"栏目有关文档（可在网站 niepub.com"实验教学"栏目搜索"innodb_ruby"关键词找到此文档）。

---

① dbcourse 数据库的创建脚本及其备份文件请在网站 niepub.com 的"实验教学"栏目下载。

先在 MySQL8 数据库中用如下 DDL 语句创建测试用表"nieprofiles"：

```
CREATE TABLE nieprofiles(
    id INT NOT NULL AUTO_INCREMENT PRIMARY KEY,
    type varchar(16)NOT NULL default 'Common',
    keyname varchar(30)NOT NULL,
    value varchar(50)NOT NULL,
    status varchar(16),
    memo varchar(255),
    CONSTRAINT nieprofiles_unique unique(type, keyname)
)engine=InnoDB;
```

再通过 INSERT 语句添加几条记录到表 nieprofiles 中，表结构及其记录行见表 4-2。

表 4-2　例子表 nieprofiles 的字段及记录信息

ID	Type	Keyname	Value	Status	Memo
1	Common	EXPSECONDS	14400	(NULL)	(NULL)
2	Common	ERCODEREFRESHSEC	2	(NULL)	(NULL)
3	Common	ERCODEVALIDSEC	7	(NULL)	(NULL)
…	Common	…	…	(NULL)	(NULL)
9	Common	ERLOGINREFRESHCNT	5	(NULL)	(NULL)

(1) 通过数据字典查询获取 InnoDB 表的有关索引及其索引根节点页号等信息

SELECT T.TABLE_ID, T.NAME AS TABLE_NAME, T.SPACE AS TAB_SPACEID, I.SPACE AS IDX_SPACEID, T.N_COLS, T.ROW_FORMAT, T.SPACE_TYPE, I.INDEX_ID, I.NAME AS INDEX_NAME, I.PAGE_NO, I.TYPE AS INDEX_TYPE FROM information_schema.INNODB_TABLES T LEFT JOIN information_schema.INNODB_INDEXES I ON T.TABLE_ID=I.TABLE_ID WHERE T.NAME='dbcourse/nieprofiles';

通过运行上述 SQL 语句可以获取表"nieprofiles"对应的两个有关索引的详细信息（其中有这两个 B+树索引的根节点页号等关键信息）：

①聚集索引　索引名为 Primary，IOT 表的所有记录数据都保存在此索引中，其根页号(PAGE_NO)显示为 4，类型(Type)为 3（聚集索引）。

②辅助索引　索引名为 nieprofiles_unique，是本表的唯一约束对应的唯一非聚集索引，其根页号(PAGE_NO)显示为 5，类型(Type)为 2（唯一非聚集索引）。

(2) 通过工具 innodb_ruby 获取表空间文件的已分配系统页及索引页汇总信息

选择 InnoDB 存储引擎创建的数据库表是以页为基本单位存取数据的，页的大小缺省是 16 KB（可以更改配置为 4~64 KB 的数值，必须是 4 KB 的整数倍），新建一个数据库表(如 nieprofiles.ibd)的缺省文件大小通常是 131 072Bytes(128 KB),即初始只分配了 8 个页(16 KB)的数据空间,随着表记录的增加,其文件大小会自动扩展。但新建表(或只有几条记录行的表)最初分配的表空间通常只有 8 个页,我们可以在安装好 innodb_ruby 工具后,在 mysql 数据目录(/var/lib/mysql)下通过运行如下命令:

```
innodb_space -f dbcourse/nieprofiles.ibd space-summary
innodb_space -f dbcourse/nieprofiles.ibd space-page-type-summary
```

来查看上述新建表 nieprofiles 的表空间文件对应段的已分配页信息统计汇总表(表4-3)。

表4-3 MySQL8 数据中的例子表 nieprofiles 对应表空间已分配页信息

页号	页类型 (Type)	上一页* (Prev)	下一页* (Next)	日志序号* (LSN)	注释
0	FSP_HDR	80020	1	76686918	表空间头信息页(File Space Header)
1	IBUF_BITMAP	0	0	76686931	更改缓冲区位图页(Insert Buffer Bitmap, 4bit→Page)
2	INODE	0	0	76686918	节点信息页(File Segment Inode)
3		0	0	76713557	暂未使用
4	INDEX	0	0	73613796	此索引页为"primary"聚集索引的根节点页(或首页)
5	INDEX	0	0	76686918	此索引页为辅助索引(nieprofiles_unique)的根节点页(或首页)
6	INDEX	0	0	76686918	索引页(暂未使用)
7	ALLOCATED	0	0	0	新分配页

* 由于 IOT 表基于 B+树结构,相邻叶子节点(或同级分支节点)之间构成双向链表,上一页(下一页)即为当前页的上一页(下一页)的在本区的页号(地址偏移量),0 表示当前页没有上一页(或下一页),日志序号 LSN 为当前页最后被修改的日志序列位置。

(3)通过工具 innodb_ruby 获取表空间结构块状模拟图示例

通过 innodb_ruby 的 space-extents-illustrate 模式可以用块状图结构来模拟表空间的内部结构,如图 4-21 所示,其中的最小矩形块单位代表一个数据页,每一行共有 64 个矩形块(页)即为一个区,矩形块的不同颜色(灰度)代表不同类型的页:

- 最前面的 4 个白色实心块(图中已融为一体)即表示 4 个系统页;
- 浅灰色实心块为聚集索引页数据(primary);
- 黑色空心块即为空闲未使用页,中间时不时会出现的,最后面通常总是会有一些空闲页;
- 针对不同的辅助索引,其索引页会用不同的颜色标识,因为这两个表都只有 1 个唯一非聚集索引,其索引页在图中显示为深灰色实心块。

前 3 种类型的页(系统页、聚集索引页及已分配未使用页)通常在数据库表的表空间中都会存在,而辅助索引有些表会有多个,有些表则没有,其他类型的页则是不同的表会不一样。

图 4-21　示例表 nieprofiles（上）及 finalanswers_his（下）表空间块状结构模拟图

因表 nieprofiles 只有 9 条记录行，在其表空间块状图中，除系统页外只有 1 个聚集索引页块和 1 个唯一非聚集索引页块，如图 4-21 上半部分所示。

图 4-21 的下半部分展示了另一个数据库表"finalanswers_his"[①]对应表空间的块状结构模拟图。表 finalanswers_his 此时共有 2 332 344 条记录，除了主键聚集索引 primary（主键索引的根节点页号为 4）外，还有 1 个唯一非聚集索引 finalanswers_unique，其根节点页号是 50。

图 4-21 由如下 innodb_ruby 命令生成：

---

① 包含两百多万行记录的表 finalanswers_his 所在的 dbcourse 数据库备份文件请到数据库课程网站 niepub.com 的"实验教学"栏目下载。

```
innodb_space -f dbcourse/nieprofiles.ibd space-extents-illustrate
innodb_space -f dbcourse/finalanswers_his.ibd space-extents-illustrate
```

由图 4-21 可以看出：

①表 nieprofiles 的表空间只分配了 8 个数据页，其中有 4 个系统页、1 个聚集索引页、1 个辅助索引页，还有 2 个空闲页。

②表 finalanswers_his 的表空间共分配了 17 280 个数据页，其中有 4 个系统页(白色实心)、16 432 个索引页(灰色实心)和 844 个空闲页(黑色空心)，共 270 个区，两个组(页号从 0 到 16 383 共 16 384 个页组成 group1，从页号 16 384 开始为 group2)，占用 270 MB (17 280 * 16 KB)，占文件总大小(276 MB)的 97.82%。

(4) 通过工具 innodb_ruby 获取表 nieprofiles 的表空间段结构及 B+树层次结构图，并分析 nieprofiles 的段结构和 B+树层次

表 nieprofiles 只有 9 条记录，相对简单。

通过命令 innodb_space -f dbcourse/nieprofiles.ibd space-inodes-detail 可以获知，除了系统预留节点段(如 fseg_id=1)外，其已分配表空间中，只有节点段 3 和 5 有数据页：

```
INODE fseg_id=3, pages=1, frag=1 pages(4), full=0 extents(), not_full=0 extents()
INODE fseg_id=4, pages=0, frag=0 pages(), full=0 extents(), not_full=0 extents()
INODE fseg_id=5, pages=1, frag=1 pages(5), full=0 extents(), not_full=0 extents()……
```

上述 3 节点的说明：①内(Internal)节点段(fseg_id)3，目前只包含聚集索引 primary 唯一的 1 个页，页号为 4；②叶(Leaf)节点段(fseg_id)4，目前因表记录数太少都已直接存储在内节点段 3 上了，故没有包含任何索引页；③内节点段(fseg_id)5，目前只包含辅助索引 nieprofiles_unique 唯一的 1 个页，页号为 5。其对应的叶节点段(fseg_id)6，也没有包含任何索引页。

进一步分析聚集索引的内节点段(fseg=3)，使用如下命令：

```
innodb_space -f dbcourse/nieprofiles.ibd -F 3 space-index-fseg-pages-summary
```

可以获知此内节点段存储的内容为 index513(primary 聚集索引)，共 9 条记录，level 为 0 表示存储的是记录行数据，此聚集索引只有此内节点段的 1 个页，页号为 4：

```
Page:4, index:513, level:0, data:451, free:15799, records:9
```

而叶节点段(fseg=4)暂时没有存储任何页(pages=0)。

通过如下命令对内节点段 3 中唯一的索引页(页号为 4)做进一步转储分析：

`innodb_space -f dbcourse/nieprofiles.ibd -p 4 page-dump`

根据上述命令所得信息，可以进一步分析出此聚集索引是最简单的 B+树结构，即只有一个节点(索引页)，图 4-22 展示的是这个表对应的聚集索引中唯一的索引页【页号：4】的内部结构。

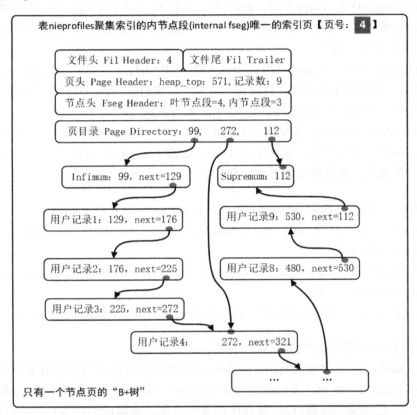

图 4-22 最简单的 B+树(单节点)及其页内部结构分析示例

如图 4-22 所示，在此索引页中，页目录里保存了 3 个记录的地址偏移量(99、272、112)，分别指向 Infimum(99)、用户记录 4(272)和 Supremum(112)。所有记录，包括系统记录与用户记录，共同组成了一个单向链表：99(Infimum)→129(用户记录 1)→176(用户记录 2)→225(用户记录 3)→272(用户记录 4)→…→480(用户记录 8)→530(用户记录 9)→112(Supremum)。【注：这里的数字是记录(Record)的相对地址偏移量，通过这个地址偏移量可以快速定位记录的位置。】

(5)通过工具 innodb_ruby 获取并分析表 finalanswers_his 的表空间段结构及其 B+树层次结构

表 finalanswers_his 记录数据超过二百万行，是一个复杂的大表。通过命令 `innodb_space -f dbcourse/finalanswers_his.ibd space-inodes-summary` 可以获知，表的主键索引和辅助索引对应的已分配表空间有如下 4 个节点段，它们都包含数据页：

①INODE fseg_id=3，pages=14，frag=14，full=0，not_full=0，free=0 此段为聚集索引的内(Internal)节点段，目前包含14个碎片索引页(1个根节点页和13个分支节点页)。

②INODE fseg_id=4，pages=12448，frag=32，full=193，not_full=1，free=0 此段为聚集索引的叶(Leaf)节点段，目前包含12 448个索引页(皆为叶子节点页)，其中除32个碎片页外，都归属于194个区(其中有一个区未写满)。

③INODE fseg_id=5，pages=10，frag=10，full=0，not_full=0，free=0 此段为表的一个辅助索引(唯一非聚集索引)的内(Internal)节点段，目前包含10个碎片索引页(1个根节点页和9个分支节点页)。

④INODE fseg_id=6，pages=4704，frag=32，full=63，not_full=10，free=0 此段为表上述辅助索引对应的叶节点段，目前包含4 704个索引页(皆为叶子节点页)，其中除32个碎片页外，都归属于73个区(其中有10个区未写满)。

分析表 finalanswers_his 的聚集索引对应的两个节点段及其内部页结构，并以此绘制出其索引页的 B+树层次结构图，也就是说下面只分析 fseg_id 为3(内节点段)和4(叶节点段)的这两个节点段，综合使用如下4个命令：

```
innodb_space -f dbcourse/finalanswers_his.ibd space-inodes-detail
innodb_space -f dbcourse/finalanswers_his.ibd -F 3 space-index-fseg-pages-summary
innodb_space -f dbcourse/finalanswers_his.ibd -F 4 space-index-fseg-pages-summary | more
innodb_space -f dbcourse/finalanswers_his.ibd space-summary | more
```

可以获得如图4-23所示的数据集，包括：

①通过 innodb_space 命令的 space-inodes-detail 模式获得的表空间的各节点段的页详细信息，如各节点段的 fseg_id、段包括的页数(pages)、其中的碎片页数(frags)及具体的页号或页号范围、已填满的区数(full)及其区的页号范围、未填满的区数(not_full)及其页号范围等。

②通过 innodb_space 命令的 space-index-fseg-pages-summary 模式分别对表聚集索引的内节点段和叶节点段进行分析，获得各节点段所属页的有关信息列表，包括页号、索引号、B+树层次级别、记录数据已占用字节及空闲字节、页保存的记录行数。

③通过 innodb_space 命令的 space-summary 模式可以按页号从小到大的顺序列出表空间内的所有页的有关汇总信息，如页号、页类型、前1页页号、后1页页号、日志序列号等。

从图4-23所示的数据中可以进一步分析描绘出此 IOT 表 finalanswers_his 聚集索引页的 B+树结构示意，如图4-24所示，共3层：

①根节点层 level 2，共1个索引页。

②分支节点层 level 1(子节点)，共13个索引页。

③叶子节点层 level 0，共12 448个索引页。

```
表空间的段结构及其页统计
[root@niegq mysql]# innodb_space -f dbcourse/finalanswers_his.ibd space-inodes-detail |more
INODE fseg_id=1, pages=1, frag=1 pages (3), full=0 extents (), not_full=0 extents (), (0/0 pages used), free=0 extents ()
INODE fseg_id=2, pages=0, frag=0 pages (), full=0 extents (), not_full=0 extents (), (0/0 pages used), free=0 extents ()
INODE fseg_id=3, pages=14, frag=14 pages (4, 37, 38, 39, 40, 41, 42, 43, 44, 45, 46, 47, 48, 49), full=0 extents (), not_full=0 extents
(), (0/0 pages used), free=0 extents ()   【聚集索引内节点段】
INODE fseg_id=4, pages=12448, frag=32 pages (5, 6, 7, 8, 9, 10, 11, 12, 13, 14, 15, 16, 17, 18, 19, 20, 21, 22, 23, 24, 25, 26, 27, 28,
29, 30, 31, 32, 33, 34, 35, 36), full=193 extents (64-127, 128-191, 192-255, 256-319, 320-383, 384-447, 448-511, 512-575, 576-639, ...
... 12160-12223, 12224-12287, 12288-12351, 12352-12415), not_full=1 extents (12416-12479) (8/64 pages used), free=0 ex【聚集索引叶节点段】
INODE fseg_id=5, pages=10, frag=10 pages (50, 53, 12500, 12501, 12502, 12503, 12504, 12505, 12506, 12507, 12508), full=0 extents (), not_full=
0 extents (), (0/0 pages used), free=0 extents ()   【辅助索引内节点段】
INODE fseg_id=6, pages=4704, frag=32 pages (51, 52, 54, 55, 56, 57, 58, 59, 60, 61, 62, 63, 12480, 12481, 12482, 12483, 12484, 12485, 1
2486, 12487, 12488, 12489, 12490, 12491, 12492, 12493, 12494, 12495, 12496, 12497, 12498, 12499), full=63 extents (12544-12607, ...
... 3 extents (16576-16639, 16640-16703, 16704-16767, 16768-16831, 16832-16895, 16896-16959, 16960-17023, 17024-17087, 17088-17151, 17152-1
7215) (16/640 pages used), free=0 extents ()   【辅助索引叶节点段】
```

聚集索引内节点段页级别及记录数统计
innodb_space -f ...finalanswers_his.ibd -F 3 space-index-fseg-pages-summary

page	index	level	data	free	records
4	509	2	195	16053	13
37	509	1	7860	8130	524
38	509	1	15720	10	1048
39	509	1	15720	10	1048
40	509	1	15720	10	1048
41	509	1	15720	10	1048
42	509	1	15720	10	1048
43	509	1	15720	10	1048
44	509	1	15720	10	1048
45	509	1	15720	10	1048
46	509	1	15720	10	1048
47	509	1	15720	10	1048
48	509	1	15720	10	1048
49	509	1	5100	10984	340

聚集索引叶节点段页记录统计
innodb_space -f ...finalanswers_his.ibd -F 4 space-index-fseg-pages-summary

page	index	level	data	free	records
5	509	0	7559	8645	96
6	509	0	15059	1101	191
7	509	0	15071	1089	191
8	509	0	15056	1104	191
9	509	0	15091	1067	193
10	509	0	15054	1106	191
...					
12478	0	0	0	16384	0
12479	0	0	0	16384	0
64	509	0	15057	1103	190
65	509	0	15073	1087	190
66	509	0	15064	1096	190
67	509	0	15131	1029	191
68	509	0	15129	1031	191
...					
12413	509	0	15088	1072	188
12414	509	0	15088	1072	188
12415	509	0	15109	1051	188

聚集索引页类型及前后页号等信息列表
innodb_space -f dbcourse/finalanswers_his.ibd space-summary

page	type	prev	next	lsn
0	FSP_HDR	80020	1	768080653
1	IBUF_BITMAP	0	0	768074347
2	INODE	0	0	768080653
3		0	0	768107861
4	INDEX	0	0	763949998
5	INDEX	0	6	73285999
6	INDEX	5	7	73315831
7	INDEX	6	8	73405511
...		...	...	
35	INDEX	34	36	75051539
36	INDEX	35	64	75158052
37	INDEX	0	38	129856799
38	INDEX	37	39	158775065
39	INDEX	38	40	215732752
...				
48	INDEX	47	49	746885693
49	INDEX	48	0	763949998
50	INDEX	0	0	768080653
51	INDEX	0	52	767932655
52	INDEX	51	54	767932655
53	INDEX	0	12500	767950861
54	INDEX	52	55	767932655
...				
61	INDEX	60	62	767932833
62	INDEX	61	63	767932833
63	INDEX	62	12480	767932833
64	INDEX	36	65	75187867
65	INDEX	64	66	75217576
...				
12083	INDEX	12082	12084	746915800
12084	INDEX	12083	12085	746983388
12085	INDEX	12084	12086	747051175
12086	INDEX	12085	12087	747081539
...				
12421	INDEX	12420	12422	763949998
12422	INDEX	12421	12423	763949998
12423	INDEX	12422	0	763964916
12424	ALLOCATED	0	0	0
12425	ALLOCATED	0	0	0

图 4-23　表 finalanswers_his 的聚集索引页结构数据集

通过上述第 3 个命令可以进一步得知，已分配的 194 个区中有一个区没有写满，其中有 56 个页为空闲页，在其余的 12 392 个索引页中保存有表 finalanswers_his 所有的记录行数据，共有 2 332 344 条记录存储在这些索引页中。

在分支节点层或叶子节点层，索引页之间相互组成一个双向链表结构，便于数据的批量查询。在分支节点层，13 个子节点索引页通过保存上 1 页和下 1 页页号组成一个双向链表结构，子节点索引页中的每条记录都保存一个叶节点页的页号(指向一个叶子索引页)，因此这 13 个子节点索引页共保存有 12 392(524+1048×11+340)条记录，分别指向 12 392 个叶子节点索引页，而这 12 392 个叶节点页又组成了一个很大的双向链表，如图 4-24 所示。

因此，通过主键 id 来查询 InnoDB 的 IOT 表是一个简单快捷的过程，比如执行如下 SQL 语句：

```
select * from finalanswers_his from id=57;
```

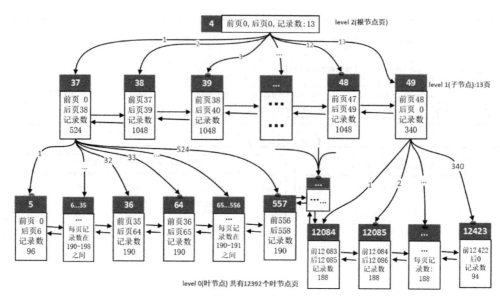

图 4-24 三层 B+树结构及其节点层页间双向链表分析示例

要查询单条记录，首先读取 PAGE_NO(页号)为 4 的根节点(通常会常驻内存)，再读取 PAGE_NO 为 37 的子节点，最后读取 PAGE_NO 为 5 的叶节点，即可获得相关记录内容。

如果是查询一个范围的记录集，则可以通过相关页的双向链表、用户记录的单向链表及页目录的槽号等，进一步获取一个范围内的多条记录。

思考题

1. 谈一谈你对 MySQL InnoDB 引擎的数据页结构的理解。
2. 谈一谈你对 MySQL InnoDB 数据页双写机制(Doublewrite)的理解。
3. 请比较 Oracle 数据库与 MySQL 数据库系统结构。

第 5 章　关系数据库运行原理

本章是以 RDBMS 为例，介绍数据库的运行原理。关系数据库是以关系代数理论作为其操作的数学符号体系，SQL 是关系代数的具体实现，因此有必要理解 SQL 语句是如何在 RDBMS 中执行的。本章详细介绍了 SQL 语句的执行及其优化原理，索引、事务、日志与并发控制等数据库关键概念。本章共包括 3 节：

①SQL 语句的执行原理　SQL 语句的解析、查询计划的执行、SQL 并发执行的资源共享、表连接。

②索引与 SQL 优化原理　索引及常用索引类别（B 树、哈希、位图等）的原理介绍，SQL 查询编译与优化原理，着重介绍了 CBO 模式下查询计划的生成、优化与选择。

③事务与并发控制　事务日志、数据库并发控制、事务隔离级别、MySQL 数据库的锁机制等。

5.1　SQL 语句的执行原理

结构化查询语言（Structured Query Language，SQL）语句的执行是 RDBMS 完成用户业务处理的主要途径。SQL 语句主要包括 DDL（数据定义语言）、DML（数据操纵语言）、DCL（数据控制语言）等，其中 DML 是 SQL 的核心，其主要功能是访问（增删改查）数据，也称 CRUD（Create、Read、Update、Delete），具体包括 SELECT、INSERT、UPDATE 和 DELETE 4 个语句，其中的 select 只读取数据，又称为 DQL（数据查询语言）；其他 3 个语句会写入（增加、修改或删除）数据。在 DBMS 中写入操作的执行过程分为 2 步：数据操作（Insert、Update 或 Delete）、数据提交（Commit）或回滚（Rollback）。在事务概念引入后，DML 语句通常是在事务里批量执行的，一个事务开始之后，可以执行多个 DML 语句，然后再一次性批量提交或回滚操作。

SQL 语句在 RDBMS 中的执行过程如图 5-1 所示，包括 SQL 语句的解析与执行两个阶段，具体流程包括：SQL 语句的语法语义及权限的检查与验证、查询计划的生成、优化器选择最优的查询计划方案、按照选定的查询计划执行 SQL 语句。当客户端的用户进程（User Process）与数据库服务器端的服务器进程（Server Process）连接并将 SQL 语句传递过来时，在数据库服务器端，由与客户端进程对接的服务器进程来完成上述解析与执行操作。

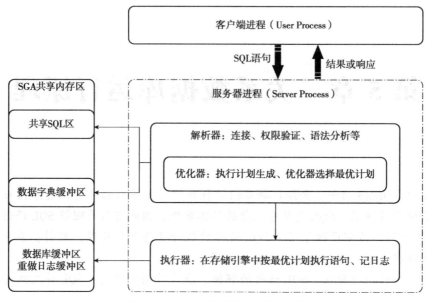

图 5-1　SQL 语句的执行过程示意

5.1.1　SQL 语句的解析

SQL 语句的解析除了 SQL 的语法、语义及权限的检查与验证外，还要为 SQL 语句的执行准备好查询计划。如果共享的 SQL 内存区存在可用的查询计划，就直接采用，这被称为软解析（Soft Parse）；如果没有现成的查询计划，就需要执行硬解析（Hard Parse）。如图 5-2 所示，SQL 语句的解析过程包括 SQL 语句的查验、软解析或硬解析等执行步骤。

①查验　即由解析器模块负责对有关表等数据库对象的权限进行验证，对 SQL 语句的语法与语义做分析检查等，如果有问题就直接返回客户端，否则就进入解析步骤。

②软解析　即判断是否需要硬解析。去共享的 SQL 内存区查看是否有现成的查询计划可用，如果没有，就进行硬解析。

③硬解析　为可选项，即查询计划的生成与择优。如果此 SQL 语句在共享的 SQL 内存区（库高速缓存）中没有现成的查询计划，就需要由优化器模块生成多个逻辑执行计划，并根据数据字典中的统计信息修正提升逻辑计划，转换成多个物理查询计划，再基于优化原则（如 CBO）根据模拟成本估算结果选择成本最小的查询计划，并作为最优查询计划存入共享的 SQL 内存区备用，详见 5.2.2.2。

5.1.2　查询计划的执行

经过 SQL 语句的解析（包括查询计划生成与选择等）环节后，就进入查询计划的执行（Query Excutions）环节，即由服务器进程中的执行器按照其解析器选定的查询计划执行 SQL 语句相关的数据库数据的存取操作，即调用相应的存储引擎模块在数据库缓冲区中读取或写入数据，并在重做日志缓冲区（或重做日志文件）中写入重做日志。查询计划执行通常有以下两种方法：

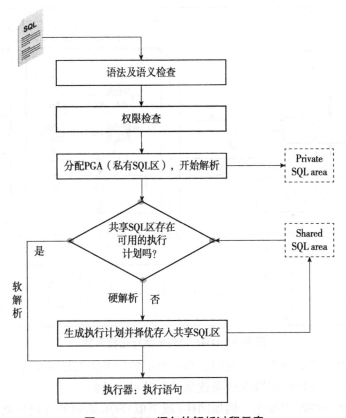

图 5-2　SQL 语句的解析过程示意

①解释法(Interpretation)　也称记录依次执行法(record-at-a-time interpretation),大多数事务处理型数据库系统都直接采用解释法,如传统的基于行式存储的 RDBMS,如 MySQL(Innodb)、Oracle Database 等,通常就是逐条记录依次解释执行。

②向量法(Vectorization)　即批量执行法,通常是用在分析型的数据库系统中,特别是采用列式存储的数据库系统更适合向量法执行,如 Spark SQL、Apache Doris 等。向量法执行器会事先对记录数据做向量化处理,以便于批量执行。有时向量法执行器甚至先对代码进行编译,以提高效率,一些机器学习的库就采用此方法。

下面通过一个 DML 语句示例的执行过程来说明 RDBMS 是如何实现 SQL 语句的解释执行的。这个简单的 DML 语句是对一个表的某行记录做 Update 操作并通过 Commit 命令提交此事务,其执行过程如图 5-3 所示,整个示例语句的执行过程分为上下两部分:

图 5-3 的上半部分为 Update 操作示意,将数据库表 tab1 的一个数据行(id=1)的 col2 列由"nie"改为"Nie",其执行过程的主要步骤如下:

第一步(①),在数据库的共享内存区寻找有关数据是否存在,特别是要修改的行记录所在的数据页(或数据块,下同)是否因以前 SQL 操作已缓存到数据缓冲区。如果没有,就由此服务器进程从磁盘的有关数据文件(表空间)中将相关的数据页存入数据缓冲区中,并将此数据页上要修改的有关数据(Old Value)先备份到回滚段(循环利用的一个数据区),然后再修改其为新值(New Value)。

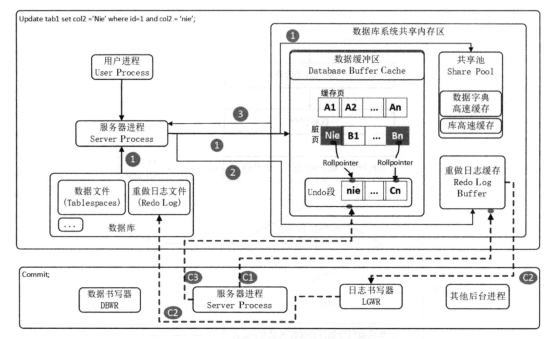

图 5-3 DML 语句的执行过程示意

回滚段记录中存储的是老版本数据，当一个旧的事务需要读取数据时，为了能读取到老版本的数据，需要顺着回滚数据链条找到满足其可见性的记录。

这一步还包括一些附加操作，例如同样（或类似）SQL 语句的查询计划是否已在库高速缓存中存在，如果没有，就生成多个查询计划，并按照 CBO 原则选择成本最优的查询计划，存入库高速缓存；可能用到的一些数据字典（如有关表或索引的一些元数据）也需要确认其在数据字典高速缓存中是否存在，若不存在，需要将其从磁盘的有关数据文件中缓存到共享池的数据字典缓冲区。

第二步（②），将此 UPDATE 语句的有关重做日志（Redo Log）写到重做日志缓冲区（Redo Log Buffer）。

第三步（③），返回此 UPDATE 语句的执行状态与结果。

图 5-3 的下半部分为 commit 操作示意，对上述 UPDATE 语句所在事务（Transaction）的操作结果做确认提交。RDBMS 通常采用 WAL 技术：预写日志（Write-Ahead Logging）法，在默认情况下（如 MySQL 参数 innodb_ flush_ log_ at_ trx_ commit 的值默认为 1 时），每次事务提交都会首先刷事务日志到磁盘中。

这里特别说明，在不同的 RDBMS，提交的流程与细节会有较大的差异，图 5-3 下半部分只示意了提交的最基本、最通用的部分流程：

第一步（C1），在重做日志缓存区中找到此事务对应的重做日志，准备下一步刷盘；

第二步（C2），由日志书写器（LGWR）后台进程（或线程）将第一步中有提交标志的部分重做日志写入磁盘的重做日志文件，并将内存日志缓冲区中有关重做日志标志为已提交完成状态；

第三步（C3），在数据缓冲区，将该事务包含的重做日志设置为已完成状态。

5.1.3 SQL 并发执行的资源共享

在 RDBMS 中，特别是联机事务处理型应用（OLTP），通常会有大量 SQL 语句在并发执行，即有多个用户进程连接数据库系统，而且其中有些连接是针对相同业务的同一（或相似）SQL 语句在重复执行。数据库系统为了提高多用户或大并发量 SQL 语句的执行效率，采用资源共享思想和复用技术实现，其原理示意如图 5-4 所示。多个用户进程连接数据库时，通常数据库系统会产生多个服务器进程一对一地对接各用户进程。

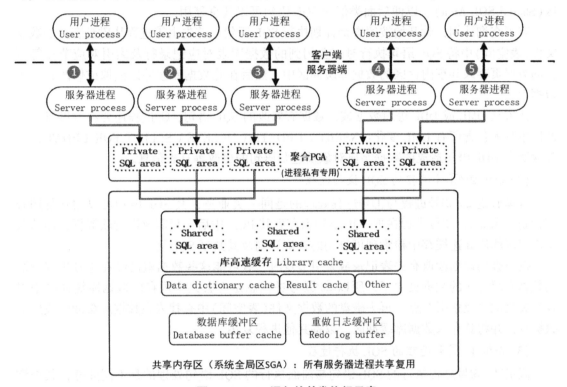

图 5-4 SQL 语句的并发执行示意

连接用户进程的各服务器进程不仅共享数据库缓冲区中的数据页、数据字典高速缓存中的数据字典信息，而且还会针对相同业务的 SQL 语句尝试共享查询计划等。

图 5-4 的示例中，共演示了 5 个与客户端用户进程一一对应的服务器进程，假定其中左边 3 个进程（①②③）处理同一种业务，右边两个进程（④⑤）处理另一种业务，同种业务的 SQL 语句可以通过绑定变量等方式使其使用相同的查询计划。

下面以①至⑤的顺序依次讲解这 5 个服务器进程示例的 SQL 执行过程，并理解其中的资源共享与复用原理。

假定数据库服务器刚刚启动之后，第一个运行的 SQL 语句是①号服务器进程对应的 SQL 语句。

（1）分析①号进程的 SQL 执行过程

①号进程将此 SQL 语句保存在它的 PGA 中，然后在共享池中分配有关内存开始解析。首先对其进行语法、语义及相关数据库对象的权限检查，这其中需要查询有关的数据字典

表，以确认此 SQL 语句中用到的表名与字段名是否存在，当前用户是否有权限访问，由于是服务器启动后运行的第一个 SQL 语句，数据字典高速缓存中没有相关的数据字典表，需要①号进程从相关的数据文件（表空间）中提取对应的数据页（块）到数据字典高速缓存中，以便后面执行的 SQL 语句可以直接访问这些数据页，从而减少磁盘访问。

上述检查通过后就去共享内存区的库高速缓存中查找是否有可用的查询计划，由于此 SQL 语句是初次执行，没有可用的查询计划，所以①号服务器进程就执行硬解析，生成可用的多个查询计划并依据 CBO 原则选择成本最优的查询计划存入库高速缓存的共享 SQL 区（Shared SQL Area），以便后面类似的 SQL 语句可以共享复用。

有了查询计划，就开始按照查询计划执行 SQL 语句。首先由①进程从磁盘有关的数据文件（表空间）中将 SQL 语句执行时需要用到的数据库表对应记录行及索引对应节点等所在的数据页存入共享内存区的数据库缓冲区中，然后在此数据库缓冲区读取或修改相关的数据记录。

如果是 DML 或 DDL 等对数据或元数据有修改的 SQL 语句，①进程还要在重做日志缓冲区中写入包含所有 DML 变化（INSERT \ UPDATE \ DELETE \ SELECT FOR UPDATE）或包含所有 DDL 语句造成的数据字典对象及递归语句的更改等日志信息。

(2) 分析②/③号进程的 SQL 执行过程

这里假定②/③号进程与①号进程处理的是同一类业务，其 SQL 语句可以相互复用查询计划，因此②/③号进程在把 SQL 语句保存到其 PGA 中后，只需要进行软解析，即从共享内存区的库高速缓存中检索到可复用的查询计划及其共享 SQL 区。

按照查询计划读取有关表记录或索引节点时，有可能这些数据就已经在①号进程读取到数据库缓冲区的数据页中了，所以②/③号进程总是先去共享内存的数据库缓冲区中寻找有关表记录及索引节点，再去磁盘的数据文件（表空间）中查找未在数据库缓冲区找到的数据页，并将其存入数据库缓冲区，以备其他进程复用。

(3) 分析④/⑤号进程的 SQL 执行过程

假定④/⑤号进程执行的 SQL 语句与前面执行的 SQL 语句处理的是不同业务，其查询计划无法复用前面的。因此④号进程的 SQL 语句需要硬解析，重新产生另一个查询计划来执行，并将此 SQL 语句及其查询计划保存到共享内存区的库高速缓存的另一个共享 SQL 区中，以便后续进程复用。⑤号进程就只需要软解析，直接从共享 SQL 区取得其可用的查询计划。

SQL 语句按照查询计划具体执行，读取有关表记录或索引节点时，有可能这些数据已经在前面进程（如①号或④号进程等）读取到数据库缓冲区的数据页中了，所以④/⑤号进程总是先去共享内存的数据库缓冲区中寻找有关表记录及索引节点，再去磁盘的数据文件（表空间）中查找未在数据缓冲区找到的数据页，并将其存入数据库缓冲区，以备后续进程复用。

5.1.4 表连接

表连接（Join）是在多个表之间通过一定的连接条件，使表之间发生关联，进而能从多个表内获取数据，最常用的是内连接缺省写法。

```
SELECT 表 1 的某些列,表 2 的某些列 FROM 表 1,表 2
WHERE 表 1.列 1=表 2.列 1;【连接条件】
```

表连接又分为内连接、外连接及自连接(连接的是同一个表),其中缺省情况是内连接(Join 或 Inner Join)。外连接又分为左连接(Left Join)、右连接(Right Join)和全外连接(Full Join)。各种表连接的语法特点与示例见表 5-1。

表 5-1 表连接语法类型及其比较

连接类型	说明	SQL 语法示例
内连接	只连接匹配的行	select <select list> from A join B on A.Key=B.Key
左连接	包含左表全部行(不管右表是否存在与之匹配的行),以及右表中全部匹配的行	select <select list> from A left join B on A.Key=B.Key
右连接	包含右表全部行(不管左表是否存在与之匹配的行),以及左表中全部匹配的行	select <select list> from A right join B on A.Key=B.Key
全连接	包含左右两个表全部的行(不管在另一个表中是否存在与之匹配的行)	select <select list> from A full join B on A.Key=B.Key
自连接	针对相同的表进行的连接,通常将同一个表取两个别名进行连接操作	select <selectlist> from A a1 join A a2 on a1.Key1=a2.Key2

5.1.4.1 表连接的驱动表与被驱动表

驱动表是表连接中的基础表,即通过驱动表的数据结果集作为循环基础数据,通过这个结果集的数据作为过滤条件逐条到被驱动表中查询数据,然后合并查询结果。因此,驱动表是第一个被处理的表,表连接要使用此表的查询记录集去关联其他表。驱动表通常只需要被访问一次。查询驱动表得到的记录条数也称为驱动表的扇出(Fanout)。根据公式:两表连接查询的总成本=单次访问驱动表的成本+驱动表扇出数×单次访问被驱动表的成本。可知,驱动表的选择原则是,在对最终结果集没影响的前提下,优先选择结果集较小的那张表作为驱动表,即"小表驱动大表",查询的效率比较高。这里的"结果集"是由 DBMS 根据数据字典中的统计信息预估的表在当前筛选条件返回记录行数(即扇出值)及每行查询字节数等信息。

对内连接来说,DBMS 会自动选择数据量较小的表作为驱动表,当然也会根据 WHERE 条件筛选后的数据量大小来选择驱动表。对于外连接来说,改变连接顺序会影响输出结果,因此,左连接中的左表总是驱动表,右表为被驱动表;右连接中的右表总是驱动表,左表为被驱动表。

两表连接各有一个驱动表和被驱动表,比较容易选择驱动表。多表连接的情况却复杂得多,理论上连接顺序的选择方案会有表数的 n!(阶乘)种选项,DBMS 实际实现会综合考虑各种因素,通常不用穷尽所有选项,其目标是降低总成本。

5.1.4.2 表连接的3种执行方案与算法

（1）嵌套循环连接（Nested Loops）

对于一个简单的嵌套循环连接，其两个表的连接过程如图5-5所示，包括两个步骤：

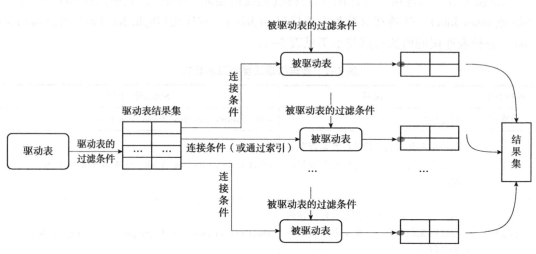

图5-5 嵌套循环连接示意

①选取驱动表及其过滤条件，采用代价最低的单表访问方法执行对驱动表的单表查询。

②上述驱动表查询得到的结果集中的每一条记录分别到被驱动表中查找匹配的记录，并作结果合并。

嵌套循环连接中的被驱动表要被循环访问多次，如果表的数据量大且又是全表扫描的话，可能会产生多次大量的磁盘读，查询效率会很低，因此，如果被驱动表的连接条件列有索引，则可以通过访问索引来连接被驱动表。通过被驱动表的索引匹配连接条件的情况称为索引嵌套循环连接。

在被驱动表没法使用索引的情况下，通常会使用一种批量匹配的方式，即在内存缓存区（Join Buffer）中放入多条驱动表结果集记录去批量匹配被驱动表，这种情况称为缓存块嵌套循环连接。

如果是多表连接，那么嵌套循环连接总是将驱动表与其中一个被驱动表的上述连接查询结果集作为新的驱动表查询结果集，再去连接第二个被驱动表，如此重复连接查询。

嵌套循环连接是最经典的连接算法，各DBMS基本都支持。嵌套循环连接查询效率较高的应用场景是，被连接表中至少有一个表支持索引的情况，通常选择较小的表作为驱动表，被驱动表的连接条件列又正好有索引。

（2）排序合并连接（Sort-merge Join）

排序合并连接总是先按连接属性对两个关系表进行排序，然后顺序扫描，从中寻找符合连接条件的记录来对两个关系表的查询结果进行合并的连接模式。其中，每个表都只需要被访问一次，即根据WHERE子句中的条件筛选和过滤出用于合并的记录集，合并过程是对排序过的筛选结果进行操作。

排序合并连接算法即是先排序再合并的操作过程，如图5-6所示。

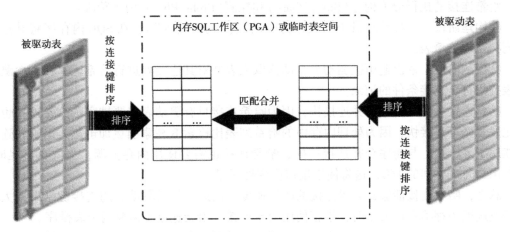

图 5-6　排序合并连接示意

具体可分为以下 3 个步骤：

①首先以目标 SQL 中指定的过滤条件（如果有的话）去访问驱动表，对其查询结果按照驱动表中的连接列来排序，排好序的结果集称为驱动表结果集。

②接着以目标 SQL 中指定的过滤条件（如果有的话）去访问被驱动表，对其查询结果按照被驱动表的连接列来排序，排好序的结果集称为被驱动表结果集。

③最后对上述的两个按连接列排好序的结果集执行匹配合并操作。

Oracle 等数据库支持排序合并连接算法，MySQL 等数据库暂不支持。常用的应用场景：通常可不使用索引，对两个表的访问都通过全表扫描实现，查询将返回两个表中大部分的数据块。合并连接查询适合有一个表是预先排序好的情况或非等值连接。

（3）哈希连接（Hash Join）

哈希连接的原理：先将驱动表加载进内存，并在内存中建立基于连接键（Join Key）的哈希列表，然后再扫描被驱动表，同样对其连接键进行哈希计算后与驱动表的哈希列表进行哈希值匹配，连接的执行过程如图 5-7 所示。

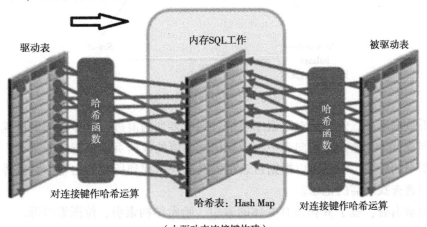

图 5-7　哈希连接示意

哈希连接的执行分为构建(Build Phase)和探测(Probe Phase)两个阶段：

①构建阶段　选择数据量小的表作为驱动表("构建输入")，在 SQL 内存区将其连接键列构建成哈希表。

②探测阶段　依次遍历被驱动表，即读取大表并对其连接列进行哈希运算，去探测哈希表查找符合连接条件的记录。

哈希连接可能比排序合并连接快，因为哈希连接只有驱动表需要排序；哈希连接也可能比嵌套循环连接快，因为处理内存中的哈希列表比检索 B 树索引更加迅速。但哈希连接只能用于等连接，与排序合并连接一样，哈希连接也需要使用内存资源，当内存不足时，会使用临时表空间的 I/O，这将使连接速度变得极慢。

总之，哈希连接能够提高等连接的匹配速度，因此，如果驱动表的连接键结果集大小小于或接近内存哈希区大小时，推荐使用哈希连接，哈希连接不需要两个表排序。

Oracle、MS SQL Server 等多个 DBMS 都支持哈希连接算法，MySQL8 也开始支持哈希连接算法。当内存能够提供足够的空间时，哈希连接是 DBMS 优化器常用的一个算法选择。

5.2　索引与 SQL 优化原理

5.2.1　索引

索引(Index)是 DBMS 为了高效获取数据的一种便于快速查找的已排序数据结构，通常存储于磁盘中，需要占用物理空间。虽然索引可以提升查询性能，但在 DML 操作时也会增加维护更新索引的成本，因此索引的建立需要在这三者中保持平衡，如图 5-8 所示。

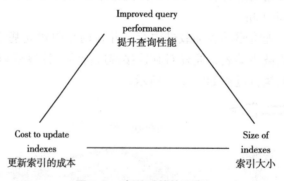

图 5-8　索引利弊的平衡

在关系数据库中，索引是对数据库表中一列或多列的值进行排序存储的结构，它是某个表中一列或若干列值及其指向表中物理标识这些值的数据页逻辑指针的集合。索引的作用相当于图书的目录，图书可以根据目录中的页码快速找到所需的内容，数据库表也可以根据索引快速查找所需的记录。

常用的索引有：基于 B 树及其变体的索引、哈希结构索引、位图索引等。

5.2.1.1　索引的分类

索引可以根据不同依据进行多种分类，索引的主要分类方式见表 5-2。

表 5-2 索引的多种分类

索引分类依据	索引类型列表
表记录的物理顺序与索引顺序是否相同	聚集索引、非聚集索引
表的每条记录是否都对应一个索引项	稠密索引、稀疏索引
索引是否是基于主键创建的	主索引、辅助索引
索引是针对一个字段列还是多个字段	单列索引、复合索引
索引数据结构的不同	B 树索引、哈希索引、位图索引等

下面根据不同依据分别说明索引类型的含义与差异。

(1) 根据表记录的物理顺序与索引顺序分类

①聚集索引(Clustered Index) 也称为聚簇索引，在聚集索引中，表中行的物理顺序与键值的逻辑(索引)顺序相同。一个表只能包含一个聚集索引，即如果已存在聚集索引，就不能再指定 CLUSTERED 关键字。与非聚集索引相比，聚集索引通常提供更快的数据访问速度。一些 DBMS 会自动把主键约束设置为聚集索引，IOT 表本身就是一个聚集索引。

②非聚集索引(Non-clustered Index) 数据库表中记录的物理顺序与索引顺序可以不相同。一个表中只能有一个聚集索引，但表中的每一列都可以有自己的非聚集索引。

(2) 根据表的每条记录是否都对应一个索引项分类

索引项(Index Entry)，也称为索引记录(Index Record)，由一个搜索码(Search Code)值和指向具有该搜索码值的一条或多条记录的地址指针构成。索引的索引项如果跟表记录行一一对应，就是稠密索引，否则就是稀疏索引，两类索引的示例如图 5-9 所示。

①稠密索引(Dense Index) 对数据库表来说，每条记录都对应有索引值，即表的每个搜索码值都对应一个索引项，其地址分别指向该搜索码的每一条表数据记录，如主键索引。这样的索引可以加快搜索速度，但需要更多空间来存储索引记录本身。这里说的索引项即索引记录，包含搜索码值和指向磁盘上实际记录的指针，如图 5-9 所示。

②稀疏索引(Sparse Index) 在稀疏索引中，不会为每个搜索码值都创建索引项(索引记录)，即块内记录按顺序存储，只对每个块创建一个索引项，如图 5-9 所示。搜索具体的表数据记录时，假设需要查询搜索码值为 X 的记录，就先检索出比 X 小(或相等)的最大值索引码值，再根据该码值所在的记录集合(块)，进行顺序查找，直到找到记录 X 为止。

(3) 根据索引是否是基于主键创建的进行分类

①主索引(Primary Index) 即基于表的主关键字构建的索引，主索引能确保记录的唯一性，一个数据库表只能有一个主索引，通常由主键(Primary Key)约束自动创建，都采用 B 树或 B+树结构，在 MySQL Innodb 等数据库引擎中，主索引也就是聚集索引，即 IOT 表本身。

②辅助索引(Secondary Index) 也称二级索引，一个数据库表可以有多个辅助索引，通过辅助索引来查询数据时，首先遍历辅助索引并通过叶子节点的指针来获得指向主键索引的主键或 ROWID，然后再通过主键索引或 ROWID 来找到行记录。辅助索引可以建立在任何列(包括非候选键)上，以非候选键为搜索码的辅助索引需要包含指向每一个记录的索引项指针，即需要使用稠密索引方式。

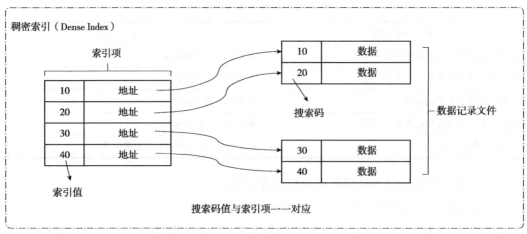

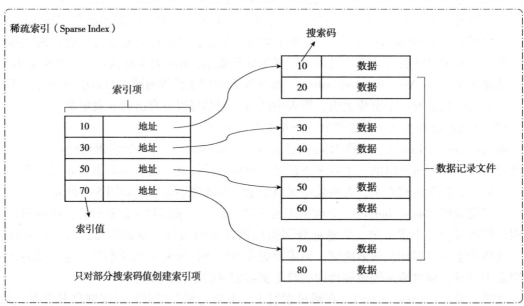

图 5-9 稠密索引与稀疏索引的比较

(4) 根据索引是针对一个字段还是多个字段建立的进行分类

① 单列索引 基于单个列(字段)所建立的索引。

② 复合索引 也称组合索引(Composite Index)或联合索引,是基于表的多个列(字段)上建立的索引,即搜索码包含多个属性列。在复合索引的定义中所使用的列顺序很重要。一般情况下,把最常被访问和选择性较高的列放在前面。复合索引的规则和使用方法如下:

- 排序规则为:先比较搜索键第 1 列,在第 1 列相等的情况下再比较第 2 列;
- 若常出现 A=a AND B=b 类似的查询条件,则适合基于 A、B 建立复合索引,复合索引(A,B)可以用于条件 A=a,但对于仅有的条件 B=b 就用不上;
- 对于 A>a(范围)OR B<b,组合索引通常是不起作用的,只能使用单列索引;
- 一般来说,复合索引把区分度最高的索引列放在最左侧。

5.2.1.2 B树索引、哈希索引与位图索引

根据索引数据结构的不同，可将索引分为 B 树索引、哈希索引和位图索引。

（1）B 树索引（Btree Index）

B 树（Balance-tree）是一种多叉自平衡的搜索树，B 树可以在内部节点同时存储键值（Key）和数据（Data），因此把频繁访问的数据放在靠近根节点的地方将会大大提高热点数据的查询效率。B 树有如下特点：

①所有键值分布在整棵树中，索引值及其数据或指针都包含在本节点中。
②任何一个键值出现且只出现在一个节点中，适合做随机检索。
③搜索有可能在非叶子节点就完成了。

B+树是 B 树的改进版，也是一个平衡的多叉树，同层级的节点间有指针相互连接。在 B+树上的常规检索，从根节点到叶子节点的搜索效率基本相当，不会出现大幅波动，而且基于索引的顺序扫描时，也可以利用双向指针快速左右移动，效率非常高。B+树相对 B 树有如下特点：

①非叶子节点只保留索引键值及指向下级节点的指针，而具体数据或其地址指针不在非叶节点中保存。
②在叶子节点中有所有的键值，且保存有具体记录数据或指向其记录的指针，并且保存为一个有序链表（正序、反序或者双向）。
③B+树的查找方式与 B 树稍有不同，当某个非叶节点的键值与所查的键值相等时，并不停止查找，而是沿着这个键值的左侧指针继续向下查，直至查到该键值所在的叶子节点为止。

B+树不仅适合随机检索，而且适合顺序检索，因此大部分数据库的缺省索引都是基于 B+树存储的。

基于 B 树或其变体（如 B+树等）数据结构构建的索引，广义上都称为 B 树索引，B 树索引是 OLAP 系统中最常用的索引。如 Oracle、MySQL、MongoDB 等 DBMS 都使用 B 树索引作为缺省索引，但具体 DBMS 的实现方法会有些差异。

例如，Oracle 的 B 树索引在叶子节点存储的索引条目，除了包含所有搜索键的长度及键值外，还包括一个 ROWID，这个 ROWID 包含了记录行所在块的物理位置信息。具体来说，ROWID 包含 object#（数据库表的对象号）、file#（物理数据库文件号）、block#（数据所在的块号）和 row#（在数据块中的行号），如图 5-10 所示。

MongoDB 的 B 树索引跟 Oracle 类似，叶子节点块包含键值列表和指向磁盘上文档位置的指针。

MySQL 会根据其存储引擎的不同而有所不同：在 MyISAM 中，主索引和辅助索引在结构上没有区别，只是主索引要求键值是唯一的，而辅助索引的键值可以重复。索引的叶子节点都保存记录行的地址指针。

在 InnoDB 中，由于缺省采用索引组织表结构，因此表数据本身就是按 B+树组织的一个索引结构（即索引组织表），这棵 B+树的叶节点的数据域保存了完整的数据记录。因此，索引组织表本身就是按主键聚集的，聚集索引就是其主索引。InnoDB 的辅助索引在叶子

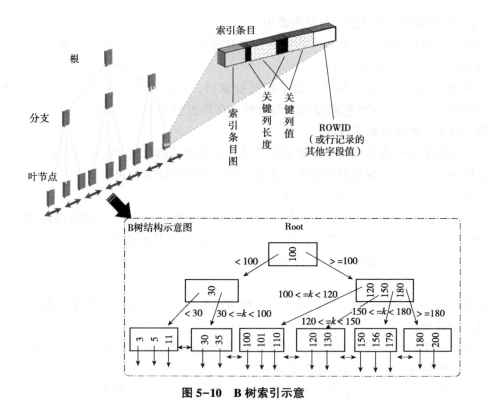

图 5-10 B 树索引示意

节点除了保存所有的搜索键值外,还会保存其对应的主键值(Primary Key),查询时需要用这个主键值到主索引(索引组织表)中检索获取具体的记录信息。

(2)哈希索引(Hash Index)

哈希码(Hash Code):对于每一行数据,存储引擎都对所有的索引列值(搜索码属性集合)计算一个哈希码,不同搜索码键值的行计算出来的哈希码通常会不一样,但也会出现不同的索引列值有相同的哈希值的情况,即哈希冲突(可通过遍历链表中所有的行指针来逐行查找)。

哈希索引是将所有搜索码值作为哈希函数输入,根据其输出的哈希码分组将搜索码及其相应的表记录地址指针存储在不同的哈希桶(Buckets)中。如图 5-11 所示,在同一哈希桶中的索引条目都有相同的哈希码,虽然其搜索码不一定相同,且每个索引条目都保存了指向其表对应数据行记录的指针。

这里说的哈希桶就是一个磁盘存储单元,可以是一个磁盘块,也可能小于或大于一个磁盘块,通常能存储一条或多条索引记录(或表记录)。比如假设哈希函数定义为搜索键(数字 ID)的首位数字映射为哈希码,那么就会有 10 个桶(0~9),表的所有记录都会按其搜索键的首位数字分别映射到这 10 个桶中。

如果每个桶设定只能存放 3 条索引记录,那么如果同时有 4 条记录的搜索键对应的哈希码是同一个数字(或都属于某个桶的哈希码范围),就会出现桶溢出(Bucket Overflow),可以通过增加溢出桶等方式来解决溢出问题:桶满了,系统会提供另一个溢出桶,并用溢出链(Overflow Chaining)将这些桶连接在一起,如图 5-11 所示。

第5章 关系数据库运行原理

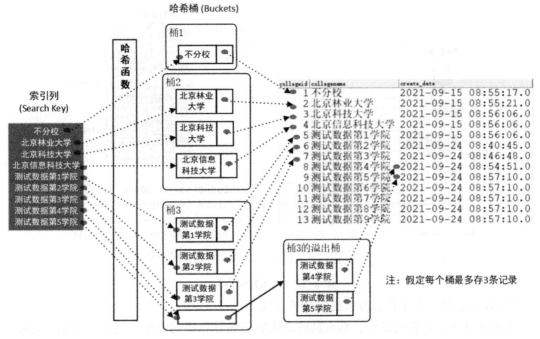

图 5-11 哈希索引示意

在图 5-11 的示例中，搜索键（索引列）是示例数据库"dbcourse"[①]的 colleges 表的"collegename"字段，这里使用的哈希函数只是简单地获取搜索键值字符串中的最后两个汉字字符。在图 5-11 中，函数输出的哈希值对应图中的 3 个哈希桶（其中"桶 3"还对应一个溢出桶），分别将图中的所有搜索键值分布到这 3 个哈希桶中，哈希桶不仅存有搜索键值，还保存有指向其表对应记录行的地址指针。图 5-11 中使用的哈希函数仅是为了演示哈希索引的结构，这个哈希函数本身是没有实际使用价值的。

因此，哈希索引是基于哈希表实现的索引，只对精确匹配索引列的查询有效，如果是复合索引，就需要同时匹配多个索引列。

哈希索引的局限性包括：不支持范围查询，无法通过索引排序，不支持最左匹配原则，如果哈希码冲突较严重则会严重影响查询效率。

(3) 位图索引(Bitmap Index)

位图(Bitmap)在这里指二进制位(bit)的一个数组，位图索引就是用位图来表示的索引。位图索引适合对低基数列作索引，它会对低基数列（可以是多个列）的每个键值建立一个位图，位图中的每一位都表示某记录行的搜索键列是否存在此键值，位图中的位(bit)值为 1 表示此记录行含有此位图表示的键值。在图 5-12 中，其搜索键为颜色字段列，基数为 4，只有 4 种颜色：黄(Yellow)、红(Red)、绿(Green)和蓝(Blue)，因此位图索引就针对这 4 种颜色共产生 4 行位图序列，其中第 1 个位图序列针对蓝色，而表的第 1 行记录的颜色字段值正好是蓝色，因此其位值为 1，而第 2、3 行记录的颜色值不是蓝色，其位值就为 0。

---

① dbcourse 数据库的创建脚本及其备份文件请在网站 niepub.com 的"实验教学"栏目下载。

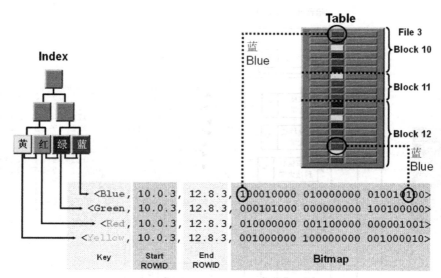

图 5-12 位图索引示意

(4) B 树索引、哈希索引与位图索引的比较

上述 3 种索引各有优缺点，都有其特定的应用场景和适用范围，但通常来说，大部分联机事务处理型数据库系统(OLTP)较多采用 B 树索引(或哈希索引)，而位图索引通常应用于联机事务分析型系统(OLAP)，见表 5-3。

表 5-3 B 树索引、哈希索引与位图索引的比较表

类别	项目		
	B 树索引	哈希索引	位图索引
基数选择	适用于高基数列	适用于高基数列的等值查询	适用于低基数列
更新成本	键值的更新花费较大	键值的更新花费适中	键值的更新花费较小
AND/OR 谓词	使用 AND/OR 谓词的查询效率较低	使用 AND/OR 谓词的查询效率一般	使用 AND/OR 谓词的查询效率较高
锁适用	行级锁	行级锁	位图段级锁
存储空间	储存空间更多	储存空间相对适中	储存空间更少
应用场景	适用于 OLTP	适用于 OLTP	适用于 OLAP

5.2.1.3 索引的使用经验

(1) 索引的创建与重建

- 自动创建：在定义 PRIMARY KEY 或 UNIQUE 约束后，系统自动在相应的列上创建唯一性索引；
- 手动创建：用户可以在其他列上创建唯一或非唯一的索引，以加速查询。
  CREATE [UNIQUE] INDEX index ON table (column[, column]...);

- 重建索引：ALTER INDEX index_name REBUILD;
- 移动索引：ALTER INDEX INDEX_name REBUILD tablespace tbs_name。

(2) 什么时候可以创建索引
- 列中数据值分布范围很广；
- 列中包含大量空值；
- 列经常在 WHERE 子句或连接条件中出现；
- 表经常被访问而且数据量很大，但需要访问获取的数据行相对不多，例如只占数据总行数的 4%，甚至不到 2%。

(3) 什么时候不要创建索引
- 表很小；
- 列不经常作为连接条件或出现在 WHERE 子句中；
- 查询的数据行很多，大于 2%，甚至大于 4%；
- 表经常更新；
- 索引列包含在表达式中，事实上，WHERE 子句中索引列的计算、函数及类型转换都可能导致索引失效。

5.2.2 SQL 查询编译与优化原理

查询(Query)的含义非常广，包括 Select、Update、Delete、Insert 等 SQL 语句中任何 WHERE 子句中的查询操作，即使没有 WHERE 子句的 SQL 也是需要查询获取表数据的。

SQL 查询的执行过程通常包括查询解析(Query Parser)、查询表述(Query Representation)与查询优化(Query Optimization)等关键步骤。所谓查询优化即是优化器(Optimizer)生成和评估不同查询计划，按照一定规则或基于成本选择用于执行的查询计划的过程，其核心是要对查询解析树进行分析与优化，优化过程会考虑查询的上下文及相关数据库对象的统计信息。优化要解决的问题主要包括：

①解析树用到哪些操作符及其执行顺序？
②有些操作符(如表连接)有不同的实现算法和方式，该使用哪个实现方式和算法？
③如怎样读取各个数据库表，是索引扫描还是全表扫描？

5.2.2.1 优化器类型

优化器，也称为查询优化器(Query Optimizer)。优化器的主要工作是优化数据访问，负责生成制订 SQL 语句的执行计划，即根据优化规则或现有的统计信息等资源对提交的 SQL 语句生成一个或多个查询计划，并从中选择最优的可执行的访问计划。因此，优化器是数据库引擎重要的组件，在一定程度上决定了数据库的性能。

优化器有两种模式。

(1) 基于规则的优化(Ruled-based Optimization，RBO)

RBO 通常是基于模式(based on a pattern)的，即通过在数据库 SQL 代码遵循一系列固定规则的硬编码来决定 SQL 的执行计划，有时系统会自动用其他更高效的表达式替换某些表达式的写法，比如 $N \times A + N \times B = N \times (A+B)$。常用的 RBO 包括：

①简化查询中的表达式 比如布尔代数、数值表达式和字符串表达式等。

②简化关系运算符 比如对选择(Select)、投影(Project)及连接(Join)等关系运算符的优化,这将对性能产生重大影响。

③选择合适的访问路径和操作符 例如,索引列谓词是否使用索引,有小表参与的连接是否采用哈希连接算法等。

④应用规则做类型检查与分析 例如,在表连接中尽可能减少查询条件中选择(Select)或投影(Projects)的应用范围,类型变换示例:$\sigma_p(R \bowtie S) = \sigma_p(R) \bowtie S$,$\pi_x[\sigma_p(R)] = \pi_x\{\sigma_p[\pi_{x \cup z}(R)]\}$。

随着 CBO 优化器的成熟,RBO 在传统 RDBMS 中基本就不再使用了,例如 Oracle 数据库,自 Oracle6 开始采用 RBO 优化器,一直沿用至 Oracle9i,但从 Oracle10g 开始,Oracle 就不再支持 RBO 了,改用 CBO 优化器。

当然现在还是有数据库系统采用 RBO 方式,例如 Spark SQL 就是采用基于几百条规则(rules)和上千个表达式(expressions)的模式(pattern)匹配型优化器。

(2) 基于成本的优化(Cost-based Optimization,CBO)

事实上,SQL 语句的一个好的执行性能往往不能仅是基于规则的转换,而是与查询对象的状况及其运行环境密切相关,例如对于同一个 SQL 查询语句,几百条记录的小表全表扫描性能就很好,但面对几百万条记录的大表,通常来说使用索引会有更好的查询性能。

因此,基于成本的优化会计算各种可能的查询计划需要付出的代价(即成本),并从中选用成本最低的执行方案,作为实际 SQL 语句的执行方案,如图 5-13 所示。

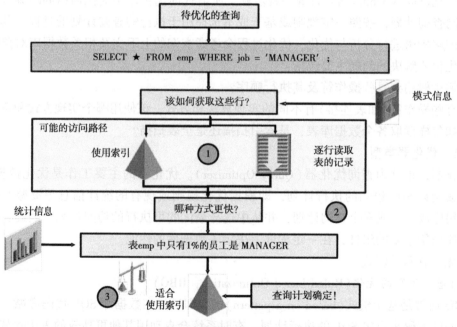

图 5-13 基于成本优化器 CBO 的原理示意

在基于成本的优化模式中，SQL 语句的查询性能是动态的，与以下因素有关：

①数据的统计信息(Data Statistics)　数据字典表中用于估算大小和成本的有关信息，如表的大小、元组的平均尺寸、Null 值的百分比、列值是否有重复值等，因此，统计信息的收集与估算方法会直接影响 CBO 优化器的成本计算。

②成本模型(Cost Models)　即如何估算一个查询计划的成本，成本模型通常是根据数据的统计信息进行成本估算的。这里所说的成本是查询操作耗费的计算资源的折算值，包括对磁盘 I/O 数、CPU 计算同期数、内存使用、网络发送字节数、合并操作时间等的计算。如图 5-13 所示，SQL 查询语句的优化过程分为 3 个步骤：

第一步(①)，根据可能的访问路径，分别生成多个查询计划；

第二步(②)，从统计信息(数字字典)中获取收集各查询计划对资源的使用情况，并计算出各自的综合成本；

第三步(③)，按照成本最低的优化原则选定最佳的查询计划。

5.2.2.2　CBO 模式下查询计划的生成与选择

SQL 语句在 CBO 中，其查询计划的生成与选择过程称为查询编译，可分为 4 个关键步骤：查询表述、生成逻辑查询计划、优化逻辑计划、物理计划的选择与执行。如图 5-14 所示，SQL 语句先经过语义语法检查后将用关系代数操作符进行解析表述，产生解析树(Parse Tree)，再生成多个逻辑查询计划方案(Logical Query Plan)，并对上述逻辑查询计划进行增强和优化("improved" l. q. p)，然后运用统计信息模拟各查询计划的大小(l. q. p. + sizes)，得到相对应的多个可选物理执行计划({P1，P2，…})，最终通过成本估算({(P1，C1)，(P2，C2)，…})选取最优方案。

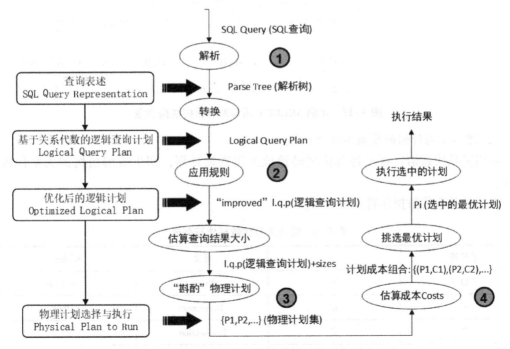

图 5-14　CBO 模式下查询计划的生成与选择过程示意

如图 5-14 所示，SQL 语句在 CBO 模式下的查询编译过程，要经历解析树的生成、逻辑查询计划的生成与改进、物理计划集的产生及其成本估算 4 个关键环节。下面以在示例数据库"dbcourse"中的一个 select 语句为例，来说明这 4 个环节的具体操作。

示例 SQL 语句如下：

```
select filename from studentfiles where studentno in (select studentno from students_score where studentname like '刘%');
```

此 SELECT 语句采用子查询方式，其目标是查询"刘"姓学生提交过的作业报告文件列表。

(1) 解析树(Parse Tree)的生成(①)

将 SQL 语句按照其语法结构进行解析，例如，上述 SELECT 语句按照其关键字 Select From Where(SFW)一步一步分解出如图 5-15 所示的树状语法结构，即解析树，也称为语法分析树。

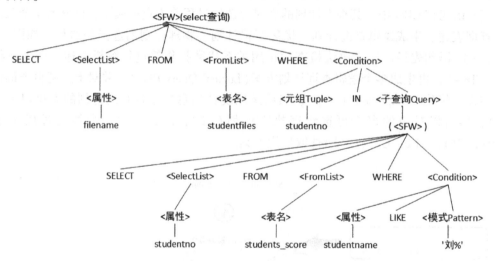

图 5-15 示例 SELECT 语句的解析树结构示意

(2) 逻辑查询计划的生成与改进(②)

运用关系代数语言将上述解析树转换成逻辑查询计划，即生成解析树的关系代数表达式。

常用的关系代数操作符见表 5-4。

表 5-4 常用关系代数操作符列表

运算符	含义	英文	写法示例
∪	并	Union	$R \cup S$
−	差	Difference	$R-S$
∩	交	Intersection	$R \cap S$
×	笛卡尔积	Cartesian Product	$R \times S$

(续)

运算符	含义	英文	写法示例
σ	选择	Selection	$\sigma_{condition}(R)$
π	投影	Projection	$\pi_{expressions}(R)$
⋈	连接	Join	$R \bowtie S$
G	聚集运算	Aggregation	$_{keys}G_{agg(attr)}(R)$

表 5-4 中，前 4 个运算符是基本的集合操作符。

①并(Union)　两个关系具有相同的关系模式(Same Schema，即列结构相同)才可以做"并"运算，例如关系 R 与 S 的并，即是属于 R 或者属于 S 的元组构成的集合，记作 $R \cup S$，定义为：$R \cup S = \{t \mid t \in R \vee t \in S\}$。

②差(Difference)　进行差运算的两个关系也需要具有相同的关系模式，例如关系 R 与 S 的差即是属于 R 但不属于 S 的元组构成的集合，记作 $R-S$，定义为：$R-S = \{t \mid t \in R \wedge t \notin S\}$。

③交(Intersection)　进行交运算的两个关系也需要具有相同的关系模式，例如关系 R 与 S 的交，即是由属于 R 且同时属于 S 的元组构成的集合，记作 $R \cap S$，定义为：$R \cap S = \{t \mid t \in R \wedge t \in S\}$。

④笛卡尔积(Cartesian Product)　也称直积，例如关系 R(n 个属性列，p 个元组)和 S(m 个属性列，q 个元组)的笛卡尔积将是一个($n+m$)个属性列的 $p \times q$ 个元组的集合，其前 n 列是关系 R 的一个元组，后 m 列是关系 S 的一个元组，记作 $R \times S$，定义为：$R \times S = \{(r, s) \mid r \in R, s \in S\}$。

表 5-3 中，后 4 个运算符是专用的查询操作符。

①选择(Selection)　选择运算符是从关系的水平方向进行运算的，即从关系 R 中选择满足给定条件 F 的元组，记作 $\sigma_F(R)$，定义为：$\sigma_{condition}(R) = \{r \in R \mid condition(r) \text{ is true}\}$。

②投影(Projection)　投影运算符是从关系的垂直方向进行运算的，即从关系 R 中选出若干属性列 A 组成新的关系，记作 $\pi_A(R)$，定义为：$\pi_{expressions}(R) = \{expressions(r) \mid r \in R\}$；

③连接(Join)　这里指自然连接(Natural Join)，从 R 与 S 的笛卡尔积中选取一些属性之间满足一定条件的元组，可以由笛卡尔积运算和选择运算实现，记作 $R \bowtie S$，定义为：$R \bowtie S = \{(r, s) \in (R \bowtie S) \mid r.key = s.key\}$。

④聚集运算(Aggregation)　是从属性列值的集合中计算出单个聚集值，例如执行计数、平均数、求和等有规律的分配统计等数据聚集运算，记作 $_{keys}G_{agg(attr)}(R)$。举例来说，对表 Employees 按部门属性列 department 分组计算部门的平均工资(salary)可以记作 $_{department}G_{avg(salary)}(Employees)$。

逻辑查询计划的生成与改进是运用表 5-3 所示的关系代数操作符将图 5-15 所示的解析树示例转换为逻辑查询计划(l. q. p)并按照一定的规则做改进(Improved)，其过程示意图如图 5-16 所示。

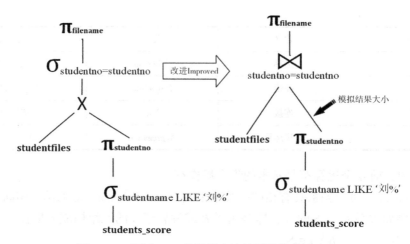

图5-16 示例SQL的逻辑查询计划及其改进示意

首先根据SQL语句还原解析树的语法特点，按照子查询方式生成查询计划，然后改进为采用表连接方式，并预估对表students_score的查询条件的结果大小。

图5-16的左半部分为改进前的关系代数表达式（逻辑查询计划），首先用标签σ表示解析树的两参数选择，在此节点之下，它将一个包含子查询的语法结构替换成一个笛卡尔积和一个单参数选择。图5-16的右半部分则是改进后的、基于连接运算符的关系代数表达式。

逻辑查询计划的改进，是根据关系代数定律重写查询计划，进而产生多个可选的逻辑查询计划。常用的改进查询计划的代数定律包括：

①选择(σ)尽可能地下推，如果一个选择条件是多个条件的AND，则可以把该条件分解并分别将每个条件下推。

②投影(π)也可被下推到多个其他运算中，以减少元组的长度。

③消除重复下推可减少中间关系的大小。

④把选择(σ)与其下面的积(×)相结合，转换成等值连接(⋈)。一般来说，计算等值连接比先算积再选择要高效得多。

(3) 物理计划集的产生(③)

将逻辑查询计划转化为物理查询计划，即对上述逻辑查询计划的每一个操作符选择实现的算法，并选择这些操作符的执行顺序。物理查询计划将会应用于数据库的数据操作并返回执行结果。

通常由逻辑查询计划转换派生出多个不同的物理查询计划，对每个物理查询计划进行成本评估，最终选择一个估计代价最小的物理查询计划用于执行。从逻辑查询计划派生物理查询计划通常需要考虑以下几个方面：

①对于满足结合律和分配律的运算，我们需要考虑它们的结合和分配方式。

②每个运算符要使用的具体算法选择，例如，连接运算符是使用嵌套循环连接、排序合并连接还是哈希连接等，如图5-17所示。

③考虑选择何种物理运算符，是使用扫描运算符（如TableScan、SortScan、IndexScan等）、选择运算符（如Filter、IndexScan等）还是排序运算符。

④数据从一个运算符传送到下一个运算符的方式是什么，例如，是通过在磁盘上保存的中间结果，还是使用迭代算法每次传送一个元组或一个内存缓冲区等。

⑤物理运算顺序如何，例如以从下到上或从左到右的前序遍历顺序来依次执行各子树，还是使用一个迭代器网络来执行每一棵子树的所有节点等。

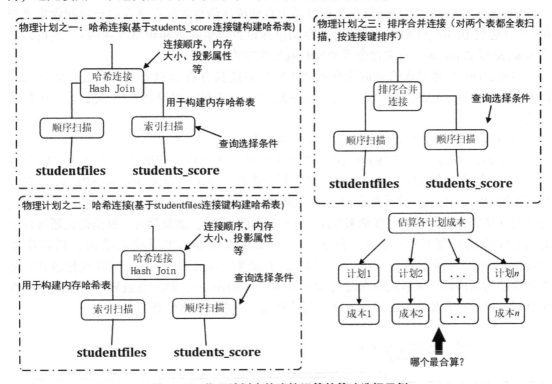

图 5-17　物理计划中的连接运算符算法选择示例

(4) 计划的成本估算(④)

估算物理查询计划的成本(Cost)，是由 DBMS 的统计信息数据及系统参数等进行计算而得的，每个可能的物理查询计划通过上述计算会被赋予一个预估的成本，即通过预估每种查询计划的开销，最终系统会选择代价最小的一个物理查询计划用于执行，如图 5-17 右下角所示。

计算成本(或者说预估开销)需要考虑的因素包括硬件资源占用、处理的元组数目等，DBMS 会自动建立数据表、索引等内容的统计信息数据字典，用于预估开销的时候使用。

用于预估开销的统计信息数据通常是由 DBMS 通过后台统计信息收集程序定期自动获取的，例如在预先设置的每天晚间某个时间进行统计信息的重新计算与更新。这样做的原因有 3 个：第一，统计信息多数情况下在短时间内不会发生剧烈变化；第二，即使不太准确的统计信息也是有用的；第三，实时更新统计信息开销太大。

当然数据库管理员如果发现因统计信息陈旧导致查询性能很差，也可以手工触发统计信息收集程序，立即更新统计信息数据。

5.2.2.3　典型案例：Oracle 数据库的查询优化器

Oracle 数据库管理系统从版本 10g 开始使用 CBO 优化器，即 Oracle 优化器会为 SQL 语句产生所有可能的访问路径(执行计划),然后从中选择一条代价(成本)最低的执行路径,这个成本是指 Oracle 数据库估算执行 SQL 所消耗的资源合计值。

要想让优化器能够精确计算每一条执行计划的成本,就需要被执行 SQL 语句所需访问的所有对象(表和索引等)和系统有必要的描述信息,这些信息被称为优化器统计信息(Optimizer Statistics)。这些统计信息通常是由自动统计信息收集程序在后台定期收集更新的(可以通过 DBMS_STATS 包里的有关存储过程设置收集时点和频率等选项),也可以运行 analyze 或 dbms_stats 有关命令手动即时收集更新统计信息。

另外,Oracle 数据库的查询优化器从 10g 开始还具有自动 SQL 调优功能,它是基于 CBO 优化器调用 DBMS_SQLTUNE 包进行 SQL 优化指导的,可给出具体 SQL 语句优化建议的。

(1) Oracle CBO 优化器硬解析过程及成本计算方法

一个 SQL 查询语句在 Oracle 数据库中执行时,首先是进行语法、语义及权限检查(Check),如果没有问题,就将此 SQL 语句暂存在私有 SQL 内存区(Private SQL Area)准备解析调用(Parse Call);接着是在 SGA 的库高速缓存的共享 SQL 区(Shared SQL Area)查找是否有共享的查询计划可直接拿来使用(图 5-2 和图 5-3),如果没有,就由优化器进行硬解析生成查询计划并择优执行(图 5-18)。CBO 优化器的主要功能结构包括转换器(Transformer)、成本估算器(Estimator)和计划生成器(Plan Generator)。CBO 优化器首先将查询表述为语法解析树形式的查询块(Parsed Representation),然后通过转换器生成逻辑查询计划,最后提升和演变出多个物理查询计划选项,进行成本估算。

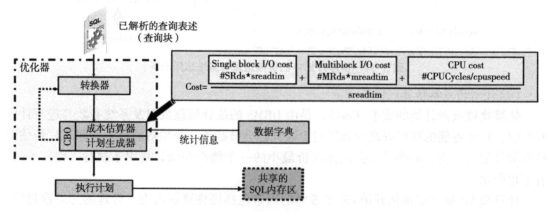

图 5-18 CBO 优化器硬解析过程及其成本估算示意

成本估算器(Cost Estimator)中的成本是指优化器将执行指定 SQL 语句的所有耗费折算成标准化的 I/O 的最佳估算值,其基本成本单位(Cost Unit)是一个标准化的单块随机读: 1 Cost Unit=1 SRds。

图 5-18 中的成本估算公式是将 3 种不同的成本耗费综合折算成标准的基本成本单位:单块 I/O 成本(Single Block I/O Cost)、多块 I/O 成本(Multiblock I/O Cost)及 CPU 成本。

上述成本估算公式中的有关变量含义为:
- #SRds:单块读数(Number of Single Block Reads);
- #MRds:多块读数(Number of Multiblock Reads);

- #CPUCycles：CPU 周期数（Number of CPU Cycles）；
- Sreadtim：单块读时间（Single Block Read Time）；
- Mreadtim：多块读时间（Multiblock Read Time）；
- CPUspeed：CPU 计算处理性能量度，即每秒百万条指令（Millions Instructions Per Second，Mips）。

（2）Oracle 数据库 SQL 的自动调优功能（Automatic Tuning Optimizer）

Oracle 数据库 CBO 查询优化器有两种运行模式：

①正常模式（Normal Mode）　在缺省情况下，优化器总是编译 SQL 语句并生成执行计划。优化器的正常模式为绝大多数 SQL 语句生成合理的执行计划，也就是说，优化器是在非常严格的时间限制下运行的，花极少的代价和时间找到一个好的执行计划。

②调优模式（Tuning Mode）　优化器在调优模式下会进行额外的分析，以检查正常模式下生成的执行计划是否可以进一步改进。调优模式下，查询优化器的输出不是执行计划，而是一系列操作及其产生的执行计划提升建议与预期收益。

- 在调优模式下调用的优化器被称为自动调优优化器（Automatic Tuning Optimizer），由自动调优优化器执行的调优称为自动 SQL 调优（Automatic SQL Tuning）；
- 优化器的调优模式相对正常模式来说，需要花费更多时间来调优单个 SQL 语句，每次必须对 SQL 查询进行硬解析，并调用自动调优优化器进行 SQL 调优指导（SQL Tuning Advisor，STA），有时会占用大量时间和资源。因此自动调优优化器通常用于对整个数据库系统具有重大影响的复杂和高负载 SQL 语句，Oracle 数据库的自动数据库诊断监视器（ADDM）可以主动识别适合自动 SQL 调优的高负载 SQL 语句。

因此，基于自动调优优化器的 SQL 调优指导就是将一个或多个 SQL 语句作为输入并调用自动调优优化器对此语句执行 SQL 调优。其输出通常是一个或多个建议及其预期收益，这些建议涉及对象统计信息的收集、新索引的创建、SQL 语句的重组或 SQL 配置文件的创建等，用户可以酌情选择是否接受建议以完成 SQL 语句的调优。

自动调优优化器主要对目标 SQL 语句作如下 4 个方面的分析，并给出相应的调整优化建议：

①统计数据分析与检查（Optimizer Statistics Analysis & Check）　由于查询优化器依赖数据库对象的统计信息来生成执行计划，如果这些统计信息过时或丢失，优化器就会因缺失或错误过时的统计信息而作出错误的成本预估，并可能生成糟糕的执行计划。自动调优优化器会检查每个查询对象是否有缺失或过时的统计信息，并输出相应的 SQL 语句或命令建议，对过时或缺失统计信息的数据库对象进行相关统计信息收集。

②SQL 配置文件分析（SQL Profiling Analysis）　自动调优优化器还会创建 SQL 语句的配置文件（Profile，也称为 SQL 概要文件），该文件由针对该 SQL 语句的专门辅助统计信息组成。正常模式下的查询优化器对基数、选择性和成本进行估计，这些估计有时会产生大量偏差，从而导致执行计划不佳。SQL 配置文件通过使用抽样和部分执行重新收集附加信息来验证，在必要时调整这些估计值来解决此问题。并可以采用各种优化提示，例如，使用提示/＊+…＊/来影响优化器模式、查询转换、访问路径、联接顺序和联接方法等，进

而尝试多种执行方案，实现执行计划的进一步优化调整（Plan Tuning）。

③访问路径分析（Access Path Analysis） 有效的索引是一种常见的调优技术。由于对大型表数据进行全表扫描需要耗费大量时间和资源，因此创建并使用索引常常可以极大地提高 SQL 语句的查询性能。自动调优优化器还会探索创建可以显著提高查询性能的新索引。

由于自动调优优化器无法分析其新索引建议对整个 SQL 工作负载的影响，因此它还会对有关 SQL 语句及其工作负载运行 SQL 访问指导程序（Access Advisor），进而查看创建索引对整个 SQL 工作负载的影响。如果确定需要这样的索引，自动调优优化器就会建议创建它（Add Missing Index）。

④SQL 结构分析（SQL Structure Analysis） 自动调优优化器还会识别可能导致性能不佳的 SQL 语句构造的常见问题，例如语句中错误的句法、语义或设计问题。一旦识别出这些问题，自动调优优化器就会提出相关建议来重构 SQL 语句（Restructure SQL）。

5.3 事务与并发控制

5.3.1 事务与日志

5.3.1.1 理解事务

事务（Transaction）是用户定义的一个数据库操作序列集，这些操作要么全做，要么全不做，是一个不可分割的工作单位。

数据库作为真实世界的映像，通常要求处在一致性状态中（Consistent State），事务就是数据库在动态变化中保持其一致性的操作集合。

事务作为数据库业务处理的基本逻辑操作单位，DBMS 必须保证其系统中所有事务的原子性、一致性、隔离性和持久性，事务的这 4 个基本特性也称为 ACID 特性。

①原子性（Atomicity） 事务是一个不可分割的整体，事务内所有操作要么全做成功，要么全失败。基于撤销日志的事务提交/回滚机制保证了事务的原子性。

②一致性（Consistency） 指事务执行的结果是使数据库从一个一致性状态变到另一个一致性状态，即在事务开始之前和事务结束以后，数据库的完整性约束没有被破坏。例如，"A 向 B 转账"这个事务的一致性就要求：不能出现 A 扣了钱，B 却没收到款的情况。

③隔离性（Isolation） 在并发环境下，多个并发事务之间相互隔离，不能互相干扰。事务隔离性主要是通过锁机制来实现的。

④持久性（Durability） 事务提交完成后，对数据的更改是永久保存的。重做日志是保证事务持久性的关键机制，即使发生宕机等严重故障，数据库也能通过重做日志将提交完成的数据业务恢复。

5.3.1.2 撤销（Undo）日志和重做（Redo）日志

数据库需要借助日志来实现事务处理，常见的日志有撤销日志（Undo Log）和重做日志（Redo Log），撤销日志实现事务的原子性和一致性读，并且在一些 DBMS 中利用撤销日志来实现多版本并发控制（MVCC），而重做日志实现了事务的持久性。

(1) 重做日志

重做日志记录的是新数据的备份。事务提交只需要将重做日志持久化，即将重做日志从内存的日志缓冲区(Log Buffer)写入联机重做日志文件中即可，事务提交时不需要将修改过的数据持久化。当系统崩溃时，虽然数据没有持久化，但是重做日志已经持久化。系统可以根据重做日志的内容，恢复用户已提交的事务，将数据库恢复到一个最新的一致性状态。

在数据页修改完成之后，在脏页刷出磁盘之前，会写入重做日志，即在内存缓冲区中，先修改数据，后写日志。但重做日志通常会比数据页先写入磁盘，也称为写前日志(Write Ahead Log，WAL)，聚集索引、二级索引、撤销页面的修改均需要记录重做日志。

重做日志文件是记录事务对数据库所有更新操作的文件，而一个事务的重做日志记录通常包括事务标识、操作类型(Insert、Delete 或 Update)、操作对象(如 rowid、block no 等)、更新前的旧值(Insert 除外)和更新后的新值(Delete 除外)等内容，具体写入条目依次有：

- 事务 ID 及开始标志(Begin Transaction)，如<T1, start>；
- 事务 ID 及有关 DML(Insert、Update、Delete、etc)操作细节(物理日志)，如<T1, 用户名值、新的列值集等>；
- 事务 ID 及提交或回滚标志，如<T1, commit>；
- 事务 ID 及结束标志，如<T1, end>。

具体写入规则为：①对于插入、更新或删除操作，都生成重做日志记录(包含 New Value)；②在数据更新到磁盘前，事务日志(包括 Commit)记录通常是先写到磁盘，否则最新数据有丢失风险；③Commit 时刷新日志到磁盘；④在数据刷新到磁盘数据文件时，写 end 记录到日志；⑤日志写入次序严格按并行事务执行的时间次序。

(2) 撤销日志

为了满足事务的原子性，在事务的 DML 语句修改或删除任何数据之前，将老数据(Old Value)以撤销日志的形式备份到内存一个缓冲区，然后再进行数据的修改。也就是说，对于更新或删除操作，都生成撤销日志记录(包含 Old Value)。

撤销日志是一种逻辑日志，可以利用撤销日志将数据回滚到修改之前的样子，也就是说，如果出现了错误或者用户执行了回滚语句，系统就可以利用撤销日志中的备份将数据恢复到事务开始之前的状态。撤销日志跟重做日志一样都是写前日志，即先于数据持久化到磁盘。

撤销日志的作用包括实现回滚操作、支持读一致性及用于恢复失败的事务等。

重做日志记录了事务的行为，可以很好地通过其进行事务的"重做"。与重做日志相反，撤销日志的目的是事务的撤销(或回滚)。对数据库进行修改时，数据库不但会产生重做日志，而且还会产生撤销日志，与重做日志存放在重做日志文件中不同，撤销日志存放在数据库内部的一个特殊数据段中，这个数据段称为回滚段(Undo Segment)。回滚段在不同的 DBMS 中有不同存储方式，有些版本的数据库回滚段位于共享的系统表空间中，大部分流行的 DBMS 通常将回滚段存放在一个专用的独立表空间中。回滚段中的撤销日志又分为 3 种情况：

①未提交的回滚数据(Uncommitted Undo Information) 该数据所关联的事务并未提交，此时的撤销日志可用于实现读一致性，该数据不能被其他事务的数据所覆盖。

②已经提交但未过期的回滚数据(Committed Undo Information) 该数据关联的事务已提交，但仍在系统允许的保持时间范围内(如通过类似系统参数 undo retention 设定保持时间)。

③其对应事务已提交并已过期的回滚数据(Expired Undo Information) 事务已经提交，而且数据保存时间已经超过 undo retention 参数指定的时间，属于已经过期的数据，当回滚段满了之后，会被新数据优先覆盖。

5.3.1.3 经典案例：MySQL InnoDB 中的事务与日志

在 MySQL InnoDB 中，事务的隔离性由锁机制实现，而事务的原子性、一致性和持久性由事务的重做日志和撤销日志来实现。

重做日志记录了一个事务对数据库做了哪些修改。MySQL InnoDB 针对事务对数据库的不同修改场景定义了多种类型的重做日志，但是绝大部分类型的重做日志都有如下条目：

- type：重做日志的类型，InnoDB 的重做日志大约有 53 种不同的日志类型；
- space ID：表空间 ID；
- page number：页号；
- data：该条重做日志的具体内容。

如图 5-19 所示，重做日志是以组的形式写入磁盘的。插入或者修改一条数据都需要对 B+树进行修改，可能不止一个修改点，甚至会涉及页分裂。为了保证这组数据的原子性，MySQL 引入了 Mini Transaction(简称 MTR)的概念。

MTR 是事务执行过程中的基本原子操作，通常基于一条 DML 语句对相关数据页的修改及其相关的索引、表空间或页锁等操作。MTR 本身是不能回滚的，是原子级的。MTR 的执行会将日志追加到重做日志缓冲区(Redo Log Buffer)并释放所有相关的锁资源。

MTR 是一个 DML 操作在物理级别对内部数据结构进行更改的一个内部阶段，MTR 可以包含一组重做日志。在系统崩溃后进行恢复时，这一组重做日志是一个不可分割的整体。例如插入一条新记录，会产生两个 MTR 操作：

①往数据页增加新数据(修改数据页)，为确保持久化，还需要产生重做日志，这是一个 MTR。

②为了支持 MVCC 和事务回滚，需要产生撤销日志，而将撤销日志写入回滚数据页，这又是一个 MTR。

总之，一个事务可以包含若干条 SQL 语句，每一条语句其实又是由若干个 MTR 组成的，每一个 MTR 又可以包含若干条重做日志，最终形成一个树形结构。

在 InnoDB 存储引擎中，重做日志是通过 Force Log at Commit 机制来实现事务的持久性的，即当事务提交时，Force Log at Commit 机制会按照预定方式适时将重做日志缓冲区的有关日志写入重做日志文件(Redo Log File)中，以保证数据的持久化。在持久化一个数据页之前，先将内存中相应的重做日志缓存页写入磁盘的重做日志文件中，这种做法也被称为写前日志(Write-Ahead Log)。

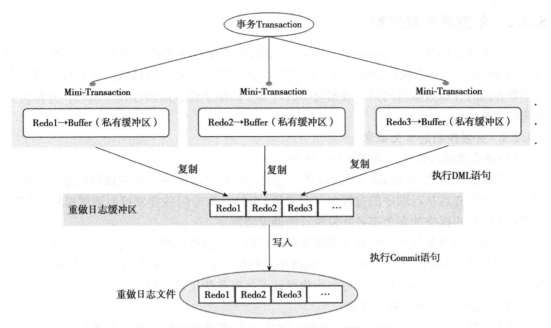

图 5-19　事务以 MTR 形式生成重做日志示意

InnoDB 存储引擎的 Force Log at Commit 机制通过配置系统参数 innodb_flush_log_at_trx_commit 来控制提交事务时，将重做日志缓冲区中的重做日志刷新到重做日志文件中的具体情况如下：

①当设置参数为 1 时（默认值），表示事务提交时必须调用一次 fsync 操作实现刷盘，这是最安全的配置，保障了关键事务处理的持久性和可恢复性。

②当设置参数为 2 时，则在事务提交时只做写操作，只保证将重做日志缓冲区写到系统的页面缓存中，不进行 fsync 刷盘操作。在这种情况下，MySQL 数据库宕机不会丢失事务，但操作系统宕机可能丢失事务数据，不能总是保证数据库的一致性。

③当设置参数为 0 时，表示事务提交时不进行写入重做日志操作，写入操作由后台服务进程按照预定的时间间隔（如每隔 1 秒）进行一次重做日志的 fsync 刷盘操作，因此，数据库实例出现故障时，最多可能丢失 1 秒内发生的事务数据。这种设置通常用于数据初始化等允许数据丢失或可以删除重来等业务场景。

在 InnoDB 存储引擎中，撤销日志会写入回滚段中，回滚段在版本 5.6.3 之前存储在共享表空间中，之后的版本为独立的回滚段表空间（如 undo_001、undo_002），也就是说撤销日志是存储在具有表空间逻辑结构的数据文件中。撤销日志又可分为 Insert Undo Log 和 Update Undo Log 两种：

①Insert Undo Log　插入操作产生的撤销日志，因为插入操作的记录，只对事务本身可见，对其他事务不可见，故 Insert Undo Log 在事务提交后可以直接删除，不需要进行 purge 操作。

②Update Undo Log　针对删除和更新操作前的数据产生的撤销日志记录，Update Undo Log 能够为 MVCC 多版本并发机制提供回滚数据，因此不能在事务提交时就删除，提交时放入撤销日志链表中，由 purge 后台线程进行最后的删除。

5.3.2 数据库并发控制

数据库并发控制(Concurrency Control),是指为了保证事务的原子性、隔离性和一致性,DBMS 对一组并发执行的事务及其内部操作进行调度和处理的机制,其目标是确保在多个事务同时存取数据库的同一数据时不破坏事务的原子性、隔离性和一致性,并保持数据库的完整性。

5.3.2.1 并发控制的有关概念

(1)并发控制的调度及其可串行化概念

并发控制的调度(Schedule)是指按照一定的调度策略协调各个并发执行的事务中的不同操作指令的先后执行顺序的过程。一般来说,DBMS 有专门的并发控制调度模块(进程)来实现不同用户提交的多个事务并发执行的调度需求。

并发的多个事务包含的所有读写操作形成某种顺序排列的操作序列被称为一个调度。

可串行化(Serializable):如果一个调度的执行结果等价于按某次序事务串行执行结果,那么就称该调度是可串行化的。可串行化保证了各事务的正确执行。

(2)冲突操作、冲突可串行化

冲突操作(Conflicting Operation)是指不同事务中的两个操作如果执行顺序改变,就会导致至少一个事务的执行结果发生改变,也就是说,有冲突的两个操作是不能交换执行次序的,而没有冲突的两个事务是可交换次序的。一般来说,同时满足以下 3 个条件的两个操作会存在冲突:①这两个操作属于不同的事务;②这两个操作都在同一个数据项上执行;③至少有一个操作是写操作。

常见的冲突有"脏读""丢失写"及"不可重复读"等,例如:事务 T1 的写操作 W(X)和事务 T2 的读操作 R(X)会产生"脏读"(W-R)冲突;事务 T1 的写操作 W(X)和事务 T2 的写操作 W(X)会产生"丢失写"(W-W)冲突;事务 T1 的读操作 R(X)、事务 T2 的写操作 W(X)和事务 T1 的再次读操作 R(X)会产生"不可重复读"(R-W-R)冲突。

①冲突等价(Conflict equivalent) 如果将调度方案 S1 中任意两个相邻的不冲突操作调换顺序就可以得到另一个调度方案 S2,同理可以调换更多其他不冲突的相邻操作,获得更多的调度方案,这些调度的执行结果都是一样的,因此,这些经过调换相邻非冲突操作得到的调度都是冲突等价的。

②冲突可串行化(Conflict serializable) 所有事务都串行执行的调度方案被称为串行调度,如果一个并发调度和某个串行调度是冲突等价的,则称该调度是冲突可串行化的。

如果能证明某个并发控制方案能让并发事务都生成冲突可串行化的调度,则说明该并发控制方案达到了可串行化隔离级别。

(3)调度优先图

优先图(Precedence graph),也称为序列化图、有向图或冲突图,可用于分析调度计划是否能够实现冲突可串行化。

由于并发事务调度中的相邻非冲突操作可以调换顺序而不影响执行结果,在并发事务串行化时,可以不用考虑非冲突操作,只需要保持冲突操作的相对顺序,也就是说冲突操作在执行时存在先后的依赖关系,这种依赖关系可以用优先图来表达和分析。

冲突可串行化的调度，其优先图应该无环的，也就是说，优先图中不存在环状的调度，即是冲突可串行化的，否则其调度就不是冲突可串行化的，如图5-20所示。

在图5-20调度1及其优先图中，事务1中的R1(A)和事务2中的W2(A)冲突，事务1中的W1(A)和事务2中R2(A)、W2(A)冲突，但这两个冲突操作都是事务1中的操作在前，其优先图中只存在一条从事务1到事务2的有向边。由于优先图中没有环，所以调度1是冲突可串行化的。

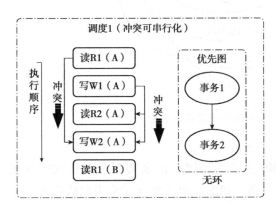 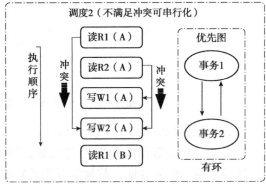

图 5-20　优先图与冲突可串行化示例

在图5-20调度2及其优先图中，事务1中的R1(A)和事务2中的W2(A)冲突，且事务1的操作在前，所以其优先图中存在一条从事务1指向事务2的有向边；同时，事务1中的W1(A)和事务2中的R2(A)冲突，且事务2的操作在前，故其优先图又存在一条从事务2指向事务1的有向边。这样，事务1与事务2及其两条有向边形成了一个环，所以调度2不满足冲突可串行化。

5.3.2.2　并发调度的4种方式

①可恢复调度(Recoverable)　事务的提交必须在它读取的所有事务都已提交之后。例如，当事务T2读取了事务T1修改过的尚未提交的数据(即事务T2依赖于T1)时，如果事务T1先于事务T2提交，则称此调度是可恢复的：W1(A) W1(B) W2(A) R2(B) C1 C2。调度的可恢复性使得事务在系统崩溃时或者事务所依赖(dependant)的事务回滚时，得到的结果仍然满足事务的一致性原则。

②无级联调度(Avoids-cascading-rollback，ACR)　事务只能读取那些已提交事务的值，也就是说，一个事务的回滚不会引起级联依赖关系的事务回滚。例如，事务2读取事务1(依赖事务)时，事务1已完成提交：W1(A) W1(B) W2(A) C1 R2(B) C2。

③严格调度(Strict)　事务的读和写都只能是那些已被提交事务的项目，例如，事务2的读写操作是在事务1(依赖事务)提交之后：W1(A) W1(B) C1 W2(A) R2(B) C2。

④串行调度(Serial)　事务顺序执行，同一事务的指令紧挨在一起。

4种调度方式及冲突可串行化的关系如图5-21所示。

5.3.2.3　并发控制的3种策略

并发控制方式有多种策略，可以归纳为以下3种控制策略：

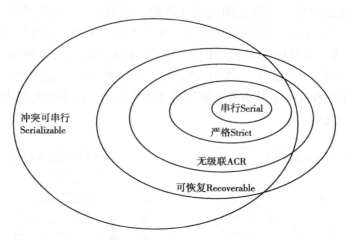

图 5-21　4 种调度方式及冲突可串行化的关系示意

（1）悲观并发控制（Pessimistic Concurrency Control，PCC）

PCC 是经典的数据库并发控制机制，DBMS 主要采用锁机制来实现悲观并发控制策略，即事务使用任何数据之前都需要获得数据的锁，如果其他事务正在使用此数据并已获取有关锁，那么当前事务可能需要等待这些事务结束释放锁后才能获取到有关锁。PCC 的设计基础是假设事务冲突经常发生，目标是避免冲突。也就是说，如果有锁冲突，例如，其他事务持有某些排他锁，会造成延时等待。PCC 通常使用两段锁（2PL）协议。

（2）乐观并发控制（Optimistic Concurrency Control，OCC）

先不管其他事务是否正在读写要使用的数据，直接执行读写操作，但在事务最后需检查是否有其他事务与本事务有冲突，如果没有，事务就顺利完成，在这种乐观情况下就不需要承受锁带来的性能损耗；但是如果有其他事务在本事务运行期间修改了相关数据，并造成了冲突，那么就得取消当前事务，可再找机会重试。OCC 通常使用时间戳排序（Timestamp Ordering，T/O）协议。

（3）多版本并发控制（Multiversion Concurrency Control，MVCC）

基于 MVCC 的存储引擎允许数据表记录存在多个版本，并使用递增的唯一事务 ID（或时间戳）来标识不同版本的数据，这样读操作可以继续访问不同版本的旧值（包括已提交和未提交事务对应版本的值）。根据数据库不同的隔离级别，读操作也许能访问或不能访问未提交的值。多版本并发可以用加锁、调度和冲突解决技术（例如两阶段锁）等方式来实现，也可以用事务 ID 或时间戳排序方式来实现。MVCC 通常用于实现快照隔离模式。MVCC 也可以与 PCC 或 OCC 结合使用，以进一步提高数据库的性能。

上述 3 种并发控制策略的比较示意如图 5-22 所示。

如图 5-22 所示，基于验证协议的 OCC 在读阶段（Raed Phase），数据库会执行事务中的全部读操作和写操作，只是将所有写修改后的值存入临时变量中，并不会真正更新数据库中的内容；接着验证版本信息，检查当前的改动是否合法，也就是看是否有其他事务在读阶段更新了数据，如果验证通过，就进入写阶段（Write Phase），将所有存在临时变量中的改动全部写入数据库；如果没有通过验证，事务就直接会被中止。

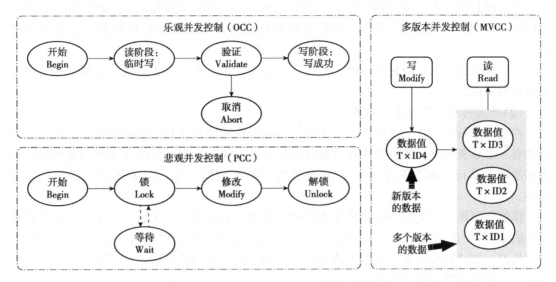

图 5-22　PCC、OCC 与 MVCC 比较示意

如图 5-22 所示，基于锁机制的 PCC 在事务对数据进行修改操作时，首先需要获得该数据资源对应的锁，保证其他事务不会干扰该资源的访问后，才对数据资源进行写操作。如果获取锁失败，通常会进入一个较短的等待状态；如果其他事务始终不释放该锁，一些数据库系统就会出现死锁（Deadlock）的情况，或者强制取消该事务并自动退出等待状态。

如图 5-22 所示，在 MVCC 中，每一个写操作都会创建一个新版本的数据，读操作会从存储的多个版本数据中挑选一个最合适的结果直接返回，这样读写操作之间的冲突就不再存在。MVCC 机制主要是管理和快速挑选数据的版本。

5.3.2.4　悲观并发控制（PCC）

悲观并发控制是通过一种锁机制（如两阶段锁及其变种等）来阻止一些事务修改数据，以保证其他事务的正确执行。例如，如果用户执行的操作导致应用了某个锁，那么只有这个锁的所有者用户释放了该锁，其他用户才能执行与该锁冲突的操作。悲观并发控制主要用于数据争用激烈而且发生并发冲突时用锁保护数据成本低于回滚事务成本的环境中。

（1）读锁与写锁

读锁（Shared Lock，S-Lock）也称为共享锁，读取记录时需要获得读锁，而且可以同时有多个操作获取读锁，即读锁之间不会阻塞。但读锁会阻止另一个事务的写入，另一个事务必须等待读操作完成并释放了读锁后，才能获取写锁并执行写操作。

写锁（eXclusive lock，X-Lock）也称为排他锁，当要写入（如更新或删除）一条记录时，需要先获得写锁，写锁会阻止其他事务的读写操作，因此其他事务必须等待写操作完成并且释放了写锁后，才能获得相应的锁进行操作。

封锁的 3 个层级：

①一级封锁　只用写锁，写锁只有提交或回滚可以释放，解决了丢失写（Lost Update）的问题，多个修改操作将完全互斥。

②二级封锁　在一级封锁基础上,增加读锁,但读锁用完就释放,二级封锁解决了脏读(Dirty Read)的问题,因为加读锁后不能再加写锁,可以保证数据在读的过程中不被修改。

③三级封锁　在二级封锁基础上,进一步要求读锁必须在事务结束后才能释放,解决了不可重复读的问题。

(2)冲突可串行化的3个规则

冲突可串行化的3个规则如下：①事务只能操作被锁的项目；②同一时间、同一项目只能有一个事务加锁；③加锁阶段与解锁阶段分离。冲突可串行化的3个规则是两阶段锁机制的理论基础,即当某事务中的操作要访问某个数据对象时,要先尝试获取该对象的锁。

读锁和写锁的冲突可串行化的3个规则可以进一步表述为：①事务必须为其操作获得正确的锁类型(读锁或写锁)；②读锁解锁前不能加写锁,写锁解锁前不能加写锁和读锁,也就是说,加读锁会影响其他事务的写操作,加写锁会影响其他事务的读写操作；③两阶段锁允许在加锁阶段释放读锁。

(3)两阶段锁(Two-phase Locking,2PL)

两阶段锁,简称两段锁,是基于冲突可串行化的规则对所涉及的所有数据项先进行加锁,操作完成后再对所有的数据项进行解锁,即加锁操作(增长阶段,Growing Phase)和解锁操作(收缩阶段,Shrinking Phase)是在前后分离的两个阶段分别进行的,即不管同一个事务内有多少数据项需要加锁,其所有的加锁操作都只能在加锁阶段完成,如图5-23所示。

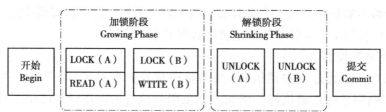

图5-23　两阶段锁的加锁与解锁示意

两阶段锁是冲突可串行化的子集,也就是说,事务遵守两阶段锁协议是可串行化调度的充分条件,而不是必要条件。

两阶段锁协议规定所有事务都遵守的规则为：①在对任何数据进行读、写操作之前,首先要申请并获得对该数据的封锁；②在释放一个封锁之后,事务将不能再申请和获得其他任何封锁。即事务的执行分为两个阶段：第一阶段是获得锁或拒绝获取锁的阶段,称为加锁/扩展阶段(Growing Phase)；第二阶段是释放锁的阶段,称为解锁/收缩阶段(Shrinking Phase)。

- 普通两阶段锁(Basic 2PL)：基于二级封锁,在事务执行过程中,前后分别有加锁(获得锁)阶段与解锁(释放锁)阶段。普通两阶段锁虽然满足冲突可串行化,但可能产生级联回滚,比如在事务T1有X-Lock(A)……W(A)UNLock(A)操作后,依赖于T1的事务T2有S-Lock(A)R(A)……操作,这时T1回滚了,那么依赖事务T2也需要回滚。

- 严格两阶段锁(Strict 2PL)：只有事务结束才能释放写锁，也就是说，被一个事务修改过的值只有事务提交后才能被其他事务读取或再修改。严格两阶段锁与普通两阶段锁的区别是严格两阶段锁在使用后不释放写锁(排他锁)，而是等事务提交时才一次性释放所有写锁，即没有单独的解锁(收缩)阶段。另一种两阶段锁变种是苛刻两阶段锁(Rigorous 2PL)，这是基于三级封锁，在普通两阶段锁基础上，要求所有锁(包括读锁和写锁)都必须保持到事务提交时才能释放。采用严格或苛刻两阶段锁(Strict/Rigorous 2PL)可以避免级联回滚。

两阶段锁优化，即锁的转化，有时在事务执行过程中需要对读锁和写锁进行相互转换，以满足操作需要，主要包括：

①锁升级(Upgrade)　由读锁转化为写锁，通常只能发生在两阶段锁的加锁阶段，例如一个事务先是读取数据 A，再写入同一数据 A，那就会经历锁升级，即把读锁升级为写锁。

②锁降级(Downgrade)　由写锁转化为读锁，只能发生在两阶段锁的收缩阶段。

③两阶段锁的死锁(Deadlock)　两阶段锁协议有时会导致死锁，例如，两个事务 T1 和 T2，事务 T1 加锁了记录 A，之后再加锁了记录 B；而同时事务 T2 先加锁了记录 B，之后再加锁了记录 A，相互交叉加锁，就会导致两个事务都在相互等待，进入死锁状态。

解决死锁问题的策略与手段包括：

①死锁预防(Deadlock Prevention)　死锁预防是通过某种方式，如各事务开始的时间戳来控制锁的优先级，当事务申请锁时，如果这个对象上已经有锁了，那么有两种预防策略：

- Wait-Die 机制：这种机制基于非抢占技术，其规则是，老事务不能抢新事务的锁，但会等新事务释放锁，而新事务遇到老事务已加锁就自己回滚。例如，当事务 1 申请的数据项当前被事务 2 持有，仅当事务 1 的时间戳小于事务 2 的时间戳(即事务 1 比事务 2 老)，事务 1(即老事务)阻塞并等待事务 2(新事务)释放锁；否则事务 1(新事务)就回滚(即 die)，即新事务不能等待去拿老事务的锁，而是新事务自己立即回滚。

- No-Wait 机制：这种机制是基于抢占技术，也称之为 Wound-Wait，其规则是，老事务可以抢夺新事务的锁，让新事务回滚，而新事务只能等老事务释放锁。例如，当事务 1 申请的数据项由当前被事务 2 持有，仅当事务 1 的时间戳比事务 2 的时间戳大(即事务 1 比事务 2 年轻)时，事务 1(新事务)才被阻塞并等待事务 2(老事务)释放锁；否则事务 2(新事务)被回滚(即 wound)，即事务 1(老事务)直接抢了事务 2(新事务)的锁。

这两种死锁预防方式在中等争夺(medium contention)环境下都有相对较好的性能表现，且二者相差不大，但多数情况下 Wait-Die 略胜一筹；在高等争夺(high contention)环境下 No-Wait(Wound-Wait)死锁预防方式有明显更高的性能表现。

②死锁检测(Deadlock Detection，DL-Detect)　在事务运行过程中检测死锁，并从中干扰打破死锁，由于死锁存在着某种互相锁住对方请求资源的关系，因此可以将其转换为一个有向等待图(Wait-for Graph)。如果发现图中有环，那么就意味着当前存在一个死锁，这

时选择一个造成死锁的事务,通过中止它来打破死锁。这个等待图可以在定时或者其他时机构建,例如在定期检查的时候构建。死锁检测方式在只读或低争夺环境下相对死锁预防方式有更好的性能表现。

③其他死锁解决策略 例如尽量只获取必要的锁,并且以一种有序的方式加锁,以尽量避免死锁。

另外,还有一种混合的死锁解决策略是锁超时法,即在一个相对较长的预置时间内,如果事务还是没有完成的话,就会被判定为超时,自动中止事务。

5.3.2.5 乐观并发控制(OCC)

乐观并发控制是基于乐观思想,即假设大多数的事务都是可串行化的,可以在不互相干扰的情况下执行,因此当事务运行时,事务不需要申请资源锁就可以使用这些资源,但每一个事务都会在提交之前验证有没有其他的事务修改了它所读取的数据,如果验证检测时发现存在冲突修改,则待提交事务被回滚并重新开始执行。乐观并发控制也称乐观锁,但它并不是真正锁,只是一种并发控制的思想。

乐观并发控制通常适用于低等争夺(low contention)的环境下。一方面,当冲突较少时,事务多数情况下都能顺利完成,没有管理锁的资源消耗,也没有等待其他事务锁释放的时间消耗,在这种情况下,通常比其他并发控制方式有着更高的吞吐量。另一方面,如果数据资源争夺较为频繁,乐观并发控制会因数据冲突反复重启事务进而导致性能不如基于锁的悲观并发控制方式。

乐观并发控制相当于每个事务都有一个自己的私有空间(private workspace),事务将其读到的内容临时存放在私有空间,并在私有空间中修改其值,私有空间对其他事务是不可见的,当事务执行完成时,再根据事务的时间戳(版本号)来判断事务之间是否发生冲突,若没有发生冲突就将事务的所有修改写入数据库。乐观并发控制方式下的事务执行过程如图 5-24 所示。

图 5-24 OCC 环境下的事务执行示意

如图 5-24 所示的乐观并发控制使用时间戳排序(Timestamp Ordering)协议,将事务执行分为读(Read)、验证(Validation)和写(Write)3 个阶段:

①读(Read)阶段 读取各数据项值(含时间戳或版本号),并根据需要临时修改数据值及其时间戳(版本号),跟踪事务中每个操作的这些读值和写值,并暂存到其私有空间。

②验证(Validate)阶段 根据事务的私有空间内容检查事务是否冲突,即根据时间戳(或版本号)检查其他事务是否修改了当前事务正在使用的数据,需要检查的其他事务包括在当前事务开始时间之后完成的事务,以及在验证期间仍保持活跃的事务。

③写(Write)阶段 如果上述验证没有冲突,所有的改变即生效,将事务私有空间的

操作结果写入数据库,如果产生了冲突,就中止事务。

乐观并发控制可以应用在电商平台的库存表等账户存量数据的处理上。图 5-25 所示的应用场景是两个用户同时购买某件商品时先后减库存的情景,此示例图通过验证版本号的方式直观地展示了乐观并发控制机制。

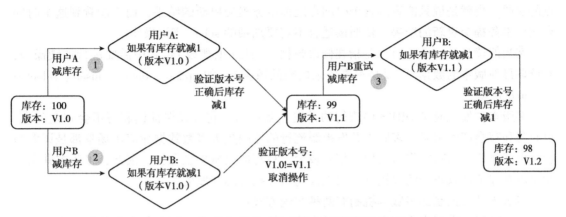

图 5-25 基于版本号校验的乐观并发控制示例

在图 5-25 的示例中,假定有两个并发用户 A 与 B 同时修改数据(减库存),修改前的库存为 100,设置版本号为 V1.0。如果用户 A 先将库存数据修改为 99,同时将版本号置为 V1.1(①);而用户 B 因不知用户 A 的减库存操作也将库存 100 改为 99,但在验证环节发现版本号变了(V1.0!=V1.1)就自动取消修改(②);之后的用户 B 在库存版本 V1.1 的基础上再次尝试减库存(库存改为 98)成功并将版本号置为 V1.2(③)。

5.3.2.6 多版本并发控制(MVCC)

多版本并发控制是基于读写分离的思路,通过一个数据项保存多个版本值的方式实现读写互不冲突的无锁并发控制技术。如图 5-26 所示,读写互不干扰,读写之间不用加锁,以增大并发。

实现多版本并发控制的并发控制协议可以是时间戳排序等乐观并发控制协议或两阶段锁等悲观并发控制协议。例如,基于时间戳排序协议的多版本并发控制会给事务分配单向增长的时间戳,每次修改都保存一个版本,版本与事务时间戳相关联,读操作只读该事务开始前那个版本的数据库快照。

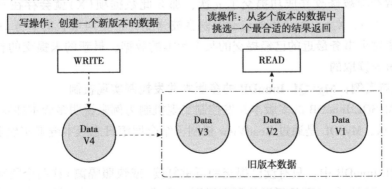

图 5-26 多版本并发控制的读写分离设计示意

多版本并发控制要求事务只能读取其他事务已提交的数据，而不能看到其他事务的未提交数据，可以确保不发生脏读。因此，在多版本并发控制中有两种类型的读：

①快照读(snapshot read)　是读取快照中的数据，即读取已提交的可见版本(可能是某个旧版本的数据)，不需要加锁。因此，快照读也被称为一致性读，读到的是在某个时间点的快照，也就是说只能看到这个时间点之前事务提交更新的结果，而不能看到这个时间点之后事务提交更新的结果。快照读适合不需要加锁的 select 查询操作。

②当前读(current read)　是指在修改数据的操作(增删改)过程中需要进行加锁操作，并读取最新版本的数据(可以是本事务未提交的数据)，如 update、delete、insert、select…for、update 等。

多版本并发控制是 DBMS 中流行的并发控制技术，它可以保证读和写不会相互阻塞，只有写和写会产生阻塞。多版本并发控制流行的原因是大多数数据库应用场景都是读多写少，也就是说，写写操作所占比例相对较少，写写冲突概率就更少。因此，多版本并发控制可以在保证结果正确的前提下，大大提高事务执行的并发度。

多版本并发控制的多版本机制有两种实现方式：

第一种保存数据多个版本的方式是直接将数据记录的多个版本保存在数据库表中，当这些不同版本数据不再需要时，垃圾收集器回收这些记录。例如，多版本并发控制直接在数据库主表(Main Table)上追加存储旧版本，并在主记录上有指针指向旧版本记录。PostgreSQL 的多版本并发控制就是在表中产生数据行的多个版本来实现的，例如，在一张表中更新一条记录，不是直接修改该数据，而是通过插入一条全新的数据记录，同时对老数据加以标识。

第二种保存数据多版本的方式是只在数据库表保存最新版本的数据，但可以使用回滚日志动态重构旧版本数据，如 Oracle 和 MySQL InnoDB 等。也就是说，相当于在主表之外单独开一个表来专门保存旧版本的数据值(Time-Travel 存储方式)或新旧版本的数据差(Delta 存储方式)，主表相关的记录有指针指向旧版本表的对应记录(如果有多个旧版本也会通过指针形成链表)。例如，Oracle 数据库和 MySQL InnoDB 引擎都是通过将旧版本的数据保存在回滚段来实现多版本的，其二者的差别在于，Oracle 是基于块级的(在回滚段中找出数据块的前映像与当前块合并)，而 MySQL 则是基于记录级的(在回滚段形成记录行的版本链)。

在多版本并发控制方式下，数据库中的数据项被修改并提交后，会生成一个新的版本值，假定某数据项被修改并成功提交了 n 次，那么此数据项(X)就会存在一个版本集合 $\{X_1, X_2, X_3, \cdots, X_n\}$，每个事务启动时候会被分配一个正向增长的事务 ID，每个事务读取的都是离这个事务最近的已经提交的某个版本的数据，最新的未提交的新版本数据是无法被其他事务读取的。

5.3.2.7　经典案例：MySQL InnoDB 的多版本并发控制实现机制

下面以 MySQL InnoDB 的多版本并发控制实现机制为例来说明多版本并发控制的原理。如图 5-27 所示，MySQL 是通过 ReadView 机制再结合回滚日志版本链来实现多版本并发控制的。

在 MySQL InnoDB 中，只有读已提交和可重复读(或快照隔离)这两个隔离级别需要使用多版本并发控制机制，而且不同的隔离级别，生成 ReadView 的时间点不一样。

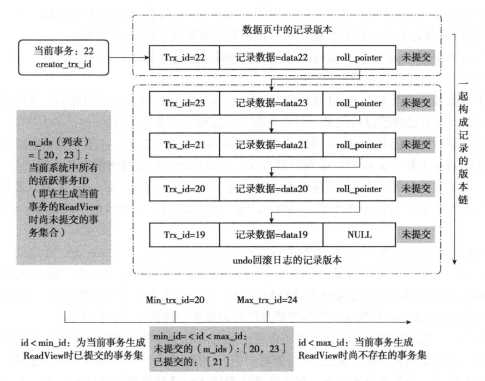

图 5-27 MySQL 基于 ReadView 机制的多版本并发控制实现示例

①读已提交(Read Committed) 每次读取数据前都生成一个 ReadView，可防止脏读。

②可重复读(Repeatable Read) 或快照隔离(Snapshot Isolation)，即在当前事务第一次读取数据时生成一个 ReadView，之后的查询操作都重复使用这个 ReadView，可防止不可重复读。

而对于隔离级别为读未提交的事务则是直接读取记录的最新版本，对于隔离级别为可串行化的事务，InnoDB 引擎则使用加锁的方式来访问记录。

如图 5-27 所示，MySQL 的 ReadView 主要生成并记录以下 4 个属性：

①m_ids 表示在生成 ReadView 时，当前系统中活跃的读写事务的事务 ID 列表(集合)。活跃事务是指当时还没有提交的事务。在图 5-27 示例中 m_ids=[20, 23]。

②min_trx_id 表示在生成 ReadView 时，当前系统中活跃的读写事务中最小的事务 ID，即当时尚未提交的最小事务 ID，也就是 m_ids 中的最小值。在图 5-27 示例中 min_trx_id=20。

③max_trx_id 表示生成 ReadView 时，系统应该分配给下一个事务的事务 ID 值。max_trx_id 不是指 m_ids 中的最大值，事务 id 是递增分配的。在图 5-27 示例中 max_trx_id=24。

④creator_trx_id 表示生成该 ReadView 的事务的事务 ID。在图 5-27 示例中 creator_trx_id=22。

在图 5-27 中，当前事务 createor_trx_id 为 22，在 22 号事务生成 ReadView 信息时，19 号事务已提交，未提交的活跃事务列表 m_ids 为【20,23】，因此，min_trx_id 的值是 20，max_trx_id 的值是 24。

在MySQL InnoDB中，只有在对表中的记录做改动时（执行INSET、DELETE、UPDATE等语句时）才会为事务分配事务ID，而只读事务的事务ID值都默认为0。

当前事务（creator_trx_id）在访问某记录数据时，会通过ReadView有关信息按照如下步骤判断此记录的某个版本是否可见：

①如果被访问版本的trx_id属性值与ReadView中的creator_trx_id值相同，意味着当前事务在访问它自己修改过的记录，所以该版本可以被当前事务访问。

②如果被访问版本的trx_id属性值小于ReadView中的min_trx_id值，表明生成该版本的事务在当前事务生成ReadView前已经提交，所以该版本可以被当前事务访问。

③如果被访问版本的trx_id属性值大于或等于ReadView中的max_trx_id值，表明生成该版本的事务是在当前事务生成ReadView之后才开启的，所以该版本不能被当前事务访问。

④如果被访问版本的trx_id属性值在ReadView的min_trx_id和max_trx_id之间，那就需要判断一下trx_id属性值是不是在m_ids列表中，如果在m_ids中，则说明在创建ReadView时生成该版本的事务还是活跃的（未提交），故该版本不可以被访问；如果不在，则说明创建ReadView时生成该版本的事务已经被提交，该版本可以被访问。

如果某个版本的数据对当前事务不可见，就会顺着版本链找到下一个版本的数据，继续按照上边的原则判断其可见性（是否能被访问），依此类推，直到版本链中的最后一个版本。如果最后一个版本也不可见，那么就意味着该条记录对该事务完全不可见，查询结果中就不会包含该记录。在图5-27示例中，19和21号事务对应的版本数据都可以为被当前事务访问，由于21号事务对应的版本数据是较新的，先被看到，因此查询结果是data21。

5.3.3 事务隔离级别

事务隔离性是事务4个属性（ACID）中的"I"属性，隔离级别定义一个事务与其他事务进行的资源或数据更改时相互隔离的程度。一般地，隔离级别是从允许的并发副作用（如脏读、幻读等）的角度进行描述的。

5.3.3.1 并发事务出现的问题分类

如果不考虑事务的隔离性，那么并发环境下的事务可能会发生以下4种副作用。

①脏读（Dirty Read） 读到了其他事务已修改但未提交的数据。例如，A事务读取了B事务尚未提交的更改数据，并在这个数据的基础上进行进一步操作，如果这时事务B回滚，那么A事务读到的数据就不存在了。

②丢失修改（Lost to Modify） 指在第一个事务中修改了某个数据后，第二个事务也修改了这个数据。这样第一个事务的修改结果就相当于被丢失了，因此称为丢失修改。例如，事务A读取某表中的数据data＝20，事务B也读取数据data＝20，接着事务A修改data＝data−1，事务B也修改data＝data−1，最终结果data＝19，事务A的修改被丢失。

③不可重复读（Nonrepeatable Read） 一个事务内的两次（或多次）读取的数据不一致，原因是其他事务在当前事务第一次读取后突然修改数据并提交了，当前事务再读就是修改

后的数据了。例如，事务 A 在取款事务的过程中，事务 B 正好往该账户转账 100 元，这样，事务 A 两次读取的余额可能出现不一致的情况。

④幻读(Phantom Read)　某一事务两次查询某类记录的中间，另一事务新增并提交了某些记录，并符合本事务的查询条件。例如，事务 A 查询某个范围的行数，而同时事务 B 插入了与事务 A 查询条件匹配的额外行，那么事务 A 再次查询，将获得这个额外的行(幻读)。

5.3.3.2　事务隔离级别的分类

为了解决脏读、不可重复读和幻读等并发环境中的问题，可通过采用不同的事务隔离(Isolation)级别来实现并发性与事务隔离性的平衡。

①读未提交数据(Read Uncommitted)　最低的隔离级别，允许读取尚未提交的数据变更，可能会导致脏读、幻读或不可重复读。例如，在事务操作过程中不上锁，从而让当前事务读取到其他事务的数据，即一个事务在执行过程中可以看到其他事务没有提交的新插入的记录，而且也能看到其他事务没有提交的对已有记录的更新。

②读已提交数据(Read Commited)　允许读取并发事务已经提交的数据，可以阻止脏读，但是幻读或不可重复读仍有可能发生。例如，在事务更新操作时加写锁，其他事务读取数据的时候，需要等待此写锁释放；又如，在多版本并发控制机制下只能读取已提交的最新数据。这种隔离级别下，一个事务在执行过程中可以看到其他事务已经提交的新插入的记录，以及其他事务已经提交的对已有记录的更新。

③可重复读(Repeatable Read)　对数据的多次读取结果都是一致的，除非数据是被本身事务所修改的，可以阻止脏读和不可重复读，但幻读仍有可能发生。例如，事务读取数据时就加读锁，不允许有关数据被更新，直到本事务结束释放读锁。在这种隔离级别下，一个事务在执行过程中可以看到其他事务已经提交的新插入的记录，但是不能看到其他事务对已有记录的更新。

④快照隔离(Snapshot Isolation, SI)　快照隔离仅存在于多版本并发控制机制下，不同的事务可能需要读取不同时间点的数据库快照，也就是说数据库对每一个数据对象都维护多个不同的版本。快照隔离的每一次读都是从一个过去的快照(已提交数据)中读取的，如果有些数据在当前事务开始之后被其他事务改变了值，那么快照隔离能够保证当前事务无法看到这个新值。因此，快照隔离能在多版本并发控制机制下完美地解决不可重复读的问题。快照隔离在不同的 DBMS 中，可能被称为其他隔离级别(因快照隔离只在 MVCC 有效，合并到其他隔离级别可以在所有并发控制策略中通用)，如在 Oracle 数据库中被称为"可串行化"(Serializable)；而在 PostgreSQL 和 MySQL 数据库中则被称为"可重复读"(Repeatable Read)。

⑤可串行化(Serializable)　最高的隔离级别，所有的事务依次逐个执行(可串行化执行)，这样事务之间就完全不可能产生干扰，该级别可以防止脏读、不可重复读以及幻读。例如，读用读锁(共享锁，对 Range 进行加锁，此时其他事务无法操作其中的数据，只能等待或者放弃)，写用写锁(排他锁)，读锁和写锁互斥，这么做可以有效地避免幻读、不可重复读、脏读等问题，但会极大地降低数据库的并发能力。

各隔离级别对并发副作用问题的解决程度见表 5-5。

表 5-5 不同隔离级别的比较表

隔离级别	脏读	不可重复读	幻读
读未提交数据	可能	可能	可能
读已提交读数据	不可能	可能	可能
可重复读快照隔离	不可能	不可能	可能
可串行化	不可能	不可能	不可能

以上几种隔离级别的递进关系如图 5-28 所示。越往上隔离级别越高，可重复读和快照隔离是同一层次的隔离级别，有时混用。可重复读通常是用在悲观锁机制下，而快照隔离更多地用在多版本并发控制机制下。

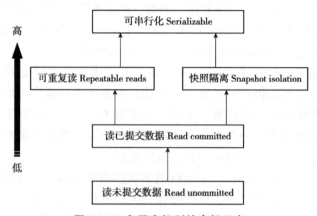

图 5-28 各隔离级别的高低示意

5.3.3.3 主流 RDBMS 数据库引擎隔离级别的比较

除 MySQL InnoDB 的缺省隔离级别是可重复读外，其他 3 种主流 DBMS 的缺省隔离级别都是读已提交数据，见表 5-6。

表 5-6 不同 DBMS 的隔离级别比较

DBMS	缺省隔离级别	最高隔离级别
MySQL InnoDB	可重复读 Repeatable Reads	可串行化 Serializable
MS SQLServer	读已提交数据 Read Commited	可串行化 Serializable
Oracle	读已提交数据 Read Commited	快照隔离 Snapshot Isolation
PostgreSQL	读已提交数据 Read Commited	可串行化 Serializable

5.3.3.4 隔离级别及锁的粒度对并发度的影响

如图 5-29 所示，横轴表示锁的粒度粗细，竖轴表示隔离级别的高低，二者对数据库并发度的影响如下：

①越靠左，锁的粒度越细(Finer-grained) 即锁住的数据单元越小，例如行级锁，只锁一条或多条记录(甚至只锁某个字段或某些字段)，又如只针对某个特殊操作加锁，如读锁、写锁等。细粒度锁允许更多事务并发运行，但系统运行开销较大。

②越往右，锁的粒度越粗（Coarser-grained） 即锁住的数据单元越大，如表级锁锁住整张数据库表，锁的目标也更宽泛，如对所有操作都加锁。粗粒度锁让锁的实现变得更有效率，但同时会导致更少的并发。

③越往下，隔离级别越低（Weak Isolation Level） 如未提交读，会看见其他事务未提交的数据修改，这种隔离级别，相对来说会允许更多的并发。

④越往上，隔离级别越高（Strong Isolation Level） 强的隔离级别会尽量保证事务的 ACID 属性，通常不允许看见其他事务的未提交修改，以确保数据库的一致性，当然也会降低并发性能，即隔离级别越高，安全性越高，并发度就越低。

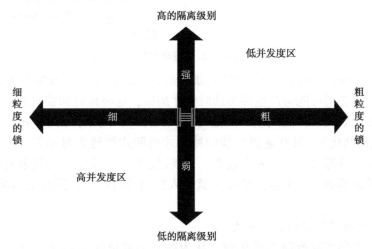

图 5-29　锁的粒度与隔离级别强弱对并发度的影响

5.3.4　经典案例：MySQL 数据库的锁机制

锁是一种内存结构，在事务执行之前是不存在锁的，当一个事务想要对某条记录进行操作时，需要先查看内存中是否有锁结构与该记录相关联，若没有，则在内存中生成一个锁结构与该记录关联（即加锁）。

5.3.4.1　MySQL 数据库锁的分类

MySQL 数据库不同的存储引擎支持不同的锁机制。例如，MyISAM 和 MEMORY 存储引擎主要采用表级锁（Table-level Locking）；BDB（Berkeley DB）存储引擎（MySQL 现已不再支持）采用页级锁（Page-level Locking）也支持表级锁；InnoDB 存储引擎既支持行级锁（Row-level Locking），也支持表级锁，但默认情况下是采用行级锁。

图 5-30 从不同的角度对 MySQL 数据库的锁进行了分类。

（1）根据加锁方式分类

①显式锁（Explicit Lock） 既可以是读锁（S-lock）也可以是写锁（X-lock），例如，通过命令 lock tables 对表进行显式加读锁或写锁，或者通过命令 flush tables with read lock 加读锁等。显式锁通常也要用显式解锁命令（如 UNLOCK TABLES 语句）来解锁。显式锁又可分为 Gap Explicit Lock（仅锁住范围）和 No Gap Explicit Lock（锁住的是记录及记录之前的范围）两种。

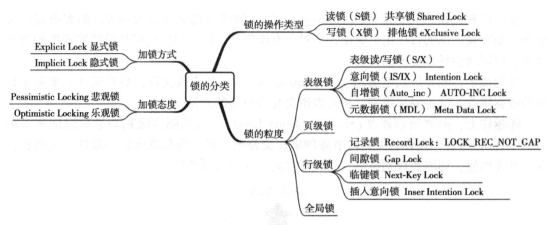

图 5-30 MySQL 数据库锁的分类示意

②隐式锁(Implicit Lock) 当事务需要加锁时，如果这个锁不发生冲突，InnoDB 就会跳过加锁环节，只有当可能会产生冲突的时候才加锁，这种延时加锁机制可以减少锁的数量，这种机制称为隐式锁。隐式锁一定是写锁(X-lock)，例如，在 Insert 操作时缺省不显示加锁(不生成锁结构)，只有遇到可能的冲突才将隐式锁转为显示锁；又如，当事务 A 想对某记录加读锁或写锁时，首先会查看一下该记录的 trx_id 隐藏列代表的事务(事务 B)是否是当前的活跃事务，如果是，事务 A 就进入锁的等待状态，同时帮当前活跃事务(事务 B)创建一个写锁。

(2) 根据对待操作数据的态度分类

①乐观锁 在操作数据时非常乐观，认为在大多数情况下不同事务不会同时修改数据。因此，所谓乐观锁，其实就是在操作数据时不会对操作的数据进行加锁(这使得多个任务可以并行地对数据进行操作)，只有到数据提交的时候才通过一种机制来验证数据是否存在冲突。

②悲观锁 在操作数据时比较悲观，认为在大多数情况下不同事务会同时修改数据。因此操作数据时需要先把数据锁住，直到操作完成后才会释放锁。

(3) 根据数据的加锁操作类型分类

在 MySQL 数据库中，不管是表级锁还是行级锁，都会进一步分为读锁和写锁两种锁类型。

①行级标准锁 读锁(简称 S-lock)和写锁(简称 X-lock)。读锁即在事务要读取一条记录时，需要先获取该记录的读锁，而写锁即表示在事务需要改动一条记录时，需要先获取该记录的写锁。

行级读锁与写锁的互斥与共存规则如下：

● 如果事务 A 持有某行的读锁，那么事务 B 请求访问这条记录时会遵守以下规则：事务 B 请求读锁立即被允许，即事务 A 与 B 可以同时共享记录行的读锁；但如果事务 B 请求写锁将不能被立即允许，此操作会阻塞；

● 如果事务 A 持有某行的写锁，那么事务 B 请求访问这条记录则会遵守如下规则：不管事务 B 是请求读锁还是写锁，都不能被立即允许，事务 B 必须等待事务 A 释放写锁后才允许读写此记录，即写锁与任何锁都互斥。

②表级标准锁　给表加的读锁和写锁。

如果一个事务给表已经加了读锁，则：
- 别的事务可以继续获得该表的读锁，也可以获得该表中某些记录的读锁（行级读锁）；
- 别的事务不可以继续获得该表的写锁，也不可以获得该表中某些记录的写锁（行级写锁）；

如果一个事务给表加了写锁，则：
- 别的事务不可以获得该表的读锁，也不可以获得该表某些记录的读锁（行级读锁）；
- 别的事务不可以获得该表的写锁，也不可以继续获得该表某些记录的写锁（行级写锁）。

（4）根据锁的粒度分类

①全局锁　能够对整个数据库实例加锁，使得整个库处于只读状态，同时会阻塞 DML 和 DDL 语句以及更新类事务的提交语句，如命令 flush tables with read lock 可对数据加全局锁。

②表级锁　用于单个表加锁，可以对表加读锁或写锁，如语句 lock tables tabA write 即对 tabA 加写锁。

③行级锁　即对行数据进行加锁，如 InnoDB 引擎可以加行锁。

④页级锁　是一种较独特的锁粒度，其粒度介于行级锁与表级锁之间，目前使用页级锁的存储引擎是 BerkeleyDB，MySQL 不再支持页级锁。

在 MySQL 缺省的 InnoDB 引擎中，主要采用行级锁，但也会用到表级锁，下面以 InnoDB 存储引擎为例分别从表级锁和行级锁两个层次来看 InnoDB 的锁类型。

5.3.4.2　InnoDB 的行级锁

行级锁最大的特点就是锁定对象的颗粒度很小，所以发生锁定资源争用的概率也最小，能够给予应用程序尽可能大的并发处理能力，从而提高一些需要高并发应用系统的整体性能。但行级锁带来的消耗较大且容易发生死锁。

InnoDB 行级锁的实现方式是索引加锁，即行级锁是建立在索引基础上的，必要的时候行级锁可以升级为表级锁：
- 只有通过索引条件检索数据时，InnoDB 才会使用行级锁，否则会使用表级锁；
- 既使是访问不同行的记录，如果使用的是相同的索引键，也可能会发生锁冲突；
- 如果数据表建有多个索引，可以通过不同的索引锁定不同的行。

（1）行级锁的锁定范围

从锁定的对象和范围来看，InnoDB 的行级锁主要包括以下 4 个类别的锁。

①记录锁（Record Lock）　单个行记录上的锁（locks rec but not gap）。在 InnoDB 引擎中，锁住一行记录即锁住了相关的索引记录，即使表在建立时没有设置主键索引，也会使用隐式的主键索引来实现记录锁，因此记录锁永远都是加在索引上的，它可以阻塞其他事务对这行记录的插入、更新、删除。

②间隙锁（Gap Lock）　锁定一个范围，但不包含记录本身（locks gap before rec）。InnoDB 引入间隙锁是为了解决幻读问题。间隙锁加锁在两个索引键值之间（也包括在第一

个索引值之前,或最后一个索引值之后),它锁住的是一个区间,而不是一条记录。间隙锁的设计目的是防止幻读、间隙内有新数据插入、已存在的数据更新为间隙内的数据。

③临键锁(Next-Key Lock) 是记录锁和间隙锁的组合(Record Lock+Gap Lock),不仅锁定一个范围,并且也锁定记录本身。临键锁是加在某条记录以及这条记录前面间隙上的锁,即锁的区间是一个前开后闭的区间。

④插入意向锁(Insert Intention Lock) 是插入一行记录操作之前设置的一种间隙锁。这个锁表明了这个索引值间隙有插入意向请求,插入意向锁不是独占式的,即允许多个事务在同一索引间隙(两个索引节点区间)插入记录,也就是说插入意向锁不会阻塞彼此。

(2) 行级锁之间的相容互斥关系

上述 4 种行级锁之间的相容与互斥关系见表 5-7。

表 5-7 行级锁之间的相容互斥关系

	记录锁	间隙锁	临键锁	插入意向锁
记录锁	互斥	相容	互斥	相容
间隙锁	相容	相容	相容	相容
临键锁	互斥	相容	共存	相容
插入意向锁	相容	互斥	互斥	相容

(3) 行级锁在不同隔离级别下的加锁差异

不同的隔离级别对 SQL 语句的加锁方式会有不同,表 5-8 列出了两种最常用的隔离级别(读已提交、可重复读)针对查询条件(WHERE 子句)采用不同索引的 SQL 语句进行更新操作时的加锁方式。

表 5-8 不同隔离级别下 SQL 语句的加锁差异示例

语句	级别	
	主键查询的更新(示例1)	二级索引查询的更新(示例2)
读已提交	主键索引加记录锁	主键索引及普通索引都加记录锁
可重复读	主键索引加记录锁	主键索引加记录锁, 普通索引加记录锁及间隙锁

如表 5-8 所示,读已提交隔离级别下,只有记录锁,不会出现间隙锁或临键锁。在可重复读隔离级别下,如果不是按主键查询记录,那么加锁范围很可能是临键锁,或者说记录锁+间隙锁,也就是说可重复读隔离级别下行级锁默认使用临键锁模式,当该查询没匹配到任何记录的时候就退化为间隙锁。

示例 1:以主键为查询条件下的 DML 语句,不管隔离级别是读已提交还是可重复读,都只需要在对查询条件对应的记录加写锁。

示例 2:查询条件是普通的二级索引,那么不同的隔离级别对应的加锁方式有所区别:
- 在读已提交级别下,查询条件上对应的主键索引记录需要加写锁,同时对应的普通二级索引记录也需要加写锁;

- 在可重复读级别下，除了读已提交级别下对应记录写锁外，还需要在普通索引的两个键值间加间隙锁。

5.3.4.3 InnoDB 的表级锁

表级锁通常用在 DDL 中，如 DROP/TRUNCATE TABLE，ALTER TABLE 等。和行级锁相反，表级锁是 MySQL 粗粒度的锁机制。由于表级锁一次会将整个表锁定，表级锁开销小，加锁快，且不会出现死锁；但锁定粒度大，发生锁冲突的概率高，并发度低。

InnoDB 的表级锁，除了标准的表级读锁与表级写锁外，还有一种表级读写锁称为意向锁。

（1）意向锁（Intention Lock）

意向锁是一种不与行级锁冲突的表级锁，即考虑到事务在未来的某个时刻可能要加读锁或者写锁，先提前声明一个锁的意向。又分为意向读锁（IS）和意向写锁（IX）两个锁类别。

①意向读锁　简称 IS 锁，当事务准备给表加读锁时，需要先在表级别加一个意向读锁。通过语句 select ... lock in share mode 给表设置 IS 锁。

②意向写锁　简称 IX 锁，当事务准备给表加写锁时，需要先在表级别加一个意向写锁。通过语句 select ... for update 给表设置 IX 锁。

因此，意向锁（IX/IS）作为表级别的一个锁意向声明，虽然不会和行级别的读写锁发生冲突，但会和表级别的标准读写锁（X/S）发生冲突，它们之间的相容或互斥关系见表 5-9。

表 5-9　表级读写锁与意向锁间的相容互斥关系

	读锁	写锁	意向读锁	意向写锁
读锁	相容	互斥	相容	互斥
写锁	互斥	互斥	互斥	互斥
意向读锁	相容	互斥	相容	相容
意向写锁	互斥	互斥	相容	相容

（2）自增锁（AUTO-INC Lock）

自增锁是一种特殊的表级锁，它专门针对 AUTO_INCREMENT 类型的列。对于这种列，如果表中新增数据时就会去持有自增锁。也就是说，如果一个事务正在往表中插入记录，所有其他事务的插入必须等待，以便第一个事务插入的行是连续的主键值。事实上参数 innodb_autoinc_lock_mode 的设置值决定了自增锁的模式，其默认值是 1（连续锁模式）。

参数 innodb_autoinc_lock_mode 设置值的差异：
- 0：传统（tradition）锁模式，使用表级自增锁。一个事务的 INSERT-LIKE 语句在语句执行结束后就释放自增锁，而不是在事务结束后释；
- 1：连续（consecutive）锁模式，这种模式对于 BULK INSERTS 类语句使用自增锁直到语句完成。但对 SIMPLE INSERTS 类语句则做了优化，由于 SIMPLE INSERT 一次性插入的行数可以提前知道，因此可以一次生成几个连续的自增值用于这个

INSERT 语句，这样自增值生成阶段可以使用轻量级互斥锁来生成所有的值，而不是一直加锁直到插入完成；
- 2：交错（interleaved）锁模式，所有的 INSERT-LIKE 语句都不使用表级锁，而是使用轻量级互斥锁。这个模式其实是不使用自增锁的，其性能最好，但对于同一个语句来说，它所得到的 AUTO_INCREMENT 值可能不是连续的。

（3）元数据锁（Meta Data Lock，MDL）

元数据锁也是一种表级锁。它是从 MySQL5.5 开始引入的锁，为了解决 DDL 操作和 DML 操作之间的操作一致性。当对一个表做增删改查操作（DML）的时候，加 MDL 读锁；当要对表做结构变更操作（DDL）的时候，加 MDL 写锁。读锁之间不互斥，但读锁与写锁之间以及两个写锁之间是互斥的，即当某事务在变更表结构时，其他事务不能同时对此表做 DML 或 DDL 操作。MDL 锁不需要显式使用，在操作访问一个表时会根据需要自动加 MDL 锁。

思考题

1. 撤销日志和重做日志的区别是什么？
2. 谈谈你对悲观并发控制和乐观并发控制的理解。
3. 谈谈你对在 RDBMS 中 SQL 语句执行过程的理解。
4. 谈谈你对 CBO 模式下 SQL 查询计划的生成与优化过程的理解。
5. 谈谈你对多版本并发控制的理解。

第6章 分布式数据库

随着计算机网络技术的飞速发展和数据库应用范围的不断扩大,传统的集中式数据库系统显露出它的不足:数据按实际需要已在网络上分布存储,再采用集中式处理,势必造成通信开销大;数据库系统集中在单台计算机或单个机房上运行,一旦该节点发生故障,则整个系统都会受到影响,即影响系统可靠性;另外,集中式数据库系统的规模和配置不够灵活,系统的可扩展性差。因此,大数据时代的数据库系统逐步向分布式系统发展。

本章着重介绍分布式技术、分布式数据库与分布式事务处理,并介绍了分布式数据库管理系统(DDBMS)的发展、分类及其国产化。本章共包括4节:

①分布式技术 并发、并行与分布式计算的理解,分布式与集群的概念,分布式计算与分布式存储,分布式系统及其设计的权衡,分布式共识,并着重介绍了Paxos协议。

②分布式数据库概述 大数据时代对分布式数据库的需求,数据库的存储架构,数据复制与数据分区技术介绍,分布式数据库、并行数据库与数据库集群介绍,以及对Oracle RAC集群与MySQL数据库集群的经典案例分析。

③分布式事务处理 分布式事务处理的解决方案,两阶段提交(2PC)与三阶段提交(3PC)协议,TCC模式与可靠事件模式。

④DDBMS及其国产化 DDBMS的发展与分类,DDBMS的国产化,两种国产分布式数据库管理系统介绍(OceanBase与TDSQL)。

6.1 分布式技术

6.1.1 并发、并行与分布式计算

并发(Concurrent)、并行(Parallel)和分布式(Distributed)3种计算方式分别适用于不同的计算环境,如图6-1所示。

①并发计算 在单核和多核处理器计算环境中都可存在。并发的特点是同一时间有多个正在执行的进程。若在单核环境中,同一时刻则只有一个进程获得CPU资源,虽然从用户角度看多个进程都在进行中。

②并行计算 是在多个处理器上同时执行多个任务,这个任务之间可能相互关联,处理的数据也在同一个内存区域,但从空间上看,并行总是用多个处理器并行地执行计算,

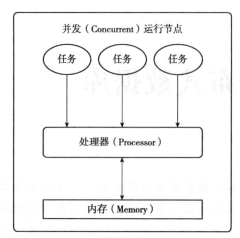
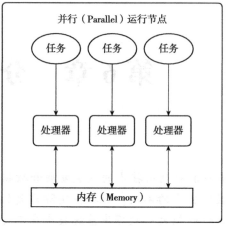
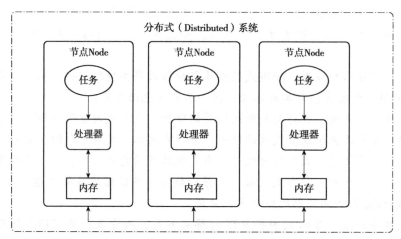

图 6-1 并行、并发与分布式计算节点示意

而不是在单个处理器上串行进行。因此，并行计算的目的就是希望提供单处理器无法提供的性能，即提供更强大的处理器能力。

③ **分布式计算** 通常把一个需要巨大计算能力才能解决的问题分成许多小的部分，并分配给许多计算机节点协同处理，最后把各节点的计算结果汇总到一起得到最终的结果。例如，把一个业务拆分成多个子业务，分别部署在不同的服务器上，并通过网络让这些子业务之间相互通信、协同工作；又如一个基于互联网的分布式系统可以利用世界各地闲置计算机节点的计算能力来完成单个计算节点无法完成的计算项目，如探索外星智慧生命等。

并行计算与分布式计算的区别如下：

- 并行计算借助并行算法和并行编程语言实现进程级或线程级的并行处理，而分布式计算只是将任务分成小块在多个计算机节点上协同计算；
- 用于并行计算的处理器间的交互一般很频繁，往往具有细粒度和低开销的特征，并且被认为是可靠的；而在分布式计算中，处理器间的交互不频繁，且是粗粒度的，并且被认为是不可靠的。

6.1.2 分布式与集群

集群(Cluster),即计算机集群的简称,是一种计算机系统。它通过一组松散集成的计算机软件和(或)硬件连接起来并紧密协作完成计算工作。集群计算机系统中的单个计算机称为节点(Node),集群节点之间通常是通过局域网连接(也有其他连接方式)。集群通常用来改进单个计算机的计算速度和/或可靠性。

根据组成集群系统的计算机之间体系结构是否相同,集群可分为同构与异构两种;按其功能和结构,集群系统又可以分为高可用性集群(High-availability Clusters)、负载均衡集群(Load-balancing Clusters)、高性能计算集群(High-performance Clusters,HPC)、网格计算(Grid Computing)等。

①高可用性集群 当集群中有某个节点失效时,此节点上的任务会自动转移到其他正常的节点上,一般还可以将集群中的某节点进行离线维护后再上线。

②负载均衡集群 一般通过一个或者多个前端负载均衡器,将工作负载分发到后端的一组服务器上,从而达到整个系统的高性能和高可用性。这样的计算机集群也被称为服务器群(Server Farm)。其实,高可用性集群和负载均衡集群都同时具有高可用性与负载均衡的特点。

③高性能计算集群 采用将计算任务分配到集群的不同计算节的方式以提高计算能力,主要应用在科学计算领域。这类集群通常运行特定的程序以发挥 HPC 集群的并行能力。HPC 集群特别适合在计算中各计算节点之间会发生大量数据通信的计算业务。

④网格计算 是一种分布式计算的集群,参与计算的是一个计算机网络。网格计算与传统集群的主要差别是,网格是连接一组相关并不信任的计算机,它的运作更像一个计算公共设施,在网格上的资源可以动态增减,网格可以在本地网、城域网或广域网上进行分布。

分布式与集群的区别与联系见表 6-1。

表 6-1 分布式与集群的区别与联系

区别与联系	分布式	集群
表现形态不同	分布式是个工作方式,即运行在多个计算机节点上的系统	集群是个物理形态,即一堆机器的集合
适用范围不同	通常是将不同的业务模块部署在多个服务器上,或者同一个业务模块分拆成多个子业务部署在不同的服务器上,解决高并发的问题	侧重于同一个业务部署在多台机器上,以提高系统可用性,因此集群一般是物理集中、统一管理
二者的联系与融合	分布式系统可以运行在一个或多个集群上,也可以运行在不属于一个集群的多台机器上	一个集群系统可以运行一个或多个分布式系统,也可能根本就没有运行分布式系统
设计理念不同	分布式是将不同的业务分布在不同的地方,一个分布式应用甚至可以在多个物理隔离的节点上运行。分布式为了解决节点宕机问题,倾向于分散负载,但分布式又可能导致数据一致性等问题	集群从逻辑上看是处理同一任务的机器集合,可以属于同一机房,也可分属不同的机房,一个分布式应用可以运行在某个集群上,但某个集群也可能只是分布式应用的一个节点

6.1.3　分布式计算与分布式存储

分布式计算是一种计算方法，与集中式计算相对，即把一组计算机通过网络相互连接成一个分散而非集中的系统，并把需要处理的数据分散成多个部分，交由分布在系统内的各计算机协作处理与计算，再将计算结果合并以得到最终结果。

分布式处理系统就是利用分布式计算技术对数据进行处理的计算机系统，即将不同地点的，或具有不同功能的，或拥有不同数据的多台计算机（即节点）通过通信网络连接起来，在控制系统的统一管理控制下，协调完成大规模信息处理任务，各节点通过交换信息的方式进行协作。其目的是利用多个功能部件或多个处理机节点同时并行工作来提高系统的性能或可靠性。

分布式存储则是一种数据存储技术，通过分布式技术用网络上分散的存储资源构建出一个虚拟的存储设备，也就是说，分布式存储系统是将数据分散存储在多台独立的设备上。

分布式存储的优点包括：

①高性能　分布式存储通常有读写缓存，并支持自动分级存储，将热点区域内的数据直接映射到高速存储中，这样可以更好地提高系统的响应速度。将高速存储和低速存储分开，可以更好地满足使用者在复杂的业务环境中的有效存储需求。

②弹性扩展　分布式存储架构，可以预估和弹性扩展其计算资源与存储容量，扩展之后会自动转移到新的节点，实现负载平衡，避免单点过热的情况。

③快照备份机制　分布式存储可以在多时间点作快照备份，并利用多个时间节点的快照数据进行恢复操作，支持同时提取多个时间点的样本进行故障修复或数据回滚。

④多副本备份机制　传统的存储架构使用RAID模式来保护数据的安全，而分布式存储则可以用多副本备份机制来保持数据一致性，存储数据时，可以对数据进行分片，把分片之后的数据在集群节点上保存。分布式存储采用的是一个副本写入，而其他的副本读取，在数据读取失败的时候，系统能从其他的副本中读取数据，并继续写入该副本，保证了副本总数的一致性。

6.1.4　分布式系统

分布式系统（Distributed System）是由多台计算机及其通信的软件组件通过计算机网络连接（本地网络或广域网）组成的系统，简单地说，分布式系统是建立在网络之上的软件系统，它具有高度的内聚性和透明性。因此，分布式系统不同于计算机网络的关键点，是一种软件系统，如操作系统、数据库等，而不是硬件。

在分布式系统中，由网络连接的计算机节点，可能分布在地球上不同的国家，也可能在同一机房。因此，分布式系统是一个复杂的、能力分散的自治系统，其自动化部署与良好的调度和管理功能非常重要，其组件容器化（Docker）是一种趋势。

通常在分布式系统中，使用分层模型，路由和代理计算任务、存储任务，将不同的工作划分到不同业务集群机器中。因此，其运算遍布在各个分布式集群当中，为了提高系统效率，数据缓存就成了它的常用技术方案，如CDN（Content Delivery Network）内容分发网络。

6.1.4.1 分布式系统的特征

分布式系统有如下 4 个主要特征：

①组件并发性（Concurrency of Components） 在分布式系统中，执行的程序可以在各自的计算机节点上并行工作（必要时共享资源），也就是说，程序运行中的并发操作是常见的，而且会并发操作一些共享资源，如数据库或者分布式存储等。高效地协调分布式并发操作也是分布式系统架构设计的关键之一，尤其是系统处理共享资源的能力会随着网络资源的增加而提高。

②空间分布性（Distributed） 分布式系统中的多台计算机都会在空间上随意分布，而且各节点的分布情况也会随时变动，通信成本通常较高，有时甚至高于计算成本。

③缺乏全局时钟（Lack of a Global Clock） 分布式系统是由一系列在空间上随意分布的多个进程组成的，这些进程之间通过交换消息来通信，即并发执行的程序间需要通过消息交换来协调彼此的操作。相互间的协作通常取决于对程序操作发生时间的共识。但分布式网络上的计算机与时钟同步所达到的准确性是有限的，即可能会出现没有统一的全局时钟的情况。由于缺乏全局时钟，很难界定两个事件发生的先后顺序，常常会在系统运行过程中遇到很多集中式系统不会出现的异常故障，因此，需要在系统设计中考虑到全局时钟缺失的情况。

④故障独立性（Independent Failures of Components） 任何计算机系统都可能出现故障，但分布式系统可能出现新的形式的故障，例如，网络故障会导致计算机间的隔离，但这并不意味着计算机节点上的程序停止运行，事实上，计算机节点上的程序甚至都不能分辨或检测到是网络出现故障，还是网络运行得比通常慢；类似的，计算机的故障或程序的异常中止（如操作系统故障、程序内存溢出等），并不能让与它通信的其他组件立即知道，即系统的某个组件单独出现故障，而其他组件却毫无察觉、运行正常。

6.1.4.2 分布式系统的挑战

构建分布式系统的挑战包括处理其组件的异构性、开放性、安全性、可伸缩性、故障处理、并发性、透明性和提高服务质量等。

①异构性（Heterogeneity） 也称为多样性或差别。互联网使得用户能在大量异构计算机和网络上访问服务和运行应用程序，主要存在以下异构性：网络（其通信的网络协议相同）、计算机硬件、操作系统、编程语言、不同开发者实现的软件等多方面的多样性。

②开放性（Openness） 分布式系统的开放性主要取决于新的资源共享服务能被增加和供多种客户程序使用的程度。开放性的关键是接口及其标准化，而发布接口仅是分布式系统增加和扩展服务的起点。

③安全性（Security） 分布式系统中维护和使用的众多信息资源的安全性主要包括机密性（防止泄露未经授权的个人数据）、完整性（防止被改变或破坏）、可用性（防止对访问资源的干扰，如 DDOS 攻击）3 个方面。

④可伸缩性（Scalability） 分布式系统可以在不同的规模（从小型企业内部网络到互联网）下有效且高效运转。如果资源数量和用户数量激增，系统仍能保持其有效性，那么这个系统称为可伸缩的。

⑤故障处理(Failure Handling)　当硬件或软件发生故障时，程序可能会产生不正确的结果或者在它们完成应进行的计算之前停止了。分布式系统的故障可能是部分的，即有些组件出了故障，而其他组件仍运行正常。因此，故障的处理有相当的难度，具体包括故障的检测、故障的掩盖与恢复以及系统的容错等。

⑥并发性(Concurrency)　在分布式系统中，服务和应用均提供可被客户共享的资源。当服务和应用并发地处理多个客户请求时，如何避免进程间对共享资源使用的竞争是系统的一个挑战。使用分布式锁来保证资源服务的顺序性，甚至可使用不同粒度的锁(读锁、写锁、公平锁、非公平锁)来保证数据的一致性及其操作性能。

⑦透明性(Transparency)　透明性被定义为对用户和开发人员屏蔽分布式系统的组件分离性，使系统被认为是一个虚拟的整体，而不仅是独立组件的集合。透明性具体又包括：

- 访问透明性(Access Transparency)：用相同的操作访问本地资源和远程资源；
- 位置透明性(Location Transparency)：不需要知道资源的物理位置或网络位置，就能访问它们；
- 并发透明性(Concurrency Transparency)：几个进程能并发地使用共享资源进行操作且互不干扰；
- 复制透明性(Replication Transparency)：使用资源的多个实例提升可靠性和性能，而用户和开发人员无须知道副本的相关信息；
- 故障透明性(Failure Transparency)：屏蔽错误，不论是硬件故障，还是软件故障，用户和应用都能完成它们的任务；
- 移动透明性(Mobility Transparency)：资源和客户能够在系统内移动而不会影响用户或程序的操作；
- 性能透明性(Performance Transparency)：当负载变化时，系统能被重新配置以适配性能；
- 伸缩透明性(Scaling Transparency)：系统和应用能够进行扩展而不改变系统结构或应用算法。

⑧服务质量(Quality of Service，QoS)　分布式系统对客户及其用户体验影响较大的关键因素是可靠性、安全性与性能。其中，可靠性和安全性问题在设计分布式系统时是非常关键的。提供服务的性能，主要是指及时性保证和计算吞吐量的大小等。

6.1.5　分布式系统设计的权衡

分布式系统设计的基础性原则至少包括两个：

①通过复制来提高可用性　这里的复制(Replication)是指通过在系统中维护多个数据副本来引入冗余，分为同步复制(以保证零数据丢失)和异步复制(可能滞后甚至丢失数据)。

②使用 CAP 理论来指导分布式系统设计　事实上分布式系统设计面临诸多挑战，例如，同步复制会带来可用性问题，异步复制会带来一致性问题，网络故障会导致分区问题，CAP 理论就是要在一致性、可用性与分区容错性三者之间进行取舍和权衡。

6.1.5.1 分布式系统设计的 3 要素

(1) 一致性(Consistency)

一致性是指在多个副本之间是否能够保持一致的特性。如果能做到一个数据更新,所有用户任何节点读到的都是新的数据,那么系统就被认为具有强一致性。但分布式算法并不总是保证状态严格一致,一些情况下,允许各副本之间的状态存在分歧,并依赖故障检测与处理机制解决,例如在读取数据时发现不一致就利用副本自动修复。

(2) 可用性(Availability)

可用性是指服务必须一直处于可用状态,对于用户每个操作请求总是能够在有限的时间内返回结果。不同业务场景下的"有限时间"是不同的。而"返回结果"指的是明确的处理结果,即成功或失败。可用性是一个衡量系统成功响应请求能力的属性。

(3) 分区容错性(Partition Tolerance)

分区容错性是在分布式系统遇到任何网络分区故障的时候,仍然需要保证对外提供满足一致性和可用性的服务,除非全部节点都宕机了。这里的网络分区是指在分布式系统中的两个或更多服务器无法相互通信的情况下,包括因网络的不可靠性导致的两个节点无法相互通信或几个节点组被彼此隔开等情况,例如集群脑裂(因网络故障导致一个分布式集群拆分成两个集群)。容错(Fault Tolerance)通常是指当系统中的部分组件发生故障时,系统仍能继续正确地运行。

6.1.5.2 CAP 理论

CAP 理论认为一个分布式系统不可能同时满足一致性、可用性、分区容错性,也就是说在一个异步网络环境中,一致性(任何时候都一致)和可用性(总是可用)不可兼得。

2000 年,Eric Brewer 教授提出了 CAP 猜想。两年后,Seth Gilbert 和 Nancy Lynch 从理论上证明了猜想的可行性,从此 CAP 理论成为分布式计算领域的公认理论。

如图 6-2(a)所示。C(强一致性)A(可用性)P(分区容错性)不能同时满足,要么 CP,要么 AP,要么 CA:

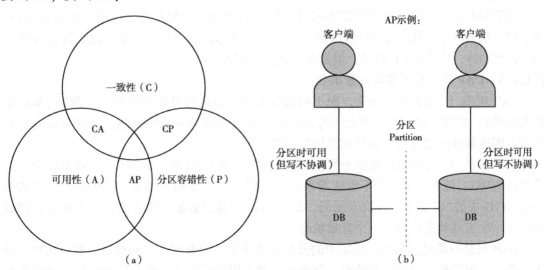

图 6-2 CAP 原则示意

① CP　如果选择了一致性(C)和分区容错性(P)，放弃可用性(A)，那么网络问题会导致系统不可用。MongoDB、HBase 和 Zookeeper 等分布式系统就属于 CP 类型，一般使用严格的共识协议(如 Paxos、raft 和 zab)或者 2PC 协议进行复制同步。

② AP　如果选择可用性(A)和分区容错性(P)，放弃一致性(C)，不同的节点之间的数据不能及时同步而导致数据的不一致。CouchDB、Cassandra 和 Amazon Dynamo 等分布式数据库就属于 AP 类型，通常使用非严格的共识协议进行复制同步。

③ CA　如果没有分区容错问题(没有网络故障)，那么就可以同时满足强一致性(C)和可用性(A)。但是对于全球规模的分布式系统环境来说，网络分区是必然的，虽然从概率上说分区又很少出现，因此在分布式系统设计时通常会侧重实现 CP 或者 AP，但有时 CA 又是系统的刚性强需求。Oracle RAC 等数据库集群可以称为 CA 类型。

例如，在某个分布式系统中的数据无副本，那么系统必然满足强一致性(C)条件，不会出现数据不一致的情况，此时 C 和 P 两要素具备。但是如果系统发生了网络分区状况或者宕机，必然导致某些数据不可以访问，此时可用性(A)条件就不能被满足，在这种情况下即为 CP 系统。又如，数据库主从架构的实现方式，通常没办法做到强一致性(但能够实现最终一致性)，属于 AP 系统(满足了可用性和分区容错性)。

在图 6-2(b)所示的示例中，分属于两个异地机房的两个数据库实例节点在网络没有故障(没有网络分区 P)时可以同时提供数据库读写服务，且两个节点在同一时间的数据完全一致，即满足 CA 原则。但当网络分区故障(P)时，就不能同时保证 CA 了，只能是如下两种情况：

① 假设数据库的更新操作只需要在本地机房写入成功就返回，只是通过日志传送方式同步至另一侧机房，那么在出现网络故障时，两个机房都是可以提供服务的，且读写操作都能成功，即满足 AP，但是它不满足 C，因为更新操作返回成功后，两个机房的数据库看到的数据会存在短暂不一致，且在网络故障时，不一致的时间差会很大(仅能保证最终一致性)。

② 假设数据库的更新操作是需要同时在两个异地机房的数据库都写成功才返回成功，那么网络故障(P)时只能提供降级服务，即停止写操作，只提供读功能，这样能保证数据的一致性(C)，故满足 CP 原则，但是无法满足可用性(A)。

6.1.5.3　CAP 理论的问题与注意事项

CAP 里的"P"是指网络分区，而不包括节点崩溃或任何其他类型的节点故障(如崩溃恢复故障)，也就是说，CAP 理论不考虑宕机的节点引起的一致性问题，只考虑没有故障的节点因连接性问题导致一致性或可用性问题。

CAP 里的"C"强调操作是原子的(全部成功或全部失败)和一致的(不让数据处于不一致的状态中)，放弃一致性并不意味着系统可以提供不可预测的结果。这里的"C"与数据库的 ACID 中的"C"的含义不完全相同，ACID 的"C"是指数据库事务的，即事务总是把数据库从一个有效状态带到另一个有效状态。

CAP 只是一条经验法则，现实中的分布式系统不一定非得在一致性(C)和可用性(A)中二选一，可以提供更宽松的情形，例如在关键应用的数据可完整返回的前提下允许某些请求返回不完整或有偏差的数据；或者只从可用的分区返回查询结果，例如存储某些用户记录的节点子集不可用，但可以继续服务其他用户的处理请求等。

6.1.5.4 BASE 理论

BASE 理论是对 CAP 理论中的一致性和可用性进行妥协与权衡的一种方法，是基于 CAP 理论演化而来的，也来源于大规模互联网分布式系统的实践。其核心思想是，即使无法做到强一致性（Strong Consistency），每个应用也都可以根据自身的业务特点，采用适当的方式来使系统达到最终一致性（Eventual Consistency）。

BASE 的含义是基本可用、软状态和最终一致性。

①基本可用（Basically Available） 是指分布式系统出现不可预知的故障时，允许损失部分可用性。例如，响应时间上的损失，假如正常情况下一个搜索引擎需要 0.5 秒返回查询结果，但由于故障（如系统机房断网或者失火），查询结果响应时间增加到 2 秒；功能损失或服务降级，如电商网站在秒杀抢购等模式中，限制用户的请求比例，以保证系统的稳定性。

②软状态（Soft State） 也称为弱状态，与硬状态相对，是指允许分布式系统中的数据在一些节点中存在一个中间状态，并认为中间状态不会影响系统的整体可用性，即允许系统在不同节点的数据副本之间进行数据同步的过程存在延时。

③最终一致性（Eventually Consistent） 系统中所有的数据副本，在经过一段时间同步后，最终能够达到一致的状态。最终一致性的本质是分布式系统需要保证最终数据能够达到一致，而不需要实时保证系统数据的强一致性。

BASE 理论在分布式系统中有一定适用范围，通常适用于大型高可用且可扩展的分布式系统。一些分布式数据库系统是基于 BASE 理论设计的，与传统事务的 ACID 特性相反，它通过牺牲强一致性来获得分布式数据库的可用性，即允许数据在一段时间内是不一致的，但最终达到一致状态。在真实的分布式数据库应用场景中，不同的业务单元和组件对数据一致性的要求是不同的，因此，在具体的分布式数据库系统架构设计时，ACID 特性与 BASE 理论往往又会结合在一起使用。

6.1.6 分布式共识与 Paxos 协议

分布式共识（Consensus）是指在分布式系统中，各个节点之间对某个事项达成一致的过程。分布式共识强调的是达成一致的过程，而一致性（Consistency）强调的是结果。

6.1.6.1 分布式共识算法与 FLP 共识不可能性

分布式系统为了保持一致性，需要各个机器的对象保持共识，因此就需要一种能保持一致性的共识算法（如 Paxos 等）。

假定一个分布式系统有 n 个进程，各进程之间正常情况下是相互通信的，而且每个进程对此事项都有一个初始值，那么需要设计一种算法，使得即使出现系统（如某节点）故障，进程仍然可以协商出一个不可撤销的最终确定值。这个算法就是分布式共识算法。分布式共识算法在每次执行时都要满足 3 个特点：

①协商一致性（Agreement） 也称为安全性（Safety）。所有正确的进程决定认同的值都是同一个值，也就是说，共识的核心是在一个可能出现任意故障的分布式系统中的多个节点（进程）对某个值达成共识。

②完整性（Integrity） 也称为有效性（Validity）。如果正确的进程都提议同一个值，那

么任何正确进程的最终决定值也一定是这个值,也就是说,这个大家共同认同的值可以由任意正确的进程提议。

③终止性(Termination) 也称为活性(Liveness)。除失败进程外,所有正确的进程最终都会做出决定,认同某个确定值。如果没有终止性,算法过程会永远执行下去而不产生任何结论,或者无限期地等待崩溃进程的恢复,那么这样的算法就没有实用性,因此,最终必须达成共识,且共识应该尽量快达成。

基于时间是否同步可以将共识算法分为:

①异步(Asynchronous)系统模型 一条消息的响应时间是无限的,无法知道一条消息会何时到达。

②同步(Synchronous)系统模型 一条消息的响应时间是在一个有限且已知的时间范围内的。

FLP[①] 不可能性(FLP Impossibility)是指在异步通信场景,即使只有一个进程失败了,也没有任何共识算法能保证非失败进程能够达成一致性。也就是说,即使是网络可靠、只有某些节点因崩溃而失效的最小化异步模型系统中,仍然不存在一个可以解决一致性问题的确定性算法。

因此,对于一个完全的异步系统,不可能确保在有限时间内达成共识。即使消息传递是可靠的,一个进程也无法得知另一个进程是崩溃了还是在缓慢运行。如果一个节点的进程停止工作了,但其他节点并不知晓,它们会认为是消息延迟或者这个进程特别慢,它们仍然会尝试读取消息。

6.1.6.2 分布式共识算法的分类

分布式共识算法从20世纪70年代由Jim Gray提出2PC算法开始,有了长足的进步和众多的选项:2PC也叫作两阶段提交协议,即第一阶段只执行事务但不提交事务,第二阶段才执行事务的提交,2PC只能防止单节点失败;在20世纪80年代,Dale Skeen提出3PC一致性协议,3PC一致性协议是在2PC的基础上优化了第一阶段执行事务的操作过程,最终形成CanCommit、Precommit和doCommit 3个阶段组成的事务处理协议。

Leslie Lamport在1998年提出Paxos共识协议。Paxos是一款最经典和流行的共识算法,6.1.6.3会详细介绍。Raft共识算法是对Paxos算法的一种简化实现。Zookeeper原子广播(Zookeeper Atomic Broadcast)协议,即ZAB共识协议,也是Multi-Paxos的变种。

分布式共识算法根据其是否允许伪造信息,可以分为故障容错算法(Crash Fault Tolerance,CFT)与拜占庭容错算法(Byzantine Fault Tolerance,BFT)两大类。

(1)故障容错算法

故障容错算法也称为非拜占庭(non-byzantine)算法,即假定不存在拜占庭故障(节点不会尝试利用伪造结果),其特点是不能有伪造信息,只针对故障造成的消息丢失或重复,其优点是性能好,能容忍不超过一半的故障节点,如Paxos、Raft、Gossip等都属于CFT。

CFT只能容忍分布式节点中存在故障,不能容忍分布式节点中有节点发起恶意信息攻

[①] FLP是其作者姓氏的首字母简称,Fisher、Lynch和Paterson在其论文中描述了一个分布式共识不可能的问题。

击。例如，在 Raft 共识算法中，需要选主节点，如果选出的主节点发起恶意信息攻击，那么所有节点都会跟随主节点的提议(propose)去提交(commit)错误的信息；或者从节点控制伪造投票节点数量使自己在新阶段(term)成为主节点恶意操控集群等。

因此，CFT 也有了改进，如 BFT On Raft、BFT On Paxos，使得 CFT 也可以实现 BFT 的容忍级别。这种融合 CFT 和 BFT 二者特点的共识算法既可以提供类似 CFT 的处理性能，又能在大多数节点正常工作时提供 BFT 保障，称为交叉容错算法 XFT(Cross Fault Tolerance)。

(2) 拜占庭容错算法

拜占庭容错算法源自拜占庭将军问题[①](The Byzantine Generals Problem)，其特点是允许伪造信息(少数作恶节点)的存在，但其性能相对较差，且只能容忍不超过 1/3 的故障节点。PoW、PoS/dPoS、PoA、BFT/PBFT/dPBFT 等都属于 BFT。

BFT 可以容忍节点故障，也可以容忍少部分节点作恶。当有节点发起恶意攻击时，只要存在一定数量的诚实节点，一样可以达到共识。BFT 的一个假设是，如果做一个不诚实的节点(叛变的拜占庭将军)能够获取利益，那么总有人会去铤而走险用造假的方式来破坏系统。

常用的 BFT 算法主要有：

①确定性系列算法(Practical Byzantine Fault Tolerance，PBFT) 一旦达成共识不可逆转，就是最终结果。

②PoW 概率算法 共识是临时的，但随着时间推移或变化，其共识结果被推翻的概率越来越小，成为最终结果。

6.1.6.3 Paxos 算法

Paxos 算法是一种基于消息传递的分布式共识算法，由 Lamport 于 1998 年在 *The Part-Time Parliament* 论文中首次提出。最初的描述使用希腊的一个小岛 Paxos 作为比喻，描述了 Paxos 小岛中通过决议的流程，并以此命名了这个算法。在 2001 年，Lamport 为了让同行更好地理解此算法，又发表了论文 *Paxos Made Simple* 来尽量简洁地描述 Paxos 算法。

自问世以来，在很长一段时间里，Paxos 算法都是最常用的分布式共识算法，Google 的很多大型分布式系统都采用了 Paxos 算法来解决分布式共识问题，如 Chubby、Megastore 以及 Spanner 等。而且开源的 ZooKeeper 以及 MySQL 的组复制技术 MGR(MySQL Group Replication)等也都是采用 Paxos 算法来解决分布式共识问题的。

Paxos 共识算法可运行在允许宕机故障的异步系统中，不要求可靠的消息传递，可容忍消息丢失、延迟、乱序以及重复。利用大多数(Majority)机制保证 2F+1 的容错能力，即 2F+1 个节点的系统最多允许 F 个节点同时出现故障，至少有 F+1 个进程(或节点)仍然可以正常执行。这个 F+1 即法定人数(Quorum)，表示执行操作所需的最少票数，也就是需要超过半数的多数派的参与者。

Paxos 算法将分布式系统中的进程(节点)赋予 3 种不同的角色，即提议者(Proposer)、决策者(Acceptor)和最终决策的学习者(Learner)。但是在多副本状态中，每个副本都同时具有提议者、接受者、学习者 3 种角色。

---

① 拜占庭帝国的军队在围攻一座城市时，军队被分成多个小队，分别部署在不同的地方，每支小队都有一个将军，将军之间通过信使传递消息，每位将军通过观察敌情后会给出行动建议，但将军中可能有叛徒，拜占庭将军问题就是指"如何让忠诚的将军达成一致的作战计划"的问题。

①提议者　提出提案(Proposal)。提案信息包括提案编号(Proposal ID)和提议的值(Value)。

②接受者　参与决策,回应提议者的提案。收到提案后可以接受提案,若提案获得多数接受者的接受,则称该提案被批准。

③学习者　不参与决策,从提议者或接受者那里学习最新达成一致的提案值。

一个或多个提议进程(Proposer)都可以发起提案,Paxos 算法使所有提案中的某一个提案,在所有进程中达成一致。系统中的多数派同时认可该提案,即达成了一致。但最多只针对一个确定的提案达成一致。

Paxos 算法又分 Basic Paxos、Multi-Paxos、Fast Paxos、Egalitarian Paxos 和 Flexible Paxos 等。

(1) Basic Paxos 算法

Basic Paxos 算法共分 3 个阶段,前两个阶段负责通过一个共识决议,而在最后的学习阶段只是将前两个阶段形成的决议告知学习者。Basic Paxos 算法的流程如图 6-3 所示,图 6-3(b)对具体的 3 个阶段做了示例说明。

下面按照图 6-3 中示意的流程进一步说明 Paxos 算法的 3 个阶段:

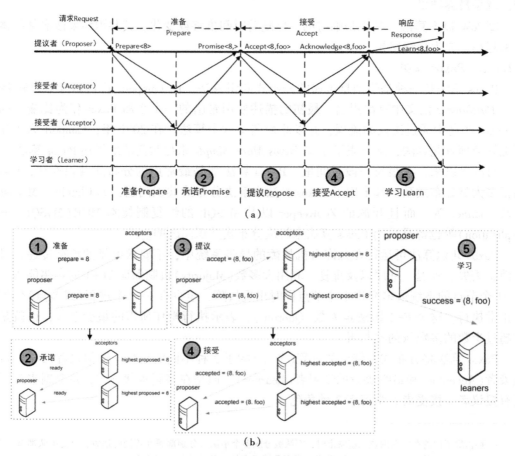

图 6-3　Basic Paxos 算法流程示例

①准备(Prepare)阶段　提议者向接受者发出准备(Prepare)请求，接受者针对收到的准备请求进行承诺(Promise)。又可以细分为两个小步骤：

- 准备：提议者生成全局唯一且递增的提案号(Proposal ID)(可使用时间戳加 Server ID)，向所有接受者发送(广播)准备请求，这里无须携带提案内容，只携带 Proposal ID 即可。
- 承诺：接受者收到准备请求后，做出"两个承诺，一个应答"。"两个承诺"是指，不再接受 Proposal ID 小于或等于(≤)当前请求的准备请求，不再接受 Proposal ID 小于(注意，这里仅是<)当前请求的提议请求。"一个应答"是指不违背以前作出的承诺下，回复已经接受的提案中 Proposal ID 最大的 Proposal ID 及此提案的值，没有则返回空值。

②接受(Accept)阶段　提议者收到多数接受者的承诺(Promise)后，向接受者发出提议请求，接受者针对收到的提议请求进行接受处理。接受阶段也可以细分为两个小步骤：

- 提议：提议者收到多数接受者的承诺应答后，从应答中选择 Proposal ID 最大的提案的值，作为本次要发起的提案。如果所有应答的提案值均为空值，则可以自己随意决定提案值。然后携带当前 Proposal ID，向所有接受者发送提议请求。
- 接受：接受者收到提议请求后，在不违背自己之前作出的承诺下，接受并持久化当前 Proposal ID 和提案值。

③学习(Learn)阶段　提议者在收到多数接受者的接受(Accept)后，标志着本次接受成功，决议形成，将形成的决议发送给所有学习者。

(2) Multi-Paxos 算法

最初的 Paxos 算法(Basic Paxos)只能对一个值形成决议，不能连续确定多个值，决议的形成至少需要两次网络往返，在高并发情况下可能需要更多的网络往返，极端情况下甚至可能形成活锁。

由于实际应用中通常都需要连续确定多个值，而且希望能有更高的效率，因此 Multi-Paxos 基于 Basic Paxos 做了两点改进：

①针对每一个要确定的值，运行一次 Paxos 算法实例(Instance)，形成决议。每一个 Paxos 实例使用唯一的实例标识(Instance ID)。

②在所有提议者中选举一个领导者(Leader)，由领导者唯一地提交提案给接受者进行表决。这样就没有了提议者的竞争，解决了活锁问题。在系统中仅有一个领导者进行值提交的情况下，准备阶段也可以跳过，从而将两阶段变为一阶段，提高了效率。

Multi-Paxos 首先需要选举领导者，领导者的确定也是一次决议的形成，所以可执行一次 Basic Paxos 实例来选举出一个领导者。选出领导者之后只能由领导者提交提案，在领导者宕机之后服务临时不可用，需要重新选举领导者继续服务。在系统中仅有一个领导者进行提案提交的情况下，准备阶段可以跳过。

Multi-Paxos 通过改变 Prepare 阶段的作用范围为面向后面领导者要提交的所有实例，从而使得领导者的连续提交只需要执行一次准备阶段，后续只需要执行接受阶段，将两阶段变为一阶段，如图 6-4 所示，提高了算法效率。为了区分连续提交的多个实例，每个实例使用一个 Instance ID 标识，如图 6-4(b)的日志索引，其 Instance ID 由领导者本地递增生成。

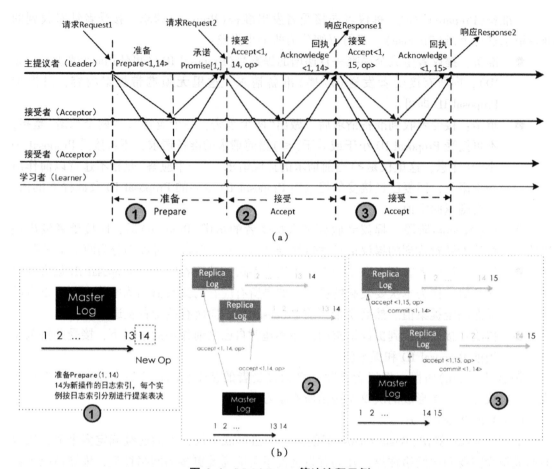

图 6-4 Multi-Paxos 算法流程示例

另外,Multi-Paxos 允许有多个自认为是领导者的节点并发提交提案而不影响其安全性,这样的场景即退化为 Basic Paxos。

在图 6-4 的示例中,Multi-Paxos 的每一个实例,即示例中的日志,在其准备与接受请求中都增加一个日志索引参数,用来指定对应的日志记录,即 Prepare(n,Index)、Accept(n,Index,Value),每个实例按日志索引分别进行提案表决。所有的服务器日志里的每一条日志都相互独立。如图 6-4 所示,第①步是领导者发起准备请求 Prepare(1,14),获得承诺后,再执行接受阶段,如果第②步接受 Accept(1,14,op)并获得回执 Acknowledge(1,14),那么可以继续第③步 Accept(1,15,op)和 Commit(1,14),再看是否能收到回执 Acknowledge(1,15)。

6.1.6.4 Raft 算法

2013 年,Raft 算法最初在论文 *In Search of an Understandable Consensus Algorithm*(《一种可理解的共识算法》)中提出,该论文希望寻找到一种比 Paxos 共识算法更好理解更易实现的算法。

在 Raft 算法中,每个节点都是领导者(Leader)、候选者(Candidate)和跟随者(Follower)3 种角色中的 1 种:

①领导者　正常情况下，每个集群只有一个领导者，负责处理客户端的写请求、日志复制、向跟随者定期发送心跳信息。也就是说，数据是从领导者向其他节点单向流动的。

②候选者　候选者节点向其他节点发送请求投票的RPC消息，如果赢得了大多数选票，就成为领导者。

③跟随者　跟随者是被动型节点，正常情况下不会主动发出请求，但当超过一定时间没有收到来自领导者的心跳信息，就会因超时(time out)而成为候选者。

另外，Raft算法将时间划分为长度不固定的任期(Term)，每个任期都是从选举开始的，会有一个或多个候选者都试图成为领导者。一个候选者赢得选举后，就会成为该任期内的领导者；如果选举没有选出任期领导者，那候选者会再次超时，进行下一轮选举。Raft算法保证在任意一个任期内，最多只会有一个领导者。

Raft算法的实现一般是基于复制状态机(Replicated State Machines)的，所谓复制状态机就是要实现"相同的初识状态+相同的输入=相同的结束状态"，即不同节点要以相同且确定性的函数来处理输入，保证所有节点在同样的顺序获得同样的输入(get the same inputs in the same order)。复制状态机通常通过复制式日志(Replicated Log)来实现，即对于客户端发来的指令的复制式日志，每个复制状态机都以完全相同的顺序执行日志中的命令，从而使每个节点都可以产生相同的结果。

当一个节点成为领导者后，就开始处理客户端的请求。每一个客户端的请求都包含一个在复制状态机中执行的命令(Command)。日志复制的流程包括：

①领导者将创建一个包含这个命令的新日志条目(Log Entry)，追加到日志中去，同时发送追加条目(Append Entries)的RPCs消息给所有节点以复制这个条目(Entry)。

②当日志条目成功复制后，领导者复制状态机执行这个命令，并返回结果给客户端。

③如果有跟随者节点崩溃(Crash)或因为网络原因丢包，领导者会一直重试发送RPCs消息，直到所有跟随者节点都保存了所有的日志条目。

当领导者节点宕机时，跟随者节点将接收不到来自领导者节点的消息，这时各跟随者便开始进入随机选举时间(心跳超时)，最先结束等待的节点可以作为候选者发起投票请求(Request Vote)消息，要求跟随者对其进行投票，此时投票数最多的候选者当选为领导者。新当选的领导者节点开始发送追加条目消息到所有跟随者节点：

- 当追加条目消息仅为心跳时，即是告知所有节点，当前该节点是被选举出来的领导者节点；
- 当追加条目消息为日志信息时，即是告知跟随者节点，当前需复制该日志条目，并对日志内容进行写库。当领导者收到超2/3的节点已经完成了写库，便会向客户端发送提交信息，表明该日志已写库，剩余1/3的节点可能因为网络差或者宕机导致没有响应，在故障修复后再通过领导者节点引导，逐步向领导者所含有的全部日志条目收敛，再次达成共识，以实现1/3的节点故障容错的能力。

但传统的Raft算法无法实现拜占庭容错，因为恶意节点会伪造投票使其被选为领导者节点，一旦恶意节点为当前的领导者节点，那么其余节点都会追随恶意节点的日志消息进行写库。如果想让Raft算法实现拜占庭容错，首先要解决的问题是保证选举出来的领导者节点是诚实节点，而且领导者节点传播的消息也是诚实消息。具体改进方法是，可以通过签名算法来确认投票请求消息的真实性,如果有节点认为其不可当选领导者,就不对这个消息进行签名,当一定数量的节点都不对该消息进行签名,那么其就无法当选为领导者。

另外,考虑到领导者当选后,可能利用自己的领导者身份进行消息造假,因此分布式系统中各个节点需要核验追加条目消息中数据的真假,这需要客户端对自己提交的请求在达到领导者节点之前用客户端自己的私钥进行加密,同时公开公钥给各个节点,然后各节点对追加条目里客户端的请求数据进行解密,如果解密成功说明数据并未被领导者节点进行修改。

6.2 分布式数据库概述

6.2.1 大数据时代对分布式数据库的需求

随着互联网时代和大数据时代的到来,信息数据的数量呈现几何级数级的增加,数据规模通常是几百个 TB 或者是 PB 级,甚至更多。传统的集中式数据库技术对处理这种大规模数据的能力逐渐显示出其局限性和成本劣势,无法满足大数据时代的使用需求。例如在阿里巴巴的淘宝网站,用户大部分时间是浏览数据场景,各种商品对应的单表数据量非常大,保守估计在百亿级别,再加上其关联的消费者、卖家、订单(特别是"双十一"等繁忙时期)等数据对象的规模也是巨大的,如淘宝天猫的消费者用户规模至少是以亿计,如果所有表都集中在一个数据库里,甚至是单机单库,那么现有存储的磁盘介质和 CPU 处理器技术都很难满足其性能、容量和成本要求,而且后期的扩展性也不佳。

因此,许多互联网企业积极寻求新的数据库技术以满足其大数据业务的处理需要。分布式数据库技术,因其具有极强的可扩展性和较好的成本优势,逐渐成为大数据时代的主流数据库技术。

6.2.2 数据库的存储架构

根据数据库存储是否共享及其共享方式,可以将数据库的存储架构做如下分类:

①共享存储架构(Share-Disk) 将多个数据库实例节点的数据库挂载在一个共享的存储系统上,又可进一步分为:

- 共享存储层架构,多数 NoSQL(如 HBase)与 NewSQL(如 TiDB)数据库都采用这种存算分离的数据库架构;
- 共享同一数据库存储,通过存储区域网(SAN)及磁盘阵列等存储技术,让数据库的各实例节点同时访问同一个数据库存储,如 Oracle RAC 数据库集群的多活技术、MS SQL Server Failover Cluster 的单活技术。

②无共享存储架构(Share-Nothing) 分布式数据库中的各个节点实例对应的数据库存储是相互独立的,即各节点数据库实例不是访问同一个数据库而是各自拥有自己的数据库存储。无共享存储架构又可进一步分为:

- 分片式(Sharding)架构,属于负载均衡的无共享架构,通过业务层或者代理路由层(Proxy)将不同的请求发送给不同的数据库实例和存储,即通常所说的分表分库。分表又分为水平分区和垂直分片这两种经典架构,"无共享只分片"(Share

Nothing, Shard Everything)是其特点。MySQL NDB Cluster 数据库以按行拆分、自动分片的方式实现分片式架构。
- 日志共享(Share-Log)架构,属于不能负载均衡的无共享架构,通常是主节点向外提供读写服务,辅助节点作为热备或提供只读服务。使用这种架构的 DBMS 很多,如 MySQL InnoDB Cluster/ReplicaSet、Oracle Data Guard 等。数据库存储在实例节点本地或存储区域网上,通过对数据库日志的共享来实现数据库日志的一致性和高可用性。

6.2.3 数据复制

分布式数据库的数据复制(Replication)是在分布式系统的其他服务器节点保留或维护数据的多个副本,用于备份、容错或提高其在网络中的整体可访问性。事实上,复制的数据可以存储在同一主机系统内,或其他现场和非现场主机以及基于云的主机中。

DDBMS 通常内置数据复制功能(如 MySQL MGR),系统在主源(Primary)节点写入、修改或删除数据时,实时复制数据,或者按照预定的时间表批量传输数据,或者按需复制数据。数据复制的目标包括:①使数据在地理位置上更接近用户,从而降低访问延迟。②当部分组件出现故障,系统依然可以继续工作,从而提高可用性。③扩展至多台机器以同时提供数据访问服务,从而提高读吞吐率。

数据库的数据复制策略主要有主从模式和多数投票复制两种。

6.2.3.1 主从复制(Primary-Backup)

指定某一个副本为主节点,则其他节点皆为从节点。客户端写数据库必须将写请求发送给主节点副本。主节点首先将此数据写入本地存储,然后主节点再将数据更改为复制日志或将更改流发送给所有的从节点,每个从节点将获得的更改日志应用到本地(保持与主副本相同的写入顺序)。从节点都是只读的,客户端可以从主节点或者从节点上执行查询读取数据,但只有主节点可以接受写请求。

主从复制可以是同步(Synchronous)复制或者异步(Asynchronous)复制。

①同步复制　主节点执行写操作时,需要等待所有从节点确认完成了写入,才会向用户报告写完成。其优点是从节点的数据总是处于最新版本,从节点总是与主节点的更新同步,保证数据的一致性。其缺点是如果同步的从节点无法完成确认(如某从节点崩溃或者发生网络故障),则写入就不能成功,进而会阻塞其后的所有写操作。

②异步复制　主节点在执行写操作时,只需要将有关事务日志写入磁盘或发送完消息后就可向用户报告写完成,不用等待从节点的完成确认。其优点是所有的请求立即得到响应,响应速度快,吞吐性能好;其缺点是主从之间的数据会出现延迟,出现主从数据不一致的情况。

实践中同步复制和异步复制可以同时混用,即让其中一个或多个从节点同步,而其他节点则是异步模式。如果同步的从节点变得不可用或者性能下降,则将另一个异步的从节点提升为同步模式,并至少保证有两个节点(一主一从)拥有最新的数据副本,这种配置也称为半同步。

6.2.3.2 多数投票复制(Quorum Replication)

多数投票(Quorum)机制是一种保证数据冗余和最终一致性的投票算法,其背后的思想是通过复制建构一个容错的存储系统,以确保即使有一些副本故障了,读请求还是能看到最新的写请求数据。Amazon 公司的 Aurora 数据库使用了多数投票这种思想。

假设有 N 个副本,执行写请求时必须要确保写操作被 W 个副本确认($W<N$),执行读请求时可以从 R 个副本中得到所读取的信息。

这里的 W 即为"写"法定数(Write Quorum),R 称为"读"法定数(Read Quorum),N 为总节点数。多数投票系统要求:发送写请求的 W 个服务器,必须与接收读请求的 R 个服务器有重叠,即 R 加上 W 必须大于 N(至少满足 $R+W=N+1$),这样,任意 W 个服务器中,至少有一个与 R 个服务器重合。

在多数投票系统中需要使用版本号(Version)来选择数据的最新值,每一次执行写请求都将新的数值与一个增加的版本号绑定。这样,客户端读取数据时总是从 R 个读服务器(Read Quorum)寻找并使用其中的最高版本号的数值返回。

例如 $N=3$、$W=2$、$R=2$ 的情况:共有 N1、N2、N3 个节点,其中 N1 和 N2 是写节点,N2 和 N3 是读节点,假定客户端将某数据值由 10(版本 1)修改为了 12(版本 2),那么 N1 和 N2 的数据一定是 12(版本 2),N3 可能还没有更新,仍为 10(版本 1),此时客户端读取数据会从读节点(N2 和 N3)中选取版本号高的数据读取,即读取版本 2 的数据 12。

6.2.4 数据分区与分片

如果数据库数据量太大,或因为某种原因不想在每个节点都存放完整的数据库,那么就可以采用数据分片的方式,将一个大型的数据集按照一定规则分成若干个小的数据集,然后分别存储在不同的物理节点上,以提高数据处理性能和可伸缩性。

不管单机数据库还是分布式数据库,都可以使用数据分区(Partitioning),即在逻辑上将数据分成较小的、易于管理的段,例如关系数据库的分区表。数据的每个分区可以存储在不同的物理存储或服务器上,以分散负载、提高性能。分布式数据库中的数据分区多数情况下也称为数据分片。

数据分片(Sharding)是数据分区的一种方式(或者说子集),就是按照一定的规则,将数据集划分成相互独立、正交的数据子集(分区),并允许每个副本集(Replica Set)只管理一个特定的分区,而且各副本集可以分布到不同的分布式节点上。执行查询时,客户端(或查询代理)需要基于路由键(Route Key)将读写请求路由到正确的副本集。例如,选择邮编作为路由键将人口数据划分为多个数据子集,不过由于人口分布不均匀,一些邮编范围会分配到更多的数据。

一些分布式数据库可以进行自动分片(Auto-sharding),即使用算法来决定最佳的分片方式,这些算法通常可以减少分区热点。例如,为了从路由键找到目标节点,可以通过计算路由键的哈希值,并通过某种方式将哈希值映射到各节点上。

数据库分片通常采用无共享(Shared-nothing)架构,即分片式自治的。各分片之间可以不共享任何数据或计算资源。在一些分布式数据库系统中,通常会同时采用数据复制和数据分片技术,将二者混合使用。

6.2.4.1 数据分区方式

常见的数据分区方式包括以下 4 种。

①水平分区(Horizontal Partitioning)　将数据按照某个属性或规则进行划分,如按照用户ID、时间、地理区域、业务类型等进行分区,类似 RDBMS 里按行分区,但每个分区相互独立,存储在不同的物理节点上,可以实现数据的并行处理和负载均衡。

②垂直分区(Vertical Partitioning)　将数据按照不同的属性类别或关系进行拆分,例如,RDBMS 按照表的列、字段、关系等进行分区,每个分区包含不同的数据列(字段),存储在不同的物理节点上,以提高存储效率和查询性能。

③大块分片(Chunks Sharding)　将数据按照逻辑或物理分片切分为大块(Chunks),如按照关系数据库中的表空间、文件组、分区等进行分片,或者按一定物理存储规则进行分片,每个分片包含一部分数据。例如,在 MongoDB 数据库中有 1 TB 的数据集,如果有 4 个分片,则每个分片最多仅持有 256 GB 的数据,如果有 40 个分片,那么每个分片可能只有 25 GB 的数据。这种分片方式便于水平扩展或者横向扩展(Scale Out),也便于根据实际需求进行数据迁移、备份和恢复。

④混合分区　将上述不同的分区方式进行组合使用,以满足不同场景和需求。

数据分区方式的选择需要考虑数据量、数据访问模式、性能要求、数据一致性等因素,以保证系统的可靠性和可扩展性。

6.2.4.2　常用的自动路由算法

在选定了分区方式后,还需要对具体的分区策略算法做选择,例如在数据库的水平分区中,可以采用高效的自动路由算法作为分区策略。常用的自动路由算法有:

①固定哈希算法(Fixed Hash)　根据某特征数据列计算其哈希值(如 mod 节点数),将哈希值与节点建立映射。例如分布式系统共 10 个节点,根据主键 ID 分区,那么就相当于根据 ID 的个位数的数字大小来自动路由到对应的 0~9 号节点。

②一致性哈希算法(Consistent Hash)　数据按照特征值映射到一个首尾相接的哈希环上,而节点分布在此环上。Redis 数据库集群的虚拟哈希槽(Slot)就是采纳了一致性哈希算法的思想。

③基于数据范围(Range Based)　按照路由键(Key)值划分成不同的区间,每个物理节点负责一个或者多个区间。

6.2.4.3　不同路由算法的比较

数据分区的自动路由算法通常都是基于哈希函数或数据范围等方式实现的,不同的算法在映射难度、元数据、节点增删方式以及动态均衡等方面有不同的表现,见表 6-2。总的来说,一致性哈希算法是比较常用且优秀的算法,特别是在节点增删方面能有效减少数据迁移,带虚拟节点的一致性哈希算法还支持动态负载均衡。

表 6-2　不同路由算法的特点

项目	方式			
	映射难度	元数据	节点增删	动态均衡
固定哈希算法	简单	非常简单,几乎不用修改	需要迁移的数据比较多	不支持
一致性哈希算法(无虚拟节点)	简单	比较简单,取决于节点规模,几乎不用修改	增删节点的时候只影响哈希环上相邻节点,但不用使所有节点都参与数据迁移过程	不支持

(续)

项目	方式			
	映射难度	元数据	节点增删	动态均衡
一致性哈希算法（虚拟节点）	中等	稍微复杂一些，主要取决于虚拟节点规模，很少修改	需要迁移的数据比较少，且所有节点都能贡献部分数据	支持
基于数据范围	较为复杂	取决于每个块的大小，修改频率较高	需要迁移的数据比较少，且所有节点都能贡献部分数据	不支持

6.2.4.4 一致性哈希路由算法

固定的哈希算法自动路由会因为增加一个分区节点而导致对原来已分配的数据需要重新计算新的哈希值与所有节点重新建立映射。例如，原来是 3 节点结构，现增加一个节点变为 4 节点，假定哈希值是特征值对节点数的模，那么特征值（路由键）30 对节点数的模就由 0（30%3）变成了 2（30%4），31 的模就由 1（31%3）变成了 3（31%4），依此类推，所有节点都需要调整一遍。如果频繁这样调整，代价就太大了，于是就有了一致性哈希算法。

一致性哈希算法可以使用取模的哈希函数（如对 2^32 取模），也可以使用其他哈希函数（如 MurmurHash 3 算法），但要求其哈希函数的值空间为 0-2^32-1，也就是说，其哈希值是一个 32 位无符号整数。通常把一致性哈希算法的整个哈希值空间表述为一个虚拟的圆环，也叫哈希环。

如图 6-5 所示，最开始的这个小环上分布了 2^32 个数值，假定一开始分布式系统共有 3 个服务器节点，可利用各节点的 IP 或名称等信息通过哈希函数计算其哈希值，并根据此哈希值（一个 32 位整数）分别将 3 个节点映射到哈希环上，如图 6-5 的①图（圆环中间的数字为 1，下同）。

图 6-5 的②图说明的是如何通过计算数据 Key 的哈希值找到对应的服务器节点并建立映射关系。如果数据 Key 的哈希值正好落在哈希环的节点上，那么就映射到此节点上，否则就顺时针往后找，直到碰到一个节点。比如 Key 3 和 Key 2 的哈希值落在了节点 Node 1 的前面，往后找就落在了 Node 1 上，Key 1 的哈希值在节点 Node 1 的后面、节点 Node 2 的前面，往后找就落到了 Node 2 节点上，依此类推。

图 6-5 的③图是在原有的 3 个节点基础上，添加一个新的节点——Node 4 节点，并将其映射到哈希环中。通过图 6-5 可以直观地看到大部分 Key 原有的映射关系并不会发生变化，而只有 Key 3 的数据，因其哈希值顺时针往后对应的下一个节点由 Node 1 变成了 Node 4（新节点），故被调整映射到新节点 Node 4 上了。

图 6-5 的④图展示的是假定在原有的 3 个节点中，有一个节点（Node 3）故障无法使用，导致在哈希环上的节点减少，这样有可能会因节点过少而分布不均匀，即出现大量 Key 的哈希值被集中映射到了某个或某些节点的情形，这种情况称为数据倾斜。

为了避免出现数据倾斜问题，引入了虚拟节点机制，也就是每个节点会进行多次哈

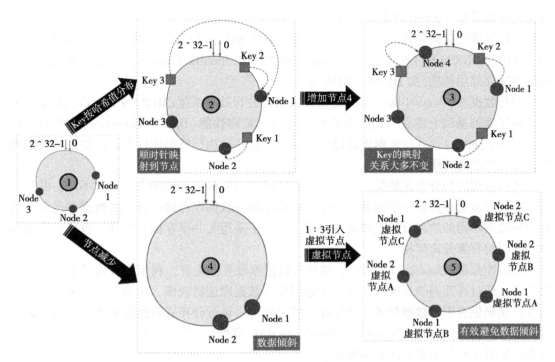

图 6-5 一致性哈希算法自动路由示意

希，从而每个点在哈希环上会有多个虚拟节点存在（图 6-5⑤图）。使用这种虚拟节点机制可以大大削弱甚至避免数据倾斜问题。同时，数据路由算法不变，只是多了一个步骤，即从虚拟节点到实际节点的映射，图中示例是 1 个真实节点对应 3 个虚拟节点，具体可通过在真实节点的 IP、名称等后面添加后缀编号实现，例如图⑤中的 Node 1 虚拟节点 A、Node 1 虚拟节点 B 与 Node 1 虚拟节点 C 这个 3 个节点都定位映射到真实节点 Node 1，而另外 3 个虚拟节点（Node 2 虚拟节点 A、Node 2 虚拟节点 B 与 Node 2 虚拟节点 C）都定位映射到真实节点 Node 2 上。在实际应用中，通常将虚拟节点数设置为 32 个或更多，这样即使真实的服务器节点很少，也能做到相对均匀地分布数据。

6.2.5 分布式数据库、并行数据库与数据库集群

分布式数据库（Distributed Database）指一群分布在计算机网络上、逻辑上相互关联的数据库。分布式数据库系统（Distributed Database System，DDBS）有时也简称为分布式数据库。分布式数据库管理系统（Distributed DBMS，DDBMS）指支持与管理分布式数据库的软件系统，它使得分布对于用户变得透明。

分布式数据库的关键技术包括可避免节点故障的复制（Replication）技术、可增强可伸缩性及性能的分区（Partitioning）技术、对锁管理器与存储管理器等数据库核心功能的分布式管理技术以及分布式事务处理的解决方案等。

分布式数据库技术的取舍与平衡需关注以下两点：

①CAP 取舍与 BASE 妥协　在一个异步网络环境中，分布式数据库的强一致性（Consistency，任何时候都一致）和高可用性（Availability，总是可用）不可兼得，因此必须

有所取舍和妥协。BASE 理论就是妥协与权衡的结果详见 6.1.5。

②数据库的存储是否共享　分布式数据库的存储既可以采用无共享的分片式架构(类似 MySQL NDB Cluster)或日志共享架构(类似 MySQL InnoDB Cluster)，也可以采用存算分离的共享存储层架构(如 HBase、TiDB 等)。

并行数据库(Parallel Database)是指在大规模并行处理系统(MPP)或者集群(Cluster)并行计算环境的基础上建立的数据库系统，其目标是高性能(High Performance)和高可用性(High Availability)。并行数据库通过多个处理节点并行执行数据库任务，以提高整个数据库系统的性能和可用性。

并行数据库与分布式数据库的一个最显著的区别是数据存储的分布方式不同：并行数据库通常将数据存储在一个物理设备上，即共享同一数据库存储；分布式数据库通常是将数据分散到不同的物理设备上或者云存储上，除了采用无共享存储架构外，也可以采用共享存储层的存算分离架构。

数据库集群(Database Cluster)，也称为数据库服务器集群，利用两台或者多台数据库服务器，通过高速网络互联，构成一个虚拟单一数据库逻辑映像，像单个数据库系统那样向客户端提供透明的数据服务。数据库集群上既可以运行分布式数据库系统，也可以运行并行数据库系统(Parallel Server，如 Oracle 的 RAC 集群)。分布式数据库、并行数据库及数据库集群 3 种的关系如图 6-6 所示。

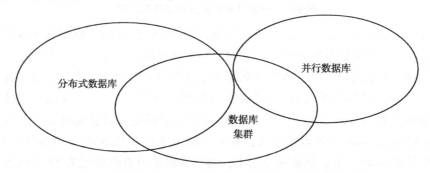

图 6-6　分布式数据库、并行数据库与数据库集群的关系

数据库集群与分布式数据库系统的区别如下：

①数据库集群往往是同构的系统，要求集群各节点都具有相同的操作系统和数据库系统版本，甚至补丁包的版本也要求保持一致；而分布式数据库系统则既可以是同构系统也可以是异构系统，即允许包含不同的操作系统和不同的数据库系统。

②数据库集群往往建立在高速局域网内，一般在一个网段内；而分布式数据库系统既可以建立在高速局域网内，也可以建立在跨部门、跨单位的异地远程网络上，需要使用路由来跨网段。

③分布式数据库的数据处理一般需要多个节点分布式执行、协同配合才能出结果；数据库集群不一定需要分布式协作就能出结果。也就是说，从数据处理方式看，分布式数据库中的节点之间通常进行数据交换和协调来处理请求，而数据库集群中的节点通常是通过负载均衡来分摊请求并进行处理。因此，分布式数据库中的数据一致性通常是通过副本同步和分布式事务来维护的，而数据库集群中的数据一致性通常是通过主备复制和心跳检测来实现的。

④分布式数据库中的每一个数据节点,为提升高可用性和性能,都可以做成数据库集群。以数据库集群作为数据节点的分布式数据库,也称为分布式数据库集群。

总之,数据库集群作为分布式数据库的一种实现方式,通常更适合于高性能的实时查询和事务处理。虽然分布式数据库是为了实现高可用性、高性能等目的而设计的,但其关键优势在于实现大规模的数据存储与处理,并由此带来更好的可扩展性和容错性。

6.2.6 经典案例:Oracle RAC 集群与 MySQL 数据库集群

Oracle RAC(Real Application Cluster)是单一数据库存储的数据库集群,采用并行数据库技术,利用相互连接的多台服务器节点的计算处理能力来提高数据库的访问性能与可用性,是一种低耦合结构。如图 6-7 所示,左边部分为 Oracle RAC 集群的示意。

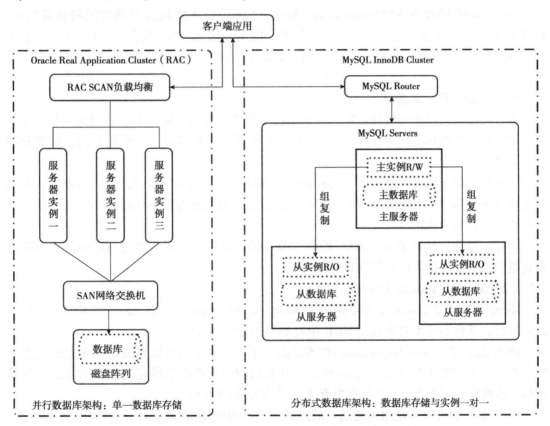

图 6-7 Oracle RAC 集群与 MySQL InnoDB 集群示意

基于 MySQL 或兼容 MySQL 的数据库集群系统有很多种,这里只介绍 MySQL 官方的两种数据库集群。

①基于组复制(MGR)技术的 MySQL InnoDB Cluster 集群 MySQL InnoDB Cluster 集群具有故障自动转移(Failover)等高可用特性,可以作为基础组件进一步构建分布式数据库应用。图 6-7 的右边部分是 MySQL InnoDB Cluster 集群的示意。

②具有自动分区功能的 MySQL NDB Cluster 集群 对需要分区的表,使用专用的 NDB 存储引擎,集群能够对大表实现自动分区与路由,而且能够自动创建节点组和副本,并在

节点组内实现交叉互备，详见 6.2.6.3。

6.2.6.1 Oracle RAC

如图 6-7 的左半部所示，在 Oracle RAC 中，两个或两个以上的服务器实例节点访问同一个数据库存储（文件），这些数据库服务器实例通常安装在一个硬件集群的不同主机中，也可以安装在同一主机（如用于测试的主机）中，但访问的是同一个数据库，也就是说，在 Oracle RAC 环境中，所有的服务器实例节点同时在一个数据库上处理事务，RAC 负责协调各个节点以保证数据的完整性和一致性。

Oracle RAC 中各个节点实例跟单实例数据库一样，都有 SGA 和 PGA 内存。RAC 通过一种叫 Cache Fusion 的内存融合技术来保证客户端不管从哪个实例连接进来，处理数据和查询数据的结果都是一样的。

Oracle RAC 通过 SCAN（Single Client Access Name）技术实现客户端访问的负载均衡，它将 RAC 中的多个节点组合在一起，提供单一的对外访问地址（域名），客户端可以直接通过 SCAN 名字来访问数据库，SCAN IP 其实是一种虚拟 IP 地址，不属于任何服务器节点。

Oracle RAC 有 3 大优势。

①高可用性　对于单实例的数据库来说，一旦实例出现问题，那么应用程序就不能继续连接到数据库操作。而 Oracle RAC 具有多个实例，只要还有一个实例存活，应用程序就可以继续连接数据库操作。

②分散负载　数据库是由多个实例进行管理的，不管从哪个实例连接到数据库，得到的结果都是一样的。所以客户端可以随机或者按照负载均衡等原则连接到各个实例上，从而起到分散负载的作用。

③可扩展性　构成 Oracle RAC 的各个节点是可以根据实际需要进行增减的，不需要重建整个集群，使得集群规模能柔性变动。

6.2.6.2 MySQL Innodb Cluster

MySQL InnoDB Cluster 是基于组复制 MGR（MySQL Group Replication）技术的高可用数据库集群，其核心技术主要包括 MGR 组复制及 MySQL Router 等。

MGR 组复制（Group Replication）技术是基于 Paxos 分布式共识算法来实现数据复制一致性的，至少需要 3 个节点。Paxos 算法在仲裁过程中只需要获得超过半数的节点的确认回执，因此能容忍在 $2F+1$ 个节点中有 F 个节点故障（$F \geqslant 1$）。

MGR 组复制可以实现组内通信、故障检测、故障恢复（Failback）、故障转移（Failover，在主服务器硬件或系统故障时可以快速切换到冗余的从服务器）等功能。

MySQL-Router 是 MySQL 提供的一个客户端访问负载均衡的组件，负责将客户端请求重定向到合适的数据库服务器实例节点。

MySQL Router 会缓存 InnoDB Cluster 的元数据（Metadata），内置读写分离机制，负责把客户端的读写（R/W）请求路由到当前的主数据库实例节点。如果主数据库实例节点出现故障，那么 Router 会把客户端的 R/W 请求路由到新的主服务器实例节点。在单主模式（Single-primary）下，通常是直接连接主（Primary）服务器节点，在多主模式（Multi-primary）下，则通过 Round-robin 方式来选择一个数据库服务器实例节点进行连接。

如果客户端请求是只读(R/O)会话请求，则通过 Round-robin 策略选择一个从服务器实例节点(Secondary Server Instance)进行连接，能对客户端请求实现负载均衡。

在 MGR 组复制技术及 MySQL-Router 技术基础上构建的 MySQL InnoDB Cluster 能够很好地实现故障转移、故障恢复、读写分离、负载均衡等功能，并支持单主和多主两种运行模式。

6.2.6.3 MySQL NDB Cluster

上述介绍的 MySQL InnoDB Cluster 由于不考虑数据分区的问题，要实现分布式数据库就需要在业务应用层对数据进行分表分库处理。而 MySQL NDB Cluster 则是在数据复制与副本的基础上，进一步实现了对数据的自动分区，如图 6-8 所示。

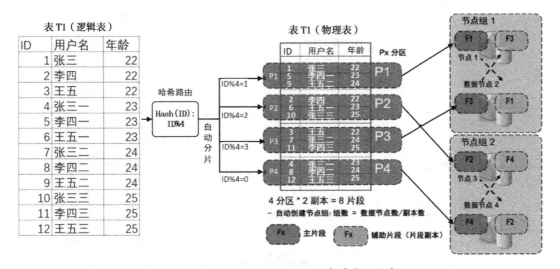

图 6-8　MySQL NDB Cluster 自动分区示意

在图 6-8 的示例中，假定表 T1 是一个大表，需要在 NDB 集群中自动分区，首先由固定哈希算法(用主键 mod 集群节点数)对主键值做模运算，按其哈希值进行分片，在图 6-8 中共分为 4 个分区(P1、P2、P3 及 P4)，并分别存储在 4 个主片段服务器节点上(F1、F2、F3 及 F4)，而且每个主片段节点都有一个辅助片段节点作为片段副本。因此从逻辑上看，T1 就是一个表，但从物理上看，通过哈希路由映射到了 4 个分区，并分别存储在 8 个节点上(主节点 4 个，从节点 4 个)。

MySQL NDB Cluster 采用分布式架构，通过自动分区来支持数据分区读写及负载平衡。支持横向扩展，在正在运行的集群中添加节点而无须停机。采用分布式设计和无共享架构(Share Nothing Architecture，SNA)，可通过数据复制技术使事务在节点组中自动同步，确保读取和写入操作的一致性，也支持无丢失故障切换。

由于 NDB Cluster 是在数据库系统内部对表进行自动分区的，应用程序连接至集群中的节点，不必在业务应用层处理分区，分区对应用程序完全透明，查询操作会自动访问所需的正确片区来满足查询需要或提交事务。

NDB Cluster 将基于内存的 NDB 存储引擎与标准的 MySQL 服务器集成在一起，将需要分区的表的存储引擎由缺省的 Innodb 修改为 NDB，但不需要分区的表可以继续使用 InnoDB 引擎。

NDB 存储引擎相对 InnoDB 引擎也有些缺点，例如，NDB 引擎的事务隔离级别只支持 Read Committed；而 Innodb 引擎支持所有的事务隔离级别，默认使用 Repeatable Read。

NDB 引擎基于内存，数据节点的数据会被尽量放在内存中，因此 NDB 引擎对内存需求较大，而且断电可能会导致数据丢失等情况出现。

6.2.6.4 基于 MySQL InnoDB Cluster 构建分布式数据库应用

MySQL InnoDB Cluster 解决了数据库的高可用性，在此基础上，采用分表分库技术将数据分区并分布到多个数据库集群上，进而构建了一个分布式数据库应用环境，如图 6-9 所示。

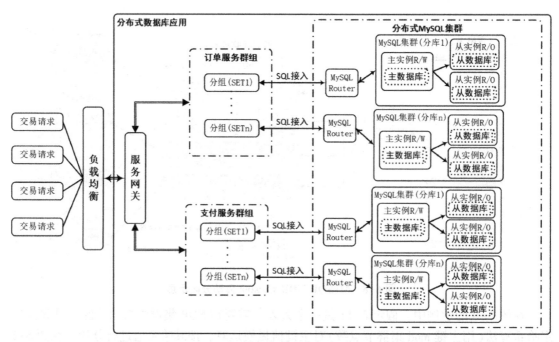

图 6-9 基于 MySQL InnoDB Cluster 的分布式数据库应用示例

整个分布式数据库应用由应用层的服务网关（分布式服务）及负责处理各分组（SETx）的 MySQL 数据库集群（一主二从）组成。在图 6-9 的应用示例中，不同的业务服务分成不同的业务群组（如订单服务群组、支付服务群组等）；不同的业务群组进行水平分表分库，这里假定每个群组又分成 SET1 至 SETn 共 n 个处理分组，由应用层的服务网关负责数据到各分组的路由，通常是基于业务场景（如依据用户 ID、客户 ID 等主键进行一致性哈希算法）的路由规则进行分发。

水平分库的核心是需要通过自动路由算法确定数据在哪个数据库节点（集群）上，而且需要一个全局的唯一主键 ID。

6.3 分布式事务处理

单机数据库的事务处理，都属于本地事务，遵守事务操作的 ACID 特性，使用基于锁的悲观并发控制方案或基于版本验证的乐观并发控制方案，但这些方案无法解决分布式数据库的多分区事务处理问题，因为多分区的分布式事务需要实现多个节点服务器之间的协调、分布式提交和回滚协议。

所谓分布式事务是指事务的参与者、支持事务的服务器、资源服务器或事务管理器位于分布式系统的不同节点上。分布式事务处理的目标是在分布式数据库中保证不同节点之间的数据一致性。分布式事务处理通常由数据库的事务管理器组件来执行。

分布式事务相对本地事务来说，至少有两个特殊性：

①存储端的多样性　在本地事务中所有数据都会落到同一个数据库中，但在分布式事务中，就会出现事务数据需要同时写入多个数据库中，甚至还会缓存到 Redis 中或者同步到 MQ 消息服务器中。

②事务链路的延展性　在本地事务中，一个事务的所有业务操作，通常都被封装到一个业务程序代码(微服务)中。而在分布式事务中，请求链路被延展拉长，一个事务的所有业务操作会被拆分到多个节点的业务程序或微服务中运行，它们依靠网络通信建成一个整体业务。

现代 DDBMS 包括 NoSQL 和 NewSQL，二者对分布式事务处理的要求和解决方案是不同的。大多数 NewSQL 和传统的 RDBMS 一样，要求数据库满足 ACID 特性，从 CAP 角度看即侧重满足 CP 状态，通常采用强一致性解决方案，因此也称为刚性事务。而 NoSQL 及部分 NewSQL 应用则是基于 BASE 理论，对数据库的一致性和可用性做了权衡与妥协，通常采用最终一致性解决方案，因此也称为柔性事务，即侧重满足 AP 状态，不要求强一致性，允许有中间状态，但要求最终一致性。

6.3.1　分布式事务处理解决方案

6.3.1.1　强一致性解决方案

传统 RDBMS 和大部分 NewSQL 分布式数据库采用强一致性方案，满足数据库的 ACID 特性，事务必须在各参与者中按照 ACID 原则执行完成，即刚性事务模式。

实现 ACID 分布式事务处理通常采用两类算法。

(1) 原子提交(Atomic Commitment)算法

这类算法易于理解和实现。原子提交算法不允许参与者节点之间出现分歧，只要有一个参与者投票反对，事务就不能提交。如果出现拜占庭故障，原子提交算法也无法正常工作。具体又包括：

①两阶段提交(2PC)协议　一种基于协调者和参与者之间协商的分布式事务处理协议。2PC 的基本思想是在协调者和参与者之间通过消息协商来保证事务的原子性和一致性。包括两个阶段，即预提交阶段(投票阶段)和提交阶段(执行阶段)。

②三阶段提交(3PC)协议　是 2PC 的一种改进，引入了超时机制解决同步阻塞问题，对于协调者和参与者之间的消息通信出现异常的情况，可以采用超时机制来防止长时间的阻塞，包括 3 个阶段，即预备、预提交、提交。

(2) 共识(Consensus)算法

NoSQL 或 NewSQL 等现代分布式数据库通常使用共识算法来实现分布式事务处理，如 Paxos 算法、Raft 算法等。共识算法可以保证分布式系统多个节点的数据状态达到一致。

原子提交算法和共识算法都有各自的优缺点，需要根据实际需求进行选择。在实际应用中,可以采用多种算法的组合,如 2PC 和 Paxos 相结合,或者 3PC 和 Raft 相结合,来满足不同的业务需求和性能要求。

6.3.1.2 最终一致性解决方案

最终一致性解决方案基于 BASE 理论,采用异步非阻塞和重试技术实现,要求业务接口都支持幂等,将事务放入一个稍后执行的队列中等待执行;或者先写入事务(Transactions)表中,然后采用批作业(Batch Job)方式定时不断执行。其实质是通过牺牲强一致性来获得更好的可用性,即柔性事务模式。

最终一致性有很多具体的实现方案,常用的有以下 4 种模式。

(1) TCC 模式

TCC 是 Try、Commit、Cancel 3 种指令的缩写。TCC 模式通常是在业务应用代码层面向业务操作的分布式事务处理方案。一个完整的业务活动在 TCC 模式中会被分成一个主业务操作(主微服务)与若干从业务操作(从微服务)。主业务操作负责发起并完成整个业务活动。TCC 可以理解为是在应用层面实现的 2PC,即需要在应用层编写业务逻辑代码来实现分布式事务提交。第一阶段,尝试执行业务(Try),完成所有业务检查并预留必需的业务资源;第二阶段,确认(Confirm)执行业务或取消(Cancel)执行业务,操作要满足幂等性(即保证资源唯一性,比如重复提交或服务端的多次重试只会产生一份结果),要么直接真正执行业务,要么取消并释放预留的业务资源。

(2) SAGA 模式

与 TCC 类似,SAGA 模式也是一种补偿事务,但是它没有预留(Try)阶段。基于命令/异步响应的编排式事件模式,把分布式事务看作一组本地事务构成的事务链,事务链中的每一个正向事务操作,都对应一个可逆的事务补偿操作。SAGA 模式的事务协调器负责按照顺序执行事务链中的分支事务,分支事务执行完毕,即释放资源。如果某个分支事务执行失败了,则按照反方向执行所有分支事务的补偿操作。

(3) 可靠事件模式

基于消息队列或消息中间件的分布式事务处理,相当于基于消息队列的 2PC,将本地事务操作和发送消息放在了一个分布式事务里,保证要么本地操作成功且对外发送消息也成功,要么两者都失败。这种事务模式往往用在高并发场景下,将一个分布式事务拆成一个消息事务(A 节点的本地操作+发消息)与 B 节点的本地操作,其中 B 节点的操作由消息驱动。因此,只要 A 节点消息事务成功,那么 A 操作一定成功,给 B 节点发送的消息也一定发出来了。这时候 B 会收到消息去执行本地操作,如果本地操作失败,消息会重新发送,直到 B 节点也操作成功。这样就变相地实现了 A 与 B 的分布式事务。具体的消息传送机制,可以基于本地消息表,也可以通过消息中间件将消息发送出去。

(4) 重试补偿模式

重试补偿模式即重试机制,通过最大努力地不断重试保证数据库操作最终满足数据一致性。如果最终多次重试失败,可以根据相关日志主动通知运维人员进行手工介入。被调用方需要保证其幂等性。通常有以下两种策略:一是对未完成的业务进行定时重试,在每次更新的时候进行修复,保证系统经过一段较短的时间的自我恢复和修正,数据最终达到一致;二是定时校对,周期性地进行校验操作,即主业务操作提供相关查询接口给从业务操作核对查询，用于恢复丢失的业务数据。

6.3.2 两阶段提交协议

两阶段提交/XA 是由 X/Open 组织提出的分布式事务的规范。XA 规范主要定义了(全局)事务管理器(TM)和(局部)资源管理器(RM)之间的接口。RM 通常是指本地的数据库管理系统(如 MySQL)。

两阶段提交(Two Phase Commit，2PC)把分布式事务处理分成两个阶段来执行。

(1) 准备阶段(Prepare)

即所有的参与者准备执行事务并锁住需要的资源。参与者准备好(ready)时，就在本地分别执行具体的事务操作，写本地的重做和撤销日志，但不提交，完成后向事务管理器报告已准备就绪，否则，参与者就会返回失败(如权限验证失败等)。这个阶段可以细分为3个步骤：

①协调者节点向所有参与者节点询问是否可以执行提交操作(vote)，并开始等待各参与者节点投票响应。

②参与者节点尝试执行有关事务在本地的具体操作，并将撤销与重做日志信息写入日志。

③各参与者节点响应协调者节点发起的询问。如果参与者节点的事务操作实际执行成功，则它返回"同意"消息；如果参与者节点的事务操作实际执行失败，则它返回一个"中止"消息。

(2) 提交或回滚阶段(Commit/Rollback)

当事务管理器确认所有参与者都准备好后，向所有参与者发送提交命令，否则直接给每个参与者发送回滚消息。具体又分为两种情况进行处理：

①当协调者节点从所有参与者节点获得的消息都为"同意"时，协调者节点向所有参与者节点发出提交请求，参与者节点完成提交并释放在整个事务期间内占用的资源，向协调者节点发送完成消息。

②如果任一参与者节点在第一阶段返回的响应消息为"中止"时，协调者节点向所有参与者节点发出回滚请求，参与者节点利用之前写入的撤销日志信息执行回滚，并释放在整个事务期间内占用的资源，向协调者节点发送"回滚完成"消息。

2PC 易于理解和实现，但由于 2PC 有时会对资源进行长时间锁定，因此并发度较低。目前主流的数据库基本都支持 2PC/XA 事务处理，如 MySQL、Oracle、SQL Server、PostgreSQL 等。

2PC/XA 事务通常是由一个或多个资源管理器、一个事务管理器和一个应用程序(Application Program)组成。图 6-10 为两节点分布式转账业务示意，节点 1 上的本地数据库中的客户需要做"转出"操作，而节点 2 数据库中的客户需要做"转入"操作。

图 6-10 的上半部分表示两个参与者节点都运行正常，顺利完成两阶段提交。

如果有任何一个节点参与者在准备阶段失败，那么事务管理器会通知其他所有完成准备阶段的节点参与者进行回滚。如图 6-10 的下半部分所示，由于一个参与者节点故障，无法完成"转入"业务的准备阶段投票，因此协调者就通知另一个已经准备好的节点中止

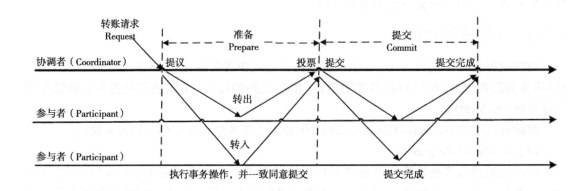

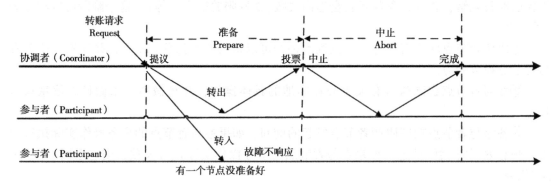

图 6-10 分布式事务两阶段提交示例

"转出"业务的提交。

6.3.3 三阶段提交协议

三阶段提交(3PC)，主要是为了解决 2PC 的单点故障问题，并有利于缩小参与者阻塞范围。在引入参与节点的超时机制外，3PC 把 2PC 的准备阶段进一步分成事务询问(该阶段不会阻塞)和事务预提交两个阶段，这样，3PC 把分布式事务的提交分成了 3 个阶段，分别为提议阶段(CanCommit)、预提交阶段(PreCommit)、提交阶段(DoCommit)，如图 6-11 所示。

(1) 提议阶段

这个阶段的主要任务是尝试获取数据库锁，具体又分包括两个步骤：

①事务询问　协调者向所有的参与者发送一个包含事务内容的提议请求，询问是否可以执行事务提交操作，并开始等待各参与者的投票响应。

②参与者向协调者反馈事务询问的响应　正常情况下，如果自身认为可以顺利执行事务，则反馈"Yes"响应，并进入预备状态。如果协调者在此阶段崩溃，或参与者崩溃导致操作超时，或有参与者投反对票，则事务就此中止。

(2) 预提交阶段

协调者在得到所有参与者的响应之后，会根据第一阶段的投票结果，要么执行事务预提交，要么中断事务执行。如果协调者决定继续进行事务，则进入第二阶段，即预提交阶

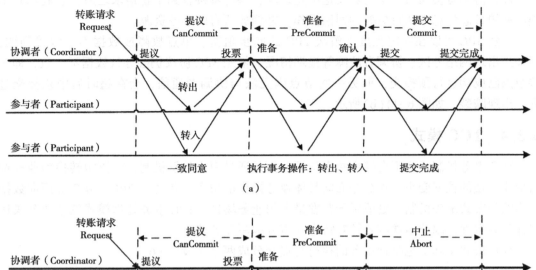

图 6-11 分布式事务三阶段提交示例

段。事务的预提交过程具体包括以下步骤：

①发送预提交请求　协调者向所有参与者节点发出预提交请求。

②事务预提交　参与者接收到预提交请求后，会分别在本地执行事务操作，并将撤销和重做日志信息记录到事务日志中。

③反馈执行结果　各参与者向协调者反馈事务执行的结果，包括以下情况：

● 若所有参与者都成功执行了事务操作，那么反馈"确认"回执，如图 6-11(a)所示。

● 若任一参与者反馈了"No"响应，或者在等待超时后，协调者都无法接收到所有参与者反馈，则中断事务，中断事务又包括两个步骤：发送中断请求，即协调者向所有参与者发出中止请求；中断事务，即无论是收到来自协调者的中止请求或者等待协调者请求过程中超时，参与者都会中断事务。

(3) 提交阶段

这个阶段就是要完成事务的提交或回滚，分两种情况。

①执行提交　当协调者接收到所有参与者发送的确认响应，就向所有参与者发送提交请求；参与者收到提交请求就执行正式的事务提交，并在完成事务提交之后释放所有事务资源。

②中断事务　如果协调者没有接收到所有参与者发送的确认响应或者有参与者响应超

时，那么协调者会向所有参与者发送中止请求；参与者接收到中止请求之后，会利用其本地的撤销日志信息来执行事务的回滚操作，并释放所有的事务资源。

虽然 3PC 可以在一定程度上解决 2PC 的同步阻塞、单点故障或数据不一致等问题，但如果出现网络分区、协调者故障等极端情况，依照 3PC 协议仍会导致数据不一致，即一些节点已成功进行预提交，而另一些节点因无法与协调者通信，会在超时后中止提交过程，出现脑裂，如图 6-11(b)所示。

6.3.4　TCC 模式

TCC 事务机制通常不会锁定整个资源，而是通过引入补偿机制，将资源转换为业务逻辑形式，锁的粒度变小。TCC 是面向具体业务操作的事务，相比于 2PC、3PC 等面向数据操作的分布式事务机制，更适用于并发量大的业务场景。TCC 事务处理模式依赖业务操作来保障一致性，因此通常需要针对特定的事务编写业务接口。

TCC 模式实际上也是把事务的执行与提交分成两个阶段(图 6-12)。

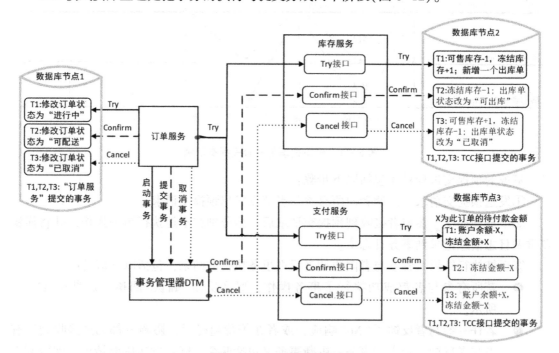

图 6-12　TCC 模式的示例

第一阶段(Try)，这个阶段主要负责对各个服务的资源做检测以及对资源进行锁定或者预留，Try 操作完成后通常会产生一个资源预留的中间状态。

第二阶段(Confirm 或 Cancel)又分两种操作：①执行真正的业务操作(Confirm)，直接使用 Try 阶段预留的业务资源，不再作业务检查，Confirm 操作要求具备幂等设计，Confirm 失败后需要进行重试，分布式数据库最终会达到一个新的一致性状态；②任何一个业务方法(微服务)执行出错，就执行反向补偿操作(Cancel)，相当于事务回滚，释放 Try 阶段预留的业务资源，Cancel 操作要求具备幂等设计，Cancel 失败后也需要进行重试，数据库退回到 Try 操作之前的一致性状态。

在图 6-12 所示的 TCC 分布式事务处理示例中，其主业务服务是订单服务，但示例假定订单服务有 2 个从业务服务：库存服务和支付服务。只有在 TCC 事务管理器的协调下完成了从业务服务的提交(或取消)，才能完成整个业务服务的提交(或取消)。

通常是由主业务服务发起事务的第一阶段操作，Try 阶段一般用于锁定某些资源，比如设置一个预备状态或冻结部分数据。在图 6-12 的示例中，Try 阶段所做的操作如下：

①订单服务　在本地数据库中，通过提交一个本地事务修改订单状态为一个中间状态"进行中"，而不是直接设置订单服务为"可配送"的完成状态。

②库存服务　通过其 Try 接口在本地数据库中调用并提交一个本地事务，冻结订单所需的库存，例如，在表中增加一个"冻结库存"字段来保存冻结库存数，而不是直接扣掉库存，同时创建一个出库单。

③支付服务　通过其 Try 接口在本地数据库中调用并提交一个本地事务，冻结订单的待付款资金，例如，在表中增加一个"冻结金额"字段来保存冻结金额，而不是直接在账户余额中扣减资金。

根据 Try 阶段的执行情况，后续操作又分两种情况：

①如果所有的 Try 操作都执行成功，则由分布式事务管理器负责协调各节点开始执行相关服务的 Confirm 操作，在图 6-12 的示例中，Confirm 阶段所做的操作如下：

- 订单服务：在本地数据库中通过提交一个本地事务修改订单状态为"可配送"的完成状态；
- 库存服务：通过 Confirm 接口在本地数据库中调用并提交一个本地事务，在冻结库存中减去订购数量，同时将出库单状态改为"可出库"；
- 支付服务：通过 Confirm 接口在本地数据库中调用并提交一个本地事务，将其冻结的待付款资金扣减，完成订单金额支付。

②如果部分业务服务的 Try 操作执行失败或出现异常，则由分布式事务管理器负责协调各节点执行的 Cancel 操作，在图 6-12 的示例中，Cancel 阶段所做的操作如下：

- 订单服务：在其本地数据库中通过提交一个本地事务修改订单状态为"已取消"；
- 库存服务：通过其 Cancel 接口在其本地数据库中调用并提交一个本地事务，将此订单的冻结库存退回到可售库存中，同时将其出库单状态改为"已取消"；
- 支付服务：通过其 Cancel 接口在其本地数据库中调用并提交一个本地事务，将其冻结的待付款资金退回到账户余额中。

6.3.5　可靠事件模式

可靠事件模式，也称可靠消息模式，属于事件驱动架构，是基于队列实现服务协同通信的最终一致性解决方案。它将一个分布式长事务拆分成多个事务，通过向消息队列投递事件异步触发事务流程。可靠事件模式通常在微服务架构中使用，微服务会向消息代理发布一个事件，消息代理向订阅事件的微服务推送事件，当订阅这些事件的微服务接收此消息时，就可以完成自己的业务，也可能引发更多的事件发布，如图 6-13 所示。

为了避免消息先发送成功而业务代码执行失败的情况，通常是在业务逻辑执行完成后再发送事件消息或者作为主业务本地事务的一部分将事务消息写入事件表，等待消息中继

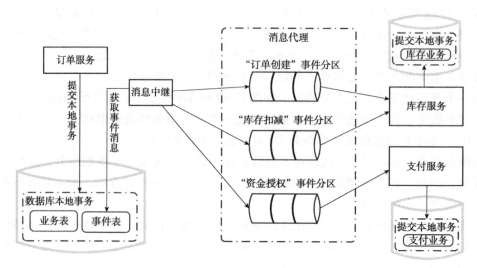

图 6-13 分布式事务处理的可靠事件模式示意

来获取（图 6-13）。发送或获取事件消息到消息队列也并不是一定成功的，需要提供一个机制保证该事件（事务性消息）最终一定会发送到对应的消息队列中。

在图 6-13 所示的示例中，事务性消息的实现是通过将发送事件消息的内容与类型写入对应的事件表中，使得业务代码与发送事件都可以通过数据库本地事务保证一致性，以满足事务原子性要求，最后再通过额外的消息中继服务获取事件表的事件消息并保证事件发布的可靠性。图 6-13 中的主微服务"订单服务"提交数据库本地业务的同时，将消息写入本地的"事件表"中，允许通过消息中继或事件恢复机制确保事件消息总是能投递到消息代理中。

主微服务"订单服务"作为事件消息的发送方，负责执行业务代码与保存事件消息。为了避免事件消息先发送成功而业务代码执行失败的情况出现，先采用了事务性消息的"事件表"机制，即维护一个额外的事件表，在发送消息前将发送的事件消息内容与类型写入对应的事件表中，使得业务代码与发送事件都可以通过数据库本地事务保证其一致性，即最终状态满足事务原子性要求。再通过额外的消息中继服务获取事件表的事件信息并保证事件发布的可靠性。

"消息中继"主要负责事件消息的筛选和获取。一个事件可能处于未发送、已发送到消息代理、消息代理已发送到消费者、消费者已成功消费等状态，在"事件表"中也相应通过状态（status）字段进行标识。至于消息的获取，消息中继可以通过 SQL 轮询来获取服务对应事件表中处于未发送状态的消息，并进行发布。但是轮询在一定程度上会加重数据库负担，因此还可以通过读取数据库的事务日志机制进行异步优化，通过消息中继服务读取数据库事务日志并进行过滤来获取要发送的事件消息，而不是直接访问数据库表，因此消息中继通常通过依赖事务日志或者通过 Redis 等 NoSQL 数据库实现。

消息队列（MQ）等消息代理需要处理好事件消息的顺序性问题，因为事件消息不总是可以并发的，它们之间可能会存在因果顺序，因此"消息队列"需要保证其发送消息的顺序与其接收到消息的顺序一致。例如 Kafka 等消息队列，一般都会通过复制与分区的手段实现高可用。对于同一个主题下的消息，可能处于不同的分区中。不同分区的消息之间是没有全局顺序的，但是分区自身内的消息是满足全序的，因此，消费者在发送消息时需要指定基于事件类型的分区策略，使得"消息队列"可以将相同的事件类型的消息按照全序发送至消费者端进行处理，从而满足事件间的因果关系。

图 6-13 中的"库存服务"和"支付服务"等从微服务作为事件消息的消费方需要实现消费幂等性，例如"支付服务"不能因为重复收到事件消息而多次支付。Kafka 等消息队列只提供了消息至少成功发送一次的保证，也就是说，一条事件消息可能因为超时机制使得消费方收到多次，因此消费方需要保证接收到多次事件消息产生的影响与接收到一次是一样的(即幂等性)。

消费方可以简单地通过业务对象状态判断是否已经处理过该事件消息，但很多代码都需要冗余"幂等保证"代码。优化的方法是在该事件消息被事件处理方法处理前提供额外的机制判断当前事件是否可以被处理，消费者可以通过维护一张额外的事件处理表来记录已经被处理过的事件 ID，如果某事件 ID 已经被处理过则丢弃。

6.3.6 经典案例：传统 RDBMS 通过 2PC 实现分布式事务处理

传统的 RDBMS 通过在本地数据库中创建远程数据库链接，将远程数据库与本地数据库连接成一个准分布式数据库，并通过 2PC 来实现分布式事务处理。图 6-14 为 Oracle 数据库通过数据库链接(Database Link)和 2PC 实现分布式事务的示意图。

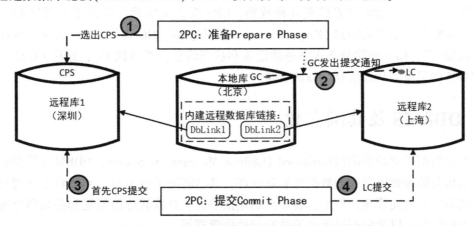

图 6-14 传统 RDBMS 通过数据库链接实现 2PC 分布式事务示例

首先在本地数据库中创建远程数据库的数据库链接。所谓数据库链接是对远程数据库定义的一条访问路径。例如，通过如下命令用 tnsnames.ora 中的连接字符串"ShanghaiDB"创建一个数据库链接 link_sh：

```
create database link link_sh connect to hr identified by pwd using 'ShanghaiDB';
```

然后就可以提交分布式事务，同时操作本地数据库和远程数据库的业务，例如：

```
insert into dept@link_sh values ('新产品开发部','张经理');--远程数据库操作
```

```
insert into emp values ('张经理',…);   --本地数据库操作
commit;
```

分布式事务需要同时在本地和远程执行操作,这些数据库节点分别归属 3 种角色(图 6-14):

①Global Coordinator(GC) 发起分布式事务的节点,负责协调这个分布事务。

②Local Coordinator(LC) 处理本地事务,并和其他节点通信的节点。

③Commit Point Site(CPS) 被 Global Coordinator 指定首先提交或回滚事务的节点,以保护最关键的数据,不需要进入 2PC 的准备状态。一般可以把业务中的关键数据库作为 CPS 节点。

这里的 2PC 即是指分布式事务通过如下两个阶段来完成事务的提交,其中,最关键的是图 6-14 所示的①~④的步骤。

(1) 准备阶段(Prepare Phase)

步骤①选出 CPS,步骤②GC 向其他数据库节点发出提交通知,然后比较所有数据库的 SCN 号,选出最高的 SCN 为分布式事务的全局 SCN 号,对分布式事务修改的表加锁,以防止被读写,然后各数据库节点向 GC 发出已准备好的通知。

(2) 提交阶段(Commit Phase)

步骤③GC 通知 CPS 首先提交并释放锁,CPS 提交成功后,步骤④再通知 LC 提交。还有一个步骤是注销有关信息(Forget Phase),具体包括:GC 通知 CPS "所有数据库节点已经完成提交",CPS 清除分布式事务的记录和状态信息,并回执 GC,最后 GC 清除本地分布式事务的记录和状态信息、释放资源。

6.4 DDBMS 及其国产化

分布式数据库管理系统(Distributed Database Management System,DDBMS)是在分布式环境下实现与管理数据存取的数据库管理软件。其功能除了各节点的本地数据管理外,还有分布式系统的全局管理,例如,各节点的连接信息、对数据分区与复制的数据分布信息等元数据的管理,以及分布式事务的执行与协调管理等。

6.4.1 DDBMS 的发展与分类

进入 21 世纪以来,互联网应用场景的数据规模快速膨胀,对数据库系统的可扩展性(scalability)和可靠性(reliable)要求越来越高,传统的关系数据库已经无法满足需求。适合这种业务特点的 NoSQL 数据库开始出现并流行,如 Amazon 的 Dynamo 与 Google 的 BigTable 等,并出现类似的开源版本,如 Cassandra 与 HBase 等。各种分布式 NoSQL 数据库解决方案如雨后春笋般涌现,随后又为满足分布式事务的业务需求,出现了各种分布式的关系数据库解决方案。

因此,DDBMS 可以按其数据库模型分为基于非关系数据库模型的 NoSQL 数据库和基于关系数据库模型的分布式数据库解决方案。而针对关系数据库模型的分布式数据库主要

有 3 种解决方案：以传统 RDBMS(单机或集群)为基础构建的分布式数据库、采用分布式存储引擎技术的 NewSQL 数据库、采用存算分离架构的 NewSQL 数据库。

6.4.1.1 基于非关系数据库模型的分布式数据库

基于非关系数据库模型的分布式数据库，也就是通常所说的 NoSQL 数据库，主要有两种分布式架构：

①基于对等节点的分布式数据库　没有中心节点的束缚，相对来说有更高的可用性。例如，Amazon 公司的 Dynamo，作为一个分布式的键值数据库系统，采用一致性哈希算法的变体实现分区，将负载分发到各个存储节点上。

②基于中心节点的分布式数据库　相对基于对等节点的分布式数据库来说，基于中心节点的分布式数据库可以减少全网的信息交互，获得更好的可扩展性。例如，Google 公司的 BigTable，基于 Google 的 GFS 分布式文件系统和 Chubby 分布式锁机制构建，主要包括两部分：其一是 Master 节点，用来处理元数据相关的操作并支持负载均衡；其二是 Tablet 节点，主要用于存储数据库的分区 Tablet(SSTable 格式)，并提供相应的数据访问。

但是由于 NoSQL 数据库缺乏强一致性及事务支持，没有统一访问接口，很多业务场景无法使用，于是数据库的发展历史就经历了否定之否定的螺旋式发展历程，详见 1.2.1 及 3.2.1.1 的有关内容。

NewSQL 数据库是基于关系数据库模型的分布式数据库，在保留传统关系数据库的强一致性与事务支持特性的基础上，拥有 NoSQL 分布式数据库的横向扩展性与可靠性等优点，可以对关系型逻辑数据进行分区存储，通过分区(Partition)将数据或计算分散到众多节点，以摆脱传统 RDBMS 对硬件容量和计算能力的限制。

6.4.1.2　以传统 RDBMS(单机或集群)为基础构建的分布式数据库系统

这种解决方案俗称"分表分库"，相当于在数据库服务器(Server)层作分区，将整个数据库单机或集群系统(实例+存储)作为一个分区单元，并在应用层或通过中间件实现业务路由与负载均衡，具体可参见 6.2.6.4 中的分布式数据库应用案例。这种传统的分表分库模式，如果有良好的业务端设计，可以获得极佳的高性能、大容量和可扩展的数据库服务。其缺点是业务耦合大，通用性差，需要在业务应用层写额外的代码或通过中间件来处理数据分区及其路由、分布式查询与分布式事务等功能。

6.4.1.3　采用分布式存储引擎技术的 NewSQL 数据库系统

全局数据库在存储引擎(Engine)层做分区，采用分布式存储引擎，各数据库节点间相对独立，通常采用无共享存储架构。由于存储引擎是分布式的，因此分布式查询与分布式事务都是由分布式存储引擎负责处理。采用这种分布式存储引擎的数据库管理系统有 Spanner、CockroachDB、OceanBase、TIDB 等 NewSQL 数据库。

在图 6-15 的示例中，整个分布式数据库系统共有 3 个分区节点，每个分区都是 1 个集群节点，每个集群又有 3 个副本节点。集群内部各副本之间采用 Paxos 协议来保证其一致性与持久性，而跨分区的事务处理则用 2PC 来保证原子性。

基于分布式存储引擎的 NewSQL 数据库在实现数据库的 ACID 特性时，除了采用传统的 RDBMS 用到的 2PL、MVCC 及 Redo 与 Undo 日志来实现本地数据库的 ACID 外，还需要使用 2PC 及 Paxos 等协议来保证节点之间的 ACID，参见表 6-3。

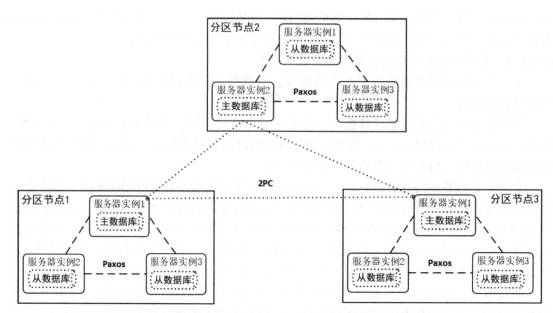

图 6-15 分布式存储引擎通过 2PC+Paxos 实现事务处理示例

表 6-3 分布式存储引擎与传统 RDBMS 的比较

类别	特性	
	传统 RDBMS	NewSQL 分布式存储引擎
原子性（A）	Redo+Undo	Redo+Undo+2PC
一致性（C）	Redo+Undo	Redo+Undo+2PC+Multi-Paxos
隔离性（I）	2PL+MVCC（本地时钟）	2PL+MVCC（逻辑时钟或 GPS 时钟）
持久性（D）	Redo	Redo+Multi-Paxos

①原子性（Atomicity） 在传统的 RDBMS 中，是通过 REDO（重做）日志与 UNDO（撤销）日志相结合的方式来实现其原子性特性的。但在分布式环境下，由于有多个不同的数据库节点参与到同一个事务中来，需要保证不同节点上的修改要么同时成功，要么同时回滚，分布式存储引擎通常是采用 2PC 或其变体（如 3PC 等），引入协调者（Coordinator）角色，并在正式提交前先执行一个在各节点间协商是否可以提交的准备阶段，如图 6-15 所示。

②持久性（Durability） 传统的 RDBMS 通过重做日志配合数据缓冲区脏数据刷盘策略就可以保证服务器重启后，已经提交的事务不会丢失。而分布式环境通常是为每个分区节点提供多个副本（Paxos 协议至少需要 3 个副本），每个副本又由不同的节点负责，分区内部各副本节点间通常采用 Multi-Paxos 共识算法或其变种来保证副本数据的一致性与持久性。

③一致性（Consistency） 分布式环境下，分区节点之间的一致性通常是通过 2PC 或类似协议实现的，而分区集群内部节点间的一致性则主要是通过 Multi-Paxos 协议来实现的，各节点本地数据库的一致性仍然是通过撤销日志及重做日志配合实现的。

④隔离性（Isolation） 实现并发控制的最经典直观的方式是 2PL，大多数传统 RDBMS 都采取了 2PL 与 MVCC 相结合的实现方式。MVCC 通过维护多版本信息来让写请求与读请求并发执行，但 MVCC 的实现需要依赖一个全局递增的事务执行序列，用于判断事务开始的先后，从而寻找正确的可读历史版本。这个全局递增的序列在分布式数据库中变得更加复杂，因为是节点机器间的时钟存在误差，并且这种误差范围不确定。通常的做法是采用逻辑时钟方式，即通过节点间的信息交互来确定跨节点的时间先后，如 Lamport 时钟。Spanner 等分布式数据库则是通过引入 GPS 和原子钟的校准，在全球范围内，将不同节点的时钟误差限制在一个确定的范围内，并通过适度的等待保证事务的正确性，其中一种做法是事务提交必须先拿到提交时间戳（Commit Timestamp）值。

6.4.1.4 采用存算分离架构的 NewSQL 数据库系统

将数据分区的工作放到数据库事务处理及索引系统下面的存储层，如图 6-16 所示。数据库实例层保留了完整的事务处理等计算相关逻辑，而存储层仅负责数据存储相关的功能，例如重做日志的持久化、脏数据页的生成与持久化、快照与备份以及故障恢复（对重做日志执行重做）等数据存储操作，也就是相当于将存储引擎的部分功能（事务处理等）上移到数据库实例服务代码（计算层）中，而存储层代码只负责处理数据与日志的存储。这种存算分离架构，也称为共享存储（Share Storage）架构，通常使用云存储，是云原生数据库的基础。采用存算分离架构的 NewSQL 数据库管理系统有 Aurora、PolarDB 等。

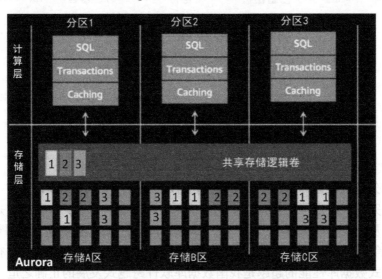

图 6-16 存算分离架构分布式数据库示意

如图 6-16 所示，计算层的各分区节点都包含数据库有关 SQL、事务及缓存区等完整计算功能，存储层通常建立在云存储上，从逻辑上看各分区数据都存储在一个共享存储逻辑卷（Volume）上，但从物理上看存储的数据实际上是分散存储在不同的存储节点上。

由于关键的事务处理系统并不需要做分区处理，避免了分布式事务的复杂性。这种 DDBMS 的经典案例是 Amazon 公司的 Aurora 数据库，其计算层节点保留了事务管理、锁及死锁检测等影响请求能否成功执行的模块，而存储层节点只需要执行持久化操作，如图 6-16 所示。其计算节点维护了一个全局递增的日志序列号 LSN，通过跟存储节点的交互来判断当前日志在所有分区完成持久化的 LSN 位置，来进行事务提交或缓存清理。Aurora 的核心理念是"日志即数据库"(Log is Database)，也就是所有节点之间的网络交互全部只传输重做日志，每个节点的本地数据库通过重做日志重做来构建数据页。Aurora 数据库在存储层对数据页进行分区打散，由不同的节点负责存储，进而实现并发执行，充分利用多节点资源获得更大的容量与更好的性能。

6.4.2 DDBMS 的国产化

随着国内互联网平台的快速发展，再加上我国人口众多、传统企业数字化转型等因素，传统集中式数据库昂贵的成本、存储与计算扩展能力有限等弊端逐渐显露。面对业务系统越来越高频的并发访问及数据处理量越来越庞大的现状，国内企业开始尝试自研 DDBMS。从 2010 年开始，逐步涌现出 OceanBase、TiDB、GaussDB、PolarDB 及 TDSQL 等国产 DDBMS，并且经过十多年的迭代发展，已经越来越完善，能够满足国内平台企业及云计算领域的高并发与大容量需求。图 6-17 为民间第三方机构("墨天轮")在 2023 年 4 月评定出的国内分布式数据库软件综合排名前五[①]（仅供参考，排名经常变化）。

名称	模型	属性	三方评测	生态	专利	论文	得分
OceanBase +	关系型				151	19	688.36
TiDB +	关系型				26	44	609.16
PolarDB +	关系型				512	26	409.90
GaussDB +	关系型				562	65	407.62
TDSQL +	关系型				39	10	278.88

图 6-17　常用的国产分布式数据库示例

国产化的分布式数据库软件，有些是在国外开源数据库软件的基础上进一步研发而来的，有些则是完全代码重写的，有许多创新成果。不管怎样，国产 DDBMS 是我国数据库软件的骄傲，从一定程度上解决了国产集中式数据库软件无法避开的 SQL 引擎及优化器与资源并发管理等算法效率不尽人意的困难。事实证明，通过多节点分布式并行处理技术方案实现对集中式数据库性能的超越是我国数据库软件跨越式发展的正确之道。

国产分布式数据库软件经过多年的快速迭代，其技术成熟度比十年前有了长足的进步，国内数据库厂商及其产品已多次进入 Gartner 魔力象限及 TPC-C、TPC-H 榜单，这使得企业对国产分布式数据库有了更强的信心。目前已有不少关键任务行业（如金融企业）逐渐完成国产数据库替代。据调查，有超过半数的大型企业部署了分布式数据库系统，这其中大部分是同时部署集中式和分布式数据库。国产分布式数据库软件的应用场景最初主要

---

① 数据来源 2023 年 4 月的墨天轮中国数据库流行度排行（属性选"分布式数据库"）https://www.modb.pro/dbRank。

集中在传统交易的 OLTP 业务和互联网或云平台，但也越来越多地部署在数据决策分析 OLAP 或者说数据湖等应用场景。

国产分布式数据库最常见的部署形态是云化部署，即将数据库部署在公有云、私有云或混合云上，通过云服务形式来提供数据库服务，如数据查询与数据库管理等。云与数据库的融合，减少了数据库参数的重复配置，具有快速部署、高扩展性、高可用性、可迁移性、易运维性和资源隔离等特点。国内的云厂商，如阿里云、腾讯云、华为云等都已经推出了不同类型的数据库云服务业务。同时，国内企业出于对数据安全的考量，部署数据库多数仍以私有云形态居多，随着未来企业面向互联网业务的增多以及公众对于公有云信任的增强，私有云加公有云的混合云部署形态将是未来企业数据库的主要部署形态。这也导致分布式数据库的一个重要发展方向是云原生数据库。

由于传统集中式数据库在海量数据处理能力、高并发处理能力以及高可用性等方面存在明显不足，国产化的分布式数据库在动态扩展能力、分布式并行计算以及多副本高可用等方面展现出显著优势。至于分布式数据库的数据一致性，曾经被认为是分布式数据库系统的一个弱项，随着分布式数据库技术发展，越来越多的分布式数据库(NewSQL)能够基于分布式共识协议实现全局的数据多副本强一致性。分布式数据库在数据一致性方面的不断改进，让越来越多企业开始将核心交易系统等关键任务部署在分布式数据库环境上，这也是国产分布式数据库及云原生数据库能够落地于越来越多应用场景的关键。

国产分布式数据库通常都会致力于具有 MySQL 或 Oracle 的 SQL 兼容性，其 SQL 兼容度越高意味着其替换传统关系数据库导致的业务逻辑改造成本越低。

从使用国产分布式数据库的行业特点来看，IT 行业、金融行业、通信行业 3 个行业是使用国产分布式数据库的主力军，具体来看：

① IT 行业　行业研发、架构、运维等方面的技术掌控能力相对较强，倾向于选用开源的数据库产品。TiDB、OceanBase 等分布式数据库软件是国内开源较早的数据库产品，因此当前在互联网/IT 行业的关注度相对较高。

② 金融行业　OceanBase、GaussDB 及 TDSQL 等国产分布式数据库软件在金融企业都有使用。OceanBase 数据库最早服务于支付宝业务，TDSQL 刚开始也是在腾讯公司内部使用，经历了微信支付及理财通等金融业务的考验，因此它们更容易被金融行业认可。

③ 通信行业　通信行业也是国内信息化较早的行业，GaussDB 作为通信设备厂商华为孵化出的分布式数据库软件，在通信行业中应用相对广泛。

6.4.3　经典案例：OceanBase 分布式数据库[①]

OceanBase 分布式数据库是阿里巴巴公司在 2010 年开始研发的分布式数据库，2020 年 OceanBase 成立北京奥星贝斯科技有限公司并开始独立商业化运作，是国内企业 NewSQL 数据库的先驱。其发展历程如图 6-18 所示。从 2010 年诞生开始，经过十多年的逐步迭代，已经日趋完善。到 2017 年蚂蚁集团核心业务系统(如支付宝业务)的数据库都由原来的 Oracle 换成了 OceanBase 数据库，而且也有多家银行等大型企业使用 OceanBase。2020 年 OceanBase

---

① 6.4.3 案例的部分内容来源于 OceanBase 官网的有关资料(https：//www.oceanbase.com)。

数据库正式开源。OceanBase 从 2019 年至 2021 年连续 3 年保持 TPC-C 的世界纪录。

从图 6-18 可以看出，OceanBase 数据库技术发展路径的几个关键事件包括：最初实现的是水平可扩展的 NoSQL 数据库（2011—2013 年），接着实现了支持多个业务系统的 NewSQL 数据库（2012—2013 年），再实现基于 Paxos 复制技术的高可用性（2014—2015 年），实现多租户与 MySQL 兼容等（2016—2018 年），以及兼容 Oracle 数据库（2018—2020 年），实现向量引擎与并行执行（2021 年）与日志流（2022 年）。

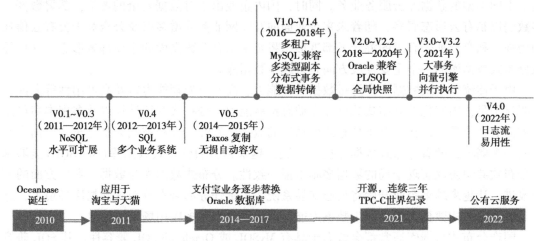

图 6-18 OceanBase 发展历程示意

6.4.3.1 OceanBase 数据库的系统架构

OceanBase 数据库采用无共享架构，各个节点之间完全对等，每个节点都有自己的 SQL 引擎、存储引擎、事务引擎，运行在普通 PC 服务器组成的集群之上，具备高可扩展性、高可用性、高性能、低成本、与主流数据库高兼容等核心特性。

OceanBase 分布式数据库集群通常包括若干个可用区（Zone）。可用区是一个逻辑概念，表示集群内具有相似硬件可用性的一组节点，例如，同一个机架下的若干个节点，甚至只是同一个 IDC 内的若干节点。图 6-19 所示的集群共包括 ZONE_1、ZONE_2、ZONE_3 共 3 个可用区，每个可用区又包括两个节点。

在 OceanBase 数据库中，一个表的数据可以按照某种划分规则水平拆分为多个分片，分片也称表分区（Partition）。如图 6-19 所示的租户 1（Tenant_1）的示例表的数据就分为 P1、P2、P3 和 P4 共四个分区，其主从副本分散存储在 6 个节点服务器上。某行数据属于且只属于一个分区。分区的规则由用户在建表的时候指定，包括 Hash、Range、List 等类型的分区，还支持二级分区。例如，交易库中的订单表，可以先按照用户 ID 划分为若干一级分区，再按照月份把每个一级分区划分为若干二级分区。对于二级分区表，第二级的每个子分区是一个物理分区，而第一级分区只是逻辑概念。一个表的若干个分区可以分布在一个可用区内的多个节点上。每个物理分区有一个用于存储数据的存储层对象，称作 Tablet，用于存储有序的数据记录。

当用户对 Tablet 中记录进行修改的时候，为了保证数据持久化，需要记录重做日志到 Tablet 对应的日志流（Log Stream）里。每个日志流服务了其所在节点上的多个 Tablet。为了

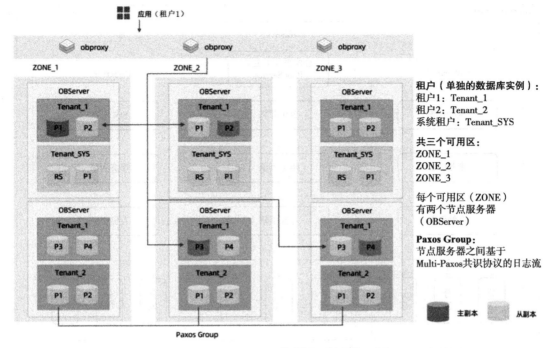

图 6-19 OceanBase 数据库系统架构示例

能够保护数据,并在节点发生故障的时候不中断服务,每个日志流及其所属的 Tablet 有多个副本。一般来说,多个副本分散在多个不同的可用区里。多个副本中有且只有一个副本接受修改操作,称作主副本(Leader),其他副本称作从副本(Follower)。主从副本之间通过基于 Multi-Paxos 的分布式共识协议实现了副本之间数据的一致性。当主副本所在节点发生故障的时候,一个从副本会被选举为新的主副本并继续提供服务。

集群各节点的功能是对等的,每个节点都运行一个叫作 OBServer 的服务进程(包含多个线程)。OBServer 服务进程负责自己所在节点上分区数据的存取,也负责路由到本节点的 SQL 语句的解析和执行,同时每个服务进程会监听来自外部应用的连接请求,建立连接和数据库会话,并提供数据库服务。这些 OBServer 服务进程之间通过 TCP/IP 协议保持通信。

OceanBase 数据库提供多租户特性,即一个 OceanBase 集群内部可以创建多个互相隔离的数据库实例(Instance),称为租户,图 6-19 所示的集群示例了两个租户 Tenant_1 和 Tenant_2。从应用程序的视角来看,每个租户就是一个独立的数据库。在 OceanBase 数据库中,每个租户可以选择 MySQL 或 Oracle 兼容模式。应用连接到 MySQL 租户后,可以在租户下创建用户、database,与一个独立的 MySQL 库的使用体验是一样的。同样的,应用连接到 Oracle 租户后,可以在租户下创建 schema、管理角色等,与一个独立的 Oracle 库的使用体验是一样的。一个新的集群初始化之后,总是缺省存在一个系统租户,即名为 SYS 的租户,如图 6-19 的"Tenant_SYS"租户。系统租户保存了集群的元数据信息,是一个 MySQL 兼容模式的租户。

OceanBase 分布式数据库系统,通常由多个可用区组成,每个可用区内包含若干多台物理服务器。一个具体的可用区的内部结构如图 6-20 所示。

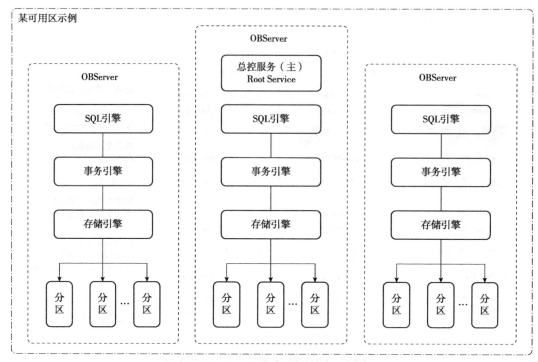

图 6-20　Zone 可用区内部结构示意

图 6-20 中的可用区共包含 3 个 OBServer 服务器，每个 OBServer 都包括 SQL 引擎、事务引擎、存储引擎及若干个存储分区，其中的 OBServer 主服务器还包括总控服务（Root Service）组件。每个可用区根据需要可以随时扩容，增加 OBServer 服务器节点，总控服务会根据内部的负载均衡机制，将可用区内原有的数据和负载依次均衡到新扩容的节点上。

OceanBase 集群通常包括多个可用区，例如一个集群内包含 3 个可用区 Zone 1、Zone 2、Zone 3，那么集群中的每一份数据包含 3 个副本，分别部署在以上 3 个可用区内。为进一步提高系统的可用性，例如期望升级数据副本数为 5 副本，那么可为集群添加两个新的可用区 Zone 4 和 Zone 5，实现可用区级别的动态扩容。

6.4.3.2　OceanBase 数据库的分布式特性

OceanBase 作为分布式关系数据库，在分布式环境下，为保证数据读写服务的高可用，OceanBase 数据库会把同一个日志流的数据拷贝到多个机器（分布式节点）。不同机器同一个日志流的数据拷贝称为副本（Replica）。同一日志流的多个副本使用 Paxos 一致性协议保证副本的强一致，每个日志流和它的副本构成一个独立的 Paxos 组，其中一个日志流为主副本（Leader），其他日志流为从副本（Follower）。主副本具备强一致性读和写能力，从副本具备弱一致性读能力（允许读取某一个稍旧版本的数据）。

在 OceanBase 数据库中，数据在多个节点上存储和提供服务。数据既包括已经持久化到磁盘的数据，也包含尚在内存中的数据。OceanBase 数据库基于 Multi-Paxos 分布式共识协议维护这些数据副本之间的一致性，在主副本故障时能保证从副本的数据无损恢复。

OceanBase 数据库集群由一个或多个 Region 组成，Region 由一个或多个 Zone 组成，Zone 由一个或多个 OBServer 组成，每个 OBServer 可有若干个 Unit，每个 Unit 有若干个

Logstream 的副本(Replica)，每个 Logstream 可使用若干个 Tablet，如图 6-21 所示。

①区域(Region)　对应物理上的一个城市或地域，当 OceanBase 数据库集群由多个 Region 组成时，数据库的数据和服务能力就具备地域级容灾能力；当集群只有一个 Region 时，如果出现整个城市级别的故障，则会影响数据库的数据和服务能力。

②可用区(Zone)　一般情况(不考虑机房级容灾可部署一中心三副本)下对应一个有独立网络和供电容灾能力的数据中心，在一个 Region 内的多个 Zone 间，OceanBase 数据库集群拥有 Zone 故障时的容灾能力。

③OBServer　一台物理机上可以部署一个或者多个 OBServer 进程节点，但通常情况下一台物理机只部署一个 OBServer 服务器实例。

④Unit　租户在 OBServer 上的容器，描述租户在 OBServer 上的可用资源(CPU、MEMORY 等)。一个租户在一个 OBServer 只能同时存在一个 Unit。

⑤分区(Partition)　是用户创建的逻辑对象，是划分和管理表数据的一种机制。用户可以进行多种分区管理操作，包括创建、删除、Truncate、分裂、合并、交换等。

⑥Tablet　OceanBase 数据库 V4.0.0 版本引入了 Tablet 概念来表示实际的数据存储对象。它具备存储数据的能力，支持在机器之间迁移(transfer)，是数据均衡的最小单位。Tablet 与分区一一对应，单分区表会创建一个 Tablet，多分区表会为每个分区创建一个 Tablet。索引表的每个分区也会对应一个 Tablet，包括局部索引表和全局索引表。局部索引表的 Tablet 与主表 Tablet 会强制绑定，保证存储在一台机器上。

⑦日志流(Logstream)　是由 OceanBase 数据库自动创建和管理的实体，它代表了一批数据的集合，包括若干 Tablet 和有序的重做日志流。它通过 Paxos 协议实现了多副本日志同步，保证副本间数据的一致性，实现了数据的高可用。日志流副本支持在不同机器之间迁移(Migration)和复制(Replication)，以达到机器管理和系统容灾的目的。

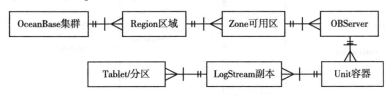

图 6-21　OceanBase 集群构成组件示意

从数据存储的角度来看，日志流可以抽象为 Tablet 容器，支持添加和管理 Tablet 数据；从事务的角度来看，日志流是事务的提交单位。事务修改在单个日志流内完成时可以采用一阶段原子提交；事务修改跨多个日志流时，采用 OceanBase 数据库优化的 2PC 协议完成原子提交，日志流是分布式事务参与者。

6.4.3.3　OceanBase 数据库的事务管理

OceanBase 数据库的事务主要包括分布式事务和单日志流事务，其具体类型由事务 Session 位置和事务涉及的日志流 Leader 数量决定。这里的 Leader 是日志流处理的主动方，负责处理所有来自客户端的请求，以及复制日志到所有 Followers。

①分布式事务　具体包括两种场景的事务：事务涉及的日志流数量大于一个；事务涉及的日志流数量只有一个，且日志流的 Leader 和事务 Session 位置不在同一个 Server 上。

②单日志流事务　事务涉及的日志流数量只有一个，且日志流的 Leader 和事务 Session

在同一个 Server 上。

OceanBase 数据库事务的 ACID 特性有以下几方面：

①原子性(A)　OceanBase 数据库是一个分布式系统，分布式事务操作的表或者分区可能分布在不同机器上，OceanBase 数据库采用 2PC 保证事务的原子性，确保多台机器上的事务要么都提交成功要么都回滚。

②一致性(C)　事务必须是使数据库从一个一致性状态变到另一个一致性状态。一致性与原子性是密切相关的。

③隔离性(I)　OceanBase 数据库支持 Oracle 和 MySQL 兼容模式。在 Oracle 模式下，支持 Read Committed 隔离级别和 Serializable 隔离级别。在 MySQL 模式下，支持 Read Committed 隔离级别和 Repeatable Read 隔离级别。

④持久化(D)　对于单个机器来说，OceanBase 数据库通过重做日志记录数据的修改，通过 WAL 机制保证在宕机重启之后能够恢复出来。保证事务一旦提交成功，事务数据一定不会丢失。对于整个集群来说，OceanBase 数据库通过 Paxos 协议将数据同步到多个副本，只要多数派副本存活事务数据一定不会丢失。

分布式事务为了保证上述特性，通常采用 2PC，但 OceanBase 的 2PC 在准备阶段完成后就向用户返回"事务提交成功"，与普通的 2PC 略有不同，如图 6-22 所示。

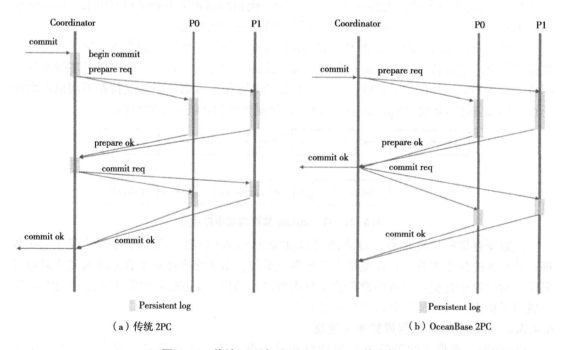

图 6-22　传统 2PC 与 OceanBase 2PC 的比较

图 6-22 中包括一个协调者(Coordinator)和两个参与者(Participant)P0 和 P1。协调者负责整个协议的推进，使得多个参与者最终达到一致的决议。参与者(P0 和 P1)响应协调者的请求，根据协调者的请求完成准备操作及提交/回滚操作。

如图 6-22(b)所示，OceanBase 的 2PC 也是包括两个操作阶段：

① 准备阶段，其中：
- 协调者：协调者向所有的参与者发起 Prepare Request；
- 参与者：参与者收到 Prepare Request 之后，决定是否可以提交，如果可以则持久化 Prepare Log 并且向协调者返回 Prepare 成功，否则返回 Prepare 失败。

② 提交阶段，其中：
- 协调者：协调者收齐所有参与者的 Prepare Ack 之后，进入提交状态，向用户返回事务 Commit 成功，然后向所有参与者发送事务 Commit Request。
- 参与者：参与者收到 Commit Request 之后释放资源解行锁，然后提交 Commit Log，日志持久化完成之后给协调者回复 Commit OK 消息，最后释放事务上下文并退出。

6.4.3.4 OceanBase 数据库的存储架构

OceanBase 数据库的存储引擎基于 LSM-Tree 架构，将数据分为静态基线数据（放在 SSTable 中）和动态增量数据（放在 MemTable 中）两部分，如图 6-23 所示。其中 SSTable 是只读的，一旦生成就不再被修改，存储于磁盘；MemTable 支持读写，存储于内存。数据库 DML 操作插入、更新、删除等首先写入 MemTable，等到 MemTable 达到一定大小后转储到磁盘成为 SSTable。在进行查询时，需要分别对 SSTable 和 MemTable 进行查询，并将查询结果进行归并，返回给 SQL 层归并后的查询结果。同时在内存实现了 Block Cache 和 Row Cache，来避免对基线数据的随机读。

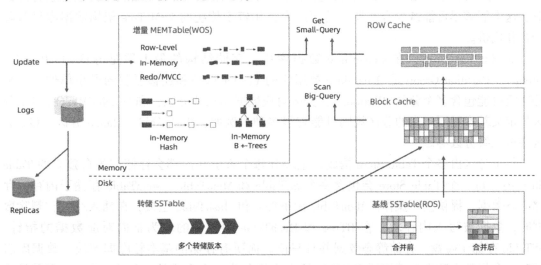

图 6-23 OceanBase 的 LSM-Tree 架构示意

当内存的增量数据达到一定规模的时候，会触发增量数据和基线数据的合并，把增量数据落盘。同时每天晚上的空闲时刻，系统也会自动每日合并。

OceanBase 数据库本质上是一个基线加增量的存储引擎，在保持 LSM-Tree 架构优点的同时也借鉴了部分传统关系数据库存储引擎的优点。

OceanBase 数据库把数据文件（SSTable）按照 2 MB 为基本粒度切分，这个基本粒度称为"宏块"，每个宏块内部继续拆分出多个变长的微块，数据微块才是存储的基本单元，用于存储具体的数据行、元数据或索引，如图 6-24 所示。

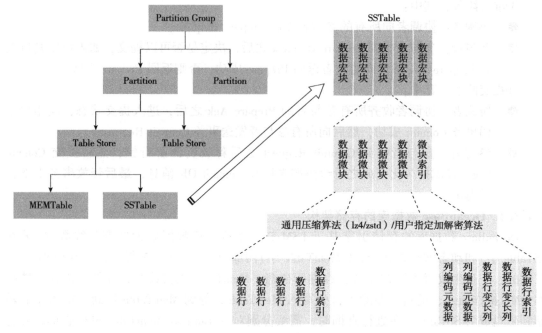

图 6-24 OceanBase 存储结构示意

在合并时,数据会基于宏块的粒度进行重用,没有更新的数据宏块不会被重新打开读取,这样能够尽可能减少合并期间的写放大,相较于传统的 LSM-Tree 架构数据库显著降低合并代价。

如图 6-24 所示,在 OceanBase 数据库中,存储结构的最上层是分区组(Partition Group),Partition Group 是 OceanBase 数据库的 Leader 选举和迁移复制的最小单位。一个分区组可能包含多个分区(Partition),分区对应数据库表的分区,和 Oracle/MySQL 对于分区的定义基本相同。表的分区规则可能有很多种,例如,Hash 分区、Range 分区、List 分区甚至二级分区等。

每个分区由多个 Table Store 构成,主表和每个索引在内部会存储在各自独立的 Table Store 内。每一个 Table Store 会包含多个 SSTable 和 MemTable。MemTable 存储于内存,存储动态数据,提供读写操作。MemTable 由 BTree 和 HashTable 组成,在插入/更新/删除数据时,数据被写入内存块,在 BTree 和 HashTable 中存储的均为指向对应数据的指针。SSTable 存储于磁盘,存储静态数据并且只读。而所有存储的基本粒度即宏块,数据库启动时,会将整个数据文件按照 2 MB 定长大小切分为一个个宏块,每个 SSTable 实质就是多个宏块的集合。如图 6-24 所示,每个宏块内部又会继续切分为多个微块,微块的概念和传统数据库的 Page/Block 概念比较类似,但是借助 LSM-Tree 的特性,OceanBase 数据库的微块是做过压缩变长的,微块的压缩前大小可以通过建表的时候指定 block_size 来确定。

微块根据用户指定存储格式可以分别以 encoding 格式或者 flat 格式存储,encoding 格式的微块,内部数据会以行列混合模式存储;对于 flat 格式的微块,所有数据行则是平铺存储。

由于 OceanBase 数据库采用基线加增量的设计,一部分数据在基线,另一部分在增量,原理上每次查询都是既要读基线,也要读增量。为了提高单行的查询性能,OceanBase 数据库内部除了对数据块进行缓存外,也会对行进行缓存,行缓存会极大加速对单行的查询性能。对于不存在行的"空查",构建布隆过滤器,并对布隆过滤器进行缓存。由于基线是只读数据,而且内部采用连续存储的方式,OceanBase 数据库可以采用比较激进的压缩算法,既能做到高压缩比,又不影响查询性能,大大降低了成本。

6.4.4 经典案例:TDSQL 分布式数据库[①]

TDSQL(Tencent Distributed SQL)是腾讯打造的一款分布式数据库产品,具备强一致性和高可用性,全球部署架构,高 SQL 兼容度,分布式水平扩展,完整的分布式事务支持,企业级安全等特性,同时提供智能 DBA、自动化运营、监控告警等配套设施,是一个完整的分布式数据库解决方案。TDSQL MySQL 版,基于 TXSQL 企业级内核优化构建,支持自动水平拆分、强同步复制与无共享架构,兼容 MySQL 的各个版本(MySQL 5.6、MySQL 5.7、MySQL 8.0、MariaDB 10.1)。

下面通过 TDSQL(MySQL 版)案例来介绍分布式数据库的水平分表、读写分离等技术,并进一步介绍 TDSQL 的系统架构、存储引擎及其分布式特性等。

6.4.4.1 TDSQL 的水平分表

水平分表是按照某种规则,将一个表的数据分散到多个物理独立的数据库服务器中,形成独立的数据库表分区,如图 6-25 所示。多个分区共同组成一个逻辑完整的数据库实例。水平拆分方案是 TDSQL(MySQL 版)的基础原理,它的每个节点都参与计算和数据存储,且每个节点都仅计算和存储一部分数据。

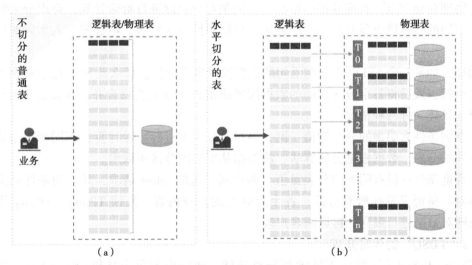

图 6-25 水平分表的物理存储示意

从物理存储的角度看,常规的单机数据库中,一张完整的表仅在一个物理存储设备上读写,如图 6-25(a)所示;在 TDSQL 分布式数据库中,根据在建表时设定的分表键,系统将根据不同分表键自动分布数据到不同的物理分区中,但逻辑上仍然是一张完整的表,

---

① 6.4.4 案例的部分内容来源于腾讯云官网的有关资料(https://cloud.tencent.com/product/dcdb)。

如图 6-25(b)所示。

数据的切分通常就需要找到一个分表键(Shardkey)以确定拆分维度,例如,采用某个字段求模(Hash)的方案进行分表,而计算路由哈希值(Hash)的这个字段就是分表键。用于自动路由的哈希算法能够基本保证数据相对均匀地分散在不同的物理设备中,具体细节可参考 6.2.4。

通过分表键实现数据写入的示例如图 6-26 所示。

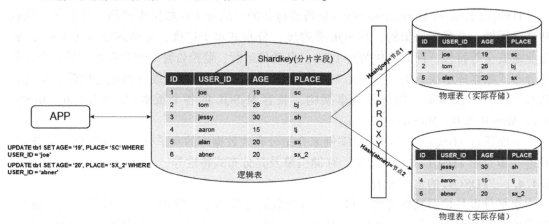

图 6-26　通过分表键路由数据写入示例

图 6-26 中的两个 UPDATE 语句,分别通过分表键字段 USER_ID 的哈希值自动路由到不同的物理存储节点,实现数据的修改:由网关对分表键进行哈希计算,得出分表键的哈希值。不同的哈希值范围对应不同的分区,数据根据分区算法,将数据存入实际对应的分区中。

同理,如果一个 SELECT 查询语句的数据涉及多个分区,那么此 SQL 也会被路由到多个分区执行,最后将各个分区返回的数据按照原始 SQL 语义进行合并,并将最终结果返回给用户,具体又分两种情况:

①查询条件有明确的分表键值　网关通过对分表键进行哈希计算,不同的哈希值范围对应不同的分区,数据根据分区算法,将数据从对应的分区中取出。

②查询条件中没有明确的分表键值　客户端发送的 select 请求,其查询条件如果没有分表键时,将请求发往所有分区,各个分区查询自身内容,发回 TProxy,TProxy 将根据 SQL 规则对数据进行聚合,再返回客户端。

6.4.4.2　TDSQL 的读写分离

TDSQL(MySQL 版)默认支持读写分离功能,架构中的每个从机(Secondary,即从节点,也称为备机)都只有读能力,如果配置有多个从机,将由网关集群(TProxy)自动分配到低负载从机上,以支撑大型应用程序的读取流量。因此,读写分离机制是让主节点(Primary)处理增、改、删操作相关的事务,而让从节点处理查询操作,如图 6-27 所示。

图 6-27 中的主节点主要处理写操作,当然也可以处理读操作,而从节点专门处理读操作,因此只读账号的读请求会自动发送到从节点,默认从数据库集群中的从节点(即只读实例)中读取数据。

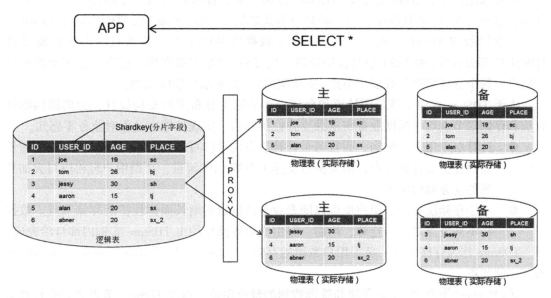

图 6-27 TDSQL 的读写分离示意

6.4.4.3 TDSQL 数据库的系统架构与存储引擎

TDSQL 数据库既可以采用存算分离架构，也可以采用对等架构。如图 6-28 所示，数据库实例计算层的 SQL 引擎与数据层的存储引擎既可以运行在同一个物理节点，也可以分别在不同的物理节点运行。

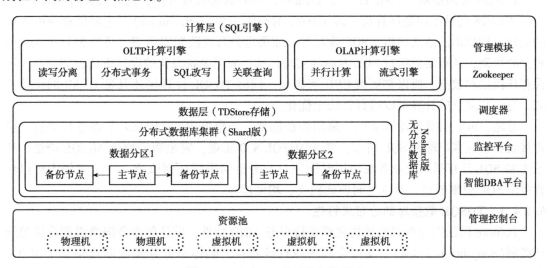

图 6-28 TDSQL 的系统架构示意

- 对等架构：计算层 SQL Engine 与数据层 TDStore 合并在一个物理节点中，减少硬件节点数量和跨节点通信，从而降低成本并提高性能；
- 分离架构：计算层 SQL Engine 与数据层 TDStore 分别在不同的物理节点中。

在图 6-28 的最底层是资源池，属于 IaaS 层服务，它可以是物理机，也可以是虚拟机，只要是给 TDSQL 添加机器就好，TDSQL 是在资源池上实现数据库实例的管理。

从资源池再往上是数据层，即 TDStore 存储引擎，TDSQL 有两种存储形态，一种是非分布式形态的 Noshard 数据库，另一种是分布式数据库(也称 Shard 版 TDSQL)。Noshard 就是一个单机版的 TDSQL，相当于在 MySQL8 数据库基础上做了些改良，以便它能支持 TDSQL 的部分特性(如 7×24 小时自动故障切换等)；分布式数据库，通常包括多个数据分区集群，每个分区集群又有多个节点(主从架构)，具备水平伸缩能力。

由于 TDStore 存储引擎采用计算和存储分离的原生分布式的架构设计，分离架构的计算层和存储层节点均可根据业务需求独立弹性扩缩容，实现扩缩容过程对业务零感知。

- 计算层采用多主架构，而且每个计算节点均可读写，用户可以随着业务量的增长而弹性扩展计算节点，单实例可支撑千万级 QPS 流量，帮助用户轻松应对突如其来的业务峰值压力。
- 对于存储层资源，用户也可以随着业务数据量的增长而弹性扩展存储节点。数据在不同节点之间的迁移、均衡、路由变更等操作均由 TDStore 实例内部自洽完成。

TDStore 作为存储节点，负责用户数据的存储。它是一个基于 Multi-Raft 协议实现的分布式存储集群。

区(Region)作为 TDStore 存储和管理数据的最小单位，以及 TDStore 节点之间进行数据复制同步的单位，一个区代表一段左闭右开的数据区间，每个区包含一主 n 备的多个副本，不同副本分散在不同的 TDStore 节点上。客户端对某一行数据的访问，在经过 SQLEngine 编码后，会将请求发送到对应的 TDStore 上的对应区上。

在分布式事务中，TDStore 承担协调者的角色，由区的 Leader 副本进行响应。

TDStore 存储层基于 LSM-Tree 与 SSTable 结构存放和管理数据，具有较高的压缩率。

图 6-28 的最上层是计算层，即 TDSQL 的 SQL 引擎(SQL Engine)，主要负责 SQL 方面的处理，例如语法语义解析、SQL 改写等。如果是分布式数据库形态，还要做分布式事务相关的协调，计算层只运行 SQL 方面的实时计算，采用无状态化的设计方式，节点本身不保存任何用户数据，所以它更偏 CPU 密集型。同时 TDSQL 计算层还具备 OLAP 的优化功能，对一些复杂的计算可以进行算法上优化。

总之，SQL 引擎是计算节点，采用协程框架，与集群内的 TDStore 节点进行交互，负责接收和响应客户端的 SQL 请求，基于 MySQL 8.0 实现，完全兼容原生 MySQL 语法，从原生 MySQL 迁移过来的业务在使用时无须对业务语句进行任何改造。一个实例内可以包含多个 SQL 引擎节点，节点之间彼此独立，均可读写。

6.4.4.4　TDSQL 数据库的分布式特性

TDStore 以原生分布式的架构完整支持事务 ACID 特性，默认的事务隔离级别为快照隔离级别(Snapshot Isolation)，支持全局一致性读特性，整体事务并发控制框架基于 MVCC 和 Time-Ordering 的方式实现。

分布式事务协调者由分布式存储层节点担任，而当存储节点在线扩容遇到数据分裂或切主等状态变更的场景时，TDStore 均可实现不中断事务，将底层数据状态的变更对事务请求的影响降到最低，从而做到无感知的集群扩缩容。

TDSQL 的每个分布式事务都对应一个全局的时间戳服务(GTS)，它用来对每一笔事务进行标记，即每一笔分布式事务都绑定一个全局递增的序列号。在事务开始的时候获取这个时间戳，提交的时候再获取时间戳。各个分布式节点内部维护事务 ID 到全局时间戳的映射关系为：每个事务 ID 都映射到一个全局的 GTS 上。有了这个映射关系，每行数据都可以找到唯一的 GTS。

分布式事务的执行过程示例：一笔转账操作，假定转出账户 A 的数据行正好在 A 节点分区，而转入账户 B 的数据正好在 B 节点分区，首先在开启转账事务时，将需要获取一次 GTS 值（如 201），提交时由于间隔了一段时间 GTS 可能发生变化，因此需要重新获取一次 GTS 值（如 270）。对于查询操作也是一个独立的事务，开启后也需要获取到全局 GTS 值，如 201 或者 270，这样就能实现基于全局时间戳 GTS 的一致性读，不会查询到中间状态的数据。

TDSQL-XA 是支持分布式事务处理的 TDSQL 版本，支持分布式事务处理（跨实例的事务处理），并且能够很好地完成容灾恢复。一个全局事务可能会写入数据到多个后端 MySQL 数据库实例，每个实例上面的本地事务都是这个全局事务的事务分支 (Transaction Branch)。客户端发起全局事务提交时，运行在 TDSQL 的 SQL 引擎（网关模块）中的全局事务管理器会控制该事务访问的所有后端 MySQL 数据库实例完成 2PC。

如图 6-29 所示，TDSQL 在多节点模式下，其分布式事务是采用 2PC 实现，完全去中心化，并有全局死锁检测机制。

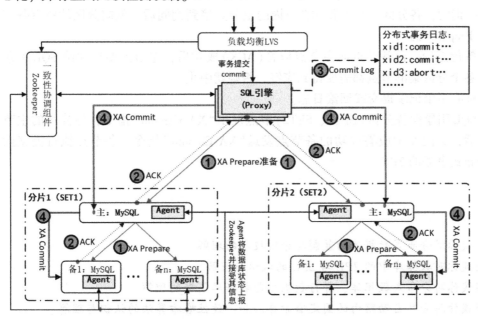

图 6-29　TDSQL 分布式事务提交示意

在图 6-29 中，TDSQL 的核心组件包括：

①全局一致性协调组件（Zookeeper）　集群决策模块，保存集群元数据，提供配置维护、选举决策、路由同步等功能，支持数据库节点的创建与删除等工作。

②SQL 引擎　也称为 Proxy 网关。SQL 引擎，负责权限管理、SQL 分析与转发、读写分离、路由选择、启动和协调分布式事务等功能。SQL 引擎没有主备之分，本身无状态，一般采用多节点部署，以满足多并发请求。

③数据分区(SET)　也称为数据分区节点。实际数据分区存储节点，通常是一主多备部署，每个节点都部署有 MySQL 数据库服务，而且都包含 Agent 状况监控模块。

④代理(Agent)　属无状态部署，负责监控数据库的存活状态。当发现当前主节点的 MySQL 存活异常时，Agent 将健康状态上报到 Zookeeper，且其存活异常的状态会被调度(Schedule)感知，进而触发切换程序。MySQL 实例通过 Agent 与 TDSQL 集群建立联系。

XA 分布式事务的执行过程，包括以下几个步骤：

①首先开启 XA 事务，生成事务标识号：`xa begin`。

②然后执行跨分区(Set)的增删改查等 DML 操作。

③准备提交前需要先获取当前 XA 事务的标识 ID 保存到变量[如 `select gtid() --> 'xid'`]。XA 分布式事务标识 ID 的格式为："ex"-"网关 id"-"proxy 随机值"-"序列号"-"时间戳"-"分区号"，例如 ex-c46535fe-b6-dd-595db6b8-25。

④接着是准备(Prepare)事务：`xa prepare 'xid'`

⑤最后是提交或回滚事务：`xa commit/rollback 'xid'`

图 6-29 所示的①、②、③、④4 个操作步骤，是对 TDSQL 数据库 XA 分布式事务 2PC 的进一步展开与细化：

步骤①XA Prepare(准备)：SQL 引擎作为事务协调者向各数据分片(SET)节点发起 "XA Prepare" 询问，各分区(SET1 和 SET2)内的主节点接到询问后，就向分区的所有备节点发起 "XA Prepare" 询问。

步骤②等待至少一台备节点向主节点应答(ACK)成功后，主节点便反馈给 SQL 引擎应答成功，各个分区集群节点都需要得到应答，否则就中止。

步骤③SQL 引擎记录提交或回滚日志。

步骤④SQL 引擎向各分区(SET1、SET2)节点发出 "XA Commit" 指令，各分区的主节点接到指令后，又向②中应答成功的备节点发送 "XA Commit" 指令。各节点执行提交操作，完成分布式事务的 2PC。

思考题

1. 请谈谈你对分布式数据库的复制与分区技术的理解。
2. 请谈谈你对数据库中的 2PL 与 2PC 的认识与理解。
3. 请谈谈你对分布式数据库、并行数据库与数据库集群的理解。
4. 请谈谈你对分片自动路由的固定哈希算法和一致性哈希算法的认识与理解。

第 7 章 云原生数据库

传统数据库的系统架构常常采用紧耦合设计，数据库系统扩容通常需要提前规划、细致部署、缜密实施，扩容或缩容都有一整套烦琐的实施流程。云原生的核心逻辑是将不同类型资源解耦并池化。采用云原生分布式架构的数据库具备高扩展性、易用性、扩容(或缩容)成本低等特点。因此，云原生作为一种新型的技术体系，是云计算未来的发展方向。数据库未来的主要发展方向也将是云原生加分布式的数据库技术。

本章专门讨论云原生数据库，主要内容包括云计算、云数据库的特点、云原生数据库架构，并以 PolarDB 为例讲解云原生数据库的核心技术。本章共包括 3 节：

①云计算与云数据库 云计算及其分类，云数据库及其特点，并以 AWS 云数据库为例介绍云数据库的发展历程。

②云原生数据库架构 数据库部署的 3 种方式介绍，云原生技术，云原生数据库架构及其特征。

③经典案例介绍 详解 PolarDB 云原生数据库，主要介绍其基于共享存储的系统架构、分区锁系统机制、缓存失效机制与页物化卸载机制等无服务器架构设计。

7.1 云计算与云数据库

7.1.1 云计算及其分类

云计算即把计算作为一种服务，由外部专门机构管理。云计算服务主要有 3 种类型：

①软件即服务(Software as a Service，SaaS) 由供应商托管的各种线上应用系统，如线上电子邮箱、在线 CRM 等。

②基础设施即服务(Infrastructure as a Service，IaaS) 云服务商直接把计算、存储、处理或网络等资源作为一种服务提供给用户，如云供应商提供的虚拟机。

③平台即服务(Platform as a Service，PaaS) 由供应商托管并提供的平台级或 API 级服务，介于 SaaS 与 IaaS 之间，通常是将服务器或开发环境平台化，如云厂商提供的在线数据库服务器。

20 世纪 60 年代开始有类似的想法提出，例如"Utility computing"(讨论了共享主机)。但云计算真正蓬勃发展的时代是 21 世纪，其中最重要的起步阶段是 2006—2015 年(云计算的黄金十年)。云计算诞生在互联网大厂，这十年产生了几大主要云计算供应商，既有美国的互联网大厂，也包括中国的互联网大厂，如图 7-1 所示。

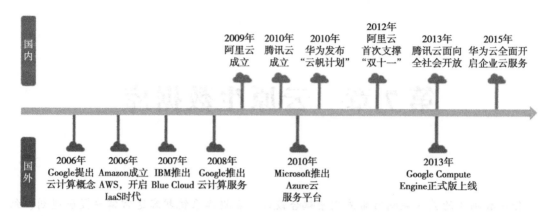

图7-1 云计算的发展历史片段图(2006—2015年)

7.1.2 云数据库及其特点

云数据库是在云计算背景下发展起来的一种共享基础架构平台,属于 PaaS 类型。云数据库技术增强了数据库的存储能力,消除了人员、硬件、软件的重复配置,让软、硬件升级变得更加容易。

云数据库系统可以利用云计算资源池化的优势,在成本、可用性、易用性、扩展性和并行处理方面较传统数据库有更好的表现。云数据库即开即用,用户可以根据自身的业务情况弹性开支、灵活调整,无须从头采购基础软硬件,可以减少 DBA 等专业人员需求。云数据库大多支持热备架构,可以实现故障秒级自动切换,备份、恢复更加灵活。

云数据库通常具有如下特性:

①存算分离下的资源弹性　存储资源与计算资源分离,且资源实现弹性管理。

②超大规模及其扩展性　云平台通常都是超大容量和超大计算规模,并行处理能力强,面对海量数据也可以做到实时响应,且具有很好的扩展性,可以实现动态扩容。

③多租户特性　除了有利于安全与性能的隔离外,多租户模式还实现了用户之间共享资源且按需付费。

④高可用　高水平的容错能力,一个节点崩溃,其他节点也可以继续工作。

⑤易用性　不需要关心底层服务器、系统等的部署和运维,"开箱即用"。即客户使用数据库构建应用系统更方便快捷,发布应用更快,而且后期维护也变得简单,大多数的运维任务由云厂商提供。云数据库按照云计算环境的特点,一般分为公有数据库、私有云数据库、混合云数据库3种。在中国的一些行业,如金融、电信、政务、交通甚至制造等行业,考虑到数据安全和可控性,目前多数企业的核心数据库选择私有云和混合云。

从实现数据库云服务的技术方案角度看,云数据库又主要可分为两种类型:一种是托管在云厂商平台上的"传统"数据库,例如,阿里云、腾讯云上的 MySQL、PostgreSQL、MongoDB、Redis 等;一种是基于云环境的云原生数据库,各云厂商通常都自己开发并提供自己的云原生数据库,例如,AWS 的 Aurora、阿里云的 PolarDB、腾讯云的 TDSQL-C 等。

①云厂商托管的数据库　云服务厂商负责管理与维护基础设施,并提供优化、备份、恢

复、监控等全套解决方案。企业用户无须购买服务器、交换机等软硬件,后续也无须投入大量的人力成本去运维,是一种"开箱即用、弹性扩展、省钱省力、高度可用"的解决方案。

②云原生数据库 基于云环境设计的新型数据库,其设计目的是专门用于匹配云环境和分布式事务,其核心是存储与计算分离及其资源池化,同时具备高性能、高可扩展、一致性、容错、易于管理和多云支持等特性。

7.1.3 经典案例:AWS 云数据库发展的关键节点

云数据库是在云计算的基础上建立的数据库,Amazon 公司的 AWS(Amazon Web Services)是最早且目前市场占有率最高的云计算公司,下面以 AWS 的云数据库发展为例,介绍云数据库 2012—2022 年从诞生到不断完善的发展历程:

2012 年,AWS 从 2007 年开始研发 Dynamo NoSQL 数据库,到 2012 年 Amazon DynamoDB 云数据库正式可用,标志着 NoSQL 云数据库在 AWS 中已基本成熟。DynamoDB 是一种可扩展的分布式 NoSQL 数据库服务,适用于需要处理大规模非结构化和半结构化数据的应用场景。

2015 年,Aurora 是 Amazon AWS 在 2014 年 11 月宣布并于 2015 年 7 月正式发布的云原生数据库服务。作为 AWS 关系数据库服务(RDS)的一部分提供给线上客户使用。Aurora 是一个与 MySQL 和 PostgreSQL 兼容的关系数据库,它为云计算而构建,将传统企业数据库的性能和可用性与开源数据库的简单性和成本效益结合在一起。Aurora 拥有一个分布式、容错、自我修复的存储系统,每个数据库实例可自动扩展到 128 TB。它支持多达 15 个低延迟读副本及跨 3 个可用性区域(AZ)的复制;2017 年 10 月添加了一个主要的 Aurora 补丁,在该补丁中,Aurora 扩展了 PostgreSQL 的兼容性。

2018 年,Aurora Serverless 正式上线,Aurora Serverless 是一种无服务器的按需自动扩展配置版本,会根据应用程序的需求自动启动、关闭以及扩展或缩减容量。可在云中运行数据库,而无须管理任何数据库实例。可以创建数据库,指定所需的数据库容量范围,客户根据数据库处于活动状态期间的每秒使用的数据库容量付费。

2019 年,Amazon Lake Formations 发布,可轻松构建、保护和管理数据湖。Lake Formation 简化并自动化了创建数据湖所需的许多复杂的手动步骤,包括收集、清理、移动和编目数据,将不同类型的结构化和非结构化数据结合并移入数据湖,然后对数据进行抓取、编目和准备以供分析。在这一年还推出了 Amazon QLDB 区块链分类账数据库云服务。

2020 年,发布 Aurora Serverless v2,可在不到一秒的时间内立即扩展到能够处理数十万个事务的能力。在扩展过程中,系统会以极为精细的增量调整容量,从而确保恰好提供应用程序所需的数据库资源量。无须管理数据库容量。既支持不频繁、间歇性或不可预见工作负载的开发和测试环境、网站和应用程序,也支持要求极高的、需要大规模和高可用性的业务关键型应用程序。包括全球数据库、多可用区部署以及只读副本。有 Amazon Aurora MySQL (兼容)和 PostgreSQL(兼容)两个版本。在这一年还发布了 Amazon Timestream,它是一种快速、可扩展且无服务器 Serverless 的时间序列数据库云服务。

2022 年,Amazon Redshift Serverless 云原生数据仓库服务在 2021 年发布并于 2022 年 7 月正式上线。Redshif 无须管理您的数据仓库基础设施,自动完成数据运行和扩展分析,可以在 EB 级数据上运行复杂的分析查询。在这一年还发布了 Amazon Neptune Serverless 图数据库云服务。

7.2 云原生数据库架构

7.2.1 本地部署或云托管的传统数据库

在云计算出现前，大多数企业都是自行采购硬件和租用 IDC。除服务器外，机柜、交换机、网络配置和软件安装等很多底层事情都需要专业 DBA 负责。关系数据库通常采用本地部署方式(On-Premises)，其中，商业数据库代表有 Oracle、Microsoft SQL Server、IBM Db2，开源数据库代表有 MySQL、PostgreSQL。

传统数据库架构依赖于高端硬件，整个数据库系统通常采用相对较少的服务器硬件，提升性能主要靠采用配置更高、更先进的硬件。

云计算出现后，借助 IaaS，企业开始直接将传统数据库"搬迁"到云上，即云托管关系数据库，云厂商称为 RDS 服务，如 Amazon RDS、阿里云 RDS 等。

与本地部署的传统关系数据库相比，云托管关系数据库在外部交互层面上，保持了和传统数据库几乎完全一致的编程接口和使用体验。在搭建、运维和管理层面，云托管关系数据库门槛更低，对用户更友好，且实现了相当程度的智能化和自动化。许多在传统数据库中需借额外工具或产品的功能，在云托管关系数据库中默认内置，开箱即用。但实际上云托管只是将原本部署于 IDC 机房内的物理服务器(或虚拟服务器)上的传统数据库软件部署到了云主机上。

以 Amazon RDS 为例。其架构类似在底层的数据库上构建了一个中间层。这个中间层负责路由客户端的 SQL 请求发往实际的数据库存储节点。但路由层的核心功能只是简单的转发请求，所以底层可以连接各种类型的数据库。其缺点在于，它本质上还是一个基于主从架构的单机服务器，无法适用超过最大配置物理机容量、CPU 负载和 IO 的场景。尤其是移动互联网时代，很多企业业务快速增长，数据库并发量越来越大，企业越来越重视可扩展性。

7.2.2 云原生技术

什么是云原生(Cloud Native)？云原生计算基金会(Cloud Native Computing Foundation，CNCF)将云原生描述为："云原生技术有利于各组织在公有云、私有云和混合云等新型动态环境中构建和运行可弹性扩展的应用。云原生的代表技术包括容器、服务网格、微服务、不可变基础设施和声明式 API。这些技术能够构建容错性好、易于管理和便于观察的松耦合系统。结合可靠的自动化手段，云原生技术使工程师能够更轻松地应对系统频繁、可预测的重大更改。"其中，云原生技术最关键的特点是云(Cloud)和原生(Native)：

- Cloud 表示应用程序位于云中，而不是传统的服务器中；
- Native 表示应用程序从设计之初即考虑到云的环境，为云环境而原生设计，以最佳的状态在云上运行，充分利用和发挥云平台的弹性特点与分布式优势。

符合云原生架构的应用程序主要是运用微服务、容器化、DevOps 及持续交付等关键技术实现云原生化，如图 7-2 所示。

因此，云原生通常使用如下的关键技术：
- 基于微服务架构，以提高灵活性和可维护性；
- 借助敏捷方法与 DevOps 持续交付技术，以支持持续迭代和运维自动化；
- 采用容器技术等，如开源堆栈（K8s + Docker）以实现存算资源池化；
- 利用云平台设施实现弹性伸缩、动态调度、优化资源利用率；
- 云化开发、云化存储、云化编译、云化发布、云化运维。

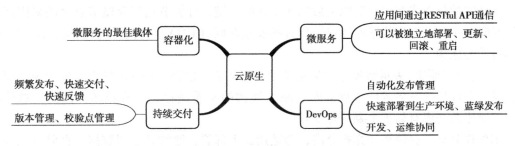

图 7-2　云原生关键技术示意

云原生应用系统的部署不同于传统应用的部署，在云原生时代，用户只负责功能层（Functions）或应用层（Applications）的部署，而其他的软硬环境都是由云平台提供，如图 7-3 所示。应用部署从物理单机到虚拟机部署，再到容器与微服务架构部署，再到 Serverless 无服务器架构部署，系统架构在不断演进。

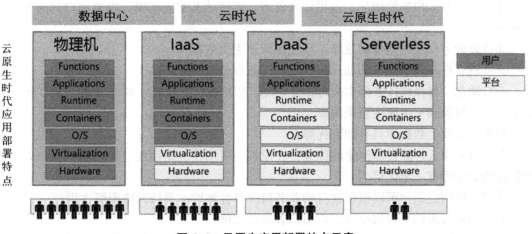

图 7-3　云原生应用部署特点示意

7.2.3　云原生数据库架构及其特征

云原生数据库是一种通过云平台构建、部署和交付的数据库服务，可提供可扩展且可靠的数据库解决方案。原生天然匹配云环境和分布式事务，其核心是存储与计算分离。通常采用"日志即数据"技术，并实现计算与存储的分离，具备高性能、高可扩展、一致性、容错、易于管理和多云支持等特性。

只有具备弹性扩展能力才能充分利用云技术的优势，因此弹性可扩展是云原生数据库的关键优势，云上的无限资源使数据库扩展至成千上万个节点成为可能，而计算存储分离架构是满足数据库弹性扩展的必要条件。

因此，云原生数据库在架构设计上是将原本一体运行的数据库拆解，让计算、存储资源完全解耦，使用分布式云存储替代本地存储，将计算层变成无状态（stateless）。云原生数据库承载每层服务的资源池化，大部分云原生数据库将 SQL 语句解析、物理计划执行、事务处理等都放在一层，称为计算层。而将事务产生的日志、数据的存储放在共享存储层。在存储层，数据采用多副本确保数据的可靠性，并通过 Raft 等协议保证数据的一致性。高性能的分布式存储是云原生数据库实现的关键。计算节点与存储节点之间采用高速网络互联，一些云原生数据库通过远程直接数据存取（RDMA[①]）协议传输数据，让 I/O 性能不再成为瓶颈。

总之，"云原生"表示数据库的架构从设计之初就考虑到云环境的特点，原生为云而设计，在云上以最佳态势运行。数据库云原生架构的本质是存算分离技术。因此，总结起来，云原生数据库有如下主要的特征：

①存算分离　存储和计算相分离，为适用云上部署，通常日志即数据，存储节点采用小存储块方式组织副本，用以减少平均恢复时间，采用多副本共识算法实现存储的高可用与故障"自愈"能力。计算节点上的数据可以来自网络中任意存储节点，从而使资源调度更灵活；而计算节点本身无状态或较少状态。

②动态可扩展　支持在线扩容，不需停止服务即可扩展存储资源。能够动态增加容量以吸收额外的工作负载是云原生数据库的一大优势。

③弹性计算　根据使用量，占用计算资源。能够动态缩减规模，以便用户只为所需资源付费。

④恢复能力　系统能抵御故障，必须保障不丢失数据。

⑤可观察性　能够跟踪活动、运行状况检查和处理故障转移。

⑥自动化　将操作任务落实为可重复逻辑，以降低出错可能。这一特性最难实现，但对于实现大规模高交付速度至关重要。

因此，云原生数据库具有如下优势：

①充分利用云计算资源池化的优势，在成本、可用性、易用性、扩展性和并行处理方面较传统数据库有一定优势。

②即开即用，用户可以根据自身的业务情况弹性伸缩、灵活调整资源占用。

③无须从头采购基础软硬件，应用部署简单快捷。

④大多支持热备架构，可以实现故障秒级自动切换，数据备份与恢复灵活方便。

在云原生时代，数据库技术有如下的发展趋势：

①数据库扩展技术从纵向扩展（scale up，向上扩展）转到横向扩展（scale out，向外扩展）。纵向扩展主要是通过在节点上增加更多的 CPU、内存和硬盘来扩大系统的能力；而

---

① RDMA（Remote Direct Memory Access）技术即远程直接数据存取，是一种低延时（微秒级）的无损（lossless）网络协议，RDMA 通过网络把资料直接传入计算机的存储区，将数据从一个系统快速移动到远程系统存储器中。

横向扩展采用分布式集群系统，并以增加节点的方式实现水平扩展。尤其是如今的网络带宽已经从 100 M 迈向 100 G、200 G，网络协议从 Socket 迈向 RDMA，使得横向扩展架构逐渐成为主流。

②数据库部署从物理机逐步转向云平台，充分利用云平台底层的分布式存储，以及计算资源池、存储资源池的无限扩展能力，DBMS 与云平台紧密结合，形成云原生。

③数据库架构从计算存储分离到逻辑和执行引擎分离，再走向无服务器（serverless）架构，为用户提供按需（on demand）服务，随时动态扩展或缩容。

④将数据计算放在内存里，数据存储可以采用块存储或对象存储，尽量避免计算过程与底层存储"打交道"。

⑤智能运维（Artificial Intelligence for IT Operations，AIOps），将人工智能技术与运维相结合，通过机器学习的方法来提升运维效率，通过 AI 技术自动对前端业务系统进行调优，在提高性能的同时，降低成本、预防 IT 事故，并提高业务的敏捷性。

云原生数据库的经典代表如 AWS 的 Aurora、阿里云的 PolarDB、腾讯 TDSQL-C 等。

7.3　经典案例：PolarDB 云原生数据库[①]

PolarDB 是阿里巴巴自研的新一代云原生数据库，在计算存储分离架构下，利用了软硬件结合的优势，为用户提供具备高弹性、高性能、海量存储、安全可靠的数据库服务。兼容 MySQL 和 PostgreSQL 生态，也兼容大部分 Oracle 语法。

PolarDB 诞生于 2015 年，当时 RDMA 高速网络已出现，网络带宽接近于总线带宽。因此 PolarDB 的存储层 PolarStore 采用了大量的内核旁路（Kernel Bypass）设计，并通过使用 NVMe[②] 和 RDMA 等硬件技术，摆脱了 I/O 访问过程中的用户内核态交互。

PolarDB 数据库从 2019 年正式提供服务开始，到 2023 年已有 5 年，其间不断优化升级，功能不断完善，提供服务的可用区也不断增加。2020 年 12 月，PolarDB MySQL8.0 发布，2022 年 12 月的版本新增了无服务器集群。

PolarDB 产品共有 3 个大的版本供用户选择，其数据库生态、架构及应用场景见表 7-1。

表 7-1　PolarDB 数据库的 3 个版本比较

比较项目	PolarDB MySQL 版	PolarDB PostgreSQL 版	PolarDB 分布式版
数据库生态	MySQL	PostgreSQL、Oracle	MySQL
产品架构	Share Storage，计算存储分离	Share Storage，计算存储分离	Share Nothing，分布式
输出形态	公共云、专有云企业版	公共云、专有云企业版、DBStack	公共云、专有云企业版、DBStack

---

① 7.3 案例的部分内容来源于阿里云官网的产品文档（https://help.aliyun.com/product/2249963.html）。

② NVMe（Non-volatile Memory Express），或称非易失性内存主机控制器接口规范，是一个逻辑设备接口规范。基于设备逻辑接口的总线传输协议规范，用于访问通过 PCIe 总线附加的非易失性存储器介质。

(续)

比较项目	PolarDB MySQL 版	PolarDB PostgreSQL 版	PolarDB 分布式版
应用场景	MySQL 生态下的云原生数据库	PostgreSQL 生态下的云原生数据库	MySQL 生态下的大规模数据、超高并发应用
是否开源	暂未开源	有开源版本	有开源版本

下面以 PolarDB 的 MySQL 版本为例，进一步讲解云原生数据库架构及其运行原理。

7.3.1 基于共享存储(Share Storage)的系统架构

PolarDB(MySQL 版，下同)采用共享存储的整体架构，并采用远程直接数据存取(RDMA)高速网络互连的众多区块服务器(Chunk Server)一起向上层计算节点提供块设备服务。一个 PolarDB 集群可以支持一个主(Primary)节点和多个辅助(Secondary)节点，分别以读写(RW)和只读(Read Only)的挂载模式通过 RDMA 挂载在 Chunk Server 上，如图 7-4 所示。

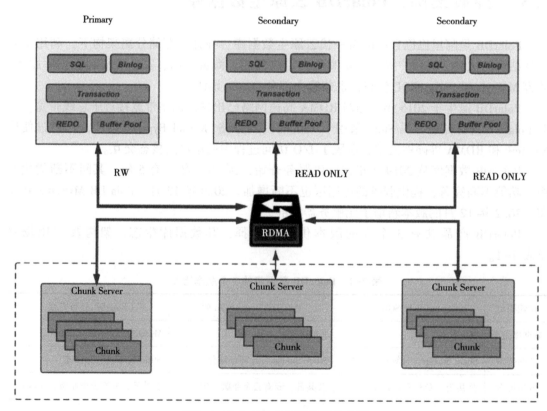

图 7-4 PolarDB 共享存储结构示意

PolarDB 的计算节点通过 Libpfs 挂载在 PolarStores 上，数据按照 Chunk 为单位拆分，再通过本机的 PolarSwitch 分发到对应的 Chunk Server。每个 Chunk Server 维护一组 Chunk 副本，并通过 ParallelRaft 保证副本间的一致性。PolarCtl 则负责维护和更新整个集群的元信息。

PolarStore 中采用 3 个副本的方式来保证数据的高可用，副本间的一致性通过类似 Raft 协议来实现。由于 Raft 对高一致性的追求，要求顺序确认以及顺序提交，但副本的确认提交速度会直接影响整个 PolarStore 的性能。为了获得更好的访问速度，PolarStore 提出了 ParallelRaft 协议，在 Raft 协议的框架下，利用块设备访问模式中方便判定访问冲突的特点，允许一定程度的乱序确认和乱序提交。

虽然采用共享存储模式，但辅助节点上仍然要利用主节点上的复制机制来刷新内存结构，包括 Buffer Pool 以及各种 Cache。由于读写节点和只读节点访问的是同一份数据，传统的基于 Binlog 的逻辑复制方式不再可用。因此，数据库层是基于重做日志的物理复制实现数据同步的，如图 7-5 所示。

在图 7-5 所示的 PolarDB 系统中，共包括如下 3 层结构：
- 最上层是一个无状态的 proxy 节点，用于负载均衡；
- 中间是计算层，包括一个主节点（读写节点 RW Node）和多个只读辅助节点（RO Nodes）。每个节点有独立的处理器，事务引擎（Transaction Engine）及数据缓冲池（Buffer Pool）来提供查询（Query）与事务处理。

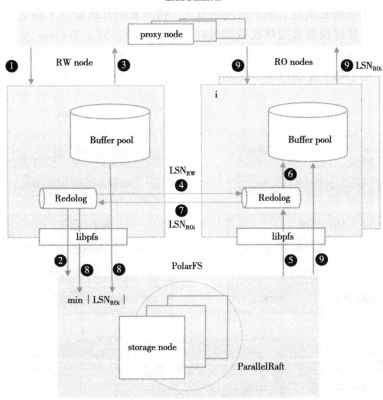

图 7-5　PolarDB 系统架构示意

- 最下面是存储层，采用 PolarFS 来实现共享存储，即存储层的统一池化，提供虚拟的卷（volume），每个卷又划分为 10 GB 大小的 chunk 分布在不同的节点。每个卷最多 10 000 个 chunk，即 100 T 的容量。每个 chunk 都是 3 个副本，用 Parallel

Raft 提供线性一致性。

读写主节点和只读辅助节点通过重做日志来实现内存状态的同步,用日志序号 LSN(Log Sequence Number,InnoDB 里重做日志的偏移量)来协调内存的一致性,图 7-5 的①~⑨演示了一个例子事务的处理流程:①开始事务;②读写主节点负责把所有的重做日志记录刷写到 PolarFS 的共享存储中;③开始提交事务;④读写主节点将重做日志更新的消息和最新的日志序号 LSN(lsn_RW)广播给所有的只读辅助节点;⑤当只读辅助节点 RO_i 收到来自读写主节点的更新信息时,便从 PolarFS 拉取更新的重做日志;⑥只读辅助节点将拉取的重做日志信息应用到数据缓冲区中;⑦在实现了只读辅助节点与读写主节点内存池部分的数据同步之后,便把只读节点上使用过的重做日志的日志序号 LSN(lsn_RO)消息发送给读写主节点;⑧读写主节点把 min{lsn_ro} 之前的重做日志数据清除(purge)掉,并且把脏页写到 PolarFS 中;⑨通过快照隔离(Snapshot Isolation)机制,只读辅助节点可以读取早于 lsn_ro 的数据。

由于网络拥堵等原因,某些只读节点的重做日志的最新日志序号 LSN 可能会远远落后于读写主节点上的最新日志序号 LSN,对于这种进度落后的只读节点会清除出集群来避免拖慢读写主节点写脏页的进度。

总之,不同于逻辑复制自上而下的复制方式,物理复制方式是自下而上的。从共享存储中读取并重放,重放过程会直接修改数据缓冲区中的页面,同步 B+Tree 及事务信息,更新只读辅助节点上的各种 Cache,如图 7-6 所示。除了支持共享存储外,物理复制还可以减少一份日志写入。由于整个复制过程不需要等到事务提交后才开始,显著地减少了复制延迟。

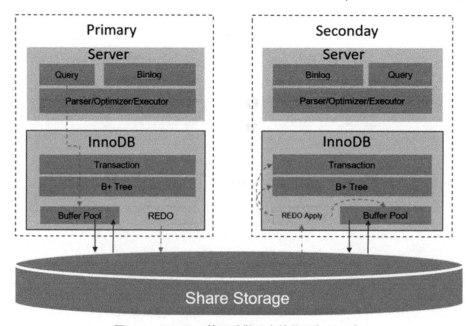

图 7-6 PolarDB 基于重做日志的物理复制示意

7.3.2 分区锁系统(Partitioned Lock System)

PolarDB 采用的是 2PL+MVCC 的并发控制方式。也就是用多版本数据构建快照

(Snapshot)来服务读请求，从而避免读写之间的访问冲突。而写之间的冲突通过 2PL 来解决，包括表锁、记录锁和谓词锁等。当需要加锁时，PolarDB 采取了 Partitioned Lock System 的方式，将 log_sys 改造成由多个 LockSysShard 组成，每个 Shard 中都有自己局部的 mutex（图 7-7），从而将这个瓶颈打散。PolarDB 在这种大压力的写入场景下可明显提升写入性能。

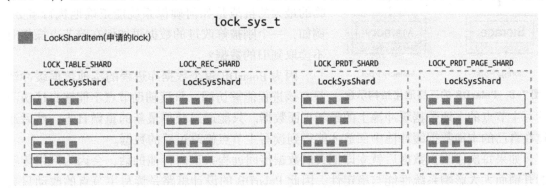

图 7-7 PolarDB 分区锁机制示意

PolarDB 支持基于 MVCC 的快照隔离级别，通过保留使用的 Undo 版本信息来支持对不同版本的记录的访问，即 MVCC。而实现 MVCC 需要事务系统(Transaction System)有能力跟踪当前活跃(active)及已经提交的事务信息。每当有写事务开始时，都会分配一个事务 ID，并将此 ID 添加到事务系统的一个活跃事务列表中。PolarDB 将事务系统中的活跃事务列表改造成无锁 Hash 实现，进而写事务添加 ID 以及读事务拷贝到 ReadView 可以并发进行，以提高性能。

7.3.3　无服务器架构[①]

PolarDB 无服务器架构采用日志即数据(Log is Data)思想，SQL 引擎只写日志，存储引擎中的页数据通过日志回放生成；同时将内存与计算/存储解耦，内存进一步池化，形成 3 层池化(计算池、存储池和内存池)，如图 7-8 所示。内存池化大幅度降低了成本，实现了完全地按量使用和按需弹性，使得弹性能力数量级地提升。

在这种架构下，计算、内存与存储都以独立的资源池形式部署在不同的节点，通过网络连接，特别是，远程内存池的页数据可以被多个数据库进程共享，因此增加副本只读节点将不会带来内存资源的线性增加。独立资源池的另一个好处是可以独立地进行容灾恢复和软硬件升级。

PolarDB Serverless 构建了一个全新的数据库形态，即 DCaaDB(Datacenter as a Database)。整个 IDC 形成一个多租户的大数据库，其全部的 CPU、内存和存储构成 3 个独立的资源池。在资源池未耗尽的情况下，任何一个用户(租户)都可以任意地弹性扩展任何一种资源到任何一个规格，用户为其 SQL 动态消耗的 CPU、内存和存储买单，不需要预置任何的规格。

[①] 7.3.3 的部分内容来源于论文 *PolarDB Serverless：A Could Native database for disaggregated Data Centers*【SIGMOD/PODS'21：International Conference on Management of Data 作者：Wei Cao, Yingqiang Zhang, Xinjun Yang, Feifei Li, Jiawang Tong 2021 年 06 月 09 日】。

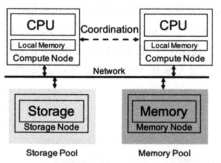

图 7-8 PolarDB 的三层池化结构示意

PolarDB Serverless 中引入了多租户、分布式的内存池的设计,包括页面分配和生命周期管理。

7.3.3.1 缓存失效(Cache Invalidation)机制

PolarDB Serverless 架构在增加内存池设计后,面临的最大的挑战是如何确保系统能正确地执行事务。例如,一个刚被修改过的数据页如何在跨节点操作时不读取到旧的数据?

因为 PolarDB 每个数据库进程的本地数据缓冲池只有该进程能够访问。只读辅助节点不能够直接访问读写主节点的本地数据缓冲池上的最新页面数据。只能通过获得最新的重做日志,然后通过在自己的本地数据缓冲池中回放才能得到读写主节点修改过后的数据。

如果每次修改页数据后就立即把页面数据传回远程共享内存池的话,会因为网络传输的开销而大大影响系统性能与稳定性,因此 PolarDB 的设计思路是读写主节点的改动只会在本地缓存中保存,不会马上同步到远程内存层。

因此,当读写主节点修改了本地缓存后,PolarDB 设计了一个全局缓存一致性机制——页失效机制(Cache Invalidation),来维护多节点之间本地缓存的一致性,如图 7-9 所示。

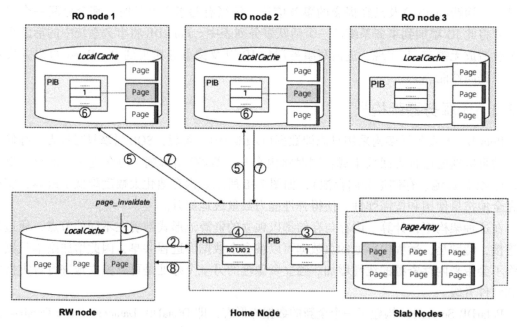

图 7-9 PolarDB 的缓存失效机制示意

图 7-9 的①~⑧演示了 PolarDB 缓存失效机制的处理流程:①当读写主节点修改本地缓存的页数据后,调用页失效接口(page_invalidate);②请求发送到远程内存池根节点(Home Node);③将页失效位图(Page Invalidation Bitmap,PIB)中该页数据对应目录项设为1,表示读写主节点上的该页数据已经在本地缓存中被修改但还没有同步到远程内存中;④查询页引用目录映射表(Page Reference Directory,PRD),看该页数据当前在

哪些只读辅助节点上存在；⑤根据④的查询结果，将所有符合条件的只读辅助节点的页失效位图 PIB 对应页目录项设为 1；⑥向所有只读辅助节点的 PIB 设置过期的操作是一个阻塞操作，只有当所有只读辅助节点的操作都设置完毕才会返回成功。如果个别只读辅助节点超时，将由管控 DBaaS 层服务把超时的只读辅助节点踢出集群，从而来保证该操作成功；⑦各只读辅助节点返回 PIB 设置及页数据更新状态；⑧内存池根节点返回缓存状态给读写主节点。

7.3.3.2　页物化卸载（Page Materialization Offloading）机制

MySQL 数据库会周期性刷新（flush）脏页数据到持久性存储中，由于 PolarDB 云原生数据库采用 3 层池化架构，刷盘机制会引起主节点/内存池节点和存储层 PolarFS 之间大量的网络开销。

因此，云原生数据库通常采用"日志即数据库"设计，把重做日志看作是增量的页数据修改记录，只需要通过在存储节点回放重做日志就可以获取最新版本的页数据（即实现页物化，Page Materialization）。

PolarDB 数据库将日志和页数据分开存储在不同的 chunk 中，PolarDB 首先将重做日志持久化到 Log chunks 中，然后再将重做日志异步发送到 Page chunks，用于回放更新页数据，实现页物化，如图 7-10 所示。在 PolarDB 系统中，日志只发送到存储节点的 Leader 节点的 Page chunk 中，然后通过 Parallel Raft 达成多副本中 datachunks 的一致性。

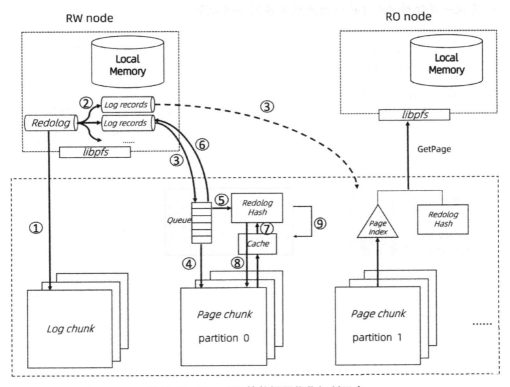

图 7-10　PolarDB 的数据页物化机制示意

在图 7-10 的示例中，①~⑨演示了在存储节点（Storage Nodes）回放重做日志实现页物化的过程：①事务提交前，读写主节点把重做日志刷新到 Log chunks 中，当 Log chunks 的数据复制到三副本后,可以开始提交事务;②读写主节点把新增的重做日志记录分解为若干条日志记录(Log records),根据每个 Log record 对应的页数据,把日志记录分别发送到对应的 page chunk 中;③每一个 Page chunk 维护一个大小约为 10 GB 的分区,只会接受与其页数据相对应的重做日志,Page chunk 的 Leader 节点负责收到日志记录;④Page chunk 的 leader 节点收到日志后,立刻把这些日志记录持久化;⑤将相关信息插入内存的重做日志哈希表(Redolog Hash)中,维护{page-id,redolog}的映射表;⑥向读写主节点返回重做日志写入成功;⑦在⑥完成之前,读写主节点始终在本地缓存(Cache)中持有对脏数据页的引用,脏数据页在远程内存层不会被淘汰;⑧将持久化后的新版本页数据写入 Page chunk 其他副本;⑨存储层会在一定时间内持有该页数据的多个版本数据,以支持快速回滚。

如果此时只读辅助节点接收到 GetPage 请求,其对应 Page chunk 的 Leader 节点会把缓存及磁盘上的相关页数据和 Redolog Hash 中的版本信息汇合在一起物化并返回最新的页数据。

思考题

1. 请你说一说云原生数据库与传统的云托管数据库的区别。
2. 请说一说你对云原生数据库架构及其特征的理解。
3. 请说一说你对 PolarDB 中的无服务器架构的理解。

第 2 部分

数据库应用

数据库应用包括数据库应用的设计与建模、开发与实现以及运维等。

数据库设计又分为概念设计、逻辑设计及物理设计 3 个阶段。数据库实现是在具体的 DBMS 下将数据库设计转换成可运行的数据库应用系统。最后两章分别介绍数据库系统安全性和可靠性的运维方法，主要包括数据库加解密、审计、用户与权限管理、数据库备份与主从复制技术、数据库故障及其恢复技术等。

本部分配有项目实践讲解，以数据库课程管理网站(niepub.com)的数据库设计、实现与运维为例，详细介绍数据库应用开发生命周期全过程。

第8章 数据库设计

本章将深入探讨数据库设计，在详细介绍相关概念的基础上，重点围绕数据库应用的概念设计、逻辑设计和物理设计3个方面进行讲解。本章主要内容及学习重点包括：

①数据库概念设计　掌握如何从现实世界抽象出实体、属性和关系，以及如何使用实体-联系方法(E-R方法)来表达这些概念。通过实际案例，掌握定义实体、建立联系以及设计属性的方法。

②关系数据库的逻辑设计　深入了解关系数据库模型的范式理论，掌握如何通过规范化的过程，将数据结构优化为更合理的关系模式，避免数据冗余和不一致性。通过具体的范式分解实例，培养逻辑设计的能力，了解如何将现实问题映射到规范化的关系结构。

③关系数据库的物理设计　如何将逻辑模型转化为具体的关系数据库结构，包括如何选择合适的数据类型、建立索引以及进行物理存储的规划等。通过实际案例，理解如何在数据库设计中权衡各种因素，以实现最佳的数据存储和查询效率。

8.1 数据库设计概述

对于以数据为中心的应用系统(如 OLTP 类业务管理系统或 DSS 类数据分析系统)的开发，数据库设计在开发初期至关重要，必须仔细推敲和设计，主要工作包括：

①理解业务需求　根据业务需求、用例分析及范式理论确定数据库逻辑设计。

②性能需求与优化意识　考虑效率和优化问题，根据性能需求和未来数据量规模仔细推敲物理设计。

③设计时要留有余地　考虑添加必要的(冗余)字段，如创建时间、修改时间、操作用户、操作 IP、备注字段以及预留字段等。

8.1.1 数据库应用开发过程

数据库应用程序的开发主要涉及两个方面内容：一方面是使用数据库工具构建数据库逻辑模型，如关系数据库表；另一方面是使用开发工具开发应用程序，并通过数据库引擎来访问相应的数据库。因此，需要从数据库开发生命周期(Database Development Life Cycle，DDLC)和软件开发生命周期(Software Development Life Cycle，SDLC)两个方面来把握数据库应用程序的开发过程。

数据库开发生命周期是一个设计、实现和维护数据库系统的过程，需要符合组织战略和操作信息的需求。数据库开发生命周期与软件开发生命周期是内在关联的。

软件开发生命周期是开发可靠的、可维护的、高性能的应用程序和其他软件必须遵守的软件工程框架。软件过程开始于概念的探讨，期间经历一系列软件开发过程，结束于产品的淘汰。

8.1.2 数据库模式、元数据与数据字典

在 2.1.2 讲过，模式是数据库中全体数据的逻辑结构和特征的描述，它仅涉及型的描述，而不涉及具体的值。模式的一个具体值则称为模式的一个实例，同一个模式通常有很多实例。模式相对稳定不变，而实例则由于数据库中数据的不断更新变化而发生变动。模式反映的是数据的结构及其关系，而实例反映的是数据库某一时刻的状态。

例如，在示例数据库"dbcourse"中，有一个数据库模式专门描述"课程信息"，其记录型为"(课程编号，课程名称，课程学期，开课院系，授课教师，……)"，而某一个记录值"(101108,高级数据库技术，2023 年秋季，信息学院，聂老师，……)"则称为此模式的一个实例，一个模式通常包含了多个实例。

元数据(Metadata)，又称中介数据、中继数据，为描述数据的数据，主要是描述数据属性的信息，用来支持如指示存储位置、历史数据、资源查找、文件记录等功能。数据库模式就是一种元数据。

元数据在数据库系统中通常采用数据字典(Data Dictionary)的形式实现。数据字典，即管理元数据的表，是专门用来存储和检索各种数据描述信息(即元数据)的。对数据库设计来说，数据字典是进行详细的数据收集和数据分析所获得的主要成果。

8.1.3 数据库设计

数据库设计是根据用户需求设计数据库结构的过程。具体地说，数据库设计是对于一个给定的应用环境，构造最优的数据库模式，以建立数据库及其应用系统，使之能有效地存储与处理数据，满足用户的信息存储要求和处理要求，也就是把现实世界中的数据，根据各种应用处理的要求，加以合理组织，使之满足硬件和操作系统的特性，使用特定的 DBMS 来建立能够实现应用系统目标的数据库。

数据库设计包括数据库的结构设计与行为设计两个方面。

①数据库的结构设计　根据给定的应用环境进行数据库的模式及其子模式的设计。数据库模式是各应用程序共享的结构，是静态的、稳定的，一经形成后通常情况下是不容易改变的，所以结构设计又称为静态模型设计。

②数据库的行为设计　确定数据库用户的行为和动作。在数据库系统中，用户的行为和动作指用户对数据库的操作，这些通常是通过应用程序来实现的，所以数据库行为设计也属于应用系统设计的一部分。

因此，数据库设计的核心任务就是数据库应用建模。数据模型主要包括数据结构、数据操作和数据完整性约束 3 个要素，并分为概念数据模型(CDM)、逻辑数据模型(LDM)和物理数据模型(PDM)3 个层次，详见 2.1.1 有关内容。

(1) 数据库概念设计

数据库概念设计也称为数据库分析，是数据库设计的第一个环节，其主要任务是将用户的数据需求通过 E-R 图等方式分析设计出概念数据模型。概念设计以需求分析的结果为依据，即需求说明书、数据流程图以及在需求阶段收集到的应用领域中的各类报表。概念设计的结果是概念数据模型(如 E-R 图)与概念设计说明书等。

数据库概念设计主要任务包括：
- 定义和描述应用领域涉及的数据范围，明确建模目标，保证模型覆盖范围；
- 自底向上标识和定义实体集；
- 定义数据之间的关系，即实体间关联关系；
- 建立信息模型，即构造实体关系(E-R)模型；
- 确定实体属性特征，属性描述一个实体集的特征或性质；
- 定义和描述数据的约束及安全性要求；
- 对信息模型进行集成与优化，如检查和消除命名不一致、结构不一致等。

(2) 数据库逻辑设计

数据库逻辑设计的主要任务是将概念数据模型根据有关数据库模型的要求进行规范化和具体细化而形成逻辑数据模型。例如，在关系数据库模型及规范化理论的指导下设计出基于关系数据库的逻辑模型，即关系模型设计。

(3) 数据库物理设计

数据库物理设计的目标是提供足够的性能，并确保数据的完整性、安全性和可恢复性，其主要任务是将逻辑数据模型在具体的 DBMS 及其存储引擎下转化为物理数据模型。逻辑数据模型在不同的数据库存储引擎下会产生不同的物理数据模型，如在 MySQL(行式关系数据库)下设计的物理模型与在 MongoDB(文档数据库)下设计的物理模型是不一样的。

8.1.4 数据库设计与应用系统设计的协调

现代数据库的设计特点是强调结构设计与行为设计相结合，是一种反复探寻、逐步求精的过程。以数据库为中心的应用系统，通常会从数据模型开始设计，以数据模型为核心进行展开，将数据库设计和应用系统设计相结合，建立一个完整、独立、共享、安全、有效的数据库应用系统。图 8-1 给出了数据库应用系统设计的过程。

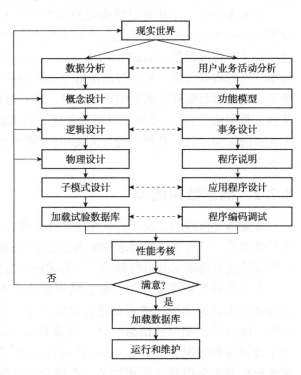

图 8-1　数据库应用系统设计过程

8.2 数据库概念设计

8.2.1 数据库应用的需求分析

数据库应用的需求分析是分析人员在调查现存系统基础上，对用户的数据需求进行分析和确认。

数据库需求分析的主要内容包括：

①数据结构分析　分析各种数据的结构，主要是指用户方的业务数据。

②数据定义分析　针对需求，确定需要定义的数据库主要内容，包括基本表、视图、索引等。

③数据操纵分析　确定需要增删改查的数据，甚至包括联动的触发器(表的列级、记录级、表间的约束)等，实现数据完整性控制。

④数据安全分析　确定哪些数据可以被哪些角色用户操作，哪些数据需要加密存储等。

⑤数据完整性分析　对数据的约束、数据之间、用户表关系之间的约束等进行分析。

⑥并发处理分析　分析数据并发处理的需求和可能性，是否需要采用事务处理。

⑦E-R 图设计　根据以上分析，做出实体联系图，这是数据库中的基本表的设计依据。

在需求分析中经常采用结构化分析方法(SA)，即自顶向下，逐层分解，把复杂的数据需求分析细化，并用形式化或半形式化的描述来表达数据和处理过程的关系。常用的描述工具是数据流程图(Data Flow Diagram，DFD)和数据字典(Data Dictionary，DD)。数据流程图，简称数据流图，是通过图形符号形象描述数据输入、输出和移动变换过程。数据字典是前期数据收集和分析的纸面化结果，即对数据流程图中各个元素(数据项、数据结构、实体、数据流等)进行详细的说明和备注、名词解释等。数据流程图与数据字典是构成数据模型的主要工具，其创建的有关文档(数据流程图与数据字典)是数据库设计成果的核心内容之一。

8.2.2 概念数据建模

在需求分析阶段，设计人员充分调查并描述了用户的需求，但这些需求只是现实世界的具体要求，只有把这些需求抽象为信息世界的结构，才能更好地实现用户的需求。概念结构设计就是将需求分析得到的用户需求抽象为信息结构，即概念模型。

在早期的数据库设计中，概念结构设计并不是一个独立的设计阶段。当时的设计方式是在需求分析之后，接着就进行逻辑设计。但这样的方式需要设计人员在进行逻辑设计时，既要考虑用户的信息，又要考虑具体 DBMS 的限制，设计过程复杂，难以控制。为了改善这种状况，P.P.S.chen 于 1976 设计了基于 E-R 模型的数据库设计方法，即在需求分析和逻辑设计之间增加了一个概念设计阶段。在这个阶段，设计人员仅从用户角度看待数据及处理要求和约束，产生一个反映用户观点的概念模型，然后再把概念模型转换成逻辑模型。这样做有 3 个好处：①从逻辑设计中分离出概念设计以后，各阶段的任务相对单一，设计复杂程度大大降低，便于组织管理；②概念模型不受特定的 DBMS 的限制，也独立于存储安排和效率方面的考虑，因而比逻辑模型更为稳定；③概念模型不含具体的 DBMS 附加的技术细节，更容易被用户理解，因而更有可能准确反映用户的信息需求。

设计概念模型的过程称为概念设计。概念模型与数据库系统模式之间的关系如图 8-2 所示。

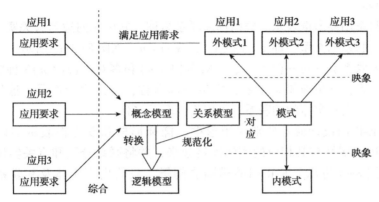

图 8-2　概念模型与系统模式的关系

概念模型作为概念结构设计的表达工具，为数据库提供一个说明性结构，是设计数据库逻辑结构的基础。因此，概念模型必须具备以下特点：

①语义表达能力丰富　概念模型能表达用户的各种需求，充分反映现实世界，包括事物和事物之间的联系、用户对数据的处理要求。它是现实世界的一个真实模型。

②易于交流和理解　概念模型是 DBA、应用开发人员和用户之间的主要交流工具，因此，概念模型要表达自然、直观和容易理解，以便和不熟悉计算机的用户交换意见。用户的积极参与是保证数据库设计成功的关键。

③易于修改和扩充　概念模型要能灵活地修改，以反映用户需求和现实环境的变化。

④易于向各种数据模型转换　概念模型独立于特定的 DBMS，因而更加稳定，能方便地向关系模型、网状模型或层次模型等各种数据模型转换。

人们提出了许多概念模型，其中最著名、最实用的一种是 E-R 模型，它将现实世界的信息结构统一用属性、实体以及它们之间的联系来描述。

8.2.3　实体联系图(E-R 图)：一种数据建模方法

E-R 方法是实体-联系方法(Entity-Relationship Approach)的简称。它是描述现实世界概念结构模型的有效方法。用 E-R 方法建立的概念结构模型称为 E-R 模型，或称为 E-R 图。

E-R 图的基本元素包含实体、属性和联系。E-R 图有多种画法：椭圆法(Chen 法)、鸦脚(Crow's foot)法、UML 法等。其中，椭圆法的图例及其表达方式如图 8-3 所示。

①实体　用矩形框表示，框内标注实体名称，如图 8-3(a)所示。

图 8-3　E-R 图的 3 种基本成分及其图形的表示方法

②属性　用椭圆形框表示，框内标注属性名称，并用无向边将其与相应的实体相连，如图 8-3(b)所示。

③联系　联系用菱形框表示，框内标注联系名称，并用无向边与有关实体相连，同时在无向边旁标上联系的类型，即 1∶1 或 1∶n 或 m∶n，如图 8-3(c)所示。

实体之间的联系有一对一(1∶1)、一对多(1∶n)和多对多(m∶n)3 种联系类型。例如，系主任领导系，学生属于某个系，学生选修课程，工人生产产品，这里"领导""属于""选修""生产"表示实体间的联系，可以作为联系名称。

椭圆法的 E-R 图设计就是分别用矩形框、椭圆形框和菱形框表示实体、属性和联系，使用无向边将属性与其相应的实体连接起来，并将联系分别和有关实体相连接、注明联系类型。图 8-4 为几个 E-R 图的椭圆法例子，只给出了实体及其联系，省略了实体的属性。

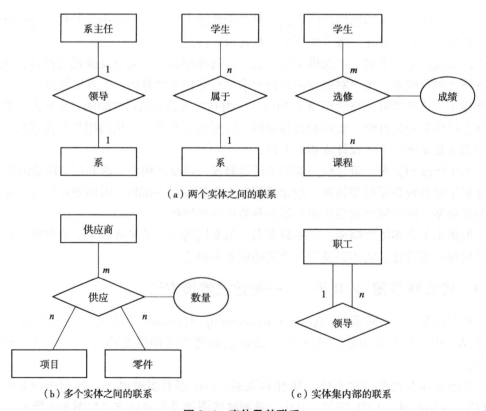

图 8-4　实体及其联系

EE-R 模型是一种高级数据模型,包含对原始 E-R 模型的扩展与增强。EE-R 图是代表复杂数据库需求和复杂性的高级模型图。除了 E-R 模型的实体、联系等概念,EE-R 还包括子类和超类、专业化和泛化、类别或联合类型、聚合等概念。

8.2.4 数据库设计辅助工具

(1) Visio

Visio 是 Microsoft 公司开发的、Windows 操作系统下运行的流程图和矢量绘图软件,它是 Microsoft Office 软件的一个部分。Microsoft Visio 提供了强大的数据库建模功能,利用它可以很方便地建立各种数据库。

在 Visio 里数据库模型主要分为 3 类。

①概念数据模型图 描述了组织的事实、业务规则和信息需求。它们不关注存储细节,其主要目标是分析与挖掘出用户需求中的数据实体,并理清其逻辑关系。可以使用 Visio 中的 ORM 源模型模板来创建概念数据库模型。

因为概念数据模型图不直接映射到物理数据库,所以根据概念模型生成关系数据库架构之前,必须使用 Visio 将概念模型图映射到逻辑模型图。为此,应将源模型添加到"数据库模型图"绘图项目中并创建项目,所得到的逻辑模型可以用于生成关系数据库架构。

若要了解创建概念模型的更多知识,请参看 Visio 的联机帮助。

②逻辑数据模型图 描述了由关系或对象关系数据库系统所支持的数据。该描述包括关系表以及在这些表的表内和表间所应用的约束。我们可以使用"数据库模型图"模板创建逻辑数据库模型。

③物理模型图 即生成实际的数据库。Visio 可以根据逻辑模型自动生成各种类型的数据库。

(2) SQL Developer Data Modeler

SQL Developer Data Modeler 是 Oracle 公司的一个免费的图形化的数据和数据库建模和设计工具,提供了全方位的数据和数据库建模工具和实用程序,包括实体关系图(ERD)、关系(数据库设计)、数据类型和多维模型的建模,来支持数据建模需求,从而简化数据建模任务,提高工作效率。

用户可以使用 SQL Developer Data Modeler 创建、浏览和编辑逻辑模型、关系模型、物理模型、多维模型和数据类型模型。SQL Developer Data Modeler 提供正向和反向工程功能,并通过集成的源代码管理工具支持协作开发。SQL Developer Data Modeler 既可以在传统环境中使用,也可以在云环境中使用。Data Modeler 可以连接到任何受支持的 Oracle 数据库且与平台无关。

(3) Rational Rose

Rational Rose 是 IBM 公司出品的一种面向对象的统一建模语言的可视化建模工具,用于可视化建模和公司级水平软件应用的组件构造。

Rational Rose 包括了统一建模语言(UML)、OOSE 以及 OMT。其中统一建模语言由 3 位世界级面向对象技术专家 Grady Booch、Ivar Jacobson 和 Jim Rumbaugh 通过对早期面向对象研究和设计方法的进一步扩展而得来的,它为可视化建模软件奠定了坚实的理论基础。

Rational Rose 是一个完全的、具有能满足所有建模环境(Web 开发、数据建模、Visual Studio 和 C++)灵活性需求的一套解决方案。Rational Rose 允许开发人员、项目经理、系统工程师和分析人员在软件开发周期内将需求和系统的体系架构转换成代码,消除浪费的消耗,对需求和系统的体系架构进行可视化。在软件开发周期内使用同一种建模工具,可以确保更快更好地创建满足客户需求的可扩展的、灵活的并且可靠的应用系统。

(4) Sybase PowerDesigner

PowerDesigner 是 Sybase 推出的主打数据库设计工具,致力于采用基于 E-R 数据模型,分别从概念数据模型(Conceptual Data Model)和物理数据模型(Physical Data Model)两个层次对数据库进行设计。概念数据模型描述的是独立于 DBMS 的实体定义和实体关系定义。物理数据模型是在概念数据模型的基础上,针对目标 DBMS 的具体化。

PowerDesigner 支持的模型包括:

①概念数据模型(CDM) 表现数据库的全部逻辑的结构,与任何的软件或数据存储结构无关。不考虑物理实现细节,只考虑实体之间的关系。

②物理数据模型(PDM) 将 CDM 中建立的现实世界模型生成特定的 DBMS 脚本,产生数据库中保存信息的储存结构,保证数据在数据库中的完整性和一致性。

③面向对象模型(OOM) 包含一系列包、类、接口和它们的关系。这些对象一起形成所有的(或部分)软件系统的逻辑的设计视图的类结构。OOM 本质上是软件系统的一个静态的概念模型。

④业务程序模型(BPM) 描述业务的各种不同内在任务和内在流程,以及客户如何与这些任务和流程互相影响。BPM 是从业务合伙人的角度来看业务逻辑和规则的概念模型,使用一个图表描述程序、流程、信息和合作协议之间的交互作用。

8.2.5 项目实践讲解(一):数据库课程网站(niepub.com)的数据库概念设计

为了使读者充分理解数据库的设计过程,本书将使用自主开发的数据库课程网站(niepub.com)作为实践案例来讲解数据库设计与开发过程。

数据库课程网站(niepub.com)是一个专门为数据库课程设计的网站,旨在为学生提供全面、系统、易懂的数据库课程学习资源。该网站涵盖了数据库的基础知识、SQL 语言、数据库设计、数据库应用等方面的内容,提供了丰富的学习资源,包括课程视频、课件、练习题、案例分析等,也提供了现场答题与线上期末考试、提交实验报告及其批改、下载课件等业务功能,为学生提供了优质的数据库课程学习体验帮助学生深入理解和掌握数据库的相关知识和技能,适合不同层次和需求的学生使用。

本节将围绕学生使用数据库课程网站答题业务作为案例进行实践讲解。

数据库课程网站的答题业务功能是指学生可通过微信或者 QQ 进行扫码登录,并进行学号绑定之后在该网站上进行课堂答题及在线期末考试等功能。数据库课程网站存有数据库题库，包括各章节的题目，供任课教师使用。在实际的答题场景中，分为现场答题和期末考试答题，每个题目都有相应的分值，任课教师可从题库里随机选取题目对学生进行测试。学生答题后，本网站会根据现场答题和期末考试答题的成绩，确定本课程的成绩。

通过以上对学生答题的场景分析，将各数据结构的数据项定义如下：

①学生档案信息　学生学号、学生姓名、学生年级、学生专业等。

②课程信息　课程编号、课程名称、课程学期、开课院系、授课教师等。

③题库信息　题目编号、题目所属章节编号、题目内容、题目答案、题目类型等。

④学生现场答题信息　提交序号、学生学号、题目编号、题目所属章节编号、学生答案、学生得分等。

⑤学生期末考试答题信息　提交序号、学生学号、题目编号、题目所属章节编号、学生答案、学生得分等。

⑥学生成绩信息　学生学号、课程编号、学生总成绩等。

通过以上需求分析，我们可以得到了实体和关系。

(1) 实体

实体包括学生(Student)、课程(Course)、题库(Questions)、现场答题信息(Answer)、期末考试答题信息(FinalAnswer)、成绩(Score)。

(2) 关系

学生(Student)和课程(Course)是多对多关系，一个学生可以选多门课程，一门课程可以被多个学生选修。

课程(Course)和题库(Questions)是一对多关系，一个课程可以含有多个题库，一个题库只能对应一门课程。

课程(Course)和现场答题信息(Answer)是一对多的关系，一个课程可以在现场开放不同的题目，一道题的信息只能属于一门课程。课程(Course)和期末考试答题信息(FinalAnswer)的关系同理。

学生(Student)和现场答题信息(Answer)是一对多的关系，一个学生可以作答多道现场开放的题，一道题的答案只能由一个学生得出。学生(Student)和期末考试答题信息(FinalAnswer)的关系同理。

题库(Questions)和现场答题信息(Answer)是一对多的关系，一个题库里的题目可以供现场答题使用，一个现场答题的题目信息只能来源于一个题库。题库(Questions)和期末考试答题信息(FinalAnswer)的关系同理。

成绩(Score)和学生(Student)、课程(Course)是一对多的关系，一名学生能有多个成绩，一个成绩只能对应一门课程和一个学生。

在充分调研用户需求和进行分析后，用E-R图来表述以上实体及其关系，采用鸦脚法来设计E-R图，如图8-5所示。鸦脚法采用矩形表示"实体"，采用鸦脚形的三叉线表示"联系"。

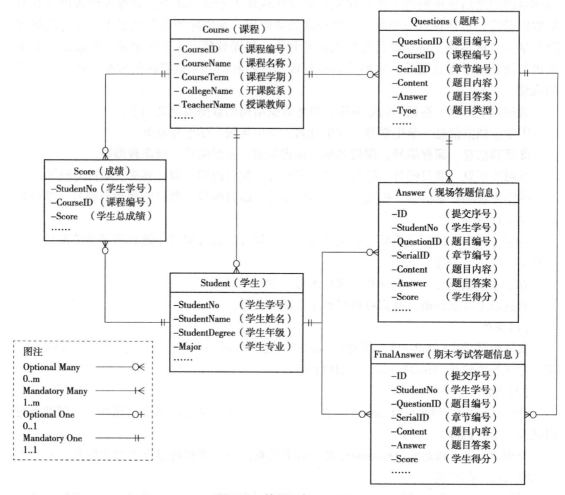

图 8-5 答题业务 E-R 图

8.3 关系数据库的逻辑设计

8.3.1 关系数据库的规范化理论

关系数据库的规范化理论最早是由关系数据库的创始人 E. F. Codd 提出的，后经许多专家学者对关系数据库理论做了深入的研究和发展，形成了一整套有关关系数据库设计的理论。

在关系数据库系统中，关系模型包括一组关系模式，而且各关系模式是相互关联的。设计关系数据库应用系统的关键是关系数据库模式的设计，关系模型是基于关系代数及关系数据库规范化理论设计的。

关系数据库的规范化理论主要包括 3 个方面的内容：函数依赖、范式和模式设计。其中，函数依赖起着核心作用，是模式分解和模式设计的基础；范式是模式分解的标准。

8.3.1.1 函数依赖

(1) 函数依赖的定义

模式中的各属性之间相互依赖、相互制约的联系称为数据依赖。数据依赖一般分为函数依赖、多值依赖和连接依赖。其中，函数依赖是最重要的数据依赖。

函数依赖(Functional Dependency，FD)是关系模式中属性之间的一种逻辑依赖关系。例如，关系模式课程记录(课程ID、课程名称、课程学期、任课教师……)中，课程ID与课程名称、课程学期、任课教师之间都有一种依赖关系。由于1个课程ID只对应1个课程名称，所以当课程ID的值确定之后，课程名称的值也随之被唯一地确定了。这类似于变量之间的单值函数关系。设单值函数 $Y=F(X)$，自变量 X 的值可以决定一个唯一的函数值 Y。

设关系模式 $R(U, F)$，U 是属性全集，F 是 U 上的函数依赖集，X 和 Y 是 U 的子集，如果对于 $R(U)$ 的任意一个可能的关系 r，对于 X 的每一个具体值，Y 都有唯一的具体值与之对应，则称 X 决定函数 Y，或 Y 函数依赖于 X，记作 $X \rightarrow Y$。我们称 X 为决定因素，Y 为依赖因素。当 Y 不函数依赖于 X 时，记作：$X \nrightarrow Y$。当 $X \rightarrow Y$ 且 $Y \rightarrow X$ 时，则记作 $X \leftrightarrow Y$。

有关函数依赖有几点需要说明：

①如果对于 $R(U)$ 的任意一个可能的关系 r，对于 X 的每一个具体值，Y 都有唯一的具体值与之对应，其含义是，对于 r 的任意两个元组 t_1 和 t_2，只要 $t_1[X]=t_2[X]$，就有 $t_1[Y]=t_2[Y]$。

②当属性集 Y 是属性集 X 的子集(即 $Y \subseteq X$)时，则必然存在着函数依赖 $X \rightarrow Y$，这种类型的函数依赖称为平凡的函数依赖。如果 Y 不是 X 的子集，则称 $X \rightarrow Y$ 为非平凡的函数依赖。平凡的函数依赖并没有实际意义，若不特别声明，我们讨论的都是非平凡的函数依赖。非平凡的函数依赖才和"真正的"完整性约束条件相关。

③函数依赖不是关系模式 R 的某个或某些关系实例的约束条件，而是关系模式 R 之下一切可能的关系实例都要满足的约束条件。因此，可以通过 R 的某个特定关系去确定哪些函数依赖不成立，而不能只看到 R 的一个特定关系就推断哪些函数依赖对于 R 是成立的。

④函数依赖是语义范畴的概念。我们只能根据语义来确定一个函数依赖，而不能按照其形式化定义来证明一个函数依赖是否成立，因为函数依赖实际上是对现实世界中事物性质之间相关性的一种断言。

⑤函数依赖与属性之间的联系类型有关。在一个关系模式中，如果属性 X 与 Y 有1:1联系时，则存在函数依赖 $X \rightarrow Y$，$Y \rightarrow X$，即 $X \leftrightarrow Y$；如果属性 X 与 Y 有 $m:1$ 的联系时，则只存在函数依赖 $X \rightarrow Y$；如果属性 X 与 Y 有 $m:n$ 的联系时，则 X 与 Y 之间不存在任何函数依赖关系。

由于函数依赖与属性之间的联系类型有关，在确定属性间的函数依赖关系时，可以从分析属性间的联系类型入手，便可确定属性间的函数依赖。

⑥函数依赖关系的存在与时间无关。因为函数依赖是指关系中的所有元组应该满足的约束条件，而不是指关系中某个或某些元组所满足的约束条件。关系中的元组增加、删除或更新都不能破坏这种函数依赖。因此，必须根据语义来确定属性之间的函数依赖，而不

能单凭某一时刻关系中的实际数据值来判断。所以函数依赖关系的存在与时间无关，而只与数据之间的语义规定有关。

(2) 完全函数依赖与部分函数依赖

设有关系模式 $R(U)$，U 是属性全集，X 和 Y 是 U 的子集，如果 $X \to Y$，并且对于 X 的任何一个真子集 X'，都有 $X' \nrightarrow Y$，则称 Y 对 X 完全函数依赖（Full Functional Dependency），记作 $X \xrightarrow{f} Y$。如果对 X 的某个真子集 X'，有 $X' \to Y$，则称 Y 对 X 部分函数依赖（Partial Functional Dependency），记作 $X \xrightarrow{p} Y$。

由此可知，只有当决定因素是组合属性时，讨论部分函数依赖才有意义；当决定因素是单属性时，只能是完全函数依赖。

(3) 传递函数依赖

设有关系模式 $R(U)$，U 是属性全集，X、Y、Z 是 U 的子集，若 $X \to Y$，但 $Y \nrightarrow X$，而 $Y \to Z (Y \notin X, Z \notin Y)$，则称 Z 对 X 传递函数依赖（Transitive Functional Dependency），记作：$X \xrightarrow{f} Z$。如果 $Y \to X$，则 $X \leftrightarrow Y$，这时称 Z 对 X 直接函数依赖，而不是传递函数依赖。

综上所述，函数依赖分为完全函数依赖、部分函数依赖和传递函数依赖 3 类，它们是规范化理论的依据和规范化程度的准则。

8.3.1.2 关系模式的范式

关系模式规范化的基本思想是消除关系模式中的数据冗余，消除数据依赖中的不合适的部分，解决数据插入、删除时发生的异常现象。这就要求关系模式要满足一定的条件。我们把关系模式规范化过程中，为不同程度的规范化要求设立的不同标准称为范式（Normal Form，NF）。由于规范化的程度不同，就产生了不同的范式。范式是衡量关系模式分解好坏的标准。

范式的概念最早由 E. F. Codd 提出。从 1971 年起，Codd 相继提出了关系的三级规范化形式，即第一范式（1NF）、第二范式（2NF）和第三范式（3NF）。1974 年，Codd 和 Boyce 共同提出了一个新的范式的概念，即 Boyce-Codd 范式，简称 BC 范式（BCNF）。1976 年，Fagin 提出了第四范式（4NF），后来又有人定义了第五范式（5NF）。至此在关系数据库规范中建立了一系列范式：1NF、2NF、3NF、BCNF、4NF、5NF。

各个范式之间的联系可以表示为：5NF $\subset$ 4NF $\subset$ BCNF $\subset$ 3NF $\subset$ 2NF $\subset$ 1NF，如图 8-6 所示。

(1) 第一范式

第一范式（First Normal Form）是最基本的规范形式，即关系中每个属性都是不可再分的简单项。

如果关系模式 R 所有的属性均为简单属性，即每个属性都是不可再分的，则称 R 属于第一范式，简称 1NF，记作 $R \in 1NF$。

把满足 1NF 的关系称为规范化关系。在关系数据库系统中，只讨论规范化的关系，凡是非规范化的关系必须转化成规范化的关系。因此，1NF 是关系模式应具备的最起码的条件。在非规范化的关系中，去掉组合项就能转化成规范化的关系。每个规范化的关系都属

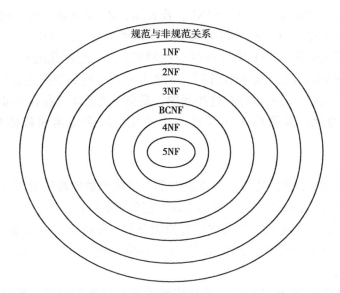

图 8-6 各种范式之间的关系

于 1NF,这也是它之所以称为"第一"的原因。

然而,一个关系模式仅仅属于 1NF 是不适用的。其中有可能存在完全函数依赖、部分函数依赖或传递函数依赖。这种情况往往在数据库中是不允许的。也正是由于关系中存在着复杂的函数依赖,才导致数据操作中出现了种种弊端。克服这些弊端的方法是用投影运算将关系分解,去掉过于复杂的函数依赖关系,向更高一级的范式进行转换。

(2) 第二范式

如果关系模式 $R \in 1NF$,且每个非主属性都完全函数依赖于 R 的主关系键,则称 R 属于第二范式(Second Normal Form),简称 2NF,记作 $R \in 2NF$。如果数据库模式中每个关系模式都是 2NF,则这个数据库模式称为 2NF 的数据库模式。

一般情况下,有如下结论:

①从 1NF 关系中消除非主属性对主关系键的部分函数依赖,则可得到 2NF 关系。

②如果 R 的关系键为单属性,或 R 的全体属性均为主属性,则 $R \in 2NF$。

2NF 规范化是指把 1NF 关系模式通过投影分解,转换成 2NF 关系模式的集合。

分解时遵循的基本原则就是"一事一地",让一个关系只描述一个实体或者实体间的联系。如果多于一个实体或联系,则进行投影分解。1NF 的关系模式经过投影分解转换成 2NF 后,可以消除一些数据冗余。

设有关系模式 $R(X, Y, Z)$,$R \in 1NF$,但 $R \notin 2NF$,其中,X 是主属性,Y、Z 是非主属性,且存在部分函数依赖,$X \xrightarrow{p} Y$。设 X 可表示为 X_1、X_2,其中 $X_1 \xrightarrow{f} Y$。则 $R(X, Y, Z)$ 可以分解为 $R[X_1, Y]$ 和 $R[X, Z]$。因为 $X_1 \xrightarrow{f} Y$,所以 $R(X, Y, Z) = R[X_1, Y] * R[X_1, X_2, Z] = R[X_1, Y] * R[X, Z]$,即 R 等于其投影 $R[X_1, Y]$ 和 $[X, Z]$ 在 X_1 上的自然连接,R 的分解具有无损连接性。

由于 $X_1 \xrightarrow{f} Y$，因此 $R[X_1, Y] \in 2NF$。若 $R[X, Z] \notin 2NF$，可以按照上述方法继续进行投影分解，直到将 $R[X, Z]$ 分解为属于 2NF 关系的集合，且这种分解必定是有限的。

2NF 的关系模式解决了 1NF 中存在的一些问题，2NF 规范化的程度比 1NF 前进了一步，但 2NF 的关系模式在进行数据操作时，仍然存在着一些如数据冗余、插入异常、删除异常、更新异常等问题。之所以存在这些问题，是由于关系模式存在着非主属性对主键的传递函数依赖。为此，关系模式还需进一步简化，消除传递函数依赖，这样就得到了 3NF。

(3) 第三范式

如果关系模式 $R \in 2NF$，且每个非主属性都不传递函数依赖于 R 的主关系键，则称 R 属于第三范式（Third Normal Form），简称 3NF，记作 $R \in 3NF$。

3NF 规范化是指把 2NF 的关系模式通过投影分解，转换成 3NF 关系模式的集合。

3NF 规范化时遵循的原则与 2NF 相同，即"一事一地"，让一个关系只描述一个实体或者实体间的联系。

关系模式由 2NF 分解为 3NF 后，函数依赖关系变得更加简单，既没有非主属性对键的部分函数依赖，也没有非主属性对键的传递函数依赖，解决了 2NF 中存在的 4 个问题。因此，分解后的关系模式应具有数据冗余降低、不存在插入异常、不存在删除异常、不存在更新异常等特点。

(4) BC 范式

3NF 只限制了非主属性对键的依赖关系，而没有限制主属性对键的依赖关系。如果发生了这种依赖，仍有可能存在数据冗余、插入异常、删除异常和更新异常。这时，则需对 3NF 进一步规范化，消除主属性对键的依赖关系，为了解决这种问题，Boyce 与 Codd 共同提出了一个新范式的定义，这就是 Boyce-Codd 范式，通常简称 BCNF 或 BC 范式，它弥补了 3NF 的不足。

如果关系模式 $R \in 3NF$，且所有的函数依赖 $X \to Y(Y \notin X)$，决定因素 X 都包含了 R 的一个候选键，则称 R 属于 BCNF（Boyce-Codd Normal Form），记作 $R \in BCNF$。如果数据库中每个关系模式都属于 BCNF，则称为 BCNF 的数据库模式。

BCNF 是建立在 3NF 的基础上，通过进一步消除非主属性对于候选键的部分函数依赖来消除主属性对于候选键的传递依赖。因此，BCNF 要求满足以下两个条件：关系模式必须符合 3NF；所有非主属性必须完全依赖于候选键，而不能部分依赖于候选键。

关系模式满足了 BCNF，就不会有任何由于函数依赖导致的异常，但仍然会遇到由于多值依赖导致的异常。

(5) 多值依赖与第四范式

前面所介绍的规范化都是建立在函数依赖的基础上，函数依赖表示的是关系模式中属性间的一对一或一对多的联系，但它并不能表示属性间的多对多的关系，因而某些关系模式即使已经规范到 BCNF，仍然可能存在属性间的多对多联系，即多值依赖问题。

多值依赖示例：假设学校中一门课程（Course）可由多名教师（Teacher）讲授，教学中教师使用参考书（Book），课程 C、教师 T 和参考书 B 之间的关系对照表见表 8-1。

表 8-1　关系对照表 CTB

课程 C	教师 T	参考书 B
高级数据库技术	聂老师 张老师	数据库原理 数据库系统 Oracle 实战
软件估算技术	孟老师 王老师	软件项目估算 软件估算的艺术

将上述关系对照表 CTB 进一步规范化后形成满足 BCNF 的关系模式(表 8-2)，可以看出，规范后的关系模式 CTB(C，T，B)属于 BCNF，其复合键亦即全键。但进一步分析发现，此关系模式 CTB 仍然存在着如下弊端：

① 数据冗余大　课程、教师和参考书都被多次存储。

② 插入异常　若增加一名教授"软件估算技术"的教师"李老师"，由于这个教师也使用相同的一套参考书，所以需要添加两个元组，即：(软件估算技术，李老师，软件项目估算)和(软件估算技术，李老师，软件估算的艺术)。

③ 删除异常　若要删除某一门课的一本参考书，则与该参考书有关的元组都要删除，例如，删除"高级数据库技术"课程的"数据库系统"，则需要删除(高级数据库技术，聂老师，数据库系统)和(高级数据库技术，张老师，数据库系统)两个元组。

表 8-2　用 BCNF 规范后的关系 CTB

课程 C	教师 T	参考书 B
高级数据库技术	聂老师	数据库原理
高级数据库技术	聂老师	数据库系统
高级数据库技术	聂老师	Oracle 实战
高级数据库技术	张老师	数据库原理
高级数据库技术	张老师	数据库系统
高级数据库技术	张老师	Oracle 实战
软件估算技术	孟老师	软件项目估算
软件估算技术	孟老师	软件估算的艺术
软件估算技术	王老师	软件项目估算
软件估算技术	王老师	软件估算的艺术

产生以上弊端的原因主要有以下两方面：

① 对于关系 CTB 中 C 的一个具体值来说，有多个 T 值与其相对应；同样，C 与 B 间也存在着类似的联系。

② 对于关系 CTB 中的一个确定的 C 值，与其所对应的一组 T 值与 B 值无关。例如，与"高级数据库技术"课程对应的一组教师与此课程的参考书毫无关系。

从以上两个方面可以看出，C 与 T 间的联系显然不是函数依赖，在此我们称为多值依赖（Multivalue Dependence，MVD）。

设有关系模式 $R(U)$，U 是属性全集，X、Y、Z 是属性集 U 的子集，且 $Z=U-X-Y$，如果对于 R 的任一关系，对于 X 的一个确定值，存在 Y 的一组值与之对应，且 Y 的这组值仅决定于 X 的值而与 Z 值无关，此时称 Y 多值依赖于 X，或 X 多值决定 Y，记作 $X \rightarrow\rightarrow Y$。

在多值依赖中，若 $X \rightarrow\rightarrow Y$ 且 $Z=U-X-Y \neq \Phi$，则称 $X \rightarrow\rightarrow Y$ 是非平凡的多值依赖，否则称为平凡的多值依赖。

例如，在关系模式 CTB 中，对于某一 C、B 属性值组合（高级数据库技术，数据库系统）来说，有一组 T 值{聂老师，张老师}，这组值仅取决于课程 C 上的值（高级数据库技术）。也就是说，对于另一个 C、B 属性值组合（高级数据库技术，Oracle 实战），它对应的一组 T 值仍是{聂老师，张老师}，尽管这时参考书 B 的值已经改变了。因此，T 多值依赖于 C，即：C→→T。

下面给出多值依赖的形式化描述：

设有关系模式 $R(U)$，U 是属性全集，X、Y、Z 是属性集 U 的子集，且 $Z=U-X-Y$，r 是关系模式 R 的任一关系，t、s 是 r 的任意两个元组，如果 $t[X]=s[X]$，必有 r 的两个元组 u、v 存在，使得：

$$s[X]=t[X]=u[X]=v[X]$$
$$u[Y]=t[Y] 且 u[Z]=s[Z]$$
$$v[Y]=s[Y] 且 v[Z]=t[Z]$$

则称 X 多值决定 Y 或 Y 多值依赖于 X。

多值依赖与函数依赖间的区别在于：

①在关系模式 R 中，函数依赖 $X \rightarrow Y$ 的有效性仅决定于 X、Y 这两个属性集，不涉及第三个属性集，而在多值依赖中，$X \rightarrow\rightarrow Y$ 在属性集 $U(U=X+Y+Z)$ 上是否成立，不仅要检查属性集 X、Y 上的值，而且要检查属性集 U 的其余属性 Z 上的值。因此，如果 $X \rightarrow\rightarrow Y$ 在属性集 $W(W \subset U)$ 上成立，而在属性集 U 上不一定成立。所以，多值依赖的有效性与属性集的范围有关。

如果在 $R(U)$ 上有 $X \rightarrow\rightarrow Y$ 在属性集 $W(W \subset U)$ 上成立，则称 $X \rightarrow\rightarrow Y$ 为 $R(U)$ 的嵌入型多值依赖。

②如果在关系模式 R 上存在函数依赖 $X \rightarrow Y$，则任何 $Y' \subset Y$ 均有 $X \rightarrow Y'$ 成立，而多值依赖 $X \rightarrow\rightarrow Y$ 在 R 上成立，但不能断言对于任何 $Y' \subset Y$ 有 $X \rightarrow\rightarrow Y'$ 成立。

多值依赖公理及其推论如下：

设有关系模式 $R(U)$，U 是属性全集，X、Y、Z、W 是属性集 U 的子集。

①多值依赖公理。
- 增广律：如果 $X \rightarrow\rightarrow Y$，$V \subseteq W \subseteq U$，则 $WX \rightarrow\rightarrow VY$；
- 传递律：如果 $X \rightarrow\rightarrow Y$，$Y \rightarrow\rightarrow Z$，则 $X \rightarrow\rightarrow Z-Y$；
- 补余律：如果 $X \rightarrow\rightarrow Y$，则 $X \rightarrow\rightarrow U-X-Y$。

②函数依赖公理与多值依赖混合公理。
- 复制规则：从 FD 导出 MVD，如果 $X \rightarrow Y$，则 $X \rightarrow\rightarrow Y$；

- 接合规则：从 MVD 导出 FD，如果 $X \twoheadrightarrow Y$，$Z \subseteq Y$，且存在 $W \subseteq U$ 有 $W \cap Y = \emptyset$，$W \rightarrow Z$，则 $X \rightarrow Z$。

③多值依赖推论。
- 合并律：如果 $X \twoheadrightarrow Y$，$X \twoheadrightarrow Z$，则 $X \twoheadrightarrow YZ$；
- 伪传递律：如果 $X \twoheadrightarrow Y$，$WY \twoheadrightarrow Z$，则 $XW \twoheadrightarrow (Z-W-Y)$；
- 混合伪传递律：如果 $X \twoheadrightarrow Y$，$XY \twoheadrightarrow Z$，则 $X \twoheadrightarrow (Z-Y)$；
- 分解律：如果 $X \twoheadrightarrow Y$，$X \twoheadrightarrow Z$，则 $X \twoheadrightarrow (Y \cap Z)$，$X \twoheadrightarrow (Y-Z)$，$X \twoheadrightarrow (Z-Y)$。这说明，如果两个相交的属性子集均多值依赖于另一个属性子集，则这两个属性子集因相交而分割成的三部分也都多值依赖于该属性子集。

前面我们曾分析了关系 CTB 虽然属于 BCNF，但还存在着数据冗余、插入异常和删除异常的弊端，究其原因是 CTB 中存在非平凡的多值依赖，而决定因素不是关键字。因而必须将 CTB 继续分解，如果分解成两个关系模式 $CTB_1(C, T)$ 和 $CTB_2(C, B)$，则它们的冗余度会明显下降。从多值依赖的定义分析 CTB_1 和 CTB_2，它们的属性间各有一个多值依赖 $C \twoheadrightarrow T$，$C \twoheadrightarrow B$，都是平凡的多值依赖。因此，含有多值依赖的关系模式中，减少数据冗余和操作异常的常用方法是将关系模式分解为仅有平凡的多值依赖的关系模式。

第四范式的定义：设有关系模式 $R(U)$，U 是其属性全集，X、Y 是 U 的子集，D 是 R 上的数据依赖集。如果对于任一多值依赖 $X \twoheadrightarrow Y$，此多值依赖是平凡的，或者 X 包含了 R 的一个候选关键字，则称 R 是第四范式的关系模式（Forth Normal Form），记为 $R \in 4NF$。

由此定义可知：关系模式 CTB 分解后产生的 $CTB_1(C, T)$ 和 $CTB_2(C, B)$ 中，因为 $C \twoheadrightarrow T$，$C \twoheadrightarrow B$ 均是平凡的多值依赖，所以 CTB_1 和 CTB_2 都是 4NF。

经过上面的分析可以得知：一个 BCNF 的关系模式不一定是 4NF，而 4NF 的关系模式必定是 BCNF，即 4NF 是 BCNF 的推广。

4NF 的分解：把一个关系模式分解为 4NF 的方法与分解为 BCNF 的方法类似，就是当把一个关系模式利用投影的方法消去非平凡且非函数依赖的多值依赖，并具有无损连接性。

【例 8-1】设有关系模式 $R(A, B, C, E, F, G)$，数据依赖集 $D = \{A \twoheadrightarrow BGC, B \rightarrow AC, C \rightarrow G\}$，将 R 分解为 4NF。

解：利用 $A \twoheadrightarrow BGC$，可将 R 分解为 $R = \{ABCG, AEF\}$。

利用 $B \rightarrow AC$，进一步分解得：$R = \{ABC, BG, AEF\}$。

由此得到的 3 个关系模式（ABC）、（BG）和（AEF）都属于 4NF，但此分解丢失了函数依赖 $C \rightarrow G$。若最后一次分解利用函数依赖 $C \rightarrow G$ 来做，则 $R = \{ABC, CG, AEF\}$，由此得到的 3 个关系模式（ABC）、（CG）和（AEF）都是属于 4NF 的关系模式，且保持了所有的数据依赖。这说明，4NF 的分解结果不是唯一的，结果与选择数据依赖的次序有关。任何一个关系模式都可无损分解成一组等价的 4NF 关系模式，但这种分解不一定具有保持函数依赖性。

数据依赖和多值依赖是两种最重要的数据依赖。如果只考虑函数依赖，则属于 BCNF 的关系模式的规范化程度已经是最高的了。如果考虑多值依赖，则属于 4NF 的关系模式化程度是最高的。事实上，数据依赖中除函数依赖和多值依赖外，还有其他数据依赖。函数依赖是多值依赖的一种特殊情况,而多值依赖实际上又是连接依赖的一种特殊情况。但连接依赖不像函数依赖和多值依赖那样可由语义直接导出,而是在关系的连接运算时才反映出来。存在连接依赖的关系模式仍可能遇到数据冗余及插入、修改、删除异常的问题。如果消除了属于4NF的关系模式中存在的连接依赖,则可以进一步达到5NF的关系模式。本书不再讨论连接依赖和5NF,有关这方面的内容,读者可参阅其他书籍。

8.3.1.3 关系模式的规范化

到目前为止,规范化理论已经提出了6类范式。范式级别可以逐级升高,而升高规范化的过程就是逐步消除关系模式中不合适的数据依赖的过程,使模型中的各个关系模式达到某种程度的分离。一个低一级范式的关系模式,通过模式分解转化为若干个高一级范式的关系模式的集合,这种分解过程叫作关系模式的规范化(normalization)。

(1)关系模式规范化的目的和原则

规范化的目的就是使结构合理,消除存储异常,使数据冗余尽量小,便于插入、删除和更新。规范化遵循"一事一地"的原则,即一个关系只描述一个实体或者实体间的联系。若多于一个实体,就把它"分离"出来。因此,所谓规范化,实质上是概念的单一化,即一个关系表示一个实体(或一个关联)。

(2)关系模式规范化的步骤

①对1NF关系进行投影,消除原关系中非主属性对键的部分函数依赖,将1NF关系转换成若干个2NF关系。

②对2NF关系进行投影,消除原关系中非主属性对键的传递函数依赖,将2NF关系转换成若干个3NF关系。

③对3NF关系进行投影,消除原关系中主属性对键的部分函数依赖和传递函数依赖,也就是说,使决定因素都包含一个候选键,得到一组BCNF关系。

④对BCNF关系进行投影,消除原关系中的非平凡且非函数依赖的多值依赖,得到一组4NF的关系。

关系规范化的基本步骤如图8-7所示。

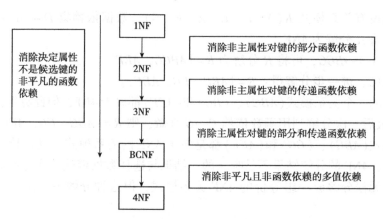

图8-7 关系模式的规范化过程

其实,对关系模式的分解与规范化也不总是分解得越彻底越好,例如,对于那些以查询为主的应用系统,过度分解意味着更多的多表连接查询,可能得不偿失。因此,在分解时要全面衡量，综合考虑，视实际情况而定。在实际应用中，最有价值的是 3NF 和 BCNF，在进行关系模式设计时，通常分解到 3NF 就可以了。

(3) 关系模式规范化的要求

关系模式的规范化过程是通过对关系模式的投影分解来实现的，但是投影分解方法不是唯一的，不同的投影分解会得到不同的结果。在这些分解方法中，只有能够保证分解后的关系模式与原关系模式等价的方法才是有意义的。下面先给出两个定义。

无损连接性(Lossless Join)：设关系模式 $R(U, F)$ 被分解为若干个关系模式 $R_1(U_1, F_1)$，$R_2(U_2, F_2)$，…，$R_n(U_n, F_n)$，其中 $U=U_1 \cup U_2 \cup \cdots \cup U_n$，且不存在 $U_i \subseteq U_j$，F_i 为 F 在 U_j 上的投影，如果 R 与 R_1，R_2，…，R_n 自然连接的结果相等，则称关系模式 R 的分解具有无损连接性。

函数依赖保持性(Preserve Dependency)：设关系模式 $R(U, F)$ 被分解为若干个关系模式 $R_1(U_1, F_1)$，$R_2(U_2, F_2)$，…，$R_n(U_n, F_n)$，其中 $U=U_1 \cup U_2 \cup \cdots \cup U_n$，且不存在 $U_i \subseteq U_j$，F_i 为 F 在 U_j 上的投影，如果 F 所蕴含的函数依赖一定也由分解得到的某个关系模式中的函数依赖 F_i 所蕴含，则称关系模式 R 的分解具有函数依赖保持性。

判断对关系模式的一个分解是否与原关系模式等价可以有 3 种不同的标准：①分解要具有无损连接性；②分解要具有函数依赖保持性；③分解既要具有无损连接性，又要具有函数依赖保持性。

如果一个分解具有无损连接性，则能够保证不丢失信息。如果一个分解具有函数依赖保持性，则可以减轻或解决各种异常情况。

无损连接性和函数依赖保持性是两个相互独立的标准。具有无损连接性的分解不一定具有函数依赖保持性。同样，具有函数依赖保持性的分解也不一定具有无损连接性。

规范化理论提供了一套完整的模式分解方法，按照这套方法可以做到：如果要求分解既具有无损连接性，又具有函数依赖保持性，则分解一定能够达到 3NF，但不一定能够达到 BCNF。所以在 3NF 的规范化中，既要检查分解是否具有无损连接性，又要检查分解是否具有函数依赖保持性。只有这两条都满足，才能保证分解的正确性和有效性，才能既不会发生信息丢失，又保证关系中的数据满足完整性约束。

8.3.2 关系代数理论

关系模型中的关系操作通常采用集合的操作方式，即操作的对象和结果都是集合，这种操作方式也称为"一次一集合"(set-at-a-time)的方式，与之相对应，一些非关系数据模型的数据操作可能采用"一次一记录"(record-at-a-time)的方式。

关系操作的数学理论基础是关系代数和关系演算。关系代数用对关系的运算来表达查询要求，而关系演算则是用谓词来表达查询要求。关系演算又可按谓词变元的基本对象分为元组关系演算和域关系演算。关系代数、元组关系演算和域关系演算 3 种运算语言在表达能力上是等价的。

(1) 关系代数的分类及其运算符

关系代数是一种抽象的查询语言，是关系数据操纵语言的一种传统表达方式，它是由关系的运算来表达查询的。它是由 IBM 在一个实验性的系统上实现的一种语言，称为

ISBL(Information System Base Language)语言。ISBL 的每个语句都类似于一个关系代数表达式。

任何一种运算都是将一定的运算符作用于一定的运算对象上,得到预期的运算结果。所以,运算对象、运算符、运算结果是运算的 3 大要素。

关系代数的运算对象是关系,运算结果也是关系。关系代数用到的运算符主要包括以下 4 类:

①集合运算符　包括∪(并),-(差),∩(交),×(笛卡尔积)。

②专门的关系运算符　包括σ(选择),∏(投影),∞(连接),*(自然连接),÷(除)。

③算术比较运算符　包括>(大于),≥(大于或等于),<(小于),≤(小于或等于),=(等于),≠(不等于)。

④逻辑运算符　包括∧(与),∨(或),¬(非)。

算术比较运算符和逻辑运算符是用来辅助专门的关系运算符的,所以关系代数的运算按运算符的不同主要分为以下两类:

①传统的集合运算　该类运算把关系看成元组的集合,以元组作为集合中的元素来进行运算,其运算是从关系的"水平"方向即行的角度进行的。它包括并、差、交和笛卡尔积等运算。

②专门的关系运算　该类运算不仅涉及行运算,也涉及列运算,这种运算是为数据库的应用而引进的特殊运算。它包括选择、投影、连接和除法等运算。

从关系代数完备性角度看,关系代数分为:

①5 种基本操作　并、差、积、选择、投影,构成关系代数完备的操作集。

②其他非基本操作　可用以上 5 种基本操作合成的所有其他操作。

(2) 传统的集合运算

对两个关系进行的传统的集合运算是二目运算,它是在两个关系中进行的。但是,并不是任意的两个关系都能进行这种集合运算,而是要在两个满足一定条件的关系中进行运算。

设给定两个关系 R、S,若满足:①具有相同的度 n;②R 中第 i 个属性和 S 中第 i 个属性必须来自同一个域(列同质)。则说关系 R、S 是相容的。

除笛卡儿积运算外,其他的集合运算要求参加运算的关系必须满足上述的相容性定义。

集合运算共包括以下 4 种:

①并(Union)　关系 R 和关系 S 的并由属于 R 或属于 S 的元组组成,即 R 和 S 的所有元组合并,删去重复元组,组成一个新关系,其结果仍为 n 目关系。记作:

$$R \cup S = \{t \mid t \in R \vee t \in S\}$$

上式中,"∪"为并运算符,t 为元组变量,"∨"为逻辑或运算符。

对于关系数据库,记录的插入和添加可通过并运算实现。

②差(Difference)　关系 R 与关系 S 的差由属于 R 而不属于 S 的所有元组组成,即 R 中删去与 S 中相同的元组,组成一个新关系,其结果仍为 n 目关系。记作:

$$R-S = \{t \mid t \in R \wedge \neg\, t \in S\}$$

上式中,"-"为差运算符,t 为元组变量,"$\wedge$"为逻辑与运算符,"$\neg$"为逻辑非运算符。

通过差运算,可实现关系数据库记录的删除。

③交(Intersection) 关系 R 与关系 S 的交由既属于 R 又属于 S 的元组(即 R 与 S 中相同的元组)组成一个新关系,其结果仍为 n 目关系。记作:

$$R \cap S = \{t \mid t \in R \wedge t \in S\}$$

上式中,"$\cap$"为交运算符,t 为元组变量,"$\wedge$"为逻辑与运算符。

如果两个关系没有相同的元组,那么它们的交为空。

两个关系的并和差运算为基本运算(即不能用其他运算表达的运算),而交运算为非基本运算,交运算可以用差运算来表示:

$$R \cap S = R - (R - S)$$

④广义笛卡尔积(Extended Cartesian Product) 两个分别为 n 目和 m 目的关系 R 和 S 的广义笛卡尔积是一个($n+m$)列的元组的集合,元组的前 n 列是关系 R 的一个元组,后 m 列是关系 S 的一个元组。若 R 有 k_1 个元组,S 有 k_2 个元组,则关系 R 和关系 S 的广义笛卡尔积有 $k_1 \times k_2$ 个元组,记作:

$$R \times S = \{t_r \frown t_s \mid t_r \in R \wedge t_s \in S\}$$

关系的广义笛卡儿积可用于两关系的连接操作。

(3)专门的关系运算

由于传统的集合运算,只是从行的角度进行,而要灵活地实现关系数据库多样的查询操作,必须引入专门的关系运算。

在讲专门的关系运算之前,为叙述上的方便先引入几个概念。

①设关系模式为 $R(A_1, A_2, \cdots, A_n)$,它的一个关系为 R。$t \in R$ 表示 t 是 R 的一个元组,$t[A_i]$ 表示元组 t 中相对于属性 A_i 的一个分量。

②若 $A = \{A_{i1}, A_{i2}, \cdots, A_{ik}\}$,其中 $A_{i1}, A_{i2}, \cdots, A_{ik}$ 是 $A_1, A_2, \cdots, A_n$ 中的一部分,则 A 称为属性列或域列,$\bar{A}$ 则表示 $\{A_1, A_2, \cdots, A_n\}$ 中去掉 $\{A_{i1}, A_{i2}, \cdots, A_{ik}\}$ 后剩余的属性组。$t[A] = \{t[A_{i1}], t[A_{i2}], \cdots, t[A_{ik}]\}$ 表示元组 t 在属性列 A 上各分量的集合。

③R 为 n 目关系,S 为 m 目关系,$t_r \in R$,$t_s \in S$。$t_r \frown t_s$ 称为元组的连接(Concatenation),它是一个 $n+m$ 列的元组,前 n 个分量为 R 的一个 n 元组,后 m 个分量为 S 中的一个 m 元组。

④给定一个关系 $R(X, Z)$,X 和 Z 为属性组,定义当 $t[X] = x$ 时,x 在 R 中的像集(Image Set)为:

$$Z_x = \{t[Z] \mid t \in R, t[X] = x\}$$

它表示 R 中的属性组 X 上值为 x 的各元组在 Z 上分量的集合。

接下来讲解专门的关系运算。

①选取(Selection)运算 是单目运算,是根据一定的条件在给定的关系 R 中选择若干个元组,组成一个新关系,记作:

$$\sigma_F(R) = \{t \mid t \in R \wedge F(t) = \text{'真'}\}$$

式中,σ 为选取运算符;F 为选取的条件,它是由运算对象(属性名、常数、简单函数)、算术比较运算符($>$、$\geq$、$<$、$\leq$、$=$、$\neq$)和逻辑运算符($\vee$、$\wedge$、$\neg$)连接起来的逻辑表达式,结果为逻辑值"真"或"假"。

选取运算实际上是从关系 R 中选取使逻辑表达式 F 为真的元组,是从行的角度进行的运算。

②投影(Projection)运算　也是单目运算,关系 R 上的投影是从 R 中选择出若干属性列,组成新的关系,即对关系在垂直方向进行的运算,从左到右按照指定的若干属性及顺序取出相应列,删去重复元组。记作:

$$\Pi_A(R) = \{t[A] \mid t \in R\}$$

式中,A 为 R 中的属性列,Π 为投影运算符。

从其定义可看出,投影运算是从列的角度进行的运算,这正是选取运算和投影运算的区别所在。选取运算是从关系的水平方向上进行运算的,而投影运算则是从关系的垂直方向上进行的。

③连接(Join)运算　是二目运算,是从两个关系的笛卡尔积中选取满足连接条件的元组,组成新的关系。

设有两个关系 $R(A_1, A_2, \cdots, A_n)$ 及 $S(B_1, B_2, \cdots, B_m)$,连接属性集 X 包含于$\{A_1, A_2, \cdots, A_n\}$,$Y$ 包含于$\{B_1, B_2, \cdots, B_m\}$,$X$ 与 Y 中属性列数目相等,且对应属性有共同的域。若 $Z=\{A_1, A_2, \cdots, A_n\}/X$("/X"表示去掉 X 之外的属性)及 $W=\{B_1, B_2, \cdots, B_m\}/Y$,则 R 及 S 可表示为 $R(Z, X)$,$S(W, Y)$;关系 R 和 S 在连接属性 X 和 Y 上的连接,就是在 $R \times S$ 笛卡尔积中,选取 X 属性列上的分量与 Y 属性列上的分量满足 θ 比较条件的那些元组,也就是在 $R \times S$ 上选取在连接属性 X、Y 上满足 θ 条件的子集组成新的关系。新关系的度为 $n+m$,记作:

$$R \underset{X\theta Y}{\infty} S = \{t_r \frown t_s \mid t_r \in R \wedge t_s \in S \wedge t_r[X]\theta t_s[Y] \text{为真}\}$$

式中,∞ 为连接运算符;θ 为算术比较运算符,也称 θ 连接。

$X\theta Y$ 为连接条件,其中:θ 为"$=$"时,称为等值连接;θ 为"$<$"时,称为小于连接;θ 为"$>$"时,称为大于连接。

连接运算为非基本运算,可以用选取运算和广义笛卡尔积运算来表示:

$$R \infty S = \sigma_{x\theta y}(R \times S)$$

在连接运算中,一种最常用的连接是自然连接。所谓自然连接就是在等值连接的情况下,当连接属性 X 与 Y 具有相同属性组时,把在连接结果中重复的属性列去掉。即如果 R 与 S 具有相同的属性组 Y,则自然连接可记作:

$$R * S = \{t_r \frown t_s \mid t_r \in R \wedge t_s \in S \wedge t_r[Y] = t_s[Y]\}$$

自然连接是在广义笛卡尔积 $R \times S$ 中选出同名属性上符合相等条件的元组,再进行投影,去掉重复的同名属性,组成新的关系。

等值连接与自然连接的区别是:

- 等值连接中不要求相等属性值的属性名相同,而自然连接要求相等属性值的属性名必须相同,即两关系只有同名属性才能进行自然连接。
- 在连接结果中,等值连接不将重复属性去掉,而自然连接去掉重复属性,也可以说,自然连接是去掉重复列的等值连接。

④除法(Division)运算　是二目运算，设有关系 $R(X, Y)$ 与关系 $S(Y, Z)$，其中 X、Y、Z 为属性集合，R 中的 Y 与 S 中的 Y 可以有不同的属性名，但对应属性必须出自相同的域。关系 R 除以关系 S 所得的商是一个新关系 $P(X)$，P 是 R 中满足下列条件的元组在 X 上的投影：元组在 X 上分量值 x 的像集 Y_x 包含 S 在 Y 上投影的集合。记作：

$$R \div S = \{t_r[X] \mid t_r \in R \land \Pi_Y(S) \subseteq Y_x\}$$

式中，Y_x 为 x 在 R 中的像集，$x = t_r[X]$。

除法运算同时从行和列的角度进行运算，适合于包含"全部"之类的短语的查询。

8.3.3　把概念数据模型转换为关系模型

8.3.3.1　逻辑结构设计的任务和步骤

概念结构设计阶段得到的 E-R 模型是基于用户需求的模型，它独立于任何一个具体的 DBMS。数据库逻辑设计的任务是将概念模型转换成特定 DBMS 所支持的数据库模型的过程。从逻辑设计开始，便进入了实现设计阶段，需要考虑具体 DBMS 及其对应数据库模型的特点。

从 E-R 图所表示的概念模型可以转换成任何一种具体的 DBMS 所支持的数据库模型，如网状模型、层次模型、关系模型、文档模型或图模型。这里只讨论关系数据库的逻辑设计问题，所以只介绍 E-R 图如何向关系模型进行转换。

一般的逻辑结构设计分为以下 3 步(图 8-8)：①初始关系模式设计；②关系模式规范化；③模式的评价与改进。

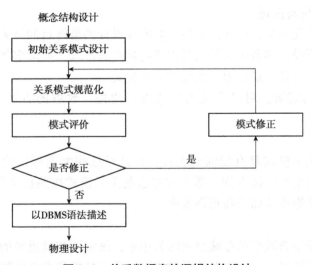

图 8-8　关系数据库的逻辑结构设计

8.3.3.2　初始关系模式设计

概念设计中得到的 E-R 图是由实体、属性和联系组成的，而关系数据库逻辑设计的结果是一组关系模式的集合。所以将 E-R 图转换为关系模型实际上就是将实体、属性和联系转换成关系模式。在转换中要遵循以下原则：

①一个实体转换为一个关系模式，实体的属性就是关系的属性，实体的键就是关系的键。

②一个联系转换为一个关系模式,与该联系相连的各实体的键以及联系的属性均转换为该关系的属性。该关系的键有 3 种情况:a. 如果联系为 $1:1$,则每个实体的键都是关系的候选键;b. 如果联系为 $1:n$,则 n 端实体的键是关系的键;c. 如果联系为 $n:m$,则各实体键的组合是关系的键。

8.3.3.3 关系模式规范化

应用规范化理论对上述产生的关系逻辑模式进行初步优化,以减少乃至消除关系模式中存在的各种异常,改善完整性、一致性和存储效率。规范化过程可分为两个步骤:确定范式级别和实施规范化处理。

(1) 确定范式级别

考察关系模式的函数依赖关系,确定范式等级。逐一分析各关系模式,考察是否存在部分函数依赖、传递函数依赖、多值依赖等,确定它们分别属于第几范式。

(2) 实施规范化处理

确定范式级别后,利用规范化理论,逐一考察各个关系模式,根据应用要求,判断它们是否满足规范要求,可用已经介绍过的规范化方法和理论将关系模式规范化。

规范化理论在关系数据库的概念设计与逻辑设计中都可以使用:

①在概念结构设计阶段,以规范化理论为指导,确定关系键,消除初步 E-R 图中冗余的联系。

②在逻辑结构设计阶段,从 E-R 图向数据模型转换过程中,用模式合并与分解方法达到规范化级别。

8.3.3.4 模式的评价与改进

关系模式的规范化不是目的而是手段,数据库设计的最终目的是满足应用需求。模式评价的目的是检查所设计的数据库模式是否满足用户的需求,并确定加以改进的部分,经过反复多次的尝试和比较,最后得到优化的关系模式。

根据模式评价的结果,对已生成的模式进行改进。改进的方法主要包括合并与分解等。

(1) 合并

如果有若干个关系模式具有相同的主键,并且对这些关系模式的处理主要是查询操作,而且经常是多关系的连接查询,那么可对这些关系模式按照组合使用频率进行合并。这样便可以减少连接操作从而提高查询效率。

(2) 分解

为了提高数据操作的效率和存储空间的利用率,最常用和最重要的模式优化方法就是分解,根据应用的不同要求,可以对关系模式进行垂直分解和水平分解。

水平分解是把关系的元组分为若干个子集合,定义每个子集合为一个子关系。对于经常进行大量数据的分类条件查询的关系,可进行水平分解,这样可以减少应用系统每次查询需要访问的记录数,从而提高了查询性能。

垂直分解是把关系模式的属性分解为若干个子集合,形成若干个子关系模式。垂直分解的原则是把经常一起使用的属性分解出来,形成一个子关系模式。垂直分解可以提高某些事务的效率,但也有可能使另一些事务不得不执行连接操作,从而降低了效率。因此,是否要进行垂直分解要看分解后的所有事务的总效率是否得到了提高。垂直分解要保证分解后的关系具有无损连接性和函数依赖保持性。相关的分解算法已经在 8.3.1 进行了介绍。

经过多次的模式评价和模式改进之后，最终的数据库模式得以确定。下一步就可以开始进行数据库物理设计及相关的应用程序设计了。

8.3.4 项目实践讲解（二）：数据库课程网站（niepub.com）的数据库逻辑设计

概念结构设计阶段得到的 E-R 模型是基于用户需求的数据模型，它不依赖任何数据库模型理论，也独立于任何一个具体的 DBMS。为了建立用户所要求的数据库，需要把概念模型转换为某个具体的数据库模型理论所支持的逻辑数据模型。数据库逻辑设计的任务是将概念模型转换成特定数据库模型（如关系模型）所支持的数据模型的过程。

而数据库的物理设计阶段，则需要考虑具体的 DBMS 的性能和数据模型特点。需要根据逻辑设计结果（如图 8-9 的案例关系数据模型图）转换成任何一种具体的 DBMS 所支持的物理模型。

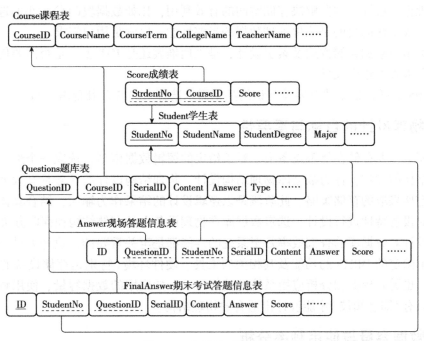

图 8-9 案例关系数据模型

本节只讨论关系数据库的逻辑设计问题，所以只介绍 E-R 图如何向关系模型进行转换，为了方便读者理解，在 8.2.5 得到的概念模型中选取向关系模型转换作为案例进行讲解。

本案例选取学生答题的场景进行讲解。

首先，根据本章介绍的转换原则进行 E-R 图转换，将 8.2.5 中得到的 E-R 模型（图 8-5）中涉及的 6 个实体分别转换成 6 个关系模式（Relation Schema），其中，下划线表示主键。

① 学生（学号、姓名、年级、专业）。

②课程(课程编号、课程名称、课程学期、开课院系、授课教师)。
③题库(题目编号、章节编号、题目内容、题目答案、题目类型)。
④现场答题信息(提交序号、学号、题目编号、章节编号、答案、得分)。
⑤期末考试答题信息(提交序号、学号、题目编号、章节编号、答案、得分)。
⑥学生成绩(学号、课程编号、成绩)。

根据以上关系模式，我们可以得到关系数据模型图，其中实线下划线字段为主键，虚线下划线为外键，如图8-9所示。

后面还可以根据实际业务需求，通过其他分解手段，进一步改进上述关系模式。

8.4 关系数据库的物理设计

数据库物理设计主要包括如下内容：
①数据容量和使用频率分析，采用综合用量图来分析和描述数据库性能需求。
②字段设计，主要是设计各字段的数据类型及其数据完整性控制。
③物理记录设计，主要解决存储空间的有效利用，比如数据块(页)大小的选择等。
④反向规范化的目的是确保处理数据的足够性能，以满足用户需求。
⑤表类型与数据存储方式及索引设计，是采用堆表还是 IOT 表，是否需要使用分区表等，对部分大表作索引设计。
⑥DBMS 选择，根据数据容量与访问频率需求选择 DBMS 及其部署环境。

8.4.1 物理设计的目标与重要性

数据库最终要存储在物理设备上。对于给定的逻辑数据模型，选取一个最适合应用环境的物理结构的过程，称为数据库物理结构设计。物理结构设计的任务是有效地实现逻辑模式，确定所采取的存储策略。此阶段是以逻辑设计的结果作为输入，结合具体 DBMS 的特点与存储设备特性进行设计，选定数据库在物理设备上的存储结构和存取方法。

物理设计对数据库的查询效率乃至系统的性能都是至关重要的，设计人员一方面，必须深入了解给定的 DBMS 的功能及其相关的工具、硬件环境(特别是存储设备的特征)等；另一方面，也需要挖掘和分析应用系统的性能需求，如应用的数据容量、使用频率和响应时间等，只有"知己知彼"才能设计出适合的物理结构。

8.4.2 数据容量与使用频率分析

预估数据库的数据容量与访问频率是为了更好地了解数据库的性能问题及其关键点，例如通过对数据库对象访问频率的分析可以找出那些有大量并发或循环使用的关系表，这些表的访问性能优化是物理设计的关键任务之一。另外，在可预见的时间内会积攒大量数据记录的大表(数据容量大)也是物理设计需要重点关注的。

因此，数据容量与使用频度的统计分析是物理设计的关键的第一步，有利于估计数据库大小和使用模式。可以采用如下步骤进行统计分析：
①使用事务/表交叉引用矩阵，分析系统内重要事务对各基表的访问情况，确定事务

访问哪些基本表，对哪些基本表执行了何种操作，并进一步分析各操作涉及的基本属性表。具体操作包括：将所有事务路径映射到表中，确定哪些表最常被事务访问，分析选出的包含了这些表的事务。

②估计各事务的执行频率（单位时间内事务的执行次数），分析事务中的每个数据访问操作对各个基表的相关属性的操作频率。

③对每张基本表，汇总所有作用于该表的各事务的操作频率信息，得到该表是否被频繁访问、该表中哪些属性列的访问频率较高和作用于这些属性上的操作类型和查询条件类型。

根据事务数据访问特性分析结果，可以将基本表设计成更为有效的文件组织和索引方式。

8.4.3 字段设计及其数据类型选择

字段（属性域）是数据库数据的最小单元，其设计主要包括：

①数据类型的选择（各 RDBMS 有差异）　数字 number/integer/demical、字符 varchar/char、日期 date/timestamp 等。

②字段编码　如性别采用编码 M/F，再映射到中文的"男/女"或英文的"Male/Female"，还有对某些字段需要做压缩或加密等设计。

③数据完整性　主要是指如下几种属性的约束，在不同的数据库场景（如分布式、单机、高并发、OLTP/OLAP 等），其控制方式不同。例如，传统的单机数据库环境通常都是在数据库层进行数据完整性控制，但在分布式环境下可能在代码层做完整性控制。数据完整性控制包括：参照完整性约束（Referential Integrity）、空值约束（Null/not Null）、缺省值（Default Value）、范围限制（Check）。

④主键设置的建议　包括最好使用自增长，这样插入的数据就总是在最后，而且是顺序的；不要使用 UUID，这样顺序是随机的；不要使用和业务相关的，因为与业务相关意味着会被更新，将面临一次删除和重新插入等问题。

8.4.4 物理记录设计与数据块大小选择

物理记录设计是指物理记录如何在数据块/页中存储，主要解决存储空间的有效利用问题。所谓"物理记录"是指存储在相邻位置，并作为一个单元一起获取的数据记录的全部或部分字段组。物理记录是存储在数据块/页中的，每个数据块/页存放的物理记录数称为块化因子（Blocking Factor）。

数据库中的数据是按数据块/页在内存和磁盘之间移动的，数据库中的数据块可以分布在不同的磁盘上，便于并行处理数据，通过磁盘控制器平衡 I/O。块的大小一般为 2~32 KB，不同的 RDBMS 其数据块的缺省大小不同，例如，Oracle 缺省为 8 KB，MySQL 缺省为 16 KB，但允许用户根据需要为某特定数据库应用指定其数据块/页的大小。是否正确设置了数据块/页的大小会显著影响有关数据库的查询性能，具体来说，数据块/页的大小对性能有如下几方面的影响：

①块争夺　块越小，争夺越少。

②随机访问一行的速度　块越小,访问速度越快。
③顺序访问行(表扫描)速度　块越大,访问速度越快。
④行大小(所有字段长度合计)　块大小最好与行大小(或其整数倍)匹配。
⑤日常开支　小块比大块产生更多开销。

因此,总的来说,在线事务处理应用(OLTP)通常采用相对较小的数据块/页,数据仓库或决策支持应用(OLAP)相对用较大的数据块/页。

8.4.5　反向规范化与性能目标

反向规范化(Denormalization)是指为了满足性能需求,将规范化的关系模型转换为特定的非规范化的物理记录的过程。反向规范化的目的是通过减少表的访问次数(如减少表连接数)来提高访问性能,但会多占用存储空间、破坏数据完整性和一致性,因此,要针对实际问题考虑"两害相权取其轻"。

根据性能需要,可以针对如下关系模式进行反向规范化:①一对一的关系;②带属性的多对多关系;③基于主外键的一对多的引用关系(即将主从表变成单表)。

反向规范化是经验性的,是为了达到性能目标而迫不得已的办法,应用时有如下的建议:

①反向规范化有助于系统地增加数据库冗余(双保险)。
②反向规范化通常能显著地提高某些类型的数据访问。
③反向规范化通常会减少数据完整性设计,需要通过其他方法(如业务逻辑层的附加代码)来确保数据完整性,比如逻辑外键(不绑定)。
④设计的概念模型总是规范化的。反向规范化是物理设计期间为提高性能的最后选项,即从不认为反向规范化是必须的,但为达到性能目标,在物理设计期间反向规范化却是应该做。
⑤在其他办法失效的情况下用之改善性能,性能目标达到要求后,一般不建议做进一步的反向规范化。

8.4.6　数据存储方式的设计与选择

8.4.6.1　非分区表

非分区表主要分为3类,即堆组织表(Heap Organized Table)、索引组织表(Index Organized Table)和聚簇表(Cluster Table)。Oracle 对3类非分区表都支持,默认建表是堆组织表;SQL Server、PostgreSQL 等也都支持堆组织表;MySQL 的 Innodb 引擎支持索引组织表。

(1)堆组织表

堆组织表是无序的集合存储,表和主键索引是两个独立的数据库对象,存储在不同的段(Segment),创建的主键索引叶节点存储 Rowid,查找的时候先找索引,然后根据索引 Rowid 找到行数据。插入和更新快,但结果是无序的。

堆组织表是按插入顺序随机存取的,也就是插入行时首先在高水位线(High-Water Mark,HWM)以下寻找能完全容纳的空位存放,如果没有合适位置,则会在 HWM 线上存放。

堆组织表具有如下特点：①从数据页读取数据时，需要通过主键索引 Rowid 来找页号和记录；②数据存储没有任何的顺序；③数据页之间没有相互链接。

(2) 索引组织表

索引组织表(Index Organized Table，IOT)使用 B 树索引结构存储记录。逻辑上按照主键排序，主键索引和表合二为一通过主键访问。在索引组织表中，行数据是和主键索引存放在一起的。因此，该表适用于经常检索主键的情况。每一个 B 树索引里的记录含有其他非索引列的数据，因此可以减少存储，也可以减少 I/O。对索引组织表做 DML 操作的时候，等同于对索引做操作，它在插入的过程中需要进行定位，找到指定的叶块，然后插入数据。在某些极端情况下，它可能还要进行分块、分枝的操作，所以 DML 操作相对于堆组织表来说要慢，不适合用于频繁更新的表。

(3) 聚簇表

聚簇表就是一组具备公共列(簇键)的表。如果一组表有一些共同的列，则将这样一组表存储在相同的数据库块中。聚簇还表示把相关的数据存储在同一个块上。利用聚簇，一个块可能包含多个表的数据。概念上就是如果两个或多个表经常做连接操作，那么可以把需要的数据预先存储在一起。聚簇还可以用于单个表，可以按某个列将数据分组存储。

8.4.6.2 分区表

在数据库设计和管理过程中，分区表已经成为数据组织和管理的一个重要的工具。分区表指根据一定的规则，将一张大表(或索引)按照一定的方式，拆分为多个子表(或子索引)的一种表结构。这些子表(或子索引)之间互相独立，可以单独维护。使用分区表可以有效地提高数据库查询性能，避免数据量过大导致的查询效率低下的问题。

在出现下列一种或多种情况时，可以考虑选择分区表：①对于数据量大的表，如表的数据量大于 2 GB；②较少的分区管理开销能够得到很好的性能提升；③数据的访问与时间有相关性；④经常需要将过期数据从数据库中移除。

分区表的分区主要有以下 4 种类型：

①Range 分区 范围分区根据数据库表中某一字段的值的范围来划分分区。

②List 分区 列表分区明确指定了根据某字段的某个具体值进行分区，而不是像范围分区那样根据字段的值范围来划分的。

③Hash 分区 Hash 分区根据字段的 Hash 值进行均匀分布，尽可能地实现各分区所散列的数据相等。

④复合分区 有时根据范围分区后，每个分区内的数据再散列地分布在几个表空间中，这样就要使用复合分区。这时的复合分区是先使用范围分区，然后在每个分区中再使用散列分区。复合分区还可以有 Range-Range、List-Range、List-Hash 和 List-List 等类型。

8.4.7 索引设计原则

5.2.1 对索引的原理、分类及其对数据库优化的影响等做了详细的介绍，本节主要介绍与数据库物理设计相关的索引设计原则等内容。

索引是用来加快数据访问的，如果索引设计得不合适或不合理，会极大程度上影响数据库的性能。因此，在进行索引设计时需要考虑以下设计原则：

(1) 选择唯一性索引

唯一性索引的值是唯一的，可以通过该索引更快速地确定某条记录。例如，学生学号是唯一的，而如果使用学生姓名，可能存在同名现象，从而降低查询速度。

(2) 为经常用作查询条件的字段建立索引

如果某个字段经常用来做查询条件(即出现在 WHERE 子句中的列)，那么该字段的查询速度会影响整个表的查询速度。因此，为这样的字段建立索引可以提高整个表的查询速度。

(3) 为经常需要排序、分组和联合操作的字段建立索引

排序操作会浪费很多时间，如果为其建立索引，可以有效地避免排序操作。因此，为经常需要 order by、group by、distinct 和 union 等操作的字段建立索引。

(4) 小表不建议索引

通常为超过 200W 数据的表建立索引，但包含大量的列并且不需要搜索非空值的时候可以考虑不建索引。

(5) 尽量使用数据量少的索引

如果索引的值很长，查询的速度会受到影响。例如，对一个 char(100) 类型的字段进行全文检索需要的时间肯定比对 char(10) 类型的字段需要的时间多。

(6) 限制索引的数目

每个索引都需要占用磁盘空间，索引越多，需要的磁盘空间就越大。修改表时，对索引的重构和更新很麻烦，索引越多，更新表所需的时间越长。因此，并不是索引越多，效率越高。

(7) 选择经常被用来过滤记录的字段建立索引

对于主键字段，系统自动创建主键的索引；对于唯一键(Unique Key)字段，系统也会自动创建对应的索引；此外可以选择 Foreign Key 约束所定义的作为外键的字段和在查询中用来连接表的字段建立索引。

(8) 索引的创建必须考虑数据的操作方式

对于内容很少变动、经常被查询的表，可以为它多创建几个索引；而对于经常性、例行性变动的表，则需要谨慎地创建确实必要的索引。

(9) 尽量使用前缀索引

如果索引字段的值很长，最好使用值的前缀来索引。如 text 和 blog 类型的字段，进行全文检索会浪费时间，因为它本身文本内容就占用了很大的空间，如果再创建索引，又会额外占用很多的空间，但如果只检索字段的前面的若干个字符，则可以提高检索速度。

(10) 删除不再使用或者很少使用的索引

表中数据被大量更新，或者数据的使用方式被改变后，原有的一些索引可能不再需要，数据库管理员应当定期找出并删除这些索引，从而减少索引对更新操作的影响。

(11) 不同类型的索引适合不同的应用场景

从应用场景来看，OLTP 通常较多使用 B 树索引；而 OLAP 则会使用位图索引，甚至全表扫描。

8.4.8　数据库体系结构的选择与匹配

物理设计还包括选择合适的 DBMS，不同的 DBMS 有不同的设计思想与适应范围。例如，对于比较常见的 DBMS，我们可以根据其以下特点进行选择：

① 选择商业数据库还是开源数据库，商业数据库需要考虑版权，因此小型应用项目及大型互联网项目往往优先考虑开源数据库。

② 选择本地部署的数据库环境还是云原生的数据库平台。

③ 选择不同操作系统运行的数据库。一般来说，MS SQL Server 会选择在 Windows 下使用，而其他数据库系统通常是部署并运行在 Linux/Unix 环境下。

8.4.9　项目实践讲解(三)：数据库课程网站(niepub.com)的数据库物理设计

完成 8.3.4 的逻辑设计后，本节将对数据库课程网站(niepub.com)的物理设计作讲解。在本案例中，采用 MySQL InnoDB 数据库存储引擎作为数据存储的平台，并以此平台为基础进行物理设计。首先，在进行数据库物理设计时，需要考虑数据的容量和访问效率；其次，需要进行反向规范化的操作，进行表合并，将一些常用的数据进行冗余存储，以减少数据的查询次数，提高系统的响应速度；最后，对表进行数据存储方式的设计与选择，并设计合理的索引，以加快数据的查询速度。实现这些物理设计，可提高数据库的性能和可靠性，为用户提供更好的使用体验。

(1) 数据容量和使用频率分析

在进行数据库物理设计时，数据容量与使用频率的统计分析是关键的第一步。通过对数据库的使用情况进行统计分析，可以更好地估计数据库的大小和使用模式，从而为后续的物理设计提供有力的依据。下面以数据库课程网站为例，对其数据容量与使用频率进行统计分析。

首先对数据容量进行分析，如图 8-10 所示，假设学生表(Student)共有 10 000 条记录，通过对这些表的统计分析和实体间的关系分析，可得出课程表(Course)共有 2000 条记录，题库表(Questions)共有 50 000 条记录，现场答题信息表(Answer)共有 50 000 000 条记录，期末考试答题信息表(FinalAnswer)共有 20 000 000 条记录，学生成绩表(Score)共有 200 000 条记录。

再对这些表的使用频率进行统计分析。数据库课程网站的综合用量图如图 8-10 所示。以成绩表为例，对成绩表共有 2000 次访问，其中 1000 次是直接对成绩表的访问，500 次是来自课程表的访问，500 次是来自学生表的访问。如果将访问频率关联需求进行分析，可以得到，对于成绩表的 1000 次直接访问中，有 600 次对课程表进行访问；课程表中有 150 次对学生表和 400 次对题库表的访问，以此类推，依次根据实体之间的关系进行访问。

通过对这些表的使用频率进行统计分析，可以发现学生成绩表的使用频率较高，需要进行优化；现场答题信息表的使用频率较高且数据记录数较多，也需要重点优化；而期末考试答题信息表虽然使用频率不高，但数据记录多且应用场景非常重要，也是重点优化对象。基

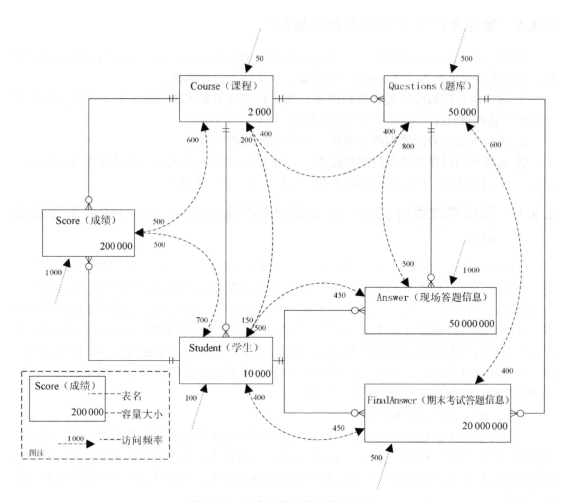

图 8-10　综合用量与访问频率示意

于以上分析，可以有针对性地进行数据库的物理设计，以提高数据库的性能和可靠性。

(2) 字段设计及其数据类型的选择

经 8.3.4 由 E-R 模型得到关系模式并且进行适当的调整后，结合在 8.2.5 中需求表述中数据字典包含的数据项信息，得到数据库的表结构，设计各个数据表的表结构，包括表名、表中各列的字段名、数据类型、数据长度、表的主键和外键等。

需要注意的是，为了保证系统的统一性，提高系统的可靠性和可维护性及编程引用的便利性，表名和字段名的命名上要遵循一定的规范。具体来说，表名和字段名的命名应该由表名的英文含义的词语为主或以其缩写字母构成，同时要为各个表名和字段名作出完整的中文文档说明。例如，对于学生表，可以将其表名命名为"Student"，并设置主键为学号 (studentno)。对于其他字段名的命名，可将学生姓名命名为"studentname"，将学生年级命名为"studentgrade"，将学生专业命名为"major"等。

表 8-3 至表 8-6 给出了数据库课程网站中的部分数据表的表结构。本节案例的表格及代码的环境均以 MySQL 8 InnoDB 数据库引擎环境为例。

表 8-3　课程信息

字段名	类型	主键/外键	是否为空	缺省值	描述
courseid	Int	主键	否	-	
coursename	Varchar	-	否	-	
courseterm	Varchar	-	否	-	
collegename	Varchar	-	是	-	
finalexamsecond	Int	-	是	2400	
perscore	Decimal	-	是	1.50	
timescore	Decimal	-	是	0.50	
teachername	Varchar	-	是	-	
create_date	Timestamp	-	是	CURRENT_TIMESTAMP	创建时间
……	……	……	……	……	……

表 8-4　学生信息

字段名	类型	主键/外键	是否为空	缺省值	描述
studentid	Int	主键	否	-	自增长学生 ID
studentno	Varchar	-	否	-	学生学号
studentname	Varchar	-	否	-	学生姓名
studentdegree	Varchar	-	是	-	学生年级
major	Varchar	-	是	-	学生专业
gender	Varchar	-	是	-	学生性别
department	Varchar	-	是	-	学生院系
studentqq	Varchar	-	是	-	学生 QQ 号
create_date	Timestamp	-	是	CURRENT_TIMESTAMP	记录创建时间
……	……	……	……	……	……

表 8-5　题库信息

字段名	类型	主键/外键	是否为空	缺省值	描述
questionid	Int	主键	否	-	
courseid	Int	外键	否	-	
qserial	Samllint	-	否	-	
qcontent	Varchar	-	否	-	
qanswer	Varchar	-	否	-	
qscore	Decimal	-	是	0.0	
qseconds	Samllint	-	是	300	
create_date	Timestamp	-	是	CURRENT_TIMESTAMP	创建时间
……	……	……	……	……	……

表 8-6 学生期末考试答题信息

字段名	类型	主键/外键	是否为空	缺省值	描述
id	Int	主键	否	—	
studentid	Int	外键	否	—	
questionid	Int	外键	否	—	
qserial	SmallInt	—	否	—	
studentanswer	Varchar	—	是	—	
score	Decimal	—	是	0.0	
status	Varchar	—	是	ready	
create_date	Timestamp	—	是	CURRENT_TIMESTAMP	创建时间
……	……	……	……	……	……

（3）反向规范化

关系模式的规范化操作可以减少数据冗余，但在实际查询中，通常需要进行多次连接操作，从而影响查询速度。为了提高查询速度和应用性能，有时需要进行反向规范化操作来打破规范化规则。

反向规范化是将规范化的关系模型转换为特定的非规范化的物理记录，是规范化设计之后在物理设计阶段为了解决性能问题而执行的操作步骤。它的前提条件是所有的关系满足规范化设计，一般需要满足 3NF。在 8.2.5 中的概念模型向逻辑模型的转换中，得到的模式满足 3NF。下面将以 8.3.4 的关系模型为例，进行反向规范化操作示例。

关系模式规范化后，学生成绩表中不需要"学生姓名"字段，因为该字段可以通过学号在学生表中查询。假设需要查询某位同学的成绩，每次都要通过学生表来查询该同学的学号，并通过学号在成绩表中查询到成绩。显然，这个过程需要通过成绩表的外键学号进行连接，才能查询到最终成绩，这无疑增加了表的访问频率。

为了减少在此关系上的连接查询，可以将学生表和成绩表合并，即把成绩表中的字段当成冗余项加入学生表中，形成新的学生成绩表（Student_Score）并删除原来的成绩表来实现反向规范化。进行此操作以后，可以在一定程度上减少在此关系上的连接查询，从而提高数据库的性能。

（4）数据存储方式的设计与选择

由于一些表记录数庞大，需要进行存储方式的设计与选择，可以采用分区表或历史表的方式，例如，期末考试答题信息表的记录数达到千万级别，根据业务需求特点，采取历史表的存储方式，即将往年的历史数据存档到历史表 finalanswers_his 中，来确保当前表的业务查询等处理的速度。例如，将前几年的 18 599 595 条历史期末考试答题数据存入 finalanswers_his 中，仅将今年的 2180 条数据放到期末考试答题信息表中，以便快速查询到今年的考试信息。在一个实验用的数据库测试环境中，建立历史表后，当年考试信息的查询响应速度仅需 0.052 秒，如果不建历史表，将十多年的历史数据都放在同一个表里进行查询，则需要 18 秒，因此，简单地使用历史表处理就能有效地提升查询效率。

(5) 索引的设计

本网站的主要业务是学生选课、成绩及答题情况查询,此过程中访问最频繁的功能集中在学生学籍、成绩和历史答题情况的查询。考虑到期末考试答题信息表的历史数据达千万级,数据量庞大,查询效率较低,可以考虑建立特别索引。

例如,以下代码的功能是查询专业是计算机科学与技术的学生、答题的章节号为 304 的个数。

select count(*) from finalanswers_his f,students_score s
where f.studentno = s.studentno and qserial = '304' and s.major = '计算机科学与技术';

执行以上代码的响应时间是 18 秒。为了优化查询性能,可以考虑在 qserial(章节号)上建立索引:

create Index qserialindex on finalanswers_his(qserial)

建立索引后,再执行以上代码,响应时间为 0.019 秒,查询效率得到显著提高。

在索引设计中,需要考虑查询功能的特点,例如,查询的频率、查询的复杂度以及查询的条件等。此外,还需要权衡数据变更的因素,例如,数据的插入、更新和删除等操作对索引的影响。同时,整体数据量的大小和增长的可能也需要考虑,以确保索引的设计能够满足未来的需求。然而,最终的索引设计仍然需要以实际的性能需求为关键因素。在设计索引时,需要根据实际的查询需求和数据量大小等因素,选择合适的索引类型和索引字段,以提高查询效率。

思考题

1. 请说一说你对数据库设计的理解。
2. 关系数据库逻辑设计的任务与步骤是什么?
3. 数据库物理设计通常包括哪些工作?

第 9 章　关系数据库实现

本章将深入探讨关系数据库的相关实现技术 SQL 语言、过程化 SQL 编程以及不同数据库访问接口与应用开发的知识与实践。本章主要内容及学习重点包括：

①SQL 语言　SQL 语言是 RDBMS 中的核心查询和操作语言。本章将在 SQL 语言基本概念的基础上，对主流关系数据库管理系统 Oracle、MS SQL Server 和 MySQL 中使用的 SQL 语法进行对比讲解，以便更好地理解 SQL 语言及其在不同 RDBMS 中的语法差异。

②过程化 SQL 编程　使用过程化 SQL 编程，如存储过程、函数和触发器等，可以提高数据库操作的效率和灵活性。

③数据库访问接口　介绍不同宿主编程语言对应的数据库访问接口，如 Python 的数据库访问接口、Java 的 JDBC、微软开发平台的 ODBC/ADO/ADO.net 等，学习在各种宿主编程语言中连接和操作数据库的方法。

④实践应用　在第 8 章"项目实践讲解"的基础上，围绕数据库的实现进行进一步的实践讲解。

9.1　SQL 与过程化 SQL 介绍

9.1.1　结构化查询语言 SQL

9.1.1.1　SQL 语言的发展及标准化

SQL 语言是当前最为成功、应用最为广泛的关系数据库语言，最初由 Chamberlin 和 Boyce 于 1974 年提出，当时称为 SEQUEL(Structured English Query Language)。随后，IBM 公司对其进行了修改，将其用于 SYSTEM R 关系数据库系统中。1981 年，IBM 推出了商用关系数据库 SQL/DS，并将 SEQUEL 正式改名为 SQL。

由于 SQL 语言功能强大，简洁易用，得到了广泛的使用。美国国家标准化局 (American National Standard Institute，ANSI)和国际标准化组织(ISO)制定了 SQL 通用标准与准则的多个版本，如 SQL-92、SQL-99、SQL-2003、SQL-2011 等版本，国际标准化组织于 2023 年 6 月 1 日正式发布了最新 SQL 标准(ISO/IEC 9075：2023)。

9.1.1.2　SQL 语言的主要特点

SQL（Structured Query Language）作为一种描述性计算机语言，具有对数据库进行数据操纵、数据定义等多种功能。关于 SQL 语句在 RDBMS 数据库系统中的执行过程与运行原理，在第 5 章 5.1 有详细介绍，这里不再赘述。SQL 语言有以下几个特点。

①SQL 语言类似于英语的自然语言，简洁易用。

②SQL 语言是一种非过程语言，即用户只要提出"干什么"即可，不需要编写代码描述操作过程、指定数据的存取路径等。

③SQL 语言是一种面向集合的语言，每个命令的操作对象是一个或多个关系，结果也是一个关系。

④SQL 语言既是自含式语言，又是嵌入式语言；可独立使用，也可嵌入到宿主语言中。自含式语言可以独立使用交互命令，适用于终端用户、应用程序员和 DBA；嵌入式语言使其嵌入在高级语言中使用，供程序员开发应用程序。

SQL 语言功能极强，但语言十分简捷，完成核心功能只需要十几个单词，涵盖了数据查询(Query)、数据定义(Definition)、数据操纵(Manipulation)和数据控制(Control)与事务控制等数据库处理功能(表 9-1)。

表 9-1　SQL 语言的动词

SQL 功能	动词
数据查询(DQL)	SELECT
数据定义(DDL)	CREATE, DROP, ALTER, TRUNCATE
数据操纵(DML)	INSERT, UPDATE, DELETE
数据控制(DCL)/事务控制(TCL)	GRANT, REVOKE, COMMIT, ROLLBACK

9.1.2　SQL 语法比较

虽然 SQL 语法有国际标准，但各数据库厂商为了满足用户需求，会在标准 SQL 基础上做些扩展功能，例如，数据类型定义、内置函数与存储过程及语法扩展等都有差异。下面对 SQL Server、Oracle、MySQL 3 种数据库的部分 SQL 语法差异做了比较说明。

(1) 数据类型差异

SQL Server、Oracle 和 MySQL 3 种 DBMS 的主要数据类型差异见表 9-2。

表 9-2　SQL Server、Oracle 和 MySQL 数据类型差异

SQL Server	Oracle	MySQL
INTEGER	NUMBER(10)	INTEGER
SMALLINT	NUMBER(6)	SMALLINT
TINYINT	NUMBER(3)	TINYINT
DECIMAL(p, [q])	NUMBER(p, [q])	DECIMAL(p, [q])
NUMERIC(p, [q])	NUMBER(p, [q])	NUMERIC(p, [q])
REAL	FLOAT	REAL
FLOAT[(p)]	FLOAT[(p)]	FLOAT[(p)]

(续)

SQL Server	Oracle	MySQL
BIT	NUMBER(1)	BIT
CHAR(n)	CHAR(n)	CHAR(n)
VARCHAR(n)	VARCHAR2(n)	VARCHAR(n)
NCHAR(n)	NCHAR(n)	NCHAR(n)
NVARCHAR(n)	NVARCHAR2(n)	NVARCHAR(n)
TEXT	CLOB	TEXT/LONGTEXT
IMAGE	BLOB	BLOB/LongBlob
BINARY(n)	RAW(n), BLOB	BINARY(n)
VARBINARY(n)	RAW(n), BLOB	VARCHAR(n)
DATETIME	DATE (or TIMESTAMP)	DATETIME
SMALLDATETIME	DATE (with constraint)	DATETIME
TIMESTAMP	TIMESTAMP	DATETIME

(2) SQL Server、Oracle 和 MySQL 3 种关系数据库的 SQL 语法差异示例

① 获取查询的前 5 条数据。

SQL Server：SELECT TOP 5 * FROM Persons;

Oracle：SELECT * FROM Persons WHERE ROWNUM <= 5;

MySQL：SELECT * FROM Persons LIMIT 5;

② 复制表或表结构。

MySQL 拷贝表结构：CREATE TABLE newTable LIKE oldTable;--不能拷贝外键；

MySQL 同时拷贝结构和数据：ICREATE TABLE newTable SELECT * FROM oldTable;

Oracle 同时拷贝结构和数据：CREATE TABLE newTable as SELECT * FROM oldTable;

SQL Server 同时拷贝结构和数据：SELECT * INTO NewTable FROM ExistingTable;

③ 批量插入查询结果。

在 SQL Server 中，可以使用 SELECT INTO 子句：

SELECT cust _ first _ name, cust _ last _ name INTO contacts FROM customers

对于 Oracle 与 MySQL 数据库，使用 INSERT INTO 子句：

INSERT INTO contacts SELECT cust_first_name,cust_last_name FROM customers;

④有重复主键的批量插入方法。

在 MySQL 中，使用"重复键即更新"选项插入：

insert into courses (coursename,courseterm,teachername) values('课程1','2021-1','test')

on duplicate keyupdate teachername='聂';

在 SQL Server 中，采用条件判断方式实现：

if exists(select 1 from T where T.a='1001') update T set T.b=2 Where T.a='1001'

else insert into T(a,b) values('1001',2);

在 Oracle 中，使用 MERGE INTO 语句实现：

merge into 目标表 a using 源表 b on(a.条件字段1=b.条件字段1 and a.条件字段2=b.条件字段2……) when matched then update set a.更新字段=b.字段

when not matched then insert into a(c1,c2……) values(值1,值2……) ;

⑤相关更新(UPDATE)语句写法。
SQL Server：

UPDATE inventories SET quantity_on_hand = 0
FROM inventories i,product_information p
WHERE i.product_id = p.product_id and product_status='planned';

Oracle：

UPDATE inventories SET quantity_on_hand= 0
WHERE product_id IN (SELECT product_id
FROM product_information WHERE product_status = planned);

MySQL：

UPDATE items,month SET items.price = month.price WHERE items.id = month.id;

(3)运算符差异

SQL Server、Oracle 和 MySQL 运算符差异示例见表 9-3。

表 9-3 SQL Server、Oracle 和 MySQL 运算符差异示例

运算	SQL Server	Oracle	MySQL
数值比较	WHERE qty！< 100	WHERE qty >= 100	WHERE qty >= 100
空值比较	WHERE status is NULL	WHERE status IS NULL	WHERE status is NULL
字符串连接	SELECT fname+ " + lname	SELECT fname｜｜"｜｜lname	SELECT concat(fname, lname)

（4）内置函数比较

SQL Server、Oracle 和 MySQL 都有各自专用的内置函数，部分函数差异见表 9-4。

表 9-4 SQL Server、Oracle 和 MySQL 内置函数差异示例

内置函数	SQL Server	Oracle	MySQL
ascii 码值对应的字符	char(97, using ascii)	chr(97)	char(97)
检查表达式是否为 NULL	ifnull(qty, 0)	nvl(qty, 0)	isnull(qty, 0)
字符串长度	character_length( )	length( )	len( )
截取字符串	substr('string', fromstart_ posfor len)	substr('abc', start_pos, len)	SUBSTRING (<expression>, <starting _ pos>, length)
转换	convert(time, char)	To_char(time)	CONVERT( )/CAST( )

9.1.3 过程化 SQL：存储对象编程

过程化 SQL 对象（Stored Objects）分为以下几类：

（1）存储过程（Stored Procedure）

存储过程是存储在数据库中的一种编译对象。它是一组为了完成特定功能的 SQL 语句集，这些 SQL 语句集经编译后存储在数据库中，可以被客户机管理工具、应用程序和其他存储过程调用，同时可以传递参数。用户通过指定存储过程的名字并给出参数（如果该存储过程带有参数）来执行它。

（2）存储函数（Function）

函数是能够完成特定功能并返回处理结果的一组 SQL 语句，处理结果称为"返回值"，处理过程称为"函数体"。函数可以用来构造表达式，可以出现在 SELECT 语句的选择列表中，也可以出现在 WHERE 子句的条件中。DBMS 提供了许多系统内置函数，同时也允许用户根据需要自己定义函数。

DBMS 提供的常用的内置函数主要有以下几类：统计函数、算术函数、字符串函数、日期函数、转换函数和聚合函数等。

（3）触发器（Trigger）

触发器属于一种特殊的存储过程，可以在其中包含复杂的 SQL 语句。触发器与存储过程的区别在于触发器能够自动执行并且不含有参数。通常可以在触发器内编写一段自动执行的程序，用于保证数据操作的完整性，从而扩展了对默认值、约束和规则的完整性检查。对表进行包括添加数据、删除数据、更新数据中的一种或多种操作时，触发器就会自动执行。

(4) 其他存储对象

还有些特殊的存储对象，如 Oracle 匿名块、MySQL Event 等。

大型的关系数据库系统都在标准 SQL 的基础上，结合自身的特点推出了可以编程的、结构化的 SQL 编程语言。例如，SQL Server 的 Transact-SQL、Oracle 的 PL/SQL 等。

9.2 数据库访问接口

9.2.1 Python 的数据库访问接口

(1) Python 访问 MySQL 数据库

由于 MySQL 服务器以独立的进程运行，并通过网络对外服务，所以，需要支持 Python 的 MySQL 驱动连接到 MySQL 服务器，MySQL 官方提供 mysql-connector-python 连接器包：

```
$ pip install mysql-connector-python [--allow-external]
```

Python 代码导入 MySQL 包语句：

```
import mysql.connector
```

创建数据库连接与游标：

```
conn = mysql.connector.connect(user='test', password='password', database='test')
cursor = conn.cursor()
```

使用完数据库，记得关闭连接：

```
conn.close()
```

(2) Python 访问 Oracle 数据库

安装 Oracle 数据库接口包 cx_Oracle：

```
pip install cx_Oracle
```

注意：在 Windows 环境下 pip 安装建议先下载 whl 文件，在本地安装：

```
pip install cx_Oracle-8.1.0-cp36-cp36m-win_amd64.whl
```

另外，需要安装 Oracle 客户端(如 instantclient)。

安装后就可以尝试导入包：import cx_Oracle

创建数据库连接：conn = cx_Oracle.connect('用户名', '密码', 'IP 地址:端口号/ORCL')

代码示例:

```
import cx_Oracle
conn = cx_Oracle.connect('oracle','oracle','192.169.110.23:1521/ORCL')
cursor = conn.cursor()
print('连接数据库成功!')
sql = "select * from student"
all = cursor.execute(sql)
print(all.fetchall())
```

9.2.2 Java 的数据库访问接口

JDBC(Java Database Connectivity)是实现 Java 程序与数据库系统互连的标准 API,它允许发送 SQL 语句给数据库,并处理执行结果。

(1) JDBC 驱动程序

Java 程序与数据库的连接方式主要有以下 4 种。

① JDBC-ODBC 桥,通过 ODBC 数据源实现与数据库的连接,这种方法使用简单方便,但性能较低。

② 通过本地网络库与数据库进行连接的纯 Java 驱动程序,这种方法不需中间 ODBC 层,因而性能优于前者。

③ 通过中间件服务器与数据库建立连接的驱动程序,这种方法客户机不需安装网络库,借助中间件服务器(如 WebLogic Server)建立与数据库的连接。

④ 直接与数据库相连的纯 Java 驱动程序,这种方法使用数据库厂商提供的专用 Java 驱动程序,一对一,效率高。

(2) 常用 JDBC 接口

JDBC 相关接口/类存放于两个包中:java.sql 和 javax.sql。

常用的 JDBC 接口/类主要有:

① java.sql.Driver 是驱动程序必须实现的接口,它提供连接数据库的基本方法。

② java.sql.DriverManager 管理 JDBC 驱动程序,提供获取连接对象的方法,建立与数据库的连接。

③ java.sql.Connection 用于 Java 应用程序与数据库建立通信的对象,通过它创建 Statement 对象,执行 SQL 语句。

④ java.sql.Statement 是对 SQL 语句进行封装的特定对象,通过它执行 SQL 语句进行数据库操作。

⑤ java.sql.ResultSet 用于封装 SQL 语句查询的结果,是一个包含数据库记录的特殊对象。

JDBC 接口 API 的内部结构如图 9-1 所示。

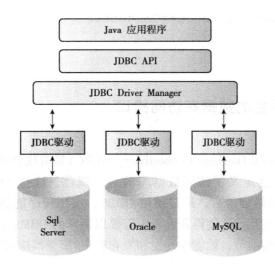

图 9-1　JDBC 接口 API 的内部结构

(3) 数据库应用开发过程

Java 代码与数据库服务器之间的通信连接通常有两种方式：直接连接和池连接。

直接连接是每次请求连接时，都会创建一个新的连接。这种方式的优点是简单，缺点是如果有大量并发请求，可能会导致数据库出现性能问题。在 Java 代码中打开和维护数据库连接：

```
Connection connection = DriverManager.getConnection ( url,
username,password);
    //使用 connection 进行数据库操作
connection.close(); //操作完成后关闭连接
```

池连接（数据库连接池）是在服务器启动时创建一定数量的数据库连接，这些连接形成一个连接池（参见如下代码）。当需要进行数据库操作时，从池中取出连接，使用完毕后归还到池中，不是直接关闭。这种方式的优点是并发多时性能更好，因为可以重用已经建立的连接，减少了连接创建和关闭的开销，缺点是需要管理连接池的生命周期。

```
public class PoolConnection {
    private static DataSource dataSource = null;
    static {
        BasicDataSource basicDataSource = new BasicDataSource();
          basicDataSource.setUrl ( "jdbc: mysql://localhost: 3306/dbcourse");
        basicDataSource.setUsername("dbuser");
        basicDataSource.setPassword("password");
        dataSource = basicDataSource;
    }
    public static Connection getConnection() throws SQLException {
```

```
        return dataSource.getConnection();
    }
......
```

9.2.3 微软开发平台的数据库访问接口

(1) ODBC

开放数据库互连(Open Database Connectivity, ODBC)是微软公司提出的数据库访问接口标准。开放数据库互连定义了访问数据库的一个规范,这些 API 独立于不同厂商的 DBMS,也独立于具体的编程语言。通过使用 ODBC,应用程序能够使用相同的源代码和各种各样的数据库进行交互。这使得开发者不需要以特殊的 DBMS 为目标,或者了解不同支撑背景的数据库的详细细节,就能够开发和发布客户/服务器应用程序。

(2) ADO

ActiveX Data Objects(ADO)是一个被设计用来同数据访问层 OLEDB Provider 一起协同工作的组件,以提供通用数据访问(Universal DataAccess)。OLEDB 是一个低层的数据访问接口,用它可以访问各种数据源,包括传统的关系数据库、电子邮件系统及自定义的商业对象。

ADO 提供了一个熟悉的、高层的、对 OLEDB 的 Automation 封装接口。对那些熟悉 RDO 的程序员来说,可以把 OLEDB 比作是 ODBC 驱动程序。如同 RDO 对象是 ODBC 驱动程序接口一样,ADO 对象是 OLEDB 的接口;像不同的数据库系统需要自己的 ODBC 驱动程序一样,不同的数据源有它们自己的 OLEDB 提供者(OLEDB Provider)。

ADO 连接数据库应用程序需要进行以下步骤:

①初始化 COM 库,利用预编译#import 引入 ADO 库定义文件。

```
#import"D:\Program Files \Common Files \System \ado \msado15.dll"no_
namespace rename("EOF","EndOfFile") rename("BOF","FirstOfFile")
#include "icrsint.h"
```

在应用程序的初始化函数中对 COM 库进行初始化。以下两种方法都可以,但是初始化是必须的。

```
BOOL CAdoTestApp::InitInstance()
{//方法1
::CoInitialize(NULL);
/* 方法2
if(! AfxOleInit())
{AfxMessageBox("COM Error!");
return FALSE;
}*/
```

…}

②用 Connection 对象连接数据库。

_ConnectionPtr m_pConnection;
m_pConnection.CreateInstance(_uuidof(Connection));
m_pConnection ->Open("Provider = Microsoft.Jet.OLEDB.4.0;Data Source = D:\\Documents and Settings\\y\\My Documents\\student.mdb;","",
"",-1);

其中，_ConnectionPtr 是一个接口，类似于 ODBC 中的 CDatabase 类。首先创建一个 _Connection Ptr 接口，接着打开某个指定的数据源，即是完成数据库的连接。跟 _RecordsetPtr、_CommandPtr 接口一起来执行任务。因使用方便，也被称作智能指针。

③利用建立好的连接，通过 Connection、Command 对象执行 SQL 命令，或利用 Recordset 对象取得结果记录集进行查询、处理。

④使用完毕后关闭连接，释放对象。

(3) ADO.NET

ADO.NET 是.NET Framework 提供的数据访问服务的类库，它提供了对关系数据、XML 和应用程序数据的访问。ADO.NET 提供对各种数据源的一致访问。

应用程序可以使用 ADO.NET 来连接这些数据源，并检索、处理和更新数据。用户可以直接处理检索到的结果，也可以将结果数据放入 ADO.NET DataSet 对象。使用 DataSet 可以组合处理来自多个源的数据或在层之间进行远程处理的数据，为断开式 N 层编程环境提供了一流的支持。

针对不同的数据源，使用不同名称空间的数据访问类库，即数据提供程序，例如：

● Microsoft SQL Server 数据源：使用 System.Data.SqlClient 名称空间；
● OLEDB 数据源：使用 System.Data.OleDb 名称空间；
● ODBC 数据源：使用 System.Data.Odbc 名称空间；
● Oracle 数据源：使用 System.Data.OracleClient 名称空间。

ADO.NET 用于访问和处理数据的类库包含以下两个组件类：

①NET Framework 数据提供程序　针对不同的数据源，有不同的数据提供程序类，但 ADO.NET 数据访问类库的功能具有类似的一致性。NET Framework 数据提供程序主要包括下列类：

● Connection：建立与特定数据源的连接：在 ADO.NET 中，通过创建 Connection 对象连接到特定的数据库，例如：

SQL Server　NET Framework 数据提供程序：SqlConnection。
OLE DB　NET Framework 数据提供程序包：OleDbConnection。
ODBC　NET Framework 数据提供程序：OdbcConnection。
Oracle　NET Framework 数据提供程序：OracleConnection。

● Command：对数据源执行各种 SQL 命令；

- DataReader：从数据源中抽取数据(只读)；
- DataAdapter：用数据源填充 DataSet。

②DataSet 数据集类的使用　首先，使用 DataAdapter 填充 DataSet 对象；然后，可以直接对 DataSet 处理，或把 DataSet 绑定到数据库控件：
- Fill 方法用于使用 DataAdapter 的 SelectCommand 的结果来填充 DataSet；
- Update 方法可调用将 DataSet 中的更改解析回数据源。

9.3　项目实践讲解(四)：数据库课程网站(niepub.com)的数据库应用实现

本节将以数据库课程网站的学生答题过程为基础，介绍数据库应用在该网站的实现。数据库课程网站作为一个在线学习平台，需要实现学生的答题操作和相关数据的管理。

数据库课程网站需要设计和实现题库系统，包括题目的录入、分类和管理。题目的相关信息，如题目内容、选项、答案等，都需要存储在数据库中，并通过数据库查询操作进行题目的展示和筛选。在答题过程中，该网站需要实现学生答题记录的管理，每个学生的答题记录和得分计算都需要存储在数据库中，并与学生和题目进行关联。通过数据库查询和更新操作，可以实现学生答题记录的查询、统计和分析。具体实现步骤如下：

(1) 建立数据库课程网站的数据表

根据 8.4.9 中设计的数据库表结构信息，手工编写或用工具软件生成创建数据表的 SQL 脚本，这里仅列出两个表的创建脚本代码。

课程信息表(表结构见表 8-3)的创建语句：

```
CREATE TABLE courses --课程信息表
(
  courseid INT NOT NULL AUTO_INCREMENT PRIMARY KEY, --课程 ID(主键)
  coursename varchar(50) NOT NULL,  --课程名称
  courseterm varchar(30) NOT NULL,  --课程学期
  collegename varchar(50) NOT NULL, --学校名称
  ……
  create_date TIMESTAMP DEFAULT CURRENT_TIMESTAMP,
  updated_date TIMESTAMP DEFAULT CURRENT_TIMESTAMP ON UPDATE CURRENT_TIMESTAMP,
  constraint courses_fk foreign key (collegename) REFERENCES colleges(collegename) ON DELETE CASCADE,  --外键约束
  constraint courses_uniqueunique (coursename, courseterm, collegename) --唯一约束(候选键)
) engine=InnoDB;
```

题库信息表(表结构见表 8-5)的创建语句：

```sql
CREATE TABLE questions    --题库信息表
(
    id INT NOT NULL AUTO_INCREMENT PRIMARY KEY,--题目 ID(主键)
    courseid INT NOT NULL,    --所属课程 ID(外键)
    qserial SMALLINT not null,    --考题所属章节序列
    qcontent varchar(2000) NOT NULL,    --考题内容
    qanswer varchar(50) NOT NULL,    --考题答案
    qscore DECIMAL(5,2) default 0,    --考题总分
    qtype varchar(20) default 'SMCQ',    --考题类型
    qseconds smallint default 300,    --考题完成时间(秒)
    ……
    answer_due TIMESTAMP,
    constraint questions_unique unique(courseid,qserial),--唯一约束(候选键)
    constraint questions_fk foreign key(courseid)REFERENCES courses(courseid) ON DELETE CASCADE    --外键约束 ) engine=InnoDB;
```

运行类似的建表 SQL 脚本在数据库中创建相应的数据表，用于存储学生、教师、题库、学生现场答题、期末考试答题记录和成绩等相关数据。根据这些数据表设计并创建相应数据库表后，就可以进一步进行数据库课程网站的业务功能代码实现了。

(2)数据库课程网站答题功能的实现

在数据库课程网站中，答题功能的实现需要建立题库数据表，并通过系统管理员在网站后台进行出题操作。

系统管理员可以使用 INSERT 语句将新的题目插入题库数据表中。INSERT 语句可以指定要插入的数据表和要插入的字段值。通过将题目的相关信息，如题目内容、选项、答案等，作为字段值进行插入，可以将新的题目添加到题库中。例如，执行如下 INSERT 语句，将一道分值为 1 分、题号为 102 的单选题的相关信息插入题库数据表中：

```sql
insert into questions (courseid,qserial,qtype,qscore,qcontent,qanswer) values (1,102,'SMCQ',1,'【单选】MongoDB 是：|(A)文档数据库…|(B)关系数据库…','A');
```

在网站后台，系统管理员可以通过相应的界面或工具进行出题操作。管理员可以输入题目的内容、选项和答案等信息，并点击提交按钮将题目插入题库数据表中。这样，新的题目就可以在学生答题过程中被展示和使用，网站界面如图 9-2 所示。

授课教师通过网站的"答题管理"选择题目 102 并生成试卷后，网站会生成答题二维码。学生通过微信小程序扫描动态二维码(5 秒自动更新)，进入答题界面进行课堂现场考勤答题，学生答题界面如图 9-3 所示。学生可以看到题目的内容、选项和答题截止时间等信息。学生可以选择其中一个选项作为答案，并点击提交按钮完成答题。

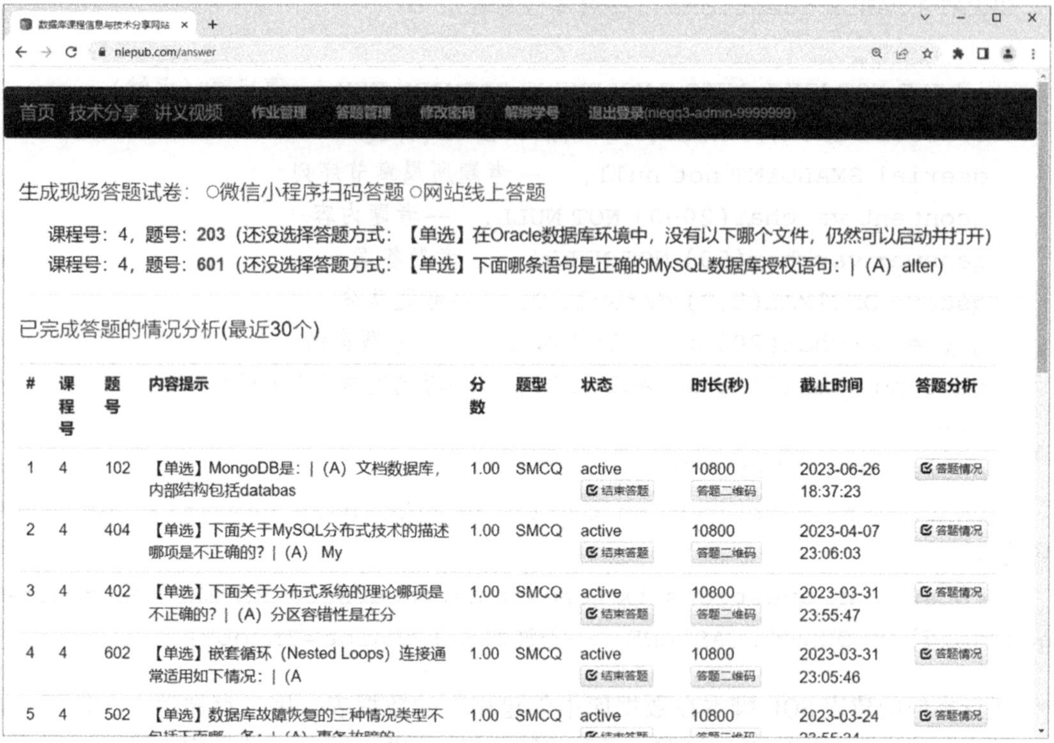

图 9-2　网站后台出题界面

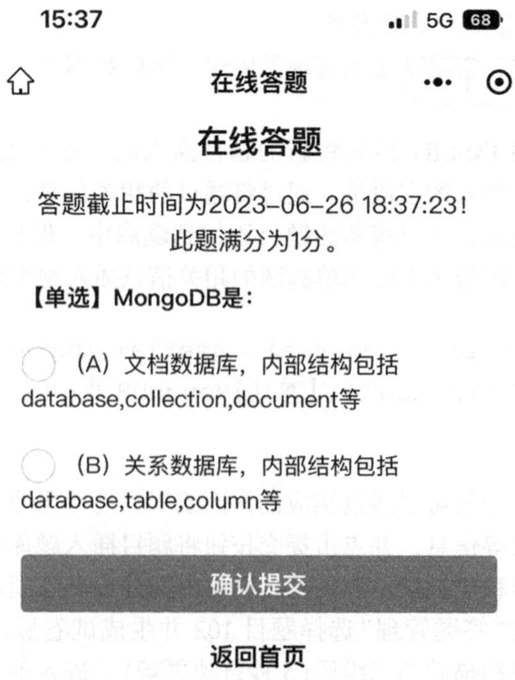

图 9-3　网站学生答题界面

学生答题完成后，系统将学生答案与正确答案自动进行比对，计算出学生的答题得分（含考勤分），并存储到数据库中。自动判卷算分的存储过程代码如下：

```sql
delimiter $$
CREATE DEFINER=CURRENT_USERPROCEDURE sp_answerscore (p_qid int)
BEGIN
    declare v_rowcount int default 0;
    declare v_courseid int default 0;
    declare v_qserial int default 0;
    declare v_qanswer varchar(50) default '';
    declare v_qscore DECIMAL(5,2) default 0;
    declare v_timescore decimal(5,2) default 0.5;
    declare v_tmpstatus varchar(50) default '';
    declare v_tmpqscore DECIMAL(5,2) default 0;
declare v_answerdue TIMESTAMP default CURRENT_TIMESTAMP;
--根据答题ID从题库获取答题的课程号、答案、现场答题的满分值、答题超时时间等
select courseid,qserial,qanswer,qscore,answer_due into
    v_courseid,v_qserial,v_qanswer,v_qscore,v_answerdue
from questions where id = p_qid;
--判断是期末考试还是现场答题,是期末考试(active)
select status,perscore,timescore into v_tmpstatus,v_tmpqscore,v_timescore
    from courses where courseid = v_courseid;
    if v_tmpstatus = 'active'then
        set v_qscore = v_tmpqscore;   --其满分得分取值从courses里获取
    end if;
if v_answerdue > CURRENT_TIMESTAMP and v_qanswer = p_answerletters then
    set pscore = v_qscore;   --不超时且答案正确
elseif v_qscore = 0.0 then
    set pscore = 0.0;
elseif v_answerdue < CURRENT_TIMESTAMP and v_qanswer != p_answerletters then
    set pscore = 0.0;
elseif v_qanswer != p_answerletters then
    set pscore = v_timescore;--不超时但答题不正确,仅得考勤分
else  set pscore = v_qscore - v_timescore;
end if;
update answers set studentanswer = p_answerletters,score = pscore,
```

```
status = 'completed',IPaddr = p_ipremote,updated_user = p_username
where courseid = v_courseid and studentno = p_studentno and qserial =
v_qserial and status = 'ready';
    select row_count() into v_rowcount;
    commit;
    if v_rowcount < 1 then  set pscore = -1;  end if;
END $ $
    delimiter ;
```

以上代码用于计算学生答题得分并将得分存储到数据库中。存储过程的主要逻辑如下：首先，根据传入的答题 ID（p_qid），从题库中获取答题的课程号、答案、满分值和答题超时时间等信息。其次，判断答题类型是期末考试还是现场答题，如果是期末考试（active），则将满分值（v_tmpqscore）赋给答题满分值（v_qscore）；根据答题超时时间（v_answerdue）和学生答案（p_answerletters）进行判断，计算学生的得分（pscore）；并根据答题类型，更新相应的答题记录表（finalanswers 或 answers），将学生答案、得分、状态、IP 地址和更新用户等信息存储到数据库中。

在完成以上存储过程之后，可以在网站应用系统的 Python 宿主代码中调用上述存储过程，具体代码如下：

```
    def saveanswerscore(qid,p_studentno,answerletters,ipremote = ''):
    ……
    conn = mysql.connector.connect(user = XXX,password = PWD,host =
SVR),database = DB)
    cursor = conn.cursor()
    ……
    args = (qid,p_studentno,answerletters,ipremote,(0,'decimal(5,
2)'))
    result_args =  cursor.callproc('sp_answerscore',args) #调用上述存储
过程
    ……
    #saveanswerscore
```

通过执行以上代码，系统可以自动计算学生的答题得分，答题学生和授课教师可以立即通过微信小程序或课程网站的"答题管理"栏目查到答题成绩，并进行考勤统计和分析。

思考题

1. SQL 与过程化 SQL 有什么不同？
2. SQL 在 Oracle 与 MySQL 数据库环境下的语法差异有哪些？

第 10 章 数据库安全性

数据库安全性管理是确保数据库及其业务应用系统的数据与操作受到保护的重要技术领域,数据库加密、数据库审计、数据库用户与权限管理等是数据库安全管理的主要技术手段。本章主要内容及学习重点包括:

①数据库加密 保障数据的机密性,确保敏感信息不会被未授权的人访问。

②数据库审计 监测与追踪数据库的各类访问活动,及时发现数据库的异常操作。

③数据库用户与权限管理 精细地控制谁可以访问数据库中的哪些数据,从而维护数据库的隐私、可访问性和完整性。

10.1 数据库安全的目标与控制策略

数据库的安全目标主要包括数据库的保密性(具体通过访问控制、用户认证、审计跟踪、数据加密等策略实现)、完整性(包括物理完整性、逻辑完整性等)、可用性、可控性与可审查性等,特别是防止非法访问造成的数据库泄露、更改或破坏。

数据库的应用日益普遍,它存储着单位、组织、企业和个人的大量信息。这些信息对用户很重要,是用户数字资产的重要部分。例如,银行、商场等单位的数据库中存放的档案、账务及相关交易信息是其持续运营的基础;国家各部门的数据库中存放着绝密信息,严禁泄露。DBMS 必须提供可靠的保护措施,确保数据库的安全。

数据库的安全性问题是安全保护的策略问题,尤其是控制访问的策略。数据库环境的安全控制模型如图 10-1 所示。

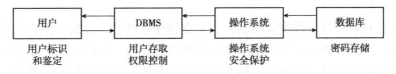

图 10-1 安全控制模型

当用户进入计算机系统时,首先,系统根据输入的用户标识进行身份的鉴定,只有合法的用户才允许进入系统。其次,对已进入系统的用户,DBMS 还要进行存取权限控制,只允许用户进行合法的操作。DBMS 是建立在操作系统之上的,安全的操作系统是数据库安全的前提,操作系统应能保证数据库中的数据必须由 DBMS 访问,而不允许用户越过 DBMS,直接通过操作系统访问。最后关键敏感数据还可以以加密的形式存储到数据库中。

10.2 数据库加密

数据库中的数据通常是以明码可见的形式存储在数据库中的,但对于机密数据,这是一个严重不安全的因素。因为一些计算机用户,如 DBA,完全可以修改其中信息或从存储介质中导出机密信息。要彻底解决这些问题,除了传输过程中采取加密保护和控制非法访问外,还必须对存储的数据进行加密保护。

数据加密(Data Encryption)是将明文(Plain Text)数据经过一定的变换,如变序、代替等,变成密文(Cipher Text)数据的过程,一般又分为可逆加密和不可逆加密,例如 MD5、SHS 等都属于不可逆加密,一般用于密码加密。敏感业务数据一般存储为可逆加密数据,查询时可将此密文数据取出解密得到明文数据。数据解密是加密的逆过程,即将密文数据转变成可见的明文数据。实现数据库加密后,即使关键数据不幸泄露或丢失,也难以被人破解,因此大大提高了关键数据的安全性。本节主要讨论可逆加密方法。

10.2.1 数据库的加密要求

对数据库的加密主要有以下几点要求:
①加密系统应该是相对不可破解的。
②数据加密后,存储空间应该没有明显的增加。
③为了维护系统的原有性能,加密和解密的速度应足够快。
④加密系统要有尽可能灵活的授权机制。一个庞大的数据库由多个用户共享,但不是所有的用户都能使用全部数据,对大多数用户来说,只能使用其中的一部分。因此,加密系统应有很强的访问控制的授权机制与之相配合。为使数据能充分灵活地共享,加密后应当允许用户以不同的粒度进行访问。
⑤加密系统应提供一套安全的、使用灵活的密钥管理机制。
⑥加密后,对数据库的查询、检索、修改和更新要简便、灵活。

10.2.2 数据库的加密方式

根据数据库的特点,数据库的加密一般采用如下 3 种方式:

(1) 硬件加密

硬件加密是相对于软件加密而言的,它是在物理存储器与数据库系统之间加上一层硬件作为中间层,加密和解密工作都是由添加的硬件完成的。不过,由于添加的硬件与原计算机硬件之间可能存在兼容性问题,以及在进行控制读写时的设置比较烦琐,所以这种加密方式应用不太广泛。

(2) 库外加密

DBMS 与操作系统的接口方式有 3 种:一是直接利用文件系统的功能;二是直接利用操作系统的 I/O 模块;三是直接调用存储管理。因此,可以将数据在库外加密,然后纳入数据库内。如果采用文件加密的方法在数据库系统外加密,形成存储块,文件系统每次交给 DBMS 一个完整的数据存储块,将数据块存入数据库内。文件系统把整个数据库当成一个文件,将每一个存储块当成一个文件记录,文件系统与 DBMS 交换的就是块号。当 DBMS 要求组装数据块或插入数据记录时,就向文件系统申请一块,以便建立索引。DBMS 为了更好地管理这个存储块,需要确定如下参数:块号、块大小、块头信息、标志位、块尾信息等。

库外加密方法比较简单,密钥管理也相对简单,只需借用文件加密的密钥管理办法。但是,加密的数据块纳入数据库时,要对数据进行完整性约束,而加密后的数据可能会超出约束范围,因此,要在算法或数据库系统中做些必要的改动,以便公共数据字典的使用和维护系统的完整性要求。

(3)库内加密

可以根据数据库结构的特点,增设一个数据加密模式,实现数据的加密。该加密模式所处的位置应在概念模式与存储模式之间,如图 10-2 所示。物理数据库是系统中存放于存储介质上的数据库,而 DBMS 中的存储模式描述了数据的物理结构;概念模式描述了数据库的全局逻辑结构;子模式描述了相应用户的数据视图,定义了其相应的内部数据模型。在概念模式和存储模式之间,增加一个数据加密模式,就可以在描述数据存储的物理结构之前,对待存储的数据进行加密处理,或者在使用存放的物理数据之前,对其进行解密处理。

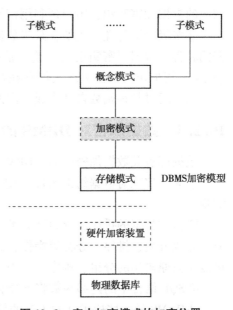

10.2.3 影响数据库加密的关键因素

影响数据库加密的关键因素主要包括加密粒度、加密算法和密钥管理。

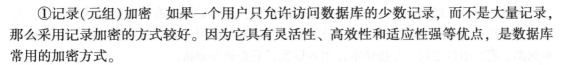

图 10-2 库内加密模式的加密位置

(1)加密粒度

数据库加密系统有多种加密粒度。粒度是指一次访问操作所及的被访问对象大小。加密的粒度(单位)可以是记录、字段域或者数据元素。一般来说,加密粒度越小,灵活度越高且安全性越好,但实现技术越复杂、难度越大。

①记录(元组)加密 如果一个用户只允许访问数据库的少数记录,而不是大量记录,那么采用记录加密的方式较好。因为它具有灵活性、高效性和适应性强等优点,是数据库常用的加密方式。

②域(属性)加密 对于许多用户来说,常需要对某些字段域(属性)进行加密存储。

③数据项加密 数据项是数据库加密的最小粒度。这种加密方式具有更好的灵活性和适应性,完全支持数据库的各种功能(如记录、数据项查询、修改)。

(2)加密算法

加密算法是数据加密的核心,在进行数据库加密时,可以根据数据库的特点选择加密算法。常用的加密算法包括对称密钥算法和非对称密钥算法。对称密钥算法的特点是解密密钥和加密密钥相同或可由加密密钥推导出，常用的对称密钥算法是 DES。非对称密钥算法也称为公开密钥算法，其特点是解密密钥不同于加密密钥，而且从解密密钥推导出加密密钥在计算上是不可行的，常用的公开密钥算法是 RSA。

（3）密钥管理

密钥管理分为集中密钥管理和多级密钥管理两种类型。

①集中密钥管理　是建立数据库管理中心来进行集中管理。在建立数据库时，由密钥管理中心负责产生加密密钥并对数据进行加密，形成一张密钥表。当用户访问数据库时，密钥管理结构会核对用户识别符和用户密钥，通过审核后，密钥管理中心会找到或计算出相应的数据加密密钥，用户再利用密钥解密有关数据。

②多级密钥管理　例如，某些数据项采用三级密钥管理系统，密钥结构由主密钥、表密钥和各个数据项密钥组成。整个数据库系统有一个主密钥，每个数据表有一个表密钥（被主密钥加密后以密文形式保存在数据字典中）。数据项密钥由主密钥及数据项所在的行、列，通过某种函数自动生成。因此，主密钥是加密子系统的关键。

10.2.4　数据加密对 DBMS 的影响

数据库有关数据加密以后，DBMS 的一些功能将无法使用。

①无法实现对数据约束条件的定义。数据一旦加密，数据之间的完整性约束将无法实现。

②密文数据的排序、分组和分类。对于 SELECT 语句中 ORDER BY、GROUP BY 子句分别完成分组、排序、分类等操作，如果其操作对象是加密数据，那么解密后的明文数据可能失去原语句的分组、排序、分类作用。

③SQL 语言中的内部函数将不能直接作用于加密数据。

④DBMS 的一些应用开发工具的使用受到限制。

10.3　数据库审计

数据库审计（DBAudit）以安全事件为中心，以全面审计和精确审计为基础，实时记录网络上的数据库活动，并可以对数据库操作进行细粒度审计的合规性管理，同时通过加强内外部数据库网络行为的监控与审计，进一步提高数据资产安全。

数据库审计功能实际上是一种监视与跟踪措施，它跟踪记录有关数据的访问活动，并通过对用户访问数据库行为的记录、分析和汇报，来帮助用户事后生成合规报告、事故追根溯源、定位事件原因，并提供审计报告以便日后查询与分析。

10.3.1　数据库审计原理

审计追踪把用户对数据库的有关操作自动记录下来，存放在一个特殊文件（或数据库表）中，即审计日志（Audit Log）。记录的内容一般包括：操作类型（如修改、查询等），操作终端标识与操作者标识，操作日期和时间，操作所涉及的相关数据（如基本表、视图、记录、属性等），数据的前象和后象等。利用这些信息，我们可以重现导致数据库现有状况的一系列事件，以进一步找出非法存取数据的人、时间和内容等。

数据库审计一般包括以下几种类型：

①设备安全审计　主要审查系统资源的安全策略、安全保护措施及故障恢复计划等。

②操作审计　对系统的各种操作(特别是一些敏感操作)进行记录，分析记录内容，包括操作的种类、所属事物、所属进程、用户、终端(或客户机)、操作时间、审计日期等。

③应用审计　审计建于数据库之上的整个应用系统、控制逻辑、数据流是否正确。

④攻击审计　对已发生的攻击性操作及危害系统安全的事件(或企图)进行检测和审计。

审计系统的设计和实践应确定对哪些事件提供可审计的能力，这些事件就称为可审计的事件。但是，出于性能和安全性的综合考虑，实际系统通常并不会对所有可审计事件进行审计。安全管理员根据实际需要选择一个合理的审计事件子集，在安全性、性能和审计负荷之间做出平衡。

针对数据库操作与资源，可审计事件分为7个事件类型，见表10-1。

表10-1　典型的审计痕迹事件类型

事件类型	审计痕迹中的数据
最终用户	由最终用户导致DBMS中的所有动作(包括SQL命令)
数据库管理员	操作员和数据库管理员控制或配置DBMS运行动作
数据库安全管理员	对权限和允许的授予和回收，及对标记的设置
数据库元数据	关系到数据库结构的操作
数据库系统级别	实用命令、死锁检测、回滚、恢复等
操作系统接口	在OS和DBMS之间的使用工具的使用和配置的变化
应用	特定应用的安全和相关事件

10.3.2　启动审计的方法

使用审计功能会大大增加系统的开销，所以DBMS通常将其作为可选功能，并提供相应的操作语句以便灵活地打开或关闭审计功能。例如，在Oracle数据库中，可使用如下SQL语句打开对表C的增删改查的审计功能，即对表C的每次成功的查询、增加、删除和修改操作都做审计追踪：

AUDIT SELECT,INSERT,DELETE,UPDATE ON C WHENEVER SUCCESSFUL;

要关闭对表C的审计功能可以使用如下语句：

NO AUDIT ALL ON C;

10.3.3　审计结果分析

审计痕迹记录了数据库系统中发生过的事件，但必须提供对审计数据的查询和分析的有效手段，才能真正达到审计的目标。美国可信计算机系统评价标准（Trusted Computer System Evaluation Criteria，TCSEC）的责任目标中要求，"对于可以存取和评价责任信息的特权用户，其必须能在合理的时间内以安全的方式完成工作"。换言之，对于能存取审计信息并加以分析的特权用户来说，必须保证特权用户的工作是安全的，而且是可以在有效的时间内完成的。

具体而言，审计分析要解决以下几个问题：

① 特权用户的身份鉴别　审计记录的痕迹必须受到保护，仅具有相应特权的用户才能进行审计分析工作。因此，对审计数据的存取必须先通过身份鉴别。

② 审计数据的查询　查看审计记录可以通过 DBMS 的查询功能实现，这样可以减少类似功能代码的重复性开发。

③ 审计数据的格式　对于负责审计分析的特权用户，必须知晓审计记录的结构，从而能从审计痕迹中有效地获取信息。

④ 审计数据的减少　可以通过 DBMS 所提供的接口对可审计事件进行选择，以减少审计记录的数量。同时，负责审计分析的特权用户还可以进行事后选择，即根据审计分析的目标对审计记录进行过滤，进一步减少待处理的数据量。

⑤ 审计分析工具的开发　包括离线和联机工具。

10.4　数据库用户与权限管理

DBMS 的存取控制机制是数据库安全管理的核心功能，数据库安全最重要的一点就是确保只授权给有资格的用户访问数据库的有关权限，保证用户只能存取其有权存取的数据。用户权限是指不同的用户对于不同的数据对象允许执行的操作权限，它由两部分组成：数据对象和操作类型。定义一个用户的存取权限就是要定义这个用户可以在哪些数据对象上执行哪些类型的操作。

数据库系统是不允许一个未经授权的用户对数据库进行操作的。因此，需要对用户进行标识和鉴定，其方法是由系统提供一定的方式，让用户标识自己的名字或身份，系统内部记录所有合法用户的标识。每次用户要求进入系统时，由系统进行核实，通过鉴定后才提供机器的使用权。

10.4.1　数据库用户管理

数据库用户管理主要包括两部分：

① 用户定义及其权限　系统必须提供适当的语言定义用户权限，并将用户权限存放在数据字典中，包括定义的安全规则或授权规则。

② 合法权限检查　每当用户发出存取数据库的操作请求后（请求一般应包括操作类型、操作对象和操作用户等信息），DBMS 查找数据字典，根据安全规则进行合法权限检查，若用户的操作请求超出了定义的权限，系统将拒绝执行此操作。

10.4.2　角色与权限的管理

一般 DBMS 提供 3 种访问控制方法来控制数据的访问，即自主型访问控制、强制型访问控制和基于角色访问控制。

(1) 自主型访问控制

自主型访问控制(Discretionary Access Control，DAC)是通过授权实现的。在数据库系统中，定义用户存取权限称为授权。大型 DBMS 几乎都支持自主型访问控制，目前的 SQL 标准也对自主型访问控制提供支持，这主要通过 SQL 的 GRANT 语句和 REVOKE 语句来实现。SQL 语言提供了 GRANT 语句向用户授予操作权限，用 REVOKE 命令回收(或撤销)权限。

(2) 强制型访问控制

强制型访问控制(Mandatory Access Control，MAC)是通过数据分级的方法实现的。这一方法将每一数据目标(文件、记录等)赋予一定的密级(Classification Level)。密级可以分为：绝密级(Top Secret，TS)、机密级(Secret，S)、秘密级(Confidential，C)和一般级(Unclassified，U)。同时，用户也被赋予了类似的许可级别。每级比其下级限制更多，即绝密>机密>秘密>一般。

在 MAC 中，DBMS 所管理的全部实体被分为主体和客体两大类。

主体是系统中的活动实体，既包括 DBMS 所管理的实际用户，也包括代表用户的各进程。客体是系统中受主体操纵的被动实体，包括文件、基表、索引、视图等。对于主体和客体，DBMS 为它们每个实例(值)指派一个许可级别。

强制型访问控制本质上具有分层的特点，通常具有静态的、严格的分层结构，与现实世界的层次管理相吻合。这种强制存取控制特别适合层次严明的军事部门、政府部门、金融部门等的数据管理。

(3) 基于角色访问控制

基于角色访问控制(Role-Based Access Control)是由美国 George Mason 大学 Ravi Sandhu 于 1994 年提出的，它解决了具有大量用户、数据库客体和各种访问权限的系统中的授权管理问题。其中主要涉及用户、角色、访问权限、会话等概念。角色是访问权的集合。当用户被赋予一个角色时，用户具有这个角色所包含的所有访问权限。用户、角色、访问权限三者之间是多对多的关系。

10.4.3　经典案例：MySQL 用户与权限管理

10.4.3.1　MySQL 数据库的用户授权机制

MySQL 是一个多用户的数据库，其用户可以分为两大类：

①超级管理员(root)用户　拥有全部权限。root 用户的权限包括创建用户、删除用户和修改普通用户密码等管理权限。

②普通用户　由 root 或其他用户创建，普通用户只拥有 root 或其他用户授予他的权限。

相关用户及权限的信息都会记录在 MySQL 数据库的有关权限表中。

①user 表　可连接到数据库的用户及其全局权限，用来记录允许连接到服务器的账号信息。需要注意的是，在 user 表里启用的所有权限都是全局级的，适用于所有数据库。

②db 表　数据库级权限，存储了用户对某个数据库的操作权限，决定了用户能从哪个数据库中存取哪个数据库。

③host 表　存储了某个主机对数据库的操作权限，搭配 db 表对权限做更细致的控制。db 表使用较多，host 表使用较少，两个表都不受 GRANT 和 REVOKE 语句的影响。

④table_priv 表　数据表级权限，用来对单个表进行权限设置。

⑤columns_priv 表　数据列级权限，用来对单个数据列进行权限设置。

⑥procs_priv 表　可以对存储过程和存储函数进行权限设置。

10.4.3.2　MySQL 数据库的用户管理

MySQL 通过身份认证插件来管理用户密码。MySQL8.0 提供了两种身份认证插件对用户密码进行 sha-256 哈希加密，这两种身份认证插件分别是 mysql_native_password（sha256-password）和 caching-sha2-password，二者都能实现基本的 sha-256 身份认证。不同的是 caching-sha2-password 可以在服务端使用高速缓存，从而提高性能。MySQL8.0 的默认加密算法是 caching-sha2-password。

(1) MySQL 数据库用户创建与授权

一般使用 CREATE USER 语句来创建用户：

CREATE USER [IF NOT EXISTS] account_name IDENTIFIED BY 'password';

在 CREATE USER 关键字后指定账户名称。账户名称由两部分组成：username（用户的名称）和 hostname（数据库主机名），以@符号分隔，hostname 是可选的，如果省略它，用户可以从任何主机连接。在 IDENTIFIED BY 关键字后指定用户的密码。

创建用户后，需要使用 GRANT 语句给新建用户增加有关权限。

GRANT 语句不仅可以对用户进行授权，还可以直接创建新用户，使用 GRANT 语句授权或创建用户语法：

GRANT privileges ON database.table TO 'username'@'hostname'
[IDENTIFIED BY [PASSWORD] 'password']……

privileges，表示需要授予的权限信息。

database.table，表示新用户的权限范围表，可以在指定的数据库、表上使用自己的权限。

例如，使用 GRANT 语句创建一个新用户 user1（密码为 123），并授予该用户 score 表的查询权限：

GRANT SELECT ON score TO 'user1'@'localhost' INDENTIFIED BY '123';

(2) root 用户修改密码

root 用户拥有很高的权限，因此必须保证 root 用户密码的安全。修改 root 用户密码的方式有多种方式，如通过 SET PASSWORD 语句重新设置自己的密码：

```
SET PASSWORD = PASSWORD ("rootpwd");
```

如果是 root 用户想修改其他用户的密码,则可使用类似如下语句:

```
SET PASSWORD FOR 'username'@'hostname'= PASSWORD ('newpwd');
```

其中,username 为用户名,hostname 为主机名,newpwd 为新密码。

注意,这里的新密码必须使用 PASSWORD( )函数来加密,如果不使用 PASSWORD( )加密,也会执行成功,但用户登录时可能无法知道新设的密码是什么。

另外,如果 root 用户忘记密码,可以使用--skip-grant-tables 选项重启 MySQL 服务,然后就可以无密码登录 root 用户,并重新设置新密码。但修改密码后需要使用 FLUSH PRIVILEGES 语句刷新加载权限表,只有刷新权限后,新密码才有效。

10.4.3.3 MySQL 数据库的权限管理与权限验证

数据库的权限管理语句主要是授予(grant)和撤销(revoke):

```
GRANT priv_type [(column_list)] [,priv_type [(column_list)]...]
ON {*.* | * | db_name.* | db_name.tbl_name | db_name} TO user_name
[IDENTIFIED BY 'password'] [,user_name [IDENTIFIED BY 'password']...]
[WITH GRANT OPTION]
REVOKE priv_type [(column_list)] [,priv_type [(column_list)]...]
    ON {*.* | * | db_name.* | db_name.tbl_name | db_name}
    FROM user_name [,user_name...]
```

MySQL 授予的权限以字段形式存储于系统数据库 MySQL 的各个授权表中,当 MySQL 服务启动时,会首先读取系统数据库 MySQL 中的授权表,并将表中相关的数据装入内存。

当用户连接 MySQL 服务器并对数据库进行存取操作时,MySQL 在连接验证阶段和请求验证阶段会根据这些表中的数据做相应的权限控制。

系统数据库 MySQL 中用于权限系统的授权表主要包括 user 表、db 表、host 表、tables_priv 表、columns_priv 表和 procs_priv 表,详见 10.4.3.1。

MySQL 的权限验证过程分为两个阶段:

(1)第一阶段:连接验证阶段

在连接验证阶段,MySQL 权限系统将检查用户是否被允许连接到 MySQL 服务器。当用户试图连接到一个 MySQL 服务器时,MySQL 权限系统将基于用户的身份和其提供的口令来判断接受或拒绝连接。如果用户未能通过验证,则对服务器的连接和对数据库的存取将被完全拒绝;否则,服务器将接受连接,进入请求验证阶段。

连接验证需要使用系统数据库 MySQL 中 user 表中的 Host、User 和 Password 等数据:

①Host 值为主机名或 IP 地址,或"localhost"(本机),可使用通配符"%"和"_"。
②User 值为登录用户名,不能使用通配符,但可以指定空值,用于匹配任何名字。
③Password 密码字段可以为空值,表示用户不指定口令进行连接。

(2) 第二阶段：请求验证阶段

一旦用户通过了连接验证，与服务器建立了连接，验证过程将进入第二阶段——请求验证阶段。在请求验证阶段，MySQL 权限系统将会检查用户所发出的每一个对于数据库的操作请求，以确定用户是否具有足够的权限来执行这一操作。MySQL 权限系统在进行请求验证时，可能会用到来自系统数据库 MySQL 中 user 表、db 表、host 表、tables_priv 表或 columns_priv 表的范围字段和权限字段。

10.4.3.4　MySQL 用户资源限制与密码策略

在 MySQL 数据库中，用户资源限制和密码复杂度策略是用户安全管理的重要一环。

(1) 用户资源限制

MySQL 设置用户资源限制的主要参数如下：

- max_user_connections：设置所有用户在同一时间的最大连接数限制；
- max_queries_per_hour：设置一个用户在一小时内可以执行查询的次数；
- max_updates_per_hour：设置一个用户在一小时内可以执行修改的次数；
- max_connections_per_hour：设置一个用户在一小时内可以连接数据库的最大连接次数。

(2) 密码策略

MySQL 密码验证(Password Validate)策略是通过一组系统变量来限制用户密码的强度，在其老版本中采用 validate_password 插件对密码策略进行管理，在 MySQL 8.0 及以后版本中，validate_password 插件被重新实现成 validate_password 组件。主要密码策略参数如下：

- validate-password=ON/OFF/FORCE/FORCE_PLUS_PERMANENT：是否使用；
- validate_password_dictionary_file：插件用于验证密码强度的字典文件路径；
- validate_password_length：密码最小长度；
- validate_password_mixed_case_count：密码至少要包含的大小写字母个数；
- validate_password_number_count：密码至少要包含的数字个数；
- validate_password_policy：密码强度等级(0/LOW、1/MEDIUM、2/STRONG)；
- validate_password_special_char_count：密码至少要包含的特殊字符数。

思考题

1. 说一说你对数据库安全的理解。
2. 数据库加密方式有哪些？
3. 说一说 MySQL 的权限验证过程。

第 11 章 数据库可靠性

　　数据库可靠性管理是确保数据库及在其上运行的各种业务应用系统,在面对各种故障和风险时,能够保持稳定运行并保护数据完整性的关键因素。本章涵盖了数据库故障及其恢复机制、数据库备份与恢复操作、数据库主从复制、经典案例和项目实践等内容,为读者提供了全面的数据库可靠性知识体系。本章主要内容及学习重点包括:

　　①数据库故障及其恢复机制　数据库故障产生的原因及其后果;数据库备份恢复机制与事务及日志的关系,数据库恢复的基本原理(即数据的冗余);数据库故障的 3 种类型和恢复策略;理解实现数据库的故障恢复是保护数据完整性的重要措施。

　　②数据库备份与恢复　介绍多种数据库备份方法,如热备份、冷备份、全备份与增量备份、数据镜像与复制、数据灾备等;介绍数据库恢复机制,在数据库遭受数据丢失、系统崩溃等情况后,通过备份数据进行恢复和修复,使数据库重新运行起来;对缓冲区管理与恢复、数据库主从复制等机制也进行了简单讲解。

　　③数据库主从复制　数据库通过复制技术构建一个或者多个从库,可以提高数据库的可用性与可扩展性,同时实现负载均衡。当主库发生故障时,可以快速地切到某一个从库。

　　④案例分析　通过经典案例,讲解 MySQL、Oracle 数据库的备份与恢复,了解在实际应用中如何应对各种挑战,从而提高数据库的可靠性和稳定性。

11.1　数据库故障及其恢复机制

　　数据库恢复机制是指 DBMS 把数据库从故障或错误状态恢复到某一已知的正确状态(亦称为一致状态或者完整状态)的数据库管理功能。

11.1.1　数据库故障产生的原因及其分类

　　数据库故障产生的原因包括:
　　①计算机硬件故障　由于使用不当或产品质量等原因,计算机硬件可能会出现故障,不能使用。如硬盘损坏会使得存储的数据丢失。
　　②软件故障　由于软件设计上的失误或用户使用的不当,软件系统可能会误操作数据,从而引起数据破坏。
　　③病毒　破坏性病毒会破坏系统软件、硬件和数据。
　　④误操作　如用户误使用了诸如 DELETE、UPDATE 等命令而引起数据丢失或被破坏。

⑤自然灾害　如火灾、洪水或地震等，它们会毁坏计算机系统及其数据，造成极大的破坏。

⑥盗窃　一些重要数据可能会被盗窃。

数据库故障分为 3 种类型：

①事务故障(Transaction Failure)　某个事务在运行过程中由于种种原因未运行至正常结束点就出错了。

②系统故障(System Crash)　常见情况包括操作系统或 DBMS 错误、操作员操作失误或者特定类型的硬件错误(如 CPU 故障)、突然停电等。

③介质故障(Disk Storage Media Failure)　硬件等故障使存储在外存中的数据部分丢失或全部丢失，常见情况如磁盘损坏、磁头碰撞、操作系统的某种潜在错误，甚至可能是瞬时强磁场干扰等极端情况。

11.1.2　故障恢复实现原理

数据库故障恢复的基础是数据冗余技术，即对数据库进行备份或镜像，这包括数据转储、日志文件的保存及其归档。

数据库恢复操作的基本原理是利用存储在数据库系统其他地方的冗余数据来重建数据库中已被破坏或不正确的那部分数据，并保证数据库的一致性。

在图 11-1 中，系统在 T_a 时刻停止运行事务进行数据库转储，在 T_b 时刻转储完毕，得到 T_b 时刻数据库一致性副本。系统运行到 T_f 时刻发生了故障。为恢复数据库，首先由 DBA 重装数据库后备副本，将数据库恢复到 T_b 时刻的状态，然后再利用已转储的重做日志与撤销日志信息重新运行自 T_b—T_f 时刻的所有(或部分)更新事务，这样就把数据库恢复到故障发生前的一致状态。

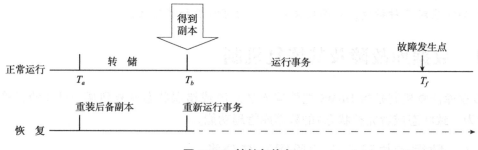

图 11-1　转储与恢复

日志文件是用来记录事务对数据库修改操作(DML、DDL 等)的文件，具体又分为重做日志与撤销日志两种，有关日志介绍的详细内容参见第 5 章 5.3.1。

日志文件在数据库恢复中起着非常重要的作用，具体如下：

①事务故障恢复和系统故障恢复必须依靠重做日志和撤销日志信息。

②在动态转储备份中也必须转储有关日志文件，备份副本只有和日志文件综合起来才能有效地用于恢复数据库。

③在静态转储方式中，也可以建立日志文件。数据库毁坏后，首先可重新装入备份副

本把数据库恢复到转储结束时刻的正确状态；然后利用日志文件，把已完成的事务进行重做处理，对故障发生时尚未完成的事务进行撤销处理，即可把数据库恢复到故障前某一时刻的正确状态，如图11-2所示。

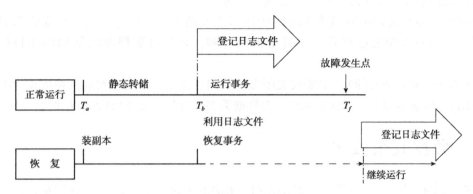

图11-2 利用日志文件恢复

11.1.3 故障类型及其恢复机制

综上所述，数据库运行过程中可能会出现各种故障，包括事务故障、系统故障和介质故障。根据故障类型的不同，应该采取不同的恢复方法。

(1) 事务故障及其恢复

事务故障通常是由非预期的、不正常的程序结束而造成的故障。造成程序非正常结束的原因包括输入数据错误、运算溢出、违反存储保护和并发事务发生死锁等。

发生事务故障时，被迫中断的事务可能已对数据库进行了修改，为了消除该事务对数据库的影响，可利用撤销日志所记载的信息，强行回滚该事务，将数据库恢复到事务更改发生前的初始状态，整个回滚过程是DBMS自动完成的。上述恢复操作也称为事务撤销。

(2) 系统故障及其恢复

系统故障是指系统在运行过程中，由于某种原因，造成系统停止运转，致使所有正在运行的事务都以非正常方式中止，要求数据库服务器系统重新启动。引起系统故障的原因可能有：硬件错误(如CPU故障)、操作系统或DBMS代码错误、突然断电等。这种情况下，内存中数据库缓冲区的内容全部丢失，存储在外部存储设备上的数据库并未被破坏。

在系统重新启动后，要强行撤销所有未完成事务，清除这些事务对数据库所做的修改。同时，对那些已提交的事务，需要将这些事务已提交的结果按照重做日志信息重新写入数据库缓冲区，因此，上述恢复操作也称为事务的重做。

一般来说，重新启动数据库服务器后，整个恢复过程由系统自动完成。即DBMS将按照日志文件，对在系统故障发生时已经提交的事务作重做；对故障时还没有提交的事务做撤销。

(3) 介质故障及其恢复

介质故障是指系统在运行过程中，由于辅助存储器介质受到破坏，使存储在外存中的数据部分丢失或全部丢失。这类故障比事务故障和系统故障发生的概率都小，但这是最严重的一种故障，破坏性很大，磁盘上的物理数据和日志文件都可能被破坏或丢失。解决此问题需要首先恢复发生介质故障前最新的数据库备份副本，然后在此副本数据库基础上，利用日志文件重做该副本之后的所有已提交事务。

数据库故障恢复功能在整个DBMS中占有重要地位，不仅对系统的可靠性起着决定性作用，而且对系统的运行效率也有很大的影响。客户对数据库恢复的两大目标需求如下：

①RTO（恢复时间目标）　中断或关闭多少时间后恢复运行而不对业务造成重大损害。

②RPO（恢复点目标）　能容忍的最大数据丢失量时长，如 RPO≤24 小时。

11.2　数据冗余技术

数据冗余技术是数据库恢复机制的基础。DBMS 通常会对日志文件和数据库副本同时作冗余，采用的数据冗余方式主要有两种：数据备份（转储）与数据复制（镜像）。

11.2.1　数据库备份及其分类

数据库的备份和恢复是数据库管理员维护数据库可靠性和完整性必不可少的操作，合理地进行数据库备份及其恢复演练，可以将可预见的和不可预见的问题对数据库造成的伤害降到最低。当服务器出现故障，或者数据库遭到某种程度的破坏时，可以利用以前对数据库所做的备份重建或恢复数据库。因此，为了防止因软硬件故障而导致数据丢失或数据库崩溃，数据备份和恢复演练工作就成了一项不容忽视的系统管理工作。

(1) 根据数据库备份时数据库的状态分类

①冷备（Cold Backup）　也称为静态转储（离线静态备份）或脱机备份，在数据库停止运行的情况下进行备份，数据库的读写操作不能执行。

②热备（Hot Backup）　也称为在线备份或动态转储，在数据库正常运行的状态中直接备份，对正在运行的数据库操作没有任何的影响，数据库的读写操作可以正常执行。

③温备（Warm Backup）　在数据库只读运行状态下进行备份，备份时仅支持读操作，不支持写操作。

(2) 根据数据库备份的内容特点分类

根据数据库备份的内容特点，数据库备份可分为完全备份和部分备份。完全备份简称全备份，也称为海量转储。部分备份又可分为增量备份（也称为增量转储）与差异备份。海量转储是每次转储全部数据库，增量转储只转储上次转储后更新过的数据。

11.2.2　数据库镜像与复制

数据库镜像（Mirror）和复制（Replication）是数据冗余的另一种方式，二者都可以用于实现数据库的高可用性和数据库备份。

(1) 数据库镜像

镜像，有时也称为卷影（Shadowing），是创建数据和数据库的多个副本的过程。通常在镜像中，数据库被复制到与其主数据库完全不同的机器或位置上。

数据库镜像是指创建和维护数据库的冗余副本的技术，镜像副本始终与主体数据库同步。此技术有助于确保不间断的数据可用性，还可以减少因数据损坏或丢失而导致的停机时间。

镜像是在数据库上完成的，它不支持分布式数据库。它可以在两个不同的服务器实例（主体和镜像）中创建数据库的副本。这些镜像副本作为备用副本工作，并且不像数据复制那样始终处于活动状态。如果发生任何故障，它可以通过将数据从一个数据库复制到另一个数据库来恢复数据。发生任何故障转移时，镜像数据库将成为主数据库。

(2) 数据库复制

数据库复制是指复制数据并将这些副本从一个数据库分发到另一个数据库的技术。

在复制中，数据和数据库对象被复制并从一个数据库分发到另一个数据库。它减少了原始数据库服务器的负载，因为客户端可以使用多个服务器。复制数据库的所有服务器都与主服务器一样活跃。为了保持数据和数据库对象之间的一致性，还会同步数据库。

此技术可用于在多个数据库中复制数据，也可用于部分复制。所谓部分复制是指仅针对部分表或表的一个子集（某些行或列）实现数据复制。

(3) 数据库镜像和数据库复制的区别

数据库复制和镜像技术可以组合使用，以实现更高的数据库可用性。但二者还是有很大的区别，表 11-1 列出了数据库镜像和数据库复制的主要区别。

表 11-1 数据库镜像与复制的区别

比较项目	镜 像	复 制
基本原理	镜像是将数据或数据库复制到不同的位置	复制是创建数据和数据库对象以增加分布动作
执行对象	在数据库上执行镜像	当对数据和数据库的对象执行复制时
操作成本	高	低
分布式数据库支持	不支持	支持
位置特点	通常，镜像数据库是在与其主数据库不同的机器或位置上实现的	在复制过程中，数据库和数据对象保存在另一个数据库中

11.2.3 数据库主从复制

数据库主从复制（Primary-Backup）是用来建立一个和主数据库完全一样的辅助（Secondary）数据库环境，称为从数据库。在主从复制中，总有一个服务器充当主服务器（Primary），而另外的服务器为从服务器（Secondary）。主从复制技术属于分布式数据库的范畴，其原理参见 6.2.3.1 的有关介绍。

不同的 DBMS 有不同的主从复制方案，例如 Oracle 的 Replication/Dataguard，MySQL Innodb 引擎的 MGR Replication/ReplicaSet 等。

主从复制的主要作用可以归纳为以下 3 个方面：

(1) 实现服务器负载均衡

通过服务器复制功能，可以在主服务器和从服务器之间实现负载均衡，即在主服务器和从服务器之间均衡处理客户查询的负荷。通常有两种负载均衡思路：

一是在主服务器上只实现数据的更新操作。包括数据记录的更新、删除、新建等作业，而不关心数据的查询作业。数据库管理员将数据的查询请求全部转发到从服务器中。这在某些应用中会比较有用。例如基金净值预测的网站，其数据的更新都是由管理员更新的，即更新的用户比较少，而查询的用户数量会非常的多。此时就可以设置一台主服务器，专门用于数据的更新。同时，设置多台从服务器，用于负责用户信息的查询。将数据更新与查询分别放在不同的服务器上进行，即可以提高数据的安全性，也能缩短应用程序的响应时间、提高系统的性能。

二是在主服务器上与从服务器切分查询业务。在这种思路下，主服务器不仅要完成数据的更新、删除、插入等作业，还需要负担一部分查询业务。而从服务器只负责数据查询。当主服务器比较忙时，部分查询请求会自动发送到从服务器中，以降低主服务器的工作负荷。但修改数据、插入数据、删除数据等语句仍然是发送到主服务器中，以便主服务器和从服务器数据的同步。

(2) 通过复制实现数据的异地备份

定期将数据从主服务器复制到从服务器，如果主从服务器不在一处，事实上也就实现了对数据的异地备份。

(3) 提高数据库系统的可用性

数据库主从复制功能可以实现主服务器与从服务器之间数据的同步，增加了数据库系统的可用性。当主服务器出现问题时，数据库管理员可以将从服务器升级为主服务器，以便继续提供数据的查询或更新服务，同时仔细地检查主服务器的问题。

11.2.4 数据灾备

数据灾备，全称为数据灾难备份，通常是指为防止出现操作失误或系统故障导致数据丢失，而将全系统或部分数据集合从应用主机的硬盘或阵列复制到其他存储介质的过程。数据灾备的主要目的是实现数据库的高可用性，因此，异地冗余存储就是数据灾备的一个重要手段。容灾系统要追求全方位的数据复制，也称为容灾的"3R"(Redundance、Remote、Replication)原则。

国际标准 SHARE 78 对容灾系统的定义有 7 个层次：从最简单的仅在本地进行磁带备份，到将备份的磁带存储在异地，再到建立应用系统实时切换的异地备份系统；恢复时间也可以从几天到小时级到分钟级、秒级或零数据丢失等。

0 级(无异地备份)　数据仅在本地进行备份，没有在异地备份数据；

1 级(实现异地备份)　将关键数据备份到本地磁带介质上，然后送往异地保存；

2 级(热备份站点备份)　将关键数据进行备份并存放到异地，制定相应灾难恢复计划，即一旦发生灾难，利用热备份主机系统将数据恢复。它与 1 级容灾方案的区别在于异地有一个热备份站点(主机系统)，平时利用异地的备份管理软件将运送到异地介质里的数据备份到主机系统。当灾难发生时可以快速接管应用,恢复生产。

3级(在线数据恢复)　通过网络将关键数据进行备份并存放至异地,制定相应灾难恢复计划,有备份中心,并配备部分数据处理系统及网络通信系统。该等级方案特点是用电子数据传输取代交通工具传输备份数据,从而提高灾难恢复的速度。利用异地的备份管理软件将通过网络传送到异地的数据备份到主机系统。

4级(定时数据备份)　在3级容灾方案的基础上,利用备份管理软件自动通过通信网络将部分关键数据定时备份至异地,并制定相应的灾难恢复计划。一旦灾难发生,利用备份中心已有资源及异地备份数据恢复关键业务系统运行。其系统通常采用"一主三从"架构,即一个主库、一个本地半同步库、两个同城半同步库。

5级(实时数据备份)　在4级容灾方案的基础上,通过使用硬件的镜像技术和软件的数据复制技术,应用站点与备份站点的数据能够实现快速同步。恢复的时间被降低到了分钟级或秒级。灾备5级方案一般采用"一主四从"架构,即一个主库、一个本地半同步库、两个同城半同步库和一个异地异步库。

6级(零数据丢失)　灾难恢复中最昂贵的方式,也是速度最快的恢复方式,它是灾难恢复的最高级别,利用专用的存储网络将关键数据同步镜像至备份中心,数据存储不仅在本地进行确认,而且需要在异地(备份)进行确认。因为数据以镜像方式同时写到两个站点,所以灾难发生时,异地容灾系统保留了全部的数据,实现了零数据丢失。

11.3　经典案例:MySQL 数据库的备份与主从复制

11.3.1　MySQL 数据库的备份方法

MySQL 自带的备份工具有 mysqldump、mysqlpump 等,还可以用 SQL 语法 BACKUP TABLE 或者 SELECT INTO OUTFILE 进行备份,或者备份二进制日志(Binlog),也可以直接拷贝数据文件和相关的配置文件。

mysqldump 是 MySQL 自带的逻辑备份工具。它的备份原理是通过协议连接 MySQL 数据库,将需要备份的数据查询出来,再将查询出的数据转换成对应的 create、insert 等 SQL 语句。当我们需要还原这些数据时,只要执行这些 SQL 语句,即可实现数据还原与恢复。

具体操作示例参见本章 11.5 的有关内容。

11.3.2　MySQL InnoDB 副本集主从复制方案

MySQL InnoDB 副本集(InnoDB ReplicaSet),是 MySQL InnoDB 引擎的主从复制方案之一,它是基于 GTID(Global Transaction Identifiner,每一个事务都有一个全局唯一的标识)的异步复制(Asynchronous Replication)技术,而非 InnoDB Cluster(集群)使用的组复制(Group Replication,GR)技术。相对于 MySQL InnoDB Cluster 集群,ReplicaSet 副本集有更好的写性能,而且副本集能够部署在网络不稳定或很慢的广域网(WAN)环境,原因是服务器实例是通过异步复制通道连接的,不需要交易共识。

InnoDB 副本集由一个主节点和多个从节点构成,可以实现一主多备,一个副本集只能包含一个主实例,但可以有一个或多个从实例。InnoDB 副本集整合了 MySQL 相关技术,用户能够通过 MySQL Shell 部署和管理主从复制。InnoDB 副本集设计了 ReplicaSet 对象和 AdminAPI 操作来管理复制集。例如,检查 InnoDB 复制集的状态,并在发生故障时手动故障转移到新主服务器。

InnoDB 副本集的安装与测试实验,最简单的方式是:直接在 MySQL 数据库单机环境下通过 mysql shell 创建两个沙漏(sandbox)数据库实例用于测试实验,具体安装与测试实验步骤参见数据库课程网站中实验教学栏目的"MySQL8 InnoDBD ReplicaSet 主从数据库安装教学指导书"[①],其中包括详细的操作步骤及有关命令与脚本。

11.4 经典案例:Oracle 数据库的备份与恢复

Oracle 数据库自带 RMAN(Recovery Manager)备份与恢复工具,同时也可以直接使用 recover 与 restore 数据库命令实现 Oracle 数据库恢复操作。这里简单介绍一下 RMAN 工具。

(1) RMAN 概述

Recovery Manager(RMAN)是 Oracle 提供的 DBA 工具,用于管理备份和恢复操作。RMAN 可用于 Oracle8 及以上的所有数据库版本,它能够备份整个数据库或部分数据库,例如可以只备份某些表空间、数据文件、控制文件和归档文件等。RMAN 可以通过命令或脚本直接存取和执行备份和恢复操作。

由于 RMAN 是数据块级别的备份,而操作系统下的备份是文件级的备份,这使 RMAN 备份无论是在空间还是在时间上,相对于操作系统备份,都具有明显的优势。使用 RMAN 允许进行增量数据块级的备份(这个与导出/导入的增量截然不同),增量 RMAN 备份即只备份自上次备份以来有变化的数据块。因为 RMAN 只备份数据文件中已经使用的数据块(忽略空的、未用的数据块),所以对有大量预分配空间的表空间的备份有很好的性能提升。

(2) RMAN 备份的两种模式

当使用 RMAN 进行备份时,RMAN 要把备份的相关信息(如什么时间进行的备份、备份哪些文件、备份到什么位置等)进行存储,根据对这些关键信息存储位置的不同,RMAN 的运行模式分为两种:

① NOCATALOG 模式　将备份信息存在备份的目标数据库的控制文件中。

② CATALOG 模式　单独创建一个 Oracle 数据库,将备份信息存储在此专门的独立数据库中。此数据库被称为 RMAN 目录数据库(Catalog Database)。

(3) RMAN 备份操作示例

RMAN 工具最基本的命令是 BACKUP、RESTORE、RECOVER,分别对应数据库的备份、还原与恢复操作。

使用 RMAN 首先需要用运行 RMAN 并连接到目标数据库,例如在 Catalog 模式下在操作系统中运行如下类似命令:

---

① 可通过如下链接下载实验指导书:https://www.niepub.com/static/docs/exadmin/MySQL8_InnoDB_ReplicaSet_Installation_Guide.pdf

```
$ rman catalog manuser/pwd@cataconn target sys/syspwd@ myconn
```

而在 NoCatalog 模式下可以更简单地在数据库服务器本机上运行如下命令连接到本机的数据库：

```
$ rman target /
```

连接到目标数据库后，就可以在 RMAN 里执行命令或脚本来实现数据库备份或恢复了。

例如备份整个数据库可以使用如下命令实现（参数 format 指定备份文件名的生成方式及其目录）：

```
backup database format '/u01/app/oracle/rmanbak/whole_%d_%U';
```

恢复数据库操作通常可以使用脚本运行方式，例如将数据库恢复到 2023-03-23 14:00:00 这个时间点，可以在 RMAN 中运行如下脚本和命令：

```
run{
set until time "to_date('2023-03-23 14:00:00','yyyy-mm-dd hh24:mi:ss')";
restore database;
recover database;
alter database open resetlogs;
}
reset database;
```

11.5 项目实践讲解（五）：数据库课程网站（niepub.com）的数据库可靠性实现

数据库课程网站的备份与恢复是数据库管理的重要方面之一。备份是指将数据库的副本创建并存储在另一个位置，以防止数据丢失或损坏。恢复则是指在数据库发生故障或数据丢失时，通过使用备份数据来还原数据库到正常状态。

在进行数据库备份或复制时，可以采用多种方法和策略。一种常见的方法是单机备份，即将整个数据库的所有数据和对象进行备份。另一种方法是采用主从复制或集群架构实现故障切换，通过设置主数据库和从数据库，实现数据的实时复制和故障切换。下面将详细说明这两种实现数据库可靠性的方法。

（1）单机备份与恢复

单机备份与恢复方案是指将数据库的备份数据存储在本地磁盘或远程存储设备上，并确保数据的安全性，通常使用 DBMS 提供的备份工具或创建备份脚本来定期自动创建数据库备份。当数据库发生故障或数据丢失时，可以使用备份数据进行恢复操作。通过以下代码进行单机备份：

```
mysqldump -uroot -p -B dbcourse> dbcoursebackup20230419.sql
```

可以把上述备份文件 dbcoursebackup20230419.sql 拷贝到其他 MySQL 服务器的主机上，并运行如下命令导入备份数据库进行恢复：

```
mysql -uroot -p < dbcoursebackup20230419.sql
或 source< ngqdbbackup20210419.sql
select count(*) from dbcourse.ngq_account;
```

（2）主从架构故障切换

主从架构故障切换方案可以基于 InnoDB Cluster 集群或 InnoDB ReplicaSet 副本集架构，实现手动故障切换或自动故障转移，还可以将上述数据库集群（或副本集）系统中的主数据库专门用于处理读写操作，从数据库用于部分只读查询操作。当主数据库发生故障或数据丢失时，可以通过将从数据库切换为主数据库来实现故障恢复。这种方案可以提供更高的可用性和容错性，即使主数据库发生故障，从数据库仍然可以继续提供服务。

可以参考以下文档，安装 MySQL InnoDB Cluster 集群服务器环境（一主二从架构）：
https://www.niepub.com/static/docs/exadmin/MySQL8_InnoDB_Cluster_Installation_Guide.pdf

为了验证数据库课程网站的高可用性和容错性，可以在测试环境进行故障转移测试和主实例的恢复操作测试。

故障转移测试是模拟主实例发生故障的情况，并测试主实例切换到从实例是否有效的测试。故障转移测试可以评估系统的可用性和容错性，以及检查备用实例的配置和性能是否满足需求。最简单的 InnoDB Cluster 集群的故障转移测试就是直接关闭主服务器进程，然后观察集群是否会出现自动故障转移。可以在 MySQL Shell 下简单地运行如下命令：

```
cluster = dba.getCluster();
cluster.status()#查看集群状态,正常
pgrep mysqld -fla #列出主实例 ID
kill -9 primaryInstancePID #在 Linux 下强制关闭主数据库实例进程
cluster.status() #关闭主服务器后,等几秒再查看从服务器是否自动升级为主服务器了
```

正常情况下，当主实例发生故障时，集群会自动将从实例升级为主实例，实现自动故障转移，以保证数据库服务的连续性和数据的完整性。

故障转移测试和主实例的恢复操作可以验证数据库课程网站系统的可用性和容错性，即能够在主实例发生故障时及时切换到备用实例，以保证数据库课程网站的持续运行。

更详细的 MySQL 数据库的备份与恢复实验操作指导请参考以下文档：

https：//niepub.com/static/docs/exadmin/ADBT_Experiment3_Scripts2022.pdf

该文档提供了关于 MySQL8 数据库备份与恢复的详细说明和操作脚本，包括单机备份与恢复方案和主从架构故障切换方案的实施步骤和示例。

思考题

1. 说一说数据库故障恢复的实现原理。
2. 说一说数据库镜像与数据库复制的区别。
3. 说一说数据库灾备的 7 个层次。

参考文献

陈志泊，王春玲，许福，等，2014. 数据库原理及应用教程[M]. 3版. 北京：人民邮电出版社.
黄贵，庄明强，2014. OceanBase分布式存储引擎[C]. 华东师范大学"数据科学与工程"论坛内存计算数据管理主题报告会论文集，164-172.
小孩子4919，2020. MySQL是怎样运行的[M]. 北京：人民邮电出版社.
亚伯拉罕·西尔伯沙茨，亨利·F. 科思，S. 苏达尔尚，2019. 数据库系统概念[M]. 杨冬青，李红燕，张金波，等译. 6版. 北京：机械工业出版社.
ALEX PETROV，2020. 数据库系统内幕[M]. 北京：机械工业出版社.
DAVID M KROENKE, DAVID J AUER，2016. 数据库处理——基础、设计与实现[M]. 孙未未，陈彤兵，张健，等译. 13版. 北京：电子工业出版社.
MARIN KLEPPMANN，2018. 数据密集型应用系统设计[M]. 赵军平，吕云松，耿煜，等译. 北京：中国电力出版社.
ALEXANDRE VERBITSKI, ANURAG GUPTA, DEBANJAN SAHA, et al., 2017. Amazon Aurora: Design Considerations for High Throughput Cloud Native Relational Databases [J]. SIGMOD. Proceedings of the 2017 ACM International Conference on Management of Data. New York: Association for Computing Machinery, 1041-1052.
FAY CHANG, JEFFREY DEAN, SANJAY GHEMAWAWAT, et al., 2008. Bigtable: A Distributed Storage System for Structured Data[J]. ACM Transactions on Computer Systems (TOCS) 26(2): Article No. 4.
JAMES C. CORBETT, JEFFREY DEAN, MICHAEL EPSTEIN, et al., 2012. Spanner: Google's Globally-Distributed Database [J]. ACM Transactions on Computer Systems (TOCS) 31(3): Article No. 8.
WEI CAO, YINGQIANG ZHANG, XINJUN YANG, et al., 2021. PolarDB Serverless: A Could Native database for disaggregated Data Centers [J]. Proceedings of the 2021 International Conference on Management of Data. DOI: 10.1145/3448016.3457

参考网站

MySQL 官网技术资料：https://dev.mysql.com/doc/refman/8.0/en
Oracle 官网数据库资料：https://www.oracle.com/database/technologies
OceanBase 官网技术资料：https://www.oceanbase.com
腾讯云官网 TDSQL 技术资料：https://cloud.tencent.com/product/dcdb
阿里云官网 PolarDB 技术资料：https://help.aliyun.com/document_detail/426487.html
百度百科：https://baike.baidu.com
知乎：https://www.zhihu.com
数据库引擎(DB-ENGINES)排名：https://db-engines.com/en/ranking
墨天轮：https://www.modb.pro
数据库课程信息与技术分享网站：https://www.niepub.com

配套数字资源

配套的数字资源包括:

1. 课程与教材的配套网站

数据库课程网站(niepub.com),专门为"高级数据库技术"课程的教学及其教材提供配套数字资源,而且动态更新,适时增加新的内容资源。

本网站提供的数字资源包括:本课程的 PPT 讲义、现场答题及期末考试题库与答案、动态增加的案例讲解、教学视频链接、实验任务书、各实验的指导材料及实验操作的详细讲解视频链接等。

2. 微信小程序与订阅号

微信小程序与订阅号的名称皆为"niepub",微信小程序(niepub)具有上述配套网站(niepub.com)的部分功能,以方便在手机上使用。通过微信扫描下面的小程序码(a)或者在微信"搜一搜"里搜索小程序"niepub"就可以打开此小程序;微信订阅号(niepub)主要是发布《高级数据库技术》教材与有关教学的一些动态更新通知,或数据库新技术介绍等新增内容的推送。读者可以扫描二维码(b)关注或访问"niepub"订阅号。

(a)"niepub"微信小程序码　　(b)"niepub"微信订阅号二维码